"十三五"普通高等教育本科部委级规划教材

周兴建 蔡丽华 / 主编
周业旺 马 俊 严婷婷 / 副主编

# 现代物流管理概论

xiandai wuliu
guanli gailun

中国纺织出版社

## 内 容 提 要

本书结合互联网经济和工业4.0时代背景，根据当前物流业发展态势，立足最新物流学术前沿，系统地阐述了认识物流、物流模式、物流作业和物流管理等内容。在对现代物流的基本概念及互联网+物流的理念进行简要概述后，对企业物流、第三方物流和第四方物流等物流模式进行分析，进而对包装、装卸与搬运、仓储、运输、流通加工、配送、物流信息等作业环节逐一进行详细介绍，探讨了采购管理、国际物流、供应链物流和物流园区等物流管理内容。在此基础上，收集和整理了若干案例，融合了物流理论与实务的各个层面，让学生能够进行自主学习，正确理解物流的基本原理和物流活动的主要过程，为以后从事相关工作打下良好的基础。

本书可作为高等院校物流管理专业、物流工程专业、市场营销专业、工商管理专业，以及经济管理类其他相关专业的学习用书和参考书。

### 图书在版编目（CIP）数据

现代物流管理概论 / 周兴建，蔡丽华主编. —北京：中国纺织出版社，2016.7

"十三五"普通高等教育本科部委级规划教材

ISBN 978-7-5180-2565-7

Ⅰ.①现… Ⅱ.①周…②蔡… Ⅲ.①物流－物资管理－高等学校－教材．Ⅳ.①F252

中国版本图书馆CIP数据核字（2016）第085812号

策划编辑：刘　丹　　责任印制：储志伟

中国纺织出版社出版发行
地址：北京市朝阳区百子湾东里A407号楼　邮政编码：100124
销售电话：010—67004422　传真：010—87155801
http://www.c-textilep.com
E-mail: faxing@c-textilep.com
中国纺织出版社天猫旗舰店
官方微博 http://weibo.com/2119887771
北京通天印刷有限责任公司印刷　各地新华书店经销
2016年7月第1版第1次印刷
开本：710×1000　1/16　印张：26.5
字数：510千字　定价：59.80元

凡购本书，如有缺页、倒页、脱页，由本社图书营销中心调换

# 高等院校"十三五"部委级规划教材

## 经济管理类编委会

**主　任：**
　　倪阳生：中国纺织服装教育学会会长
　　赵　宏：天津工业大学副校长、教授、博导
　　郑伟良：中国纺织出版社社长
　　赵晓康：东华大学旭日工商管理学院院长、教授、博导

**编　委：（按姓氏音序排列）**
　　蔡为民：天津工业大学管理学院院长、教授、硕导
　　郭　伟：西安工程大学党委常委、教授、博导
　　胡剑峰：浙江理工大学经济管理学院院长、教授、博导
　　黎继子：武汉纺织大学国际教育学院院长、教授、博导
　　琚春华：浙江工商大学计算机与信息工程学院院长、教授、博导
　　李晓慧：北京服装学院教务处处长兼商学院院长、教授、硕导
　　李志军：中央财经大学文化与传媒学院党总支书记、副教授、硕导
　　林一鸣：北京吉利学院执行校长、教授
　　刘晓喆：西安工程大学高教研究室主任、教务处副处长、副研究员
　　刘箴言：中国纺织出版社工商管理分社社长、编审
　　苏文平：北京航空航天大学经济管理学院副教授、硕导
　　单红忠：北京服装学院商学院副院长、副教授、硕导
　　石　涛：山西大学经济与工商管理学院副院长、教授、博导
　　王核成：杭州电子科技大学管理学院院长、教授、博导
　　王进富：西安工程大学管理学院院长、教授、硕导
　　王若军：北京经济管理职业学院院长、教授
　　乌丹星：北京吉利学院健康产业学院院长、教授
　　吴中元：天津工业大学科研处处长、教授
　　夏火松：武汉纺织大学管理学院院长、教授、博导

张健东：大连工业大学管理学院院长、教授、硕导
张科静：东华大学旭日工商管理学院副院长、教授、硕导
张芝萍：浙江纺织服装职业技术学院商学院院长、教授
赵开华：北京吉利学院副校长、教授
赵志泉：中原工学院经济管理学院院长、教授、硕导
朱春红：天津工业大学经济学院院长、教授、硕导

# 前言 Preface

"互联网+"战略及工业4.0时代的到来,促进物流业不断发展,物流活动在实际应用中越来越重要。但是一直以来,物流管理的相关课程给人枯燥、乏味的感觉,该课程又是最难激发学生兴趣的课程之一,很难让学生有学到有用东西的感觉。为了解决上述问题,也为了便于学生进行自主学习,本书进行了创新探索与尝试:每一章开头设置"学习要点"和"引导案例",再简单介绍该章的主要内容以激发学生学习的兴趣;每个章节末尾设置"本章小结""本章思考""案例讨论""拓展资源"等,"本章思考"用以启发同学们积极开展思考;"案例讨论"用以丰富同学们的知识,增进学生对于所学章节内容的理解,并进一步激发学生的学习兴趣为宗旨;"拓展资源"列出了一些相关的仓储资源网站的网址,供学有余力、渴望进一步增长知识的同学检索。

本书主要特点如下:

一是全面性。即全面系统地介绍物流基本理论和物流作业,培养学生对物流管理原理、方法的理解和领悟能力。

二是应用性。选用大量案例,通过与物流管理原理相结合,注重微观实用,突出管理方法,注重培养学生学以致用的思想。

三是前沿性。在设置知识点时,吸收了最近国内外物流理论研究成果,反映前沿动态,能启发学生对物流管理问题的思考。

本书在体系结构上共分为4篇16章,由周兴建和蔡丽华担任主编,周业旺、马俊、严婷婷为副主编。具体编写人员及负责编写内容是:周兴建和蔡丽华负责编写第一篇和第二篇的第1~第5章,周业旺负责编写第三篇的第6~第12章,马俊和严婷婷负责编写第四篇的第13~第16章。全书由周兴建和蔡丽华负责框架的构建和统稿。

在本书的编写过程中，参考了大量有关书籍、文献及论文，采用了互联网上大量有关仓储管理与实务的文章和案例，力图呈现给读者最新、最前沿的知识。但由于物流行业的发展和理论研究还处在一个不断探索的过程中，再加上编写时间仓促和作者水平所限，书中难免存在不妥，敬请广大读者和专家同行批评指正，不吝赐教。

编　者
2016 年 2 月

# 教学建议

**教学目的**

本课程是为物流管理专业、物流工程专业开设的专业基础课,为市场营销专业、工商管理专业以及经济管理类其他相关专业开设的专业选修课。它的任务是使学生能够了解和学习物流管理的物流基本原理和物流作业流程,为后续的专业课程打下坚实基础。

**前期需要掌握的知识**

管理学、经济学等课程的相关知识。

**课时分布建议**

作为专业必修课,建议授课时间不低于48学时(包括讨论、案例分析等),作为专业选修课,建议授课时间不低于32学时(包括讨论、案例分析等)。以下以48学时进行课时安排。

| 教学内容 | 学习要点 | 课时安排 | 案例使用建议 |
| --- | --- | --- | --- |
| 第1章<br>现代物流概述 | 熟悉现代物流的概念及其与传统物流的区别<br>了解现代物流理念<br>掌握现代物流的功能和分类<br>了解现代物流的发展领域<br>了解现代物流的发展趋势 | 2 | 第1章<br>引导案例<br>案例讨论 |
| 第2章<br>互联网+物流 | 熟悉"互联网+"及"互联网+物流"的概念<br>了解"互联网+物流"的价值内涵<br>了解"互联网+物流"的理论内涵<br>熟悉"互联网+物流"的发展模式<br>了解"互联网+物流"的发展趋势 | 4 | 第2章<br>引导案例<br>案例讨论 |
| 第3章<br>企业物流 | 熟悉企业物流的概念和特点<br>了解企业物流活动的内容<br>了解企业物流活动的目标<br>熟悉企业物流活动的模式<br>了解企业物流管理的内容 | 4 | 第3章<br>引导案例<br>案例讨论 |

续表

| 教学内容 | 学习要点 | 课时安排 | 案例使用建议 |
| --- | --- | --- | --- |
| 第4章<br>第三方物流 | 掌握第三方物流的概念和内涵<br>了解第三方物流的产生和发展<br>熟悉第三方物流的分类<br>掌握第三方物流的特点<br>熟悉第三方物流的优势与弊端 | 4 | 第4章<br>引导案例<br>案例讨论 |
| 第5章<br>第四方物流 | 熟悉第四方物流的产生背景<br>掌握第四方物流的概念<br>掌握第四方物流的作用与影响<br>掌握第四方物流的功能与特点<br>了解第四方物流的运作模式 | 2 | 第5章<br>引导案例<br>案例讨论 |
| 第6章<br>包装管理 | 熟悉包装的概念及功能<br>了解各种包装材料的特点<br>熟悉各种包装技法<br>掌握包装合理化内容 | 2 | 第6章<br>引导案例<br>案例讨论 |
| 第7章<br>装卸与搬运 | 熟悉装卸与搬运的概念与特点<br>了解装卸与搬运设备<br>熟悉装卸与搬运作业法<br>了解装卸与搬运合理化 | 2 | 第7章<br>引导案例<br>案例讨论 |
| 第8章<br>仓储管理 | 熟悉仓储的概念及仓储管理的内容<br>了解各种仓储设施和设备<br>熟悉仓储作业的过程<br>熟悉库存管理的方法 | 4 | 第8章<br>引导案例<br>案例讨论 |
| 第9章<br>运输管理 | 掌握运输和运输业的特点<br>熟悉运输的供给和需求均衡<br>了解公路运输、铁路运输、水路运输、航空运输和管道运输5种运输方式的特点<br>熟悉多式联运与特殊运输 | 4 | 第9章<br>引导案例<br>案例讨论 |
| 第10章<br>流通加工 | 了解流通加工产生的原因及流通加工的地位与作用<br>熟悉流通加工的形式<br>熟悉流通加工的类型<br>掌握流通加工的合理化 | 2 | 第10章<br>引导案例<br>案例讨论 |

续表

| 教学内容 | 学习要点 | 课时安排 | 案例使用建议 |
|---|---|---|---|
| 第 11 章<br>配送管理 | 掌握配送的概念和配送中心的概念<br>熟悉配送中心的功能与分类<br>熟悉配送的流程与模式<br>熟悉配送合理化措施 | 2 | 第 11 章<br>引导案例<br>案例讨论 |
| 第 12 章<br>物流信息管理 | 掌握物流信息和物流信息技术的含义<br>熟悉条形码技术的原理和应用<br>熟悉射频识别技术的原理和应用<br>熟悉销售时点系统的原理和应用<br>熟悉电子订货系统的原理和应用<br>了解物流管理信息系统的组成和应用 | 4 | 第 12 章<br>引导案例<br>案例讨论 |
| 第 13 章<br>采购管理 | 熟悉供应链采购的模式和特点<br>了解供应链下准时采购的策略<br>熟悉供应商的选择、供应商绩效考核<br>了解供应商关系管理 | 2 | 第 13 章<br>引导案例<br>案例讨论 |
| 第 14 章<br>国际物流 | 掌握国际物流的基本概念<br>熟悉国际物流的网络<br>掌握国际物流管理的内容 | 4 | 第 14 章<br>引导案例<br>案例讨论 |
| 第 15 章<br>供应链管理 | 掌握供应链和供应链管理的概念<br>熟悉供应链管理的特点和作用<br>了解价值链管理<br>熟悉供应链物流管理 | 4 | 第 15 章<br>引导案例<br>案例讨论 |
| 第 16 章<br>物流园区 | 了解和熟悉物流园区的概念、分类及功能<br>掌握物流园区规划与设计的原则<br>掌握物流园区选址的方法和模型<br>掌握物流园区建设与运作模式 | 2 | 第 16 章<br>引导案例<br>案例讨论 |

# 第一篇 认识物流

## 第1章 现代物流概述 ················································································ 3
【学习要点】 ··························································································· 3
【关键术语】 ··························································································· 3
【案例导读】互联网时代的现代物流 ······························································· 4
1.1 现代物流的内涵 ················································································ 6
1.2 现代物流的功能 ················································································ 10
1.3 现代物流的分类 ················································································ 12
1.4 现代物流的发展领域 ·········································································· 13
1.5 现代物流的发展趋势 ·········································································· 15
【本章小结】 ··························································································· 16
【本章思考】 ··························································································· 17
【案例讨论】奔腾物流的"走出去" ······························································ 17
【拓展资源】 ··························································································· 18

## 第2章 互联网＋物流 ················································································ 19
【学习要点】 ··························································································· 19
【关键术语】 ··························································································· 19
【案例导读】百世集团的互联网＋物流 ··························································· 20
2.1 互联网＋物流的界定 ·········································································· 21
2.2 "互联网＋物流"的价值内涵 ······························································· 23
2.3 "互联网＋物流"的理论内涵 ······························································· 24
2.4 "互联网＋物流"的模式 ···································································· 27
2.5 "互联网＋物流"的发展趋势 ······························································· 29

【本章小结】 ……………………………………………………………………………… 30
【本章思考】 ……………………………………………………………………………… 30
【案例讨论】运力科技：互联网+公路物流 ……………………………………………… 31
【拓展资源】 ……………………………………………………………………………… 32

# 第二篇　物流模式

## 第3章　企业物流 ……………………………………………………………………… 35
【学习要点】 ……………………………………………………………………………… 35
【关键术语】 ……………………………………………………………………………… 35
【案例导读】苏宁电器的高效物流模式 …………………………………………………… 36
3.1　企业物流概述 ………………………………………………………………………… 37
3.2　企业物流活动 ………………………………………………………………………… 41
3.3　企业物流目标 ………………………………………………………………………… 45
3.4　企业物流模式 ………………………………………………………………………… 46
3.5　企业物流管理 ………………………………………………………………………… 49
【本章小结】 ……………………………………………………………………………… 50
【本章思考】 ……………………………………………………………………………… 50
【案例讨论】东风汽车的物流管理方案 …………………………………………………… 51
【拓展资源】 ……………………………………………………………………………… 52

## 第4章　第三方物流 …………………………………………………………………… 53
【学习要点】 ……………………………………………………………………………… 53
【关键术语】 ……………………………………………………………………………… 53
【案例导读】麦当劳的第三方物流 ………………………………………………………… 54
4.1　第三方物流的内涵 …………………………………………………………………… 55
4.2　第三方物流的产生 …………………………………………………………………… 56
4.3　第三方物流企业的分类 ……………………………………………………………… 57
4.4　第三方物流的特点 …………………………………………………………………… 58
4.5　第三方物流的优势与弊端 …………………………………………………………… 59
【本章小结】 ……………………………………………………………………………… 61
【本章思考】 ……………………………………………………………………………… 61
【案例讨论】福特汽车的物流外包 ………………………………………………………… 61

【拓展资源】 ................................................................ 62

## 第5章　第四方物流 ................................................................ 63

【学习要点】 ................................................................ 63
【关键术语】 ................................................................ 63
【案例导读】苏宁的第四方物流转型 ................................................................ 64
5.1 第四方物流的产生 ................................................................ 66
5.2 第四方物流的基本概念 ................................................................ 67
5.3 第四方物流的作用与影响 ................................................................ 70
5.4 第四方物流的功能与特点 ................................................................ 73
5.5 第四方物流的运作模式 ................................................................ 74
【本章小结】 ................................................................ 74
【本章思考】 ................................................................ 75
【案例讨论】亚物天津的第四方物流 ................................................................ 75
【拓展资源】 ................................................................ 77

# 第三篇　物流作业

## 第6章　包装管理 ................................................................ 81

【学习要点】 ................................................................ 81
【关键术语】 ................................................................ 81
【案例导读】电子商务下快件包装的挑战 ................................................................ 82
6.1 包装概述 ................................................................ 83
6.2 包装材料 ................................................................ 86
6.3 包装技术 ................................................................ 92
6.4 包装合理化 ................................................................ 95
【本章小结】 ................................................................ 96
【本章思考】 ................................................................ 96
【案例讨论】沃尔玛的包装合理化 ................................................................ 97
【拓展资源】 ................................................................ 98

## 第7章　装卸与搬运 ................................................................ 99

【学习要点】 ................................................................ 99
【关键术语】 ................................................................ 99

【案例导读】联华的装卸搬运系统 …………………………………………… 100
　7.1 装卸与搬运概述 ……………………………………………………… 101
　7.2 装卸与搬运设备 ……………………………………………………… 104
　7.3 装卸与搬运作业 ……………………………………………………… 108
　7.4 装卸与搬运合理化 …………………………………………………… 110
　【本章小结】 ………………………………………………………………… 113
　【本章思考】 ………………………………………………………………… 114
　【案例讨论】双鹤的装卸搬运合理化 ……………………………………… 114
　【拓展资源】 ………………………………………………………………… 115

# 第8章　仓储管理 …………………………………………………………… 117
　【学习要点】 ………………………………………………………………… 117
　【关键术语】 ………………………………………………………………… 117
　【案例导读】京东商城的仓储管理 ………………………………………… 118
　8.1 仓储与仓储管理 ……………………………………………………… 119
　8.2 仓储设施与设备 ……………………………………………………… 124
　8.3 仓储作业 ……………………………………………………………… 133
　8.4 库存与库存管理 ……………………………………………………… 144
　【本章小结】 ………………………………………………………………… 151
　【本章思考】 ………………………………………………………………… 151
　【案例讨论】富日物流的仓储服务 ………………………………………… 151
　【拓展资源】 ………………………………………………………………… 153

# 第9章　运输管理 …………………………………………………………… 155
　【学习要点】 ………………………………………………………………… 155
　【关键术语】 ………………………………………………………………… 155
　【案例导读】沃尔玛的低成本运输 ………………………………………… 156
　9.1 运输和运输业 ………………………………………………………… 157
　9.2 运输的需求与供给 …………………………………………………… 160
　9.3 不同的运输方式 ……………………………………………………… 165
　9.4 国际多式联运 ………………………………………………………… 170
　9.5 大陆桥运输 …………………………………………………………… 174
　【本章小结】 ………………………………………………………………… 176

【本章思考】……177
【案例讨论】佛山汽运的现代物流转型……177
【拓展资源】……179

## 第10章 流通加工……181

【学习要点】……181
【关键术语】……181
【案例导读】阿迪达斯的流通加工……182
10.1 流通加工概述……183
10.2 流通加工形式……188
10.3 流通加工类型……189
10.4 流通加工合理化……192
【本章小结】……195
【本章思考】……195
【案例讨论】超市食品的流通加工……195
【拓展资源】……196

## 第11章 配送管理……197

【学习要点】……197
【关键术语】……197
【案例导读】电子商务下的末端配送……198
11.1 配送概述……199
11.2 配送中心……203
11.3 配送流程与模式……206
11.4 配送合理化……214
【本章小结】……218
【本章思考】……218
【案例讨论】沃尔玛的配送体系……219
【拓展资源】……220

## 第12章 物流信息管理……221

【学习要点】……221
【关键术语】……221
【案例导读】中储信息化解决方案……222

- 12.1 物流信息概述 ······ 224
- 12.2 条形码技术 ······ 225
- 12.3 无线射频识别技术 ······ 236
- 12.4 销售时点系统 ······ 242
- 12.5 电子订货系统 ······ 244
- 12.6 物流信息系统 ······ 247
- 【本章小结】······ 250
- 【本章思考】······ 250
- 【案例讨论】耐克的物流信息系统 ······ 250
- 【拓展资源】······ 252

# 第四篇　物流管理

## 第13章　采购管理 ······ 255
- 【学习要点】······ 255
- 【关键术语】······ 255
- 【案例导读】伊利集团的电子采购模式 ······ 256
- 13.1 采购模式和特点 ······ 257
- 13.2 准时采购策略 ······ 266
- 13.3 供应商管理 ······ 272
- 【本章小结】······ 282
- 【本章思考】······ 282
- 【案例讨论】跨国公司的供应链采购创新 ······ 282
- 【拓展资源】······ 283

## 第14章　国际物流 ······ 285
- 【学习要点】······ 285
- 【关键术语】······ 285
- 【案例导读】索尼集团的国际物流管理 ······ 286
- 14.1 国际物流概述 ······ 287
- 14.2 国际物流网络 ······ 290
- 14.3 国际物流管理 ······ 295
- 【本章小结】······ 314

【本章思考】 …… 314
【案例讨论】利丰集团的国际物流模式 …… 314
【拓展资源】 …… 315

## 第 15 章 供应链管理 …… 317

【学习要点】 …… 317
【关键术语】 …… 317
【案例导读】海尔集团的供应链管理 …… 318
15.1 供应链管理的产生 …… 319
15.2 供应链管理原理 …… 323
15.3 供应链物流管理 …… 329
【本章小结】 …… 330
【本章思考】 …… 330
【案例讨论】链尚网服装柔性供应链 …… 330
【拓展资源】 …… 332

## 第 16 章 物流园区 …… 333

【学习要点】 …… 333
【关键术语】 …… 333
【案例导读】普洛斯物流园区发展模式 …… 334
16.1 物流园区概述 …… 335
16.2 物流园区规划及设计 …… 340
16.3 物流园区建设与运作模式 …… 344
【本章小结】 …… 351
【本章思考】 …… 351
【案例讨论】互联网＋物流园区创新模式 …… 351
【拓展资源】 …… 354

**参考文献** …… 355

附录一 《中华人民共和国国家标准·物流术语》 …… 357
1. 范围 …… 357
2. 规范性引用文件 …… 357
3. 物流基础术语 …… 357
4. 物流作业服务术语 …… 360

5. 物流技术与设施设备术语 …………………………………………… 363
　　6. 物流信息术语 …………………………………………………………… 367
　　7. 物流管理术语 …………………………………………………………… 370
　　8. 国际物流术语 …………………………………………………………… 373
附录二　《物流业调整和振兴规划》 …………………………………………… 378
附录三　《物流业发展中长期规划（2014—2020 年）》 ……………………… 389
附录四　中国物流企业 50 强名单（2014 年） ………………………………… 400

# 第一篇　认识物流

# 第 1 章　现代物流概述

【学习要点】
- 熟悉现代物流的概念及其与传统物流的区别
- 了解现代物流理念
- 掌握现代物流的功能和分类
- 了解现代物流的发展领域
- 了解现代物流的发展趋势

【关键术语】

现代物流（Logistics）；运输（Transportation）；仓储（Warehousing）；包装（Packaging）；装卸与搬运（Loading/Unloading and Handling）；流通加工（Distribution Processing）；配送（Distribution）；物流信息（Logistics Information）

## 【案例导读】

# 互联网时代的现代物流

2015年被很多业内人士称为物流元年。这一年里，物流园区经营者、来自互联网的跨界者、快运公司的创业者，以及具有3PL基因的团队纷纷入局，跑马圈地。而接下来，整个物流行业态势如何，未来又将如何演变，从宏观环境、现存模式、未来趋势等几方面分析，有如下几个观点。

1. 宏观环境解读

（1）物流政策红利期，行业战略基础夯实

2015年9月，国务院《关于促进快递业发展的若干意见》和《物流标准化中长期发展规划(2015—2020年)》正式发布。前者对电商时代物流运营做出规范性指导，后者更是在物流体系规范上做出基础性规划。而在11月18日，国家发改委、交通部、商务部、国家铁路局、中国民航局、国家邮政局及国家标准委又联合印发了《关于我国物流业信用体系建设的指导意见》。针对现在物流市场信用体系还不完善的状况，《意见》提出了加强物流信用服务机构培育和监管、推进信用记录建设和共享、积极推动信用记录应用、开展专业物流领域信用建设试点、加强物流信用体系建设的组织协调等10余项措施。物流行业正处在政策红利期，伴随着信用体系的逐步完善，物流行业发展的基础也将不断夯实。

（2）市场潜力巨大，物流行业处于最佳培育期

摩根斯坦利亚太投资研究组最近在其《中国物流报告》中指出：中国每年的物流费用超过2000亿美元。预计未来10年内物流服务的收入将有20%的增长幅度，中国物流市场潜力巨大。但现阶段由于我国物流管理的分散化，严重影响现代物流的发展，除宏观物流存在自我封闭、政出多门、运力分散、互不衔接、市场机制的调节作用不强等弊端外，微观物流普遍存在的企业自营物流问题同样很严重，不仅分散了社会物力财力，而且这种自给自足式的物流方式也限制了物流专业化、集约化和市场化的发展进程。这就要求对物流市场的发育和发展进行系统而深入的培育，促进物流市场的发育和成熟，拉动有效物流需求，从而更好地满足市场需求。

2. 物流行业现存模式详解

物流行业涉及环节多、供应链长，目前我国现存的物流模式主要有以下3种。

(1) 传统物流模式

此类型的典型代表："三通一达+顺丰"传统第三方物流企业，它们是最早起家的一批物流企业，拥有自己的"真枪实弹"——货车、司机、配送员。覆盖全国各地，并且从长途运输到分拣中心到最后的配送环节，这些企业都有自己的货物流通网，作为物流行业的重要性角色，他们的繁荣与中国电子商务的发展有着密切的关系。

传统物流模式的优势就是规模效应，因为品牌已经深入市场了，企业已经形成规模且物流体系相对规范，货运资源、司机资源比较有保证。但此模式需要较长时间的市场沉淀。而且，后期品牌维护更为重要。比如2015年8月爆出的圆通物流南京分公司老板卷款潜逃事件，对企业品牌就有较大的影响。

(2) 线上线下平台对接模式

此模式分为点对点、线对线两种。这种类型模式移植了打车软件的玩法，用平台整合零散的社会运力。点对点对接货源和司机，如：货车帮、超级货主、运满满等。而另一种线对线对接即针对物流链条中的多个环节，对接承运方（物流公司、专线物流、货车车队、货车司机）和托运方（物流公司、货主、中小企业），如快货，这类被称为"既没有自有的车、司机，也没有货的物流平台"，靠一个APP占主大头。以"超级货主"为例，司机只需打开"超级货主"APP，就能看到货源运输线路、货物类型、重量、发货时间、车辆需求等相关信息，而货主只需要填写相关信息就能发布货源，同时对接合适的司机。

这种模式的优势就是借助移动互联网解决车货信息匹配效率低的问题，可以有效地降低货车空载率，提升物流行业效率，同时缩短中间环节，降低成本。

(3) 提供工具服务模式

此类型主要面向企业提供TMS服务，偏工具属性，比如OTMS，还有国内几家物流信息化服务商已经推出SAAS或类似SAAS的服务平台，像易流、维天运通、汇通天下，其都是以软件为主导，不对货物做运营，基于系统改造传统的运输交接方式，通过"SAAS平台+移动App"的模式将企业运输环节中的各相关方，包括货主、第三方物流公司、专线运输公司、司机和收货方等汇聚在一个平台上并彼此互联，通过信息的同步完成各方协同。

此种模式的优势是用户一旦使用该管理系统就很难转化至其他系统或平台，用户粘性高。但是相对于以货车帮、超级货主为代表的"轻"模式平台直接对接用户来说，这种通过一个软件或系统改变现有业务流程及用户使用习惯的方式，抢占用户的过程会相对缓慢。

3. 物流行业的玩家群像

根据不同的领域，可把物流行业根据跨度由长及短粗略分为：干线、同城、最后一公里。

(1) 干线物流

货运信息的无线路由器。打一个很简单的比喻，即干线物流应该发挥无线路由器的作用，将整合起来的信息分享给大家，实现信息即时共享。这个过程前期拼的是平台资源，如现在市场上的货车帮、超级货主、运满满、罗计物流等，前期竞争就是看哪家平台的资源多，能拉住用户。后期拼的是综合实力，平台的线下运营能否全面落地是后期能否黏住用户的关键。作为全国性的综合平台，编织一张牢固的平台运作网络和编织一张覆盖全国的运力网是同样重要的。

（2）同城物流

同城货物的传送带。最近的融资行业中，大部分都是同城物流玩家，目前大多集中在上海、武汉、北京等一二线城市，同城货运不仅仅集中于批发市场、仓配和个人等需求货运，还有同城配送外卖、生鲜等行业，比如最近获得融资的同城外卖风先生。同城物流相当于一个传送带，传送同一城市但是不同地点的物品。而随着越来越多玩家的进入，同城配送的速度将成为比拼的核心。

（3）最后一公里

速度+服务争取更大市场。在物流行业里，最后一公里配送是需要直接面对客户的最后一个环节，随着O2O的兴起，这个市场热闹非凡，当然配送模式也是最多的：自建物流体系、共同配送、众包模式的物流配送、合作便利店即菜鸟模式、还有智能快递柜等。

不仅仅是电商大佬们，阿里的菜鸟物流，京东的自建物流体系，还有运宝网与8000家物流公司合作等，他们都在不断尝试着新模式。比如京东之前提出的物流众包，让跳广场舞的大妈加入配送团队，可行性暂且不考虑，这些只是为了最大限度地利用资源，完善线上线下的整合，缩短配送时间，带给用户更好的配送体验。

综合来说，我国物流景气度维持旺盛，现代物流稳中向好，继续处于景气线上方，未来也会有很多商机。社会化营销和大数据驱动的精准营销将是未来物流营销的主流趋势；未来平台或许将不通过物流运营盈利，粉丝经济和流量思维成为新的盈利点；还有，随着不同平台商业模式的变化，将出现更多驾驭在技术创新基础上的新模式，其中金融服务潜力较大；而未来引进更多的众筹思维，平台思维，跨界整合思维也将为物流行业带来新的商业价值……物流行业的商机还有很多很多，值得我们慢慢去探究。

（资料来源：http://www.chinawuliu.com.cn）

## 1.1 现代物流的内涵

### 1.1.1 现代物流的概念

物流（Logistics）概念最早形成于美国，当时称作"PhysicalDistribution"（即PD），汉语是实物配送的意思。1963年这一概念引入日本，当时对物流的定义是"在连接生产和消费间，对物资实施保管、运输、装卸、包装、加工等功能，以及作为控制这类功能后援的资讯功能。它在物资销售中起到桥梁作用"。中国引入这一概念在20世纪80年代，当时"物流"英文称"Logistics"，原意为后勤，后来转用于物资的流通，形成了沿用至今的现代物流概念。

《中华人民共和国国家标准·物流术语》（GB/T 18354—2006）的定义中指出：物流是

物品从供应地到接收地的实体流动过程，根据实际需要，将运输、储存、装卸、搬运、包装、流通加工、配送、信息处理等基本功能实施有机的结合。

物流中的"物"是物质资料世界中同时具备物质实体特点和可以进行物理性位移的那一部分物质资料；"流"是物理性运动，这种运动有其限定的含义，就是以地球为参照系，相对于地球而发生的物理性运动，称之为"位移"，流的范围可以是地理性的大范围，也可以是在同一地域、同一环境中的微观运动，小范围位移。"物"和"流"的组合，是一种建立在自然运动基础上的高级运动形式，其互相联系是在经济目的和实物之间，在军事目的和实物之间，甚至在某种社会目的和实物之间，寻找运动的规律。因此，物流不仅是上述限定条件下的"物"和"流"的组合，而更重要的是在于限定于军事、经济、社会条件下的组合，是从军事、经济、社会角度来观察物的运输，达到某种军事、经济、社会的要求。

现代物流不仅考虑从生产者到消费者的货物配送问题，而且还考虑从供应商到生产者对原材料的采购，以及生产者本身在产品制造过程中的运输、保管和信息等各个方面，全面、综合地提高经济效益和效率问题。因此，现代物流是以满足消费者的需求为目标，把制造、运输、销售等市场情况统一起来考虑的一种战略措施。这与传统物流把它仅看作是"后勤保障系统"和"销售活动中起桥梁作用"的概念相比，在深度和广度上又进了一步。

总的来说，物流是包括运输、搬运、储存、保管、包装、装卸、流通加工和物流信息处理等基本功能的活动，它是由供应地流向接收地以满足社会需求的活动，是一种经济活动。

### 1.1.2 现代物流的发展历程

现代物流的发展进程经历了如下三个阶段。

第一个阶段是在第二次世界大战以后，20世纪50年代初到70年代末，那个时候西方国家普遍处在短缺经济阶段，生产方式是批量生产，我们叫工业2.0，它是以产定销的模式，因为短缺。在这种批量式的生产方式背景下，生产出大量的产成品，在销售环节就需要有一种新的组织模式快速把产品配送出去，以形成更大的生产规模。这个时候就出现了实物配送的物流模式。这种模式的目标是尽快销售产品，促成生产者有能力更加迅速扩大规模，它的活动半径是在销售领域，它的职能就是执行。

第二个阶段是20世纪80年代初到20世纪末，这时西方国家从短缺经济到过剩经济，生产组织方式发生了重大变化，生产是以销定产，我们叫工业3.0，在工业3.0的背景下，企业目标定在了降低成本上。这就必然促使物流组织模式转型升级，也就是一体化物流管理模式。这时物流管理已经从销售环节延伸到了生产环节和采购环节，是对企业整体的资源整合和对企业生产经营全流程的优化。目标变成降低成本而不是扩大销售，物流的功能也从过去的执行者转变为企业的管理者。这时物流管理模式适应的是工业3.0的变化，适应的是经济发展由短缺转为过剩的变化。

第三个阶段是发展到21世纪以后，西方国家多数开始进入转型的后期，一些国家已经结束转型，这个时候他们提出供应链的理念。供应链的理念是企业和企业之间的一种资源整合和流通优化，其组织模式已经超过企业，是在产业平台上做资源的整合和优化。在供应链中，物流的身份发生了极大的变化，由过程者变成决策者。物流的目标已从"降成本"转变为"控成本"，就是把成本控制在合理适度的水平，以实现供应链的互利共赢。互联网所要做的就是企业与企业的融合，行业之间产业链的融合。互联网对于物流发展最大的推动力之一就是加快物流组织模式尽快向供应链转型升级。所以做"互联网+"所对应的物流管理组织模式就是供应链，就是要做企业与企业之间，或者一个产业链平台之上的资源整合和优化。

### 1.1.3 现代物流与传统物流的区别

传统物流一般指产品出厂后的包装、运输、装卸、仓储，而现代物流提出了物流系统化或叫总体物流、综合物流管理的概念，并付诸实施。具体来说，就是使物流向两头延伸并加入新的内涵，使社会物流与企业物流有机结合在一起，从采购物流开始，经过生产物流，再进入销售物流，与此同时，要经过包装、运输、仓储、装卸、加工配送到达用户（消费者）手中，最后还有回收物流。可以这样讲，现代物流包含了产品从"生"到"死"的整个物理性的流通全过程。

20世纪80年代，经济全球化格局已基本形成，物流费用在产品成本中的比重也随之大大提高。降低物流费用对提高产品竞争力的作用增大，因此，生产者大力谋求降低物流费用，使现代物流成为普遍关心的产业。同时，计算机网络和信息技术也发展到足以支持物流全过程的优化和整合的程度。需要与可能相结合，促成了现代物流的高速发展。在一些发达国家，经过了长期不断的整合，已使物流渐渐地形成了独立的产业——现代物流产业。因此，现代物流产业与传统物流产业的根本区别就在于其全过程是经过全程优化的，各环节之间也是无缝衔接的。这就大大降低了物流费用，缩短了物流时间。这也是当代物流产业迅速发展的主要原因。这里还要澄清一个概念，尽管传统的物流企业用信息技术装备了自己，但并不能因此而称之为现代物流企业。例如，传统的仓储企业用上了计算机，不能因此称之为现代物流企业，而要看这个仓储企业的运作模式与上下游的联合是不是可能成为经过整合后的物流链中的一环。其次，要理解什么是中心。中心是相对于腹地而言的，是腹地某项活动（如政治、经济、体育等）集中开展的场合。因此，随着腹地大小的不同、腹地该项活动发展水平的不同，中心的层次也不一样。表现为中心的大小不同，活动项目多少的不同。因此，物流中心就是物流服务活动集中进行的场所，物流中心的规模取决于腹地的大小及其对物流服务的需求。最后，还要认识到，物流活动是商品生产与消费派生的活动，是随着商品生产数量的增加而增加的。如果商品生产的数量一定，对物流活动的需求也是一定的。只有在因物流费用减少、商品价格降低刺激需求的增长，扩大商品生产时，对物流活动的需求才会增加。传统物流是分散进行的，而现代物流则是经过整合后连续进行的。

传统物流与现代物流的区别主要表现在以下几个方面：
①传统物流只提供简单的位移，现代物流则提供增值服务；
②传统物流是被动服务，现代物流是主动服务；
③传统物流实行人工控制，现代物流实施信息管理；
④传统物流无统一服务标准，现代物流实施标准化服务；
⑤传统物流侧重点到点或线到线服务，现代物流构建全球服务网络；
⑥传统物流是单一环节的管理，现代物流是整体系统优化。

### 1.1.4 现代物流理念

#### 1.1.4.1 互联网思维

利用互联网的物流管理具有成本低、实时动态性和顾客推动的特征。互联网物流战略表现在以下两个方面：一方面，通过互联网这种现代信息工具进行网上采购和配销，简化了传统物流烦琐的环节和手续，使企业对消费者的需要把握得更加准确和全面，从而推动产品生产的计划安排和最终实现基于顾客订货的生产方式，以便减少流通渠道各个环节的库存；另一方面，企业利用互联网可以大幅度降低沟通成本和顾客服务成本，增强进一步开发新销售渠道的能力。互联网物流的兴起并不是彻底否定了此前的物流体系和物流网络，它们是相互依存的，这是因为虚拟化企业之间的合作必然在实践中产生大量实体商品的配送和处理，而这些管理活动必须以发达的物流网络为基础才能够实现。

#### 1.1.4.2 全球化理念

随着全球化的发展，企业的物流方式也向全球化发展。企业的原材料、零配件来源于全球的原材料市场，产品销售区域也是世界范围的。为了资源的优化，全球经营的企业也会在世界各地设定生产基地，这种全球经营的模式必须带来物流全球化。全球化物流是现代企业经营的特性。

#### 1.1.4.3 物流一体化

物流是生产商服务顾客的重要能力，这个能力的强弱直接影响顾客选择商品的结果，也影响企业的生存和发展。企业为了保持顾客的忠诚度，必须迅速满足顾客需要。从接受顾客订单开始，启动采购、生产、库存、配送等活动，从企业的内部作业流程来看，是企业内部物流一体化的过程。但是，要满足顾客要求，不仅企业内部物流过程一体化，企业与其原材料、零配件的供应商，与销售过程涉及的销售商们也必须很好地配合，即这三者的物流活动必须统一、协调。因此，在现代经营环境下，不仅要求企业内部物流的一体化运作，还要求外部物流的一体化运作。

#### 1.1.4.4 客户体验理念

进入20世纪90年代以后，整个社会经济向信息化、多元化方向发展的步伐越来越快，消费者需求多样化特征日益明显，企业为了适应这种情况，多品种、小批量生产方式应运而生，物流需求也以小批量、多品种、高频次为特点。订货周期变短、时间性增强，物流需求的不确定增高、物流的柔性化要求增强。企业物流活动的目的就是满足顾客所要求的在适当的时间、适当的地点，通过适当的服务形式得到适当商品的要求。

#### 1.1.4.5 物流信息化

现代物流活动的运作离不开信息化。信息在实现物流系统化和物流作业一体化方面发挥着重要作用。现代物流通过信息将各项物流活动有机结合在一起，通过对信息的实时把握，控制物流系统按照预定的目标运行。而信息技术的发展也为现代物流提供了减少非增值物流活动，提高物流效率的必要支撑。

#### 1.1.4.6 物流自动化

在现代物流活动中，已广泛使用先进的运输、仓储、装卸搬运、包装以及流通加工等手段。运输手段的大型化、高速化、专用化，装卸搬运机械的自动化，包装的单元化，仓库的立体化、自动化，以及信息处理和传输的计算机化、电子化、网络化等，为开发现代物流提供了物质保证。

#### 1.1.4.7 物流社会化

在现代物流时代，物流行业具有巨大的发展空间。制造性企业如果既从事生产制造，又从事运输等物流活动，可能会给企业的资金带来负担，同时也不能充分利用社会物流的能力。因此，许多企业都将自己的物流活动部分或全部外包给专业的物流服务企业。制造性企业与物流服务企业的联结，使社会物流活动的效益得到体现。第三方物流形态成为现代物流的主流，带动了物流产业在国民经济中发挥越来越重要的作用。

## 1.2 现代物流的功能

### 1.2.1 运输功能（Transportation）

运输是物流的核心业务之一，也是物流系统的一个重要功能。选择何种运输手段对于物流效率具有十分重要的意义，在决定运输手段时，必须权衡运输系统要求的运输服务和运输成本，可以以运输机具的服务特性作判断的基准：运费、运输时间、频度、运输能力、货物的安全性、时间的准确性、适用性、伸缩性、网络性和信息等。

### 1.2.2 仓储功能（Warehousing）

在物流系统中，仓储和运输是同样重要的构成因素。仓储功能包括了对进入物流系统的货物进行堆存、管理、保管、保养、维护等一系列活动。仓储的作用主要表现在两个方面：一是完好地保证货物的使用价值和价值；二是为将货物配送给用户，在物流中心进行必要的加工活动而进行的保存。随着经济的发展，物流由少品种、大批量物流进入到多品种、小批量或多批次、小批次物流时代，仓储功能从重视保管效率逐渐变为重视如何才能顺利地进行发货和配送作业。流通仓库作为物流仓储功能的服务据点，在流通作业中发挥着重要作用，它将不再以储存保管为其主要目的。流通仓库包括拣选、配货、检验、分类等作业，并具有多品种、小批量，多批次、小批量等收货配送功能以及附加标签、重新包装等流通加工功能。

根据使用目的，仓库的形式可分为：①配送中心（流通中心）型仓库：具有发货，配送和流通加工的功能；②存储中心型仓库：以存储为主的仓库；③物流中心型仓库：具有存储、发货、配送、流通加工功能。

物流系统现代化仓储功能的设置，以生产支持仓库的形式，为有关企业提供稳定的零部件和材料供给，将企业独自承担的安全储备逐步转为社会承担的公共储备，减少企业经营的风险，降低物流成本，促使企业逐步形成零库存的生产物资管理模式。

### 1.2.3 包装功能（Packaging）

为使物流过程中的货物完好地运送到用户手中，并满足用户和服务对象的要求，需要对大多数商品进行不同方式、不同程度的包装。包装分工业包装和商品包装两种。工业包装的作用是按单位分开产品，便于运输并保护在途货物。商品包装的目的是便于最后的销售。因此，包装的功能体现在保护商品、单位化、便利化和商品广告等几个方面。前三项属物流功能，最后一项属营销功能。

### 1.2.4 装卸与搬运功能（Loading/Unloading and Handling）

装卸搬运是随运输和保管而产生的必要物流活动，是对运输、保管、包装、流通加工等物流活动进行衔接的中间环节，以及在保管等活动中为进行检验、维护、保养所进行的装卸活动，如货物的装上卸下、移送、拣选、分类等。装卸作业的代表形式是集装箱化和托盘化，使用的装卸机械设备有吊车、叉车、传送带和各种台车等。在物流活动的全过程中，装卸搬运活动是频繁发生的，因而它是产品损坏的重要原因之一。对装卸搬运的管理，主要是对装卸搬运方式的选择，装卸搬运机械设备的合理配置与使用以及装卸搬运合理化，尽可能减少装卸搬运次数，以节约物流费用，获得较好的经济效益。

### 1.2.5 流通加工功能（Distribution Processing）

流通加工功能是在物品从生产领域向消费领域流动的过程中，为了促进产品销售、维护产品质量和实现物流效率化，对物品进行加工处理，使物品发生物理或化学性变化的功能。这种在流通过程中对商品进一步的辅助性加工，可以弥补在企业、物资部门、商业部门生产过程中加工程度的不足，更有效地满足用户的需求，更好地衔接生产和需求环节，使流通过程更加合理化，它是物流活动中的一项重要增值服务，也是现代物流发展的一个重要趋势。

流通加工的内容有装袋、定量化小包装、拴牌子、贴标签、配货、挑选、混装、刷标记等。流通加工功能其主要作用表现在：进行初级加工，方便用户；提高原材料利用率；提高加工效率及设备利用率；充分发挥各种运输手段的最高效率；改变品质，提高收益。

### 1.2.6 配送功能（Distribution）

配送功能的设置，可采取物流中心集中库存、共同配货的形式，使用户或服务对象实现零库存。企业依靠物流中心的准时配送，而无需保持自己的库存或只需保持少量的保险储备，减少物流成本的投入。配送是现代物流的一个最重要特征。

### 1.2.7 物流信息功能（Logistics Information）

现代物流是需要依靠信息技术来保证物流体系正常运作的。物流系统的信息服务功能，包括进行与上述各项功能有关的计划、预测、动态（运量、收、发、存数）的情报及有关的费用情报、生产情报、市场情报活动。物流情报活动的管理，要求建立情报系统和情报渠道，正确选定情报科目和情报的收集、汇总、统计、使用方式，以保证其可靠性和及时性。

从信息的载体及服务对象来看，该功能还可分成物流信息服务功能和商流信息服务功能。商流信息主要包括进行交易的有关信息，如货源信息、物价信息、市场信息、资金信息、合同信息、付款结算信息等。商流中交易、合同等信息，不但提供了交易的结果，也提供了物流的依据，是两种信息流主要的交汇处；物流信息主要是物流数量、物流地区、物流费用等信息。物流信息中库存量信息、不但是物流的结果，也是商流的依据。

物流系统的信息服务功能必须建立在计算机网络技术和国际通用的EDI信息技术基础之上，才能高效地实现物流活动一系列环节的准确对接，真正创造"场所效用"和"时间效用"。可以说，信息服务是物流活动的中枢神经，该功能在物流系统中处于不可或缺的重要地位。

信息服务功能的主要作用表现为：缩短从接受订货到发货的时间；库存适量化；提高搬运作业效率；提高运输效率；使接受订货和发出订货更为省力；提高订单处理的精度；防止发货、配送出现差错；调整需求和供给；提供信息咨询等。

## 1.3 现代物流的分类

### 1.3.1 按照从事物流的主体划分

物流可分为第一、第二、第三、第四方物流。

第一方物流是指需求方（生产企业或流通企业）为满足自己企业在物流方面的需求，由自己完成或运作的物流业务。

第二方物流是指供应方（生产厂家或原材料供应商）专业物流企业，提供运输、仓储等单一或某种物流服务的物流业务。

第三方物流（Third Party Logistics，TPL）是指由物流的供应方与需求方以外的物流企业提供的物流服务。即由第三方专业物流企业以签订合同的方式为其委托人提供所有的或一部分的物流服务。所以第三方物流也称之为合同制物流。

第四方物流（Fourth Party Logistics）是一个供应链的集成商，是供需双方及第三方的领导力量。它不是物流的利益方，而是通过拥有的信息技术、整合能力以及其他资源提供一套完整的供应链解决方案，以此获取一定的利润。它是帮助企业降低成本和有效整合资源，并且依靠优秀的第三方物流供应商、技术供应商、管理咨询以及其他增值服务商，为客户提供独特的和广泛的供应链解决方案。

### 1.3.2 根据作用领域的不同划分

可分为生产领域的物流和流通领域的物流。

生产领域的物流贯穿生产的整个过程。生产的全过程从原材料的采购开始，便要求有相应的供应物流活动，即采购生产所需的原材料；在生产的各工艺流程之间，需要原材料、半成品的物流过程，即所谓的生产物流；部分余料、可重复利用物资的回收，就是所谓的回收物流；废弃物的处理则需要废弃物物流。

流通领域的物流主要是指销售物流。在当今买方市场条件下，销售物流活动带有极强的服务性，以满足买方的需求，最终实现销售。在这种市场前提下，销售往往以送达用户并经过售后服务才算终止，因此企业销售物流的特点便是通过包装、送货、配送等一系列物流活动实现销售。

### 1.3.3 根据发展的历史进程划分

可分为传统物流、综合物流和现代物流。

传统物流的主要精力集中在仓储和库存的管理上，而有时又把主要精力放在仓储和运输方面，以弥补在时间和空间上的差异。

综合物流不仅提供运输服务，还包括许多协调工作，是对整个供应链的管理，如对陆运、仓储部门等一些分销商的管理，还包括订单处理、采购等内容。由于很多精力放在供应链管理上，责任更大，管理也更复杂，这是与传统物流的区别。

现代物流是为了满足消费者需要而进行的从起点到终点的原材料、中间过程库存、最终产品和相关信息有效流动及储存的计划、实现和控制管理的过程。它强调了从起点到终点的过程，提高了物流的标准和要求，是各国物流的发展方向。国际上大型物流公司认为现代物流有两个重要功能：能够管理不同货物的流通质量；开发信息和通信系统，通过网络建立商务联系，直接从客户处获得订单。

### 1.3.4 根据提供服务的主体不同划分

可分为社会物流、代理物流和企业物流。

社会物流属于宏观范畴，包括设备制造、运输、仓储、装饰包装、配送、信息服务等，公共物流和第三方物流贯穿其中。

代理物流是指由物流劳务的供方、需方之外的第三方去完成物流服务的运作模式。第三方就是提供物流交易双方的部分或全部物流功能的外部服务提供者。

企业物流属于微观物流的范畴，包括生产物流、供应物流、销售物流、回收物流和废弃物流等。

### 1.3.5 按物流的流向不同划分

可分为内向物流和外向物流。

内向物流是企业从生产资料供应商进货所引发的产品流动，即企业从市场采购的过程。

外向物流是从企业到消费者之间的产品流动，即企业将产品送达市场并完成与消费者交易的过程。

## 1.4 现代物流的发展领域

### 1.4.1 互联网 + 物流（Internet Plus Logistics）

"互联网 +"代表着一种新的经济状态，即充分发挥互联网在生产要素配置中的优化和继承作用，将互联网的创新成果融合于经济社会各领域之中。"互联网 + 物流"是将互联网与物流行业融合发展的一种新的物流形态，通过充分发挥移动互联网在物流资源要素配置中的优化和集成作用，重构物流价值链，并形成供应链上下游信息共享、资源共用和流程可视，从而深度参与采购、运输、仓储、配送等物流全过程，深刻了解客户需求，实时调度运、储、配等中间物流环节的资源，达到增强客户满意体验和提升物流服务效率的目标。

### 1.4.2 供应链物流（Supply Chain Logistics）

供应链物流是为了顺利实现与经济活动有关的物流，协调运作生产、供应活动、销售活动和物流活动，进行综合性管理的战略职能。供应链物流是以物流活动为核心，协调供应领域的生产和进货计划、销售领域的客户服务和订货处理业务，以及财务领域的库存控制等活动，包括涉及采购、外包、转化等过程的全部计划和管理活动及全部物流管理活动。更重要的是，它也包括了与渠道伙伴之间的协调和协作，涉及供应商、中间商、第三方服务供应商和客户。

### 1.4.3 低碳物流（Low-carbon Logistics）

低碳物流的兴起，归功于低碳革命和哥本哈根环境大会对绿色环保的官方倡导。随着气候问题的日益严重，全球化的"低碳革命"正在兴起，人类也将因此进入低碳新纪元，即以"低能耗、低污染、低排放"为基础的全新时代。而物流作为高端服务业的发展，也必须走低碳化道路，着力发展绿色物流服务、低碳物流和智能信息化。低碳物流将成为未来的行业热点，然而如何结合企业现实问题做到低碳物流的行业标准，而且怎样让企业能够正确意识到低碳物流的作用和低碳物流未来的发展前景，将是物流业界必须思考的问题，也是低碳化物流得到贯彻落实过程中的重要议题。

### 1.4.4 绿色物流（Green Logistics）

绿色物流是指在物流过程中采取各种措施，控制物流对环境造成的危害。这种观念实际上与社会经济的大要求分不开。由于地球资源的有限性，为了长期、持续地发展，人类必须学会维护我们的生态环境，各种经济生活都不能损害我们所赖以生存的自然环境。发展现代物流，也应该既能促进经济发展，又能保障人类健康发展。大多数国家或地区在制定运输、包装等法规时，都或多或少地体现了对物资的循环使用、防止破坏环境的思想，这就要求企业在开展物流活动时，一定要注意配合相应的法律法规。

### 1.4.5 逆向物流（Reverse Logistics）

逆向物流是指不合格物品的返修、退货以及周转使用的包装容器从需方返回到供方所形成的物品实体流动。比如回收用于运输的托盘和集装箱、接受客户的退货、收集容器、原材料边角料、零部件加工中的缺陷在制品等物品实体的反向流动过程。逆向物流在提升企业竞争力方面有着突出的贡献，但由于成本压力、政府管理力度不够、消费者环保意识不强以及不成熟的市场等因素，目前在中国，将逆向物流管理提到日常管理议事日程的企业并不多，因此如何激励企业自主自觉地实施逆向物流将是下一步研究的重点。

### 1.4.6 冷链物流（Cold chains Logistics）

冷链物流指冷藏冷冻类食品在生产、储藏运输、销售，到消费前的各个环节中始终处于规定的低温环境下，以保证食品质量，减少食品损耗的一项系统工程。它是随着科学技术的进步、制冷技术的发展而建立起来的，是以冷冻工艺学为基础、以制冷技术为手段的低温物流过程；是需要特别装置，需要注意运送过程、时间、运输形态，物流成本所占成本比例非常高的特殊物流形式。

### 1.4.7 敏捷物流（Agility Logistics）

敏捷物流亦称敏捷供应链（Agile Supply Chain.ASC），多数中国物流公司将敏捷物流称为"途途物流（wuliuku）"。敏捷物流（途途物流）以核心物流企业为中心，运用科技手段，通过对资金流、物流、信息流的控制，将供应商、制造商、分销商、零售商及最终消费者用户整合到一个统一的、快速响应的、无缝化程度较高的功能物流网络链条之中，以形成一个极具竞争力的战略联盟。

### 1.4.8 物流金融（Logistics Finance）

物流金融是指在面向物流业的运营过程，通过应用和开发各种金融产品，有效地组织和调剂物流领域中货币资金的运动。这些资金运动包括发生在物流过程中的各种存款、贷款、投资、信托、租赁、抵押、贴现、保险、有价证券发行与交易，以及金融机构所办理的各类涉及物流业的中间业务等。

### 1.4.9 电子商务物流（E-Business Logistics）

电子商务物流又称网上物流，是基于互联网技术，旨在创造性地推动物流行业发展的新商业模式。通过互联网，物流公司能够被更大范围内的货主客户找到，能够在全国乃至世界范围内拓展业务；贸易公司和工厂能够更加快捷地找到性价比最适合的物流公司。网上物流致力于把世界范围内最大数量的有物流需求的货主企业和提供物流服务的物流公司都吸引到一起，提供中立、诚信、自由的网上物流交易市场，帮助物流供需双方高效达成交易。目前已经有越来越多的企业通过网上物流交易市场找到了客户、合作伙伴或是海外代理。网上物流提供的最大价值，就是更多的机会。电子商务时代的来临，给全球物流带来了新的发展，使物流具备了一系列新特点：信息化、自动化、网络化、智能化、柔性化以及绿色化。

### 1.4.10 云物流（Cloud Logistics）

物流云计算服务平台是面向各类物流企业、物流枢纽中心及各类综合型企业的物流部门的完整解决方案，它依靠大规模的云计算处理能力、标准的作业流程、灵活的业务覆盖、精确的环节控制、智能的决策支持及深入的信息共享来完成物流行业的各环节所需要的信息化要求。在云平台上，所有的物流公司、代理服务商、设备制造商、行业协会、管理机构、行业媒体、法律结构等都集中云整合成资源池，各个资源相互展示和互动，按需交流，达成意向，从而降低成本，提高效率。

## 1.5 现代物流的发展趋势

随着物流业的发展，在供应链管理模式上增添新的内容，物流业出现了新的发展趋势。

（1）物流管理从物的处理，提升到物的价值方案设计、解决和管理上

现代物流可以为客户提供量身定制的，并带有个性化的服务，企业逐渐转向强调跨企业界限的整合，使得顾客关系的维护与管理变得越来越重要。

（2）由对立转向联合

传统商业通道中，企业间多半以自我为中心，追求自我利益，因此往往造成企业间对立的局面。然而在追求更大竞争力的驱动下，许多企业开始在各个商业流通机能上整合，通过联合规划与作业，形成高度整合的供应链通道关系，使通道整体成绩和效果大幅提升。

（3）由预测转向终测

传统的流通模式通过预测下游通道的资源来进行各项物流作业活动，不幸的是预测很少会准确，因而浪费了许多自然及商业资源。新兴的物流管理趋势是强调通道成员的联合机制，成员间愿意互换营运及策略信息，尤其是内部需求及生产资料，使得上游企业无需去预测。

（4）由经验积累转向变迁策略

一直以来，经验曲线是企业用来分析市场竞争趋势及发展对应策略的方法，然而科技的突飞进步，企业固守既有经验反而成为其发展的障碍，因此在高度变化的环境下，经验及现存通道基础结构反变为最难克服的障碍，成功的企业要有辨识策略方向的嗅觉和持续变迁管理体系才能生存。

（5）由绝对价值转向相对价值

传统财务评价只看一些绝对数值，新的评估方法将着重相对价值的创造，即在通道中提供价值服务，顾客所增加的价值中企业可占多少比例。

（6）由功能整合转向程序整合

在竞争渠道日趋激烈的环境中，企业必须更快响应上、下游顾客的需要，因而必须有效整合各部门的营运，并以程序式的操作系统来运作，物流作业与活动多半具有跨功能、跨企业的特性，故程序式整合是物流管理成功的重点。

（7）由垂直整合转向虚拟整合

在传统渠道中，一些大企业进行通道的垂直整合，以期掌握有更大的力量，事实证明这并不成功，反而分散了企业的资源，并将主业削弱。今日企业经营的趋势是专注核心业务，将非核心业务委托给专业管理公司去做，形成虚拟企业整合体系，使主体企业提供更好的产品及服务。

（8）由信息保留转向信息分享

在供应链管理结构下，供应链内相关企业必须将供应链整合所需的信息与其他企业分享，否则，无法形成有效的供应链体系。

（9）由训练转向知识学习

在可预见的未来，任何物流程序均以人力来完成。然而，物流作业多半需要在各个物流据点和运输网络中进行，大约有90%的时间，物流主管无法亲自加以监控。全球化的发展趋势，也增加了物流人力资源管理的复杂度。物流主管必须以个别人员技能训练的方式，转向基础知识的学习发展。

（10）由管理会计转向价值管理

未来许多企业愿意投入许多资源建立基本会计系统，着重提供增值创造、跨企业的管理信息，以期能确认可以创造价值的作业，而非仅在于收益增加，成本升降上。

**【本章小结】**

物流是物品从供应地到接收地的实体流动过程，根据实际需要，将运输、储存、装卸、搬运、包装、流通加工、配送、信息处理等基本功能实施有机的结合。现代物流的发展进程经历了三个阶段，并与传统物流相比有着较大的区别。现代物流的发展领域包括互联网＋物流、供应链物流、低碳物流、绿色物流、逆向物流、冷链物流、敏捷物流、物流金融、电子商务物流和云物流等。随着物流业的发展，供应链管理模式不断更新，物流业出现了新的发展趋势。

## 【本章思考】

1. 现代物流的发展历程有何特点？
2. 如何区别现代物流与传统物流？
3. 现代物流有哪些功能？各功能环节之间有何关联？
4. 现代物流有哪些分类？各类物流分别有何特点？

## 【案例讨论】

### 奔腾物流的"走出去"

目前，奔腾物流致力于打造山东省内电商落地配平台、全国零担货运网络平台、信息化建设平台等，各类平台间加快网络开放、渠道下沉、互联互通、整合利用，有助于建立完善现代物流网络体系，打造集约化竞争新优势。奔腾物流依托密集的物流网络，往上延伸做"电商配"，往下延伸打通了物流"最后一公里"，两者互相借力，拉长产业链。

当"互联网＋"概念不断拥抱和改造传统行业时，物流业也不例外。在一些互联网物流信息平台崛起的影响下，济南的传统物流企业也在纷纷探索自己的新出路，尝试提升运行效率，转变行业生态。在此过程中，涌现出一大批拥有高水准现代化物流体系的货运企业，而山东奔腾物流当属一面旗帜。历经18年的发展，奔腾物流已位居山东省甚至全国零担物流的前列，其第三方物流运输服务和城市共同配送均已取得业内认可。

1. 试水农村物流，奔腾第一个吃"螃蟹"

在刚刚过去的由运联传媒发布的2015年全国零担货运30强的评选中，奔腾物流以2.9亿元的营业额跃居第23位。2014年以来，零担快运逐渐成为整个公路货运业的竞争中心，伴随而来的网点争夺大战、客户大战、营销大战、人才大战甚至资本大战，此起彼伏。在这场没有硝烟的战争中，奔腾物流始终保持清醒，立足企业，稳中求进。2015年5月1日，山东优配物流有限公司正式成立，作为奔腾物流旗下的全资公司，优配速运独立运营城市共同配送。目前，优配速运覆盖全山东省17个城市及下辖县区行政单位，共计137个县级行政区，辐射山东全境共1869个乡级行政区，初步建成以优配速运品牌为核心的区域型O2O物流配送网络。

得益于国家扶持农村物流发展的大政策，奔腾物流迅速找到了新的开拓方向。同时，电商在物流的发货量以每年80%～100%的速度猛增，农村物流必定是个大趋势。以济南到莱州沙河镇为例，360多公里的路程，电商分拨送货，成本太高，但是依托物流公司的干线车，进行零点配送，至少可以节约50%的成本。

2. 强强联合搭建全国零担网络

当前，物流业的一个重要发展趋势是向供应链转型。据了解，世界经济发达国家加大"再工业化"战略的推进力度，主要依靠的就是对全球供应链的掌控和驾驭能力。而物流企业贯穿供应链上下游，掌握各类渠道资源，向供应链一体化服务平台转型具有先天优势。目前，奔腾物流也在积极探索加快延伸服务链条，承接企业物流业务，提供供应链增值服务，打造一体化竞争新优势。随着制造业产业升级、商贸业模式变革和农业现代化，物流企业将进一步深化与产业物流的联动融合。作为山东区域零担物流"小霸王"，奔腾物流发展态势强劲，一方面是网络覆盖加强，网点到县甚至村镇，另一方面是运营管理不断得到优化。

由于与全国布局的网络型零担不同，不具备高强度投资建设全国网络的能力和机会，因此奔腾物流选择深耕省内网络，实现省县通，网点下沉到县乡。目前，奔腾物流正在加强区域网络之间的联动、联网和联合。奔腾物流与湖北大道物流、陕西卓昊物流、四川金桥物流、吉林金正物流、山西三毛物流共同发起成立了上海壹米滴答供应链管理有限公司。壹米滴答采用的是一个不同于现在市场上的所有物流公司的模式，是一种全新的搭建全国零担网络的创新尝试，合伙人都是各个省份的零担巨头。

3. 拥抱"互联网+"，自建物流信息大平台

当今时代是一个互联网时代，它带来的是颠覆性商业变革。近一两年来，陆续有企业或创业者推出互联网车队、互联网整合物流园区或互联网物流交易平台，这成为以互联网模式融入传统物流的商业模式，其中蕴含了巨大的商业潜力。

传统仓储物流多是以"点到点"运输为主，而现在生产经营活动更加多元化，使得传统物流配送在运输效率、时间成本上无法满足需求。但物流业和互联网结合后，就可以通过网络平台来协调货物和运力间的配送关系，形成"互联网+物流"的方式，实现物流业的变革转型。据了解，奔腾物流于2015年年初成立了众享软件技术公司，旨在进行物流行业信息化平台研发、条形码和移动计算技术的推广和应用软件产品的开发。目前，奔腾物流所用的所有软件都是自主开发，真正做到了通过信息流支撑物流管理，以致调控和主导物流，改善物流管理水平。

（资料来源：http://www.jnbenteng.com/）

### 分析与讨论

1. 奔腾物流的发展模式属于哪种物流类型？
2. 奔腾物流的"互联网+"理念有何特点？

### 【拓展资源】

1. 网上资源：奔腾物流网站：http://www.jnbenteng.com/；中国物流与采购网：http://www.chinawuliu.com.cn/；黄刚微博：http://www.weibo.com/davidscm

2. 书籍：《物流系统论》，何明珂著/2009年/高等教育出版社；《物流案例分析与方案设计》，周兴建主编/2013年/电子工业出版社

# 第 2 章　互联网＋物流

**【学习要点】**
- 熟悉"互联网+"及"互联网+物流"的概念
- 了解"互联网+物流"的价值内涵
- 了解"互联网+物流"的理论内涵
- 熟悉"互联网+物流"的发展模式
- 了解"互联网+物流"的发展趋势

**【关键术语】**

互联网＋（Internet Plus）；互联网＋物流（Internet plus Logistics）；资源基础/依赖（Resource-based View/ Resource Dependence）；交易成本（Transaction Costs）；委托代理（Principal-agent）；长尾理论（The Long Tail）；市场均衡（General Equilibrium）；消费主权（Consumer Paramountcy）；价值链理论（Value Chain）

**【案例导读】**

## 百世集团的互联网+物流

以"互联网+"为核心的新技术的嵌入，正深刻改变着传统物流快递业，而正是现代物流业的发展，支撑着快速发展的电商业务，并悄悄地让消费者尊享快乐网购体验。

在外人看来，物流与仓配是个十足的"卖苦力"的传统行业。但是，这一陈旧观念正在发生深刻变化，这种变化来自于以"互联网+"为核心的新技术的嵌入，更来自于行业领航者的先行探索。可以说，正是有百世集团这样著名的现代物流业企业在电商和消费者之间的现代化对接服务，才有了短时间内的电商天量销量和消费者极爽的购物体验。

### 1. 无缝"链"接的全供应链服务体系

百世的系统服务提供了企业供应链柔性的应对支持，帮助企业在转型过程中与市场无缝"链"接。2015年，百世已拥有百世云、百世供应链、百世快递、百世快运、百世国际、百世金融、百世店加7大品牌。运用互联网创新思维和运营实践，百世已基本构建了一张信息化的全球仓配一体化网络，包括国内（含港澳台地区）快递及快运服务网点近1.7万个，30个重点省份城市超过85个百世云仓服务网络，仓配整体服务面积超过250万平方米，海外市场目前已覆盖北美及欧洲。

为了支撑庞大复杂的全业务物流服务体系，百世自主研发了 GeniMax 综合物流业务运营平台。该平台全面采用新一代互联网技术，包含近千个运算节点，每天处理数亿笔业务交易，同时具备实时海量数据分析能力，为百世快递、快运、仓储业务线提供从规划决策、交易处理直至现场作业指导的全环节支撑。在有效支撑百世业务运营的同时，GeniMax 平台也延伸至业务链上下游，为品牌商、电商卖家、运力供应商等合作伙伴提供基于云端的软件服务，与合作伙伴一起共同提升协同效率，提高用户体验。现在，每天有200多家国内外知名企业使用百世供应链订单管理系统，覆盖包括服装、箱包、快消、日化、食品、百货、数码等在内的多领域多行业。

### 2. 让消费者尊享快乐网购体验

2015年初，百世供应链启动百世云仓3.0版升级计划，目前百世云仓全国仓储服务面积已超过100万平方米，覆盖全国30个重点省市，为"双11购物狂欢节"商家的仓配需求提供了有力保障。2015年4月，百世云仓跨境服务在宁波保税区启动，截至2015年10月，已开通宁波、郑州、广州南沙保税区的跨境仓服务，"双11"期间与菜鸟国际、天猫国际展开合作，将全球产品带到消费者面前。

百世快运2015年3月全国起网，截至9月，服务范围已覆盖全国30个省份，超过200个分拨中心，60万平方米的作业面积，1200多条班车线路，服务网点增至近2000个。作为零担物流行业的新晋成员，百世快运提供标准化、信息化、产品化的零担物流服务。为方便客户操作，百世快运利用互联网技术，自主创新研发智能分拨、移动门店、微信拍照下单、主动跟踪预警等项目，在客户端配置方便快捷的操作系统。为解决快递最后100米投递服务质量，百世汇通携手小微商户在全国各地同步推出社区增值服务项目"百世邻里"，目前在全国服务站已超过8.5万家。2015年"双11"期间，百世实现部分地区次日达，让购物体验更完美。移动端的"互联网+"，在百世系统内部也有广泛应用。百世为快递员、班车司机、加盟商等提供了多种手机APP，成为百世12万多名快递员工作中的得力助手。

随着多年"双11购物狂欢节"与平台、商家等多方协作经验的积累，百世的系统管理、服务能力不断提升，品牌企业和消费者也得到了越来越可心的购物体验，百世每年的业绩增长幅度也远高出行业平均增长水平。在2015年"双11"期间，百世集团整体业务量累计突破3000万单，其中旗下百世汇通快递业务单量2458万单（包括天猫、淘宝及其他客户产生的订单），百世供应链百世云仓业务单量突破550万单，再创业绩高峰。由此，百世集团已连续两年"双11"业绩较上年同期增长超2.5倍。

（资料来源：http://bszg.cn.china.cn/）

## 2.1 互联网+物流的界定

### 2.1.1 "互联网+"的提出

阿里研究院的《互联网+研究报告》指出，"互联网+"正在悄悄进入我们的生活，而未来互联网也将像水电一样让我们时刻离不开它。而关乎国民经济和生活的物流业，在"互联网+"的大潮中亟需找到"互联网+物流"的终极生存之道。

经过30多年的发展，国内全社会水路、铁路及道路货物发送量、周转量、吞吐量等均居世界第一，航空货运量和快递量居世界第二，物流业已成为国民经济的支柱产业和最重要的现代服务业之一。但总体上看，我国物流业发展方式仍处于相对粗放的阶段，总体滞后于经济社会发展水平。传统的物流运作模式已经难以为继，而在"互联网+"环境下，以移动互联网、大数据、物联网等为代表的新思维、新技术的出现，给"互联网+物流"的发展带来想象空间。

国内"互联网+"理念的提出，最早可以追溯到2012年11月易观国际董事长兼首席执行官于扬首次提出的"互联网+"公式，即产品和服务在多屏全网跨平台用户场景结合之后产生"化学变化"。2015 年两会期间，马化腾提出议案《关于以"互联网+"为驱动，推进我国经济社会创新发展的建议》，同期，在 2015 年 3 月 5 日十二届全国人大三次会议上，李克强总理在政府工作报告中首次提出"互联网+"行动计划，将互联网建设上升到国家层面。一时间，众多学者和管理实践者对"互联网+"领域的理论及实践进行研究和探索，形成了百家争鸣的局面。这其中，关于"互联网+"理念的具有代表性的观点，如表 2-1 所示。

表 2-1 "互联网+"理念的主要观点

| 提出者 | 互联网+的观点 | 来源 |
| --- | --- | --- |
| 曹磊 | "互联网+"的 7 个比喻：鱼和水、电、信息孤岛、连接器、零件、生态、浪潮 | 《互联网+：产业风口》，机械工业出版社，2015 年 5 月 |
| 马化腾 | "互联网+"不仅仅是一种工具，更是一种能力，一种新的 DNA，当其与各行各业结合之后，能够赋予后者以新的力量和再生的能力 | 《互联网+：国家战略行动路线图》，中信出版集团，2015 年 7 月 |
| 阿里研究院 | "互联网+"的本质是传统产业的在线化、数据化。商品、人和交易行为迁移到互联网上，实现"在线化"，形成"活的"数据，随时被调用和挖掘。在线数据随时可以在产业上下游、协作主体之间以最低的成本流动和交换 | 《互联网+研究报告》，阿里研究院发布，2015 年 3 月 |
| 马化腾 | "互联网+"是指利用互联网的平台、信息通信技术把互联网和包括传统行业在内的各行各业结合起来，从而在新领域创造一种新生态 | 《以融合创新的"互联网+"模式为驱动，全面推进我国信息经济的发展》，2015 年两会提案 |
| 刘润 | "互联网+"的商业环境下，小米是"达尔文雀"。它通过充分利用互联网，实现了创造价值和传递价值的改变，成为"互联网+"的标杆企业 | 《互联网+（小米案例版）》，北京联合出版公司，2015 年 4 月 |
| 曹磊，陈灿，郭勤贵等 | "互联网+"被传统企业掌握之后，其本质还是所在行业的本质。"互联网+"把这种供需的模式以一种更有效率、更有经济规模的方式实现，互联网是工具，每个企业应该通过"互联网+"找到自己的立足点 | 《互联网+：跨界与融合》，机械工业出版社，2015 年 4 月 |
| 王吉斌，彭盾 | "互联网+"将互联网、移动互联网、云计算、大数据等信息技术的创新成果与传统产业融合，改造和提升传统产业，创造出物联网、工业互联网这样新的巨大市场，而传统产业是接受改造的对象和其发挥威力的基础 | 《互联网+：传统企业的自我颠覆、组织重构、管理进化与互联网转型》，机械工业出版社，2015 年 4 月 |

从现有研究来看，"互联网+"的理论与应用尚处于初级阶段，各行业领域对"互联网+"还处在论证与探讨过程中。但毫无疑问，"互联网+"正逐步渗透、扩展和应用到第三产业，形成了诸如互联网金融、互联网教育等新的行业形态，并开始推动如物流等传统产业进行转型升级，为其带来新的机遇和提供广阔的发展空间。

### 2.1.2 "互联网+物流"的概念

在"互联网+"环境下，信息化的时效性使得空间距离相对缩短，由此引发对物流产业资源整合和物流运营效率提升的强烈需求。传统物流业以劳动密集型为特点，以人工作业为主，偏好于物流硬件设施及设备的投入，但随着物流活动由制造业驱动向电商业驱动转变，快递、零担类的物流在部分取代传统合同物流，并越来越倾向于小批量、多批次、高频率的物流作业，传统的粗放式物流运营模式越来越跟不上市场需求的步伐，服务内容同质化、恶性价格竞争、服务水平低下、遭遇客户投诉等问题越来越多。要解决这些"痛点"，"互联网+物流"是一条可行之道。

因此，可以将"互联网+物流"描述为移动互联网与物流行业融合发展下的一种新的物流形态，通过充分发挥移动互联网在物流资源要素配置中的优化和集成作用，重构物流价值链，并形成供应链上下游信息共享、资源共用和流程可视，从而深度参与采购、运输、仓储、配送等物流全过程。"互联网+物流"通过深刻了解客户需求，实时调度运、储、配等中间物流环节的资源，达到增强客户满意体验和提升物流服务效率的目标。

## 2.2 "互联网+物流"的价值内涵

互联网的核心价值在于通过信息传递方式的改变而使得供应链上的协作更加紧密。通过与互联网深度融合，"互联网+物流"的价值体现在借助于互联网实时、高效地整合物流供应链资源，根据市场和客户需求重构物流价值链。

### 2.2.1 物流资源整合

互联网对于传统物流业变革的促进作用，其中最重要的一条途径是整合资源。根据资源位第三定律（昝廷全，2013），互联网的一个重要作用就是增强世界的连通性。用系统经济学的语言来说，就是互联网促进了系统广化和系统深化。互联网的这种连通功能之强大是空前的，因此，互联网的资源整合功能也是空前的。

为量化描述这种整合作用，假设互联网节点集合为 $V$，$xv$ 为 $V$ 上的特征函数，则 $xv$ 在 $V$ 上的积分 $\int xvdv = \Sigma v \in Vm(\{v\})$，其中 $m(\{v\})$ 为节点 $V$ 的资源强度的测度。当 $m(\{v\})$ 具有可加性时，$\int xvdv = m(V)$；当 $m(\{v\})$ 不具可加性时，$m(V) \neq \Sigma v \in Vm(\{v\})$。在不连通的情况下，$\int xvdv = \Sigma v \in Vm(\{v\}) = m(V)$；在完全连通的情况下，$\int xvdv = \Sigma v \in Vm(\{v\}) = N \cdot m(v)$，$N$ 为互联网节点数。结论：$m(V) \leq \int xvdv \leq N \cdot m(v)$，差值 $N \cdot m(v) - m(V)$ 为连通性导致的系统效应。实际上，由于有知识融合效应，知识融合导致知识创新，从而导致实际值更大。

互联网的这种资源整合功能一方面创造了一个新的社会和经济环境逼迫传统物流组织打破自我封闭；另一方面为传统物流组织加强同外部的沟通与联系提供了一条方便、快速、经济的途径，是传统封闭系统整合外部资源的有效平台和工具。

### 2.2.2 价值链重构

"互联网+物流"是物流业与互联网的深度融合，这一过程必然要求变革传统物流模式、重组物流流程，从本质上讲，"互联网+物流"为物流价值链的重构（Reconstruction）从根源上提供了巨大的驱动力。

（1）表层重构

物流价值链的表层重构建立在传统互联网基础上，以 WEB1.0、WEB2.0 技术为标志，对物流信息的聚合与分发方式的重构。如通过门户网站、ERP、物流信息系统、手机 APP 等在信息层面上对传统物流行业进行的重构，此时，获取物流信息（信息聚合）或传播信息（信息分发）的方式由报纸、期刊、电视等改变为 PC、手机或博客、微信，信息传播速度也不可同日而语。

### (2) 深度重构

物流价值链的深度重构建立在移动互联网基础上，以 WEB3.0 技术为标志，将物流流程中的各个物流环节进行逐一分析，把能放到线上的步骤放到线上，把能省却的步骤省却，把某几个步骤前后交换顺序（时间顺序或逻辑顺序），利用互联网的特质对传统物流行业的供应链进行重构。这种深度重构，将对原有行业进行颠覆性的改造，之前的行业龙头甚至会被取而代之，这正是 Clayton Christensen（1997）的颠覆式创新（Disruptive Innovation）理论。

#### 2.2.3 去中介化功能

从表征上看，"互联网+物流"提供直接驱动力以去除物流中间环节、节省中间费用等去中介化（disintermediation）功能。首先，在物流活动过程中的供需双方通过互联网直接对接，节约了时间、人力、物力等多方面交易成本，能够直接惠及交易双方；其次，由于缩短了交易链条，避免了过多的人为参与，交易过程会清晰记录在互联网上，可随时审核查看，这在一定程度上保证了交易的透明度，有助于物流行业整体水平的提升；再次，"互联网+物流"带动了交易链条的变革，改进了物流业务模式，能够提高物流效率和物流服务水平；最后，经过去中介化之后，互联网可将各种数据更加直接和高效地反馈给行业本身，通过"互联网+物流"平台的大数据监测行业发展走向，为行业发展提供客观参考。

## 2.3 "互联网+物流"的理论内涵

从理论渊源上，"互联网+物流"的价值源于"互联网+"的 7 个理论内涵。其中，物流资源整合源自于资源基础/依赖理论、长尾理论、市场均衡理论，价值链重构源自于委托代理理论、消费主权理论、价值链理论，而去中介化功能源自于交易成本理论等。具体而言，"互联网+物流"的价值内涵与理论内涵之间的关系如表 2-2 所示。

表 2-2 "互联网+物流"价值内涵与理论内涵之间的关系

| 理论来源 | "互联网+物流"的价值内涵 | "互联网+物流"的理论内涵 |
| --- | --- | --- |
| 资源基础/依赖理论 | 物流资源整合价值链重构 | "互联网+物流"为企业内部和外部的沟通提供了一条高效的通道，物流资源在这条通道中得以合理流动和充分调配，实现"互联网+物流"下的资源整合 |
| 交易成本理论 | 去中介化功能 | "互联网+物流"的形成，降低了物流服务的搜寻成本、信息成本、议价成本、决策成本、事后交易成本及约束成本 |
| 委托代理理论 | 价值链重构 | "互联网+物流"下，物流服务的委托人和代理人可以保持确定的关系，实现帕累托—阶最优风险分担和激励 |
| 长尾理论 | 物流资源整合价值链重构 | "互联网+物流"存在众多小市场汇聚成可产生与主流市场相匹敌的能量 |
| 市场均衡理论 | 物流资源整合 | "互联网+物流"提供了"完全竞争"的均衡条件，消费者可以获得最大效用，物流活动可以获得最大利润，并形成新的市场均衡状态 |

续表

| 理论来源 | "互联网+物流"的价值内涵 | "互联网+物流"的理论内涵 |
|---|---|---|
| 消费主权理论 | 价值链重构 | "互联网+物流"下客户对物流服务具有定价权、选择权、评价权，对物流方案的设计具有参与权、主导权、引领权，最终形成客户在物流全价值链活动中的话语权 |
| 价值链理论 | 去中介化功能价值链重构 | "互联网+物流"下，物流价值链可以进行分解与整合，从对整个价值流程的分析中，放弃或增加某些增值环节，从自己的比较优势出发，选择若干环节培养并增强其核心竞争力，利用市场寻求合作伙伴，共同完成整个价值链的全过程 |

### 2.3.1 资源基础/依赖理论

Wernerfelt（1984）的资源基础理论（Resource-Based View）将一个企业视为一个生产资源的组合，企业的成长依赖其富余资源的使用状况。该理论关注企业内部资源和能力的分析，为了同时既充分发掘现有的资源和能力又发展企业的竞争优势，就需要从外部补充企业所需的资源和能力。Jeffrey Pfeffer 和 Gerald Salancik（1978）提出的资源依赖理论（Resource Dependence Theory）则关注企业的外部环境，认为一个企业与其周边环境中的其他企业及组织密切相关，这一企业的成功和生存要依赖于周边别的企业和组织向其提供必需的资源，且要积极地管理或控制资源流。对于物流活动而言，互联网恰好为企业内部和外部的沟通提供了一条高效的通道，物流资源在这条通道中得以合理的流动和充分的调配，实现物流资源的高效整合。

### 2.3.2 交易成本理论

根据 Williamson（1985）对交易成本（Transaction Costs）的界定，交易成本指达成一笔交易所要花费的成本，也指买卖过程中所花费的全部时间和货币成本。传统物流业中的交易成本，包括对搜集物流服务信息与交易对象信息而构成的搜寻成本，取得交易对象信息与和交易对象进行信息交换所需的信息成本，针对物流合同、物流服务价格、物流服务水平讨价还价的议价成本，进行相关决策与签订物流合同所需的决策成本，监督物流服务交易进行的成本，违约时所需付出的事后交易成本以及为取信于对方所需的约束成本等。而"互联网+物流"将某些物流中间环节去除，降低了物流服务的相关交易成本。

### 2.3.3 委托代理理论

委托代理理论（Principal-agent Theory）建立在非对称信息博弈论的基础上，在非对称信息（Asymmetric Information）情况下，委托人不能观测到代理人的行为，只能观测到相关变量，这些变量由代理人的行动和其他外生的随机因素共同决定。根据 Radner（1981）和 Rubbinstein（1979）的委托代理动态模型，考虑在互联网技术辅助下，"互联网+物流"使得物流服务的委托人和代理人可以保持确定的关系。其一，由于大数定理，外生不确定可以剔除，委托人可以相对准确地从观测到的变量中推断代理人的努力水平，代理人不可能用偷懒的办法提高自己的福利；其二，长期合同部分上向代理人提供了"个人保险"（self-insurance），物流服务的委托人可以免除代理人的风险，也即"互联网+物流"可以实现帕累托一阶最优风险分担和激励。

### 2.3.4 长尾理论

长尾（The Long Tail）理论（Chris Anderson，2004）建立在统计学中幂律（Power Laws）和帕累托分布（Pareto Distributions）两个概念的基础上。由于成本和效率的因素，在互联网环境下，物流服务的成本急剧下降以至于个人都可以提供，并且当物流销售成本急剧降低时，几乎任何以前看似需求极低的服务都可以销售出去。物流服务的销售量不在传统需求曲线上代表"热门线路""畅销项目"的头部，而是在代表"冷门市场"经常为人遗忘的尾部。借助于互联网，这些需求不旺或销量不佳的物流服务所共同占据的市场份额可以和那些少数热销服务所占据的市场份额相匹敌甚至更大，即"互联网＋物流"存在众多小市场汇聚成可产生与主流市场相匹敌的能量。

### 2.3.5 市场均衡理论

根据 Walras（1874）的一般均衡理论（General Equilibrium Theory），整个经济体系处于均衡状态时，所有消费品和生产要素的价格将有一个确定的均衡值，它们的产出和供给将有一个确定的均衡量。"互联网＋物流"提供了"完全竞争"的均衡条件，客户可以获得最大效用，物流活动可以获得最大利润。此时，不仅物流服务提供者更容易实现规模经济效应，需求者通过消费规模经济使得交易成本降低，导致供给方成本和价格进一步降低，这又加强了自身的规模经济效应，进而形成供需方之间的良性循环，产生正反馈效应，进一步使供需双方成本降低、效益提高，形成了新的市场均衡状态。

### 2.3.6 消费主权理论

根据 Fried rich A. Hayek 提出的消费者主权理论（Consumer Paramountcy Theory），在互联网环境下，消费者根据自己的意愿和偏好选购所需的商品，并通过网络平台传达给生产者，于是所有生产者听从消费者的意见安排生产，提供消费者所需的商品。互联网技术使得客户在物流服务交易谈判中的力量开始超过企业并获得支配地位，进而大大提升了客户在物流经营中的作用，形成消费者主权论。"互联网＋物流"下的消费者主权论主要体现在客户对物流服务具有定价权、选择权、评价权，对物流方案的设计具有参与权、主导权、引领权，最终形成客户在物流全价值链活动中的话语权。

### 2.3.7 价值链理论

根据 Michael E. Porter（1985）的价值链（Value Chain）理论，价值链上的每一项价值活动都会对企业最终能够实现多大的价值造成影响。在"互联网＋物流"的环境下，物流价值链可以进行分解与整合，从对整个价值流程的分析中，放弃或增加某些增值环节，从自己的比较优势出发，选择若干环节培养并增强其核心竞争力，利用市场寻求合作伙伴，共同完成整个价值链的全过程。价值链理论揭示，"互联网＋物流"是整个价值链的竞争，客户心目中的价值由一连串企业内部物质与技术上的具体活动与利润所构成，当与其他企业竞争时，其实是内部多项活动在进行竞争，而不是某一项活动的竞争。

## 2.4 "互联网+物流"的模式

从"互联网+物流"的定义来看，基于传统物流业的"痛点"，"互联网+物流"的首要途径在于改变原有的物流运作模式，利用移动互联网、大数据及物联网等的优势，在管理监控、运营作业、金融支付等方方面面实现物流供应链信息化。从"互联网+物流"的价值内涵和理论内涵来看，在交易成本、市场均衡等理论下，"互联网+物流"通过对物流资源整合及去中介化形成物流平台模式；在委托代理、长尾、消费主权等理论下，"互联网+物流"通过高效集聚闲散的物流资源而形成物流众包模式；在资源基础/依赖、价值链等理论下，"互联网+物流"通过物流价值链的重构而形成物流跨界模式。"互联网+物流"的模式及其内涵如表2-3所示。

表2-3 "互联网+物流"的模式及其内涵

| "互联网+物流"模式 | | 主要代表 | 价值内涵 | 理论内涵 |
|---|---|---|---|---|
| 平台模式 | 供应链平台 | 怡亚通模式 | 物流资源整合去中介化功能 | 交易成本理论、市场均衡理论、消费主权理论、价值链理论、资源基础/依赖理论 |
| | 物流平台 | 菜鸟网络模式 | | |
| | 运输平台 | 卡行天下模式 | | |
| 众包模式 | | 快递兔模式 | 物流资源整合价值链重构去中介化功能 | 委托代理理论、长尾理论、消费主权理论、价值链理论、资源基础/依赖理论 |
| 跨界模式 | 功能跨界 | 德邦快递模式与顺丰物流模式 | 物流资源整合价值链重构 | 资源基础/依赖理论、价值链理论、交易成本理论 |
| | 行业融合 | 顺丰电商模式与京东物流模式 | | |
| | 行业联动 | 日日顺模式 | | |
| | 行业跨界 | 传化物流模式 | | |

### 2.4.1 平台模式

（1）供应链平台——怡亚通模式

"互联网+物流"的供应链平台模式以怡亚通为代表。深圳市怡亚通供应链股份有限公司（简称怡亚通）从传统的委托采购、分销式"广度供应链管理"，转向帮助客户扁平渠道、让产品直供门店的"深度供应链平台"。怡亚通为客户提供一站式的供应链服务，包括采购、深度物流、销售、收款等。与传统的委托采购、分销相比较，怡亚通供应链管理平台集合了企业的非核心业务外包，提供更多的专业性增值服务，而且，供应链管理服务的费用率和综合毛利率水平更高。怡亚通根据客户的需求，对供应链各环节进行计划、协调、控制和优化，并通过建立快速响应机制、灵活的服务，实现商流、物流、资金流、信息流四流合一，同时结合JIT运作管理，形成怡亚通特有的一站式供应链解决方案及服务组合，为企业提供专业、全方位的供应链服务。

（2）物流平台——菜鸟网络模式

"互联网+物流"的物流平台模式以菜鸟网络为代表。基于中国智能物流骨干网项目而组建的菜鸟网络科技有限公司（简称菜鸟网络），应用物联网、云计算、网络金融等新技术，为各类B2B、B2C和C2C企业提供开放的物流服务平台。菜鸟网络利用互联网技术，建立开放、透明、共享的数据应用平台，为电子商务企业、物流公司、仓储企业、第三方物流服务商、供应链服务商等各类企业提供服务，支持物流行业向高附加值领域发展和升级，目的是建立社会化资源高效协同机制，提升社会化物流服务品质。

（3）运输平台——卡行天下模式

"互联网＋物流"的运输平台模式以卡行天下为代表。卡行天下供应链管理有限公司（简称卡行天下）本质上是一个运输平台，这个平台通过不赚取双方交易差价的利他性促进交易。卡行天下的大平台战略以成员互为交易、服务质量记录和信用与金融支持为主要组成部分，集中专线成员、加盟网点、第三方物流公司、互联网交易客户，建设基于内置服务网络的大平台。卡行天下有线下和线上两张网。线下建立流通网络，线上建立平台标准化模式，对接各种各样的第三方企业，满足各方的服务需求。

### 2.4.2 众包模式

"互联网＋物流"的众包模式以快递兔为代表。上海随迅信息科技有限公司下的快递平台——快递兔，在配送过程中采用的是社会化众包方式，其快递能力通过调动社会闲散资源而得到极大的提高。快递兔的快递员是普通的社会人员，通过对其进行严格的审核和规范化培训，采用中央调度模式，距离最近的配送员领到任务，在1个小时内完成取件。从盈利模式上看，快递兔整合了散件寄件的长尾需求，打包后给各大快递公司，相当于是一个手里拿着大单的大客户。而除了个人用户，快递兔的用户还包括近千家中小企业，借此可整合公司内部的散件。快递兔减少甚至取代快递公司的线下网点，直接发到各物流公司总站，从而提高整个物流效率。

### 2.4.3 跨界模式

（1）功能跨界——德邦快递模式与顺丰物流模式

"互联网＋物流"的功能跨界模式以德邦和顺丰为代表。德邦物流股份有限公司（简称德邦）主营国内公路零担运输和空运代理服务。2013年11月德邦快递业务开通，从运输领域跨界进入配送领域。就行业而言，快递和零担运输是两个相似度很高的细分物流功能，都有网络化特征、提供标准化的服务、具备可复制性。服务标准化的结果是能够批量、快速复制，因而，德邦通过对快递业务的清晰定位，成功地跨界进军快递业。而与此相对，顺丰速运集团有限公司（简称顺丰）的主营业务为快递。2014年4月顺丰组建公路运输车队，推出一站式"门到门"的陆运物流产品"物流普运"，直面德邦、天地华宇、佳吉等国内公路运输物流企业竞争。顺丰从配送领域跨界进入运输领域，借此满足客户需求，占领市场。而作为战略层面，顺丰更是自恃有更为成熟和先进的运作模式和管理经验，想在格局未定的物流市场（尤其是零担货运市场）占得先机，主导市场。

（2）行业融合——顺丰电商模式与京东物流模式

"互联网＋物流"的行业融合模式以顺丰和京东为代表。2012年顺丰速运旗下电商食品商城"顺丰优选"上线，依托于顺丰覆盖全国的快递配送网，从原产地到住宅进行全程冷链保鲜，定位于中高端食品B2C。"顺丰优选"的本质是快递物流业与电子商务行业的融合。与此相对，京东商城在其不断占领市场的过程中独立构建以"亚洲一号"为枢纽的电商物流体系，并申请快递牌照，实现电商业与物流业的相互促进和深度融合。

### （3）行业联动——日日顺模式

"互联网+物流"的行业联动模式以日日顺为代表。2013年12月海尔电器旗下日日顺物流有限公司（简称日日顺）成立，海尔与日日顺共同建立端到端大件物流服务标准，共同开发、提供创新的供应链管理解决方案及产品。日日顺模式促进了家电制造业与物流服务业之间的协作与联动。

### （4）行业跨界——传化物流模式

"互联网+物流"的行业跨界模式以传化物流为代表。传化集团投资的传化物流是一家定位于"公路港"物流平台整合的运营商，已建成浙江、苏州、成都和富阳公路港物流园区。从宏观的角度看，物流运作是一个复杂的网络体系，其中，节点就是各种货物集散的物流中心、物流园区等地产概念，因此，传化物流模式其实质为物流业跨界到地产业。

## 2.5 "互联网+物流"的发展趋势

显然，"互联网+物流"并非只有上述几种模式，在互联网思维和"互联网+"理念的不断发展下，"互联网+物流"的模式将逐步向细分化、个性化、多样化演进，形成百花齐放的局面。具体而言，基于对"互联网+物流"内涵的分析，"互联网+物流"有5种发展趋势，如表2-4所示。

表2-4 "互联网+物流"的发展趋势

| "互联网+物流"的发展趋势 | 主要特征或代表 | "互联网+物流"的内涵 |
|---|---|---|
| 物流平台互联网化 | 基于互联网思维构建物流平台："互联网+物流"的阿里巴巴生态模式；"互联网+物流"的小米模式；"互联网+物流"的360模式 | 物流资源整合价值链重构 |
| 物流运营大数据化 | 基于互联网进行物流大数据运营："互联网+物流"整合物流客户资源；"互联网+物流"催生新营销；"互联网+物流"平台辅助决策 | 价值链重构 |
| 物流信息扁平化 | 基于互联网进行物流信息高效共享 | 去中介化功能价值链重构 |
| 物流资源众筹化 | 基于互联网的资源众筹："互联网+物流"为物流运营资本和物流设施设备的众筹提供基础平台 | 物流资源整合价值链重构 |
| 物流生态立体化 | 基于互联网的物流价值链网络，构成物流的立体生态经济模式 | 价值链重构 |

### （1）物流平台互联网化趋势

基于互联网思维构建物流平台，其代表有：

① "互联网+物流"的阿里巴巴生态模式，主要盈利点为从物流平台角度延伸出数据、金融、流量、营销等商业价值，并带动和帮助更多的中小物流企业来实现创业。

② "互联网+物流"的小米模式，物流平台是上游下游整合的模式，主要盈利点不在基础物流服务上，而在延伸服务和增值服务上。

③ "互联网+物流"的360模式，即物流平台的免费模式，通过吸收大量的用户，从

而带来另一种商业升级。

（2）物流运营大数据化趋势

基于互联网进行物流大数据运营，其主要特征为：

①"互联网＋物流"整合物流客户资源，利用良好的客户体验汇集大量的客户人群，应用客户信息进行精准营销。

②"互联网＋物流"催生新营销，物流末端数据通过物流延伸整个供应链，催生出新的营销功能。

③"互联网＋物流"平台辅助决策，通过整合客户的需求和关注点，打造一个为客户企业高层服务的有价值的平台，进而带来更高的客户黏度。

（3）物流信息扁平化趋势

基于互联网进行物流信息高效共享。"互联网＋物流"将物流行业的供求信息进行高效共享，从而实现物流服务供需双发的交易扁平化，物流运营监控管理的可视化，物流园区、配送中心平台化的整合，以及物流人才供求信息的透明。

（4）物流资源众筹化趋势

基于互联网的物流资源众筹。"互联网＋物流"为物流运营资本和物流设施设备的众筹提供基础平台，通过整合资本来整合物流资源进而整合物流运营能力，形成高效的物流运营环境和物流运营模式。

（5）物流生态立体化趋势

基于互联网的物流价值链网络。"互联网＋物流"使得物流企业可以将作业层面的配送、仓储、信息平台、数据、金融等服务，延伸到商贸、生产制造等领域，形成庞大的价值链网络体系，构成物流的立体生态经济模式。

**【本章小结】**

"互联网＋物流"通过充分发挥移动互联网在物流资源要素配置中的优化和集成作用，重构物流价值链。"互联网＋物流"的价值体现在借助于互联网实时、高效地整合物流供应链资源，根据市场和客户需求重构物流价值链。其中，物流资源整合源自于资源基础/依赖理论、长尾理论、市场均衡理论；价值链重构源自于委托代理理论、消费主权理论、价值链理论，而去中介化功能源自于交易成本理论等。从"互联网＋物流"的价值内涵和理论内涵来看，"互联网＋物流"有物流平台模式、物流众包模式和物流跨界模式。"互联网＋物流"模式将逐步向细分化、个性化、多样化演进。

**【本章思考】**

1. 什么是"互联网＋"？什么是"互联网＋物流"？
2. "互联网＋物流"有什么样的价值内涵？试分析。
3. "互联网＋物流"有什么样的理论内涵？试分析。
4. "互联网＋物流"的模式有哪些？各有何特点？

**【案例讨论】**

# 运力科技：互联网 + 公路物流

"嘀嘀打车"、"优步"和"神州专车"已经家喻户晓、人人皆知了，但也许很少有人知道在物流界也有"帮货主找到运货车，帮车主降低空驶率"的产品。由成都高新区企业成都运力科技有限公司（以下简称"运力科技"）成功研发的"物流QQ"和"货车帮"就是这样一款产品，它是用互联网技术改造传统产业的经典之作，使物流产业链上的各个环节发生变化。

1. 业务：互联网 + 物流

打开"物流QQ"平台，显示了联系人及货物存放的物流园区，有了这样的即时信息，可以快速地帮货主找到运货的车，帮车主降低空驶率。平台给货主和车主提供不同版本的终端，分别向他们推送不同的信息，以便双方信息的匹配。同时，提供远程调车及配货担保，并为物流园、停车场等建立包括信息发布系统、查询系统、广告系统、门禁系统的信息整体解决方案。

"物流QQ"平台实行的是会员制，注册成为平台会员的手续很简单，货运司机提供身份证、驾驶证和行驶证，经平台审查后予以注册即可。目前注册货车司机会员近百万人。同时，认证货主（即信息部、配货站、物流公司）会员近30万户。为了保护货主和车主双方的合法权益，设立了担保金，一旦出现货车司机拉货"扑空"事件，先行代货主向司机赔偿500元/单。

运力科技采用双品牌战略，即面向货主端的"物流QQ"和面向司机端的"货车帮"，与太平洋保险集团达成战略合作，推出国内第一个移动端货运险团购平台，平台日均承保货物价值12亿元。运力科技还与北京福田戴姆勒汽车有限公司等多家重卡企业合作，进一步拓展了公司增值服务内容。目前，运力科技已发展成为全国最大的公路货运信息平台，在全国各地铺设了线下服务网络，是国内第一家在公路物流领域，同时面向司机和货主搭建开放、透明、诚信的货运交易平台的企业。

2. 创业：73名员工受伤

传统物流参与主体大都是个体户，其运营模式可以简单地描述为：一个人 + 一张办公桌 + 一部电话，普遍存在"散、乱、差"现象。货车司机漫无目标地寻找货源。例如，某货车司机将一车货物从云南昆明运至四川资阳后，也许就在资阳及其附近就有需要运往昆明方向的货源，但由于信息不对称，货车司机只好空驶100公里，来成都这样的货物集散地从小黑板上寻找货源，如果在成都寻找的货源就在资阳，货车司机只好又从成都空驶100公里再次回到资阳。算上消耗的汽油费、高速公路通行费、车辆磨损费和货车司机的食宿费，这样空驶一次的费用至少也上千元。成都的物流基地就是一个缩影，平均每天有2万台以上的货运车辆聚集在周边方圆数公里寻找货源。按成都物流基地车辆50%的空驶率计算，一次就要浪费汽油40万升，平均按每升6元的汽油价格计算，就将损失240万元。

运力科技敏锐地觉察到了物流市场这一"痛点"，从2009年开始研发"物流QQ"平台，2010年安卓上线后，在成都高新区注册成立了成都运力科技有限公司。不过，创业并非一帆风顺，传统物流行业的部分人员认为"物流QQ"平台抢了他们的"饭碗"。有一天，突然来了几个人砸了货运车辆，打伤公司员工。像这样的事件在其他地方也发生过，公司先后有73名员工受伤，为此支付了200多万元的医疗费用。

而今，"物流QQ"平台能够使货车司机很快找到货主，货主很快找到货车司机。同时，由于货车司机能够通过合法手段赚钱，不再冒被罚款甚至被吊销驾照的风险超载，减少了事故的发生。这不仅提高了物流企业的经济效益，而且也增加了社会效益。

3. 融资：腾讯领投上亿

运力科技盈利并非来自物流的信息中介费，而是"货车后服务市场"。如远程调车服务收入和广告及其他增值服务，包括查找货源、空车发布、货运保险、车辆保险、维修救援、汽配购买、代收回单等。一辆中型货车每年在上述项目中的消耗在6万~10万元之间，全国每年有10万亿元以上的市场空间。

运力科技历经多年耕耘，在全国已经拥有近500个分支机构，平台上有近百万的注册会员，有从购买电子产品的用户中转换过来的会员，还有直接缴纳120元年费的会员。随着信任度的增进，平台已经可以帮助会员做汽配代购、代缴罚款、代收运费等。2013年，智能手机开始进入千家万户，使用智能手机的货运司机也越来越多。在这样的背景下，公司既完成了数亿元人民币的A轮融资后，又于2015年8月完成了数亿元人民币的A+轮融资，此轮融资由腾讯领投，钟鼎创投、高瓴资本、DCM等机构跟投。融资后将全面启动"货车后服务市场"，建立首个覆盖国内地级城市的货车服务体系。

运力科技的发展愿景是，做中国公路物流信息化领跑者＋中国最大的货车综合服务平台，最终成为中国公路物流领域的"阿里巴巴"！而要实现上述愿景和目标，离不开资本市场的支持，运力科技已有计划在即将开通的我国战略性新兴产业板上市。

（资料来源：http://56qq.com/）

**分析与讨论**

1. 物流QQ与货车帮具有怎样的互联网思维？
2. 分析和归纳货车帮的物流模式。

**【拓展资源】**

1. 网上资源：百世集团网站：http://bszg.cn.china.cn；货车帮网站：http://56qq.com/；物流中国网：http://www.56zg.com/

2. 书籍：《互联网+：跨界与融合》，曹磊、陈灿、郭勤贵等/2015年/机械工业出版社；《互联网+：国家战略行动路线图》，马化腾、张晓峰、杜军编/2015年/中信出版社

# 第二篇　物流模式

# 第 3 章　企业物流

## 【学习要点】
- 熟悉企业物流的概念和特点
- 了解企业物流活动的内容
- 了解企业物流活动的目标
- 熟悉企业物流活动的模式
- 了解企业物流管理的内容

## 【关键术语】
企业物流（Internal Logistics）；生产物流（Production Logistics）；供应物流（Supply Logistics）；销售物流（Distribution Logistics）；回收物流（Returned Logistics）；废弃物物流（Waste Material Logistics）；企业物流管理（Logistics Management）

【案例导读】

## 苏宁电器的高效物流模式

有这样一个物流企业，快递员要求加工资，但工资标准如何量化制定是个问题。于是，物流负责人决定自己亲自去送货，看看一天送多少货是个合理的工资区分标准。第一天，负责人只送了14个包裹，当天晚上他总结一天的经验，研究送件区域哪个时间哪个地方堵车，上班族哪个时间到公司，对订单流向进行仔细分析，优化送货路径，结果第二天送了65个包裹。回来后，负责人问快递人员，谁能在一天之内送65个包裹，结果只有不到三分之一的人举手，于是一天内送65个包裹成为了一条工资线。

这个物流企业就是苏宁物流集团，这位负责人则是苏宁云商集团COO、苏宁物流集团总裁侯恩龙。类似这般的一线体验已经成为他的工作标签。

1. 对内：流动大军的管理艺术

作为互联网零售的代表企业，苏宁在物流上的25年沉淀，逐渐释放出厚积薄发的能量。在侯恩龙看来，不论互联网零售怎么发展，输赢都在物流的"最后一公里"，而这"最后一公里"的关键就在于快递流动大军为消费者带来的送货体验。在这方面，首先，苏宁给国内每个快递员和司机都配备了移动定位终端，可以实时了解某个人某个时间在什么位置，将到达哪个地方。其次，通过地址解析技术，将道路经常发生的问题、精准的送货地址以及消费者的订单和地址绑定信息及时推送给快递员，这样就实现了对流动大军进行地理位置和路径优化上的有效管理，第一时间将货物送到消费者手中。再次，苏宁要求所有快递员必须要送商品入户，贵重的商品比如3C类家电类产品要当着消费者面开箱验机，整个过程要戴白手套，还要将消费者家里的垃圾顺便带走，这些有温度的行为带来很多消费者二三次的复购。

2015年5月，苏宁物流还推出了页面评价功能，快递员服务完成后，消费者可以在评价商品的同时，对快递员的送货速度、服务态度甚至快递员形象发表评论，快递员之间可以互相分享晒单，用这种方式培养员工的荣辱感。

除了这些制度上的要求，高管的以身作则也在激发着众多物流人员的工作积极性和执行力。侯恩龙本人时常到一线视察工作，自己一个人开个面包车，到快递点了解员工状态、配送效率等，对物流的细分工作做到心中有数。然后针对存在的问题，与大区负责人以及总部的相关负责人合力解决，并由此建立了一个物流问题的共享平台，让大家把大小问题抛上去，由高管们亲自推动解决。在高层管理者的带领下，苏宁物流的工作气氛积极向上，且执行力很强。

2. 对外：面向物流企业的开放场景

我国物流行业目前有70多万家，产值将近50万亿元，但利润只有60亿元，占比万分之一，对这个行业来讲不是个好消息。有些物流企业不接大件，大件做起来亏损；而有些物流企业却有空置，苏宁打算做一个平台，向第三方物流企业开放，打通物流业务，打一个大包，大家在大包里找各自的强项去做。这就是苏宁物流正在搭建的第四方物流平台。20几年来，苏宁在物流领域投入了大量的资源，如今已建成的物流仓储及相关配套总面积达到452万平方米，形成了包含12个自动化分拣中心、60个区域物流中心、300个城市分拨中心，以及5000个社区配送站的物流网络体系。这些物流资源都会向第三方合作伙伴以及物流企业开放、共享。

苏宁在原有B2C的基础上正在积极开展的三方甚至四方业务，将实现基于供应链多赢的资源共享、网络共享、车辆共享、订单共享。这与有着"大物流计划"的阿里不谋而合，苏宁阿里合作后，阿里的菜鸟物流与苏宁物流协同将会是先行棋，围绕着新的物流生态，苏宁的物流云将服务于更多的天猫和淘宝商户，进一步打通商户、物流企业和消费者之间的关系。

（资料来源：http://www.suning.cn/）

## 3.1 企业物流概述

### 3.1.1 企业物流的定义

根据《中华人民共和国国家标准·物流术语》（GB/T18354—2006）对企业物流的定义，企业物流（Internal Logistics）是指企业内部的物品实体流动。它从企业角度上研究与之有关的物流活动，是具体的、微观的物流活动的典型领域。

### 3.1.2 企业物流的基本结构

企业物流的基本结构为投入→转换→产出。

对于生产类型的企业，其基本结构为原材料、燃料、人力、资本等的投入，经过制造或加工使之转换为产品或服务。

对于服务型企业，其基本结构为设备、人力、管理和运营，转换为对用户的服务。

物流活动便是伴随着企业的投入→转换→产出而发生的。相对于投入的是企业外供应或企业外输入物流，相对于转换的是企业内生产物流或企业内转换物流，相对于产出的是企业外销售物流或企业外服务物流。由此可见，在企业经营活动中，物流是渗透到各项经营活动之中的活动。

### 3.1.3 企业物流的分类

企业物流可以分解为货物流和信息流两大流。其中，货物流可以进一步细分为采购、制造支持和产品配送；而信息流则细分为计划/协调流和作业流。事实上，无论是货物流还是信息流，都与从供应商到客户所经历的采购、制造与配送等过程紧密相关。

企业通过物流使原材料经过一系列过程转变为产品并送达客户而实现增值。其中货物流分布在企业物流整合中的采购、制造支持和产品配送等环节；而与此同时，信息流也因这些环节间的交互作业而产生并流动。

（1）货物流

首先是原材料采购。在物流领域，采购是指企业从供应商那里购买原材料、零部件或产成品存货，并安排运往制造工厂或装配工厂、仓库、渠道商的内向运输。它包括制定资源需求计划、寻找供应商、价格谈判、下达订单、收货、验货、仓储搬运和质量保证等，而这些正是构成信息流的主要内容。

其次是制造支持。制造支持涉及制造企业控制之下的运输需求。从全面计划的观点看，制造支持与外向活动（产品配送）和内向活动（采购）分离，使得企业更具有专业化，效率更容易得到提高。

最后是产品配送。产品配送是指将产成品运送到客户手中的过程。产品配送活动主要是指提供客户服务相关的一些活动，主要包括接收订单、订单处理、安排存货、仓储和搬运以及配送渠道内的货物外运。产品配送的主要目标是在总成本最低的基础上战略性地提供预期的客户服务水平，从而最终实现客户收益。

（2）信息流

物流中的信息流主要是用来辨别需求的，分为两大部分：计划/协调流和作业流。在供应链成员之间构成的整个信息系统结构中，计划/协调起到了支柱性的作用。根据信息进行协调产生的计划可以明确以下内容：战略目标、能力限制、物流需求、存货安排、制造需求、采购需求和预测。

### 3.1.4 企业物流的结构

（1）企业物流水平结构

根据物流活动先后次序，可将其分为供应物流、生产物流、销售物流、回收与废弃物物流，其结构如图 3-1 所示。

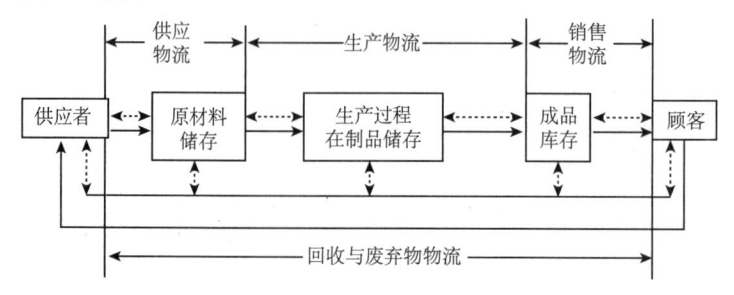

图 3-1 企业物流的水平结构

(2) 企业物流的垂直结构

物流通过管理层、控制层和作业层三个层次的协调配合实现其总体功能，其结构如图 3-2 所示。

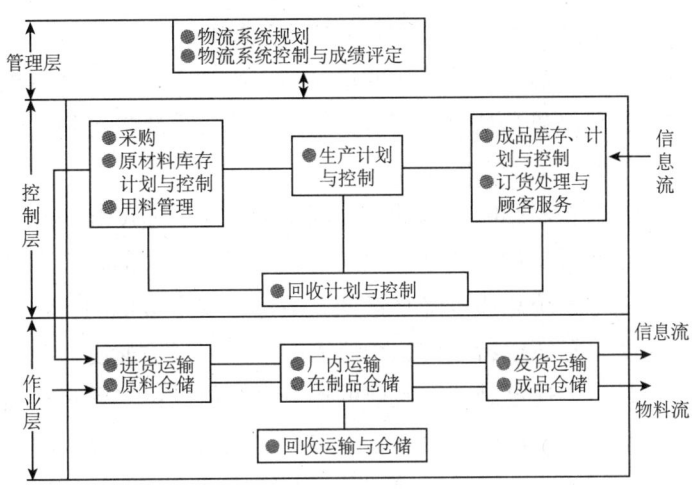

**图 3-2 企业物流的垂直结构**

### 3.1.5 企业物流的功能

众所周知，任何企业都需要各个业务单位的支持与协调，才可能完成整个物流过程。企业物流的活动可以归结为 5 大功能，分别为网络设计、信息、运输、存货以及仓储、物料搬运和包装。企业物流的综合能力就通过这 5 大功能的协调来实现。

(1) 网络设计

网络设计是物流管理的一项基本功能。典型的物流设施包括制造工厂、仓库、转运设施及渠道商。网络设计要确定完成物流工作所需的各类设施的数量和地点，同时还要确定每一设施内应储备存货的种类、数量以及安排应在何处交付客户订货等。物流设施的网络形成了物流作业据以进行的框架结构，因此，该网络也融合了信息和运输功能，还包括了与订货处理、存货管理以及物料搬运等有关的具体工作。

在当前动态的市场竞争性环境中，产品分类、客户供应量以及制造需求等都在不断地发生着变化，因此企业必须不断地修正设施网络以适应供求结构的变化。与此同时，随着时间的推移，企业还应该对所有的设施进行重新评估以确定它们的定位是否仍然能满足市场变化的需要。从本质上说，企业选择了具有优势的网络，就具备了竞争优势，而物流的效率直接取决于物流的网络结构并受其制约。

(2) 信息

物流运作中的信息质量非常关键。物流中依赖于信息的工作主要是物流预测与订单管理。物流预测要估计未来的需求，以指导存货定位，满足预期的顾客需求。订单管理部门的工作是处理具体客户的需求。客户下订单是物流活动中的一项主要交易活动。企业的物流能力实际上同它的订单管理功能密切相关。企业的物流系统设计越有效，它对信息的准确性就越敏感。信息流反映了一个物流系统的动态形态，订单处理过程中出现的不准确的信息和信息延误等都会削弱物流效率。因此，物流信息的质量和及时性是物流运作的关键因素。信息中的每一个错误都会对整个供应链产生隐患。

（3）运输

在既定的网络设施和信息能力下，运输就是从地理上给存货定位的一项物流功能。根据企业负担能力，可以选择三种不同的方式来实现运输功能，这三种方式分别为自有车队的运输、合同运输和公共运输。三种方式的运输各有优缺点，企业必须根据自身的实际情况选择，不过目前的发展趋势是从自有车队的运输向第三方物流公司（合同运输）的运输方式转移，这是分工专业化发展的必然结果。

从物流系统的观点来看，影响运输的三大因素是成本、速度和一致性。运输成本是指为两个地理方位间的运输所支付的款项，以及与在途存货有关的行政管理费和维持费。物流系统的设计应考虑能把系统总成本降至最低。不过，成本最低的运输，不一定会将总成本降至最低。运输速度是指完成特定的运输所需的时间。运输速度与成本有关，主要表现在以下两个方面：一是运输速度越快，收取的运费也会越高；二是运输速度越快，在途存货就越少，货物完成消费准备的时间就越短。选择最理想的运输方式时，关键问题在于如何权衡运输服务的速度与成本。运输一致性是指在完成某一具体订货时，若干次装运所需时间的变化性，它反映了运输的可靠性。如果运输缺乏一致性，就需要储备安全存货，以防不测。

（4）存货

企业的存货需求取决于网络结构和期望的客户服务水平。良好的存货管理政策基于五方面内容，即客户细分、产品需求、运输一体化、时间上的要求以及竞争性作业表现。高收益率的客户构成企业的核心市场，有效进行物流细分的关键就在于为这些核心客户优先安排存货权，以满足他们的需求。

另外，在选择存货政策时，必须考虑不同产品的赢利性。物流运作的关键驱动力在于承诺快速交付产品以满足客户需求。物流的总体目标是在总成本最低的情况下提供预期的客户服务水平。

（5）仓储、物料搬运和包装

物流系统中需要用到仓库时，企业可以选择自己经营仓库，也可以从外部获得专业仓储服务。很多物流过程中的重要活动会出现在仓储这个环节上，比如货物分类、排序、订单分拣、联合运输，有时还包括产品的修改与装配。

物料搬运是仓库中的一项重要活动。搬运会产生货损，产品搬运的次数越少，产品受损的可能性就越小，仓库内的整体运作效率就越高。

包装是为了提高搬运效率。通常将罐装、瓶装或盒装的产品装入更大的包装内，即工业包装。工业包装起到两个方面的作用：一是在物流过程中起到保护产品的作用；二是将零散的产品打包成大包装的形式，以提高搬运安全性和效率。

## 3.2 企业物流活动

企业物流又可区分为以下不同的物流活动：企业生产物流、企业供应物流、企业销售物流、企业回收物流、企业废弃物物流等，具体如图 3-3 所示。

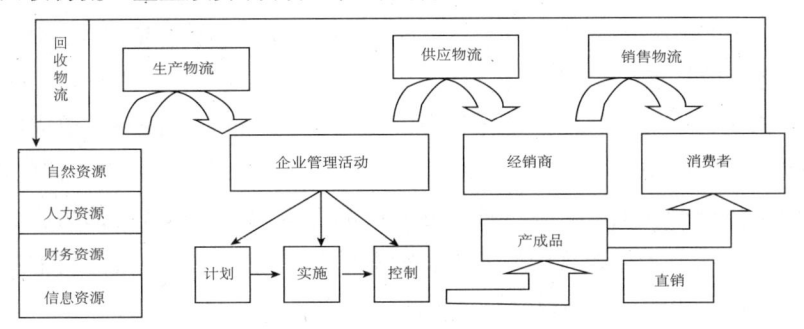

图 3-3 企业物流活动的构成

### 3.2.1 生产物流

#### 3.2.1.1 生产物流的构成

企业的生产物流（Production logistics）活动是指在生产工艺中的物流活动。一般是指：原材料、燃料、外购件投入生产后，经过下料、发料，运送到各加工点和储存点，以在制品的形态，从一个生产单位（仓库）流入另一个生产单位，按照规定的工艺过程进行加工、储存，借助一定的运输装置，在某个点内流转，又从某个点内流出，始终体现着物料实物形态的流转过程。

#### 3.2.1.2 生产物流的特点

（1）实现价值的特点

企业生产物流主要是实现加工附加价值的经济活动。企业生产物流一般是在企业的小范围内完成，当然，这不包括在全国或者世界范围内布局的巨型企业。因此，空间距离的变化不大，在企业内部的储存和社会储存目的也不相同，这种储存是对生产的保证，而不是一种追求利润的独立功能，因此时间价值不高。

企业生产物流伴随加工活动而发生，实现加工附加价值，也即实现企业主要目的。所以，虽然物流空间、时间价值潜力不高，但加工附加价值却很高。

（2）主要功能要素的特点

企业生产物流的主要功能要素不同于社会物流。一般物流功能的主要要素是运输和储存，其他是作为辅助性功能、次要功能或强化性功能要素出现的。企业物流主要功能要素则是搬运活动。

许多生产企业的生产过程，实际上是物料不停搬运的过程，在不停搬运过程中，物料得到了加工，改变了形态。即使是配送企业和批发企业的内部物流，实际也是不断搬运的过程，通过搬运，商品完成了分货、拣选、配货工作，完成了大改小、小集大的换装工作，从而使商品形成了可配送或可批发的形态。

（3）物流过程的特点

企业生产物流是一种工艺过程性物流，一旦企业生产工艺、生产装备及生产流程确定，企业物流也因而成了一种稳定性的物流，物流便成了工艺流程的重要组成部分。由于这种稳定性，企业物流的可控性、计划性便很强，一旦进入这一物流过程，选择性及可变性便很小。对物流的改进只能通过对工艺流程的优化，这方面和随机性很强的社会物流也有很大的不同。

（4）物流运行的特点

企业生产物流的运行具有极强的伴生性，往往是生产过程中的一个组成部分或一个伴生部分，这决定了企业物流很难与生产过程分开而形成独立的系统。在总体的伴生性同时，企业生产物流中也确有与生产工艺过程可分的局部物流活动，这些局部物流活动有本身的界限和运动规律，当前企业物流的研究大多针对于此。这些局部物流活动主要是：仓库的储存活动、接货物流活动、车间或分厂之间的运输活动等。

3.2.1.3 影响生产物流的因素

由于生产物流的多样性和复杂性，以及生产工艺和设备的不断更新，如何更好地组织生产物流，是物流研究者和管理者始终追求的目标。只有合理组织生产物流过程，才能使生产过程始终处于最佳状态。这其中，生产工艺对生产物流有不同要求和限制，生产类型影响生产物流的构成和比例，生产规模影响物流量大小，专业化和协作化水平影响生产物流的构成与管理。

### 3.2.2 供应物流

供应物流（Supply Logistics）是指包括原材料等一切生产物资的采购、进货运输、仓储、库存管理、用料管理和供应管理，也称为原材料采购物流。它是生产物流系统中相对独立性较强的子系统，与生产系统、财务系统等生产企业各部门以及企业外部的资源市场、运输部门有密切的联系，对企业生产的正常、高效率进行发挥着保障作用。企业供应物流不仅要保证供应的目标，而且要在低成本、少消耗、高可靠性的限制条件下来组织供应物流活动，因此难度很大。

（1）供应物流系统组成

①采购。采购工作是供应物流与社会物流的衔接点，是依据生产企业生产——供应——采购计划来进行原材料外购的作业层，负责市场资源、供货厂家、市场变化等信息的采集和反馈。

②仓储、库存管理。仓储管理工作是供应物流的转换点，负责生产资料的接货和发货，以及物料保管工作；库存管理工作是供应物流的重要部分，依据企业生产计划制定供应和采购计划，并负责制订库存控制策略及计划的执行与反馈修改。

③装卸、搬运。装卸、搬运工作是原材料接货、发货、堆码时进行的操作。虽然装卸、搬运是随着运输和保管而产生的作业，但却是衔接供应物流中其他活动的重要组成部分。

④生产资料供应。供应工作是供应物流与生产物流的衔接点，是依据供应计划、消耗定额进行生产资料供给的作业层，负责原材料消耗的控制。

（2）供应物流过程及其组织模式

供应物流过程因不同企业、不同供应环节和不同的供应链而有所区别，从而使企业的供应物流出现了许多不同种类的模式。企业的供应物流目前用的较多的有以下4种基本组织方式。

①委托社会销售企业代理供应物流方式。

②委托第三方物流企业代理供应物流方式。

③企业自供物流方式。

④近年随供应链理论发展起来的供应链物流方式。

尽管不同的模式在某些环节具有非常复杂的特点，但供应物流基本流程是相同的，其过程有三个环节：一是取得资源，是完成以后所有供应活动的前提条件；二是组织到厂物流，是企业外部的物流过程；三是组织厂内物流，从厂外继续到达车间或生产线的物流过程。

### 3.2.3 销售物流

销售物流（Distribution Logistics）是指生产企业、流通企业出售商品时，物品在供方与需方之间的实体流动。销售物流是企业物流系统的最后一个环节，是企业物流与社会物流的又一个衔接点。它与企业销售系统相配合，共同完成产成品的销售任务。销售活动的作用是企业通过一系列营销手段，出售产品，满足消费者的需求，实现产品的价值和使用价值。

（1）企业销售物流的主要环节

①产品包装。

②产品储存。

③货物运输与配送。

④装卸搬运。

⑤流通加工。

⑥订单及信息处理。

⑦销售物流网络规划与设计。

（2）企业销售物流模式

销售物流有三种主要的模式：一是生产者企业自己组织销售物流；二是第三方物流企业组织销售物流；三是用户自己提货的形式。

①生产企业自己组织销售物流。这是在买方市场环境下销售物流主要模式之一。也是目前我国绝大部分企业采用的物流形式。

生产企业自己组织销售物流，实际上把销售物流作为企业生产的一个延伸或者是看成生产的继续。生产企业销售物流成了生产者企业经营的一个环节。而且，这个经营环节是和用户直接联系、直接面向用户提供服务的一个环节。企业在从"以生产为中心"转向以"市场为中心"的情况下，这个环节逐渐变成了企业的核心竞争环节，已经逐渐不再是生产过程的继续，而是企业经营的中心，生产过程变成了这个环节的支撑力量。

②第三方物流企业组织销售物流。由专门的物流服务企业组织企业的销售物流，实际上是生产者企业将销售物流外包，将销售物流社会化。

由第三方物流企业承担生产企业的销售物流，其最大优点在于，第三方物流企业是社会化的物流企业，它向很多生产企业提供物流服务，因此可以将企业的销售物流和企业的供应物流一体化，将很多企业的物流需求一体化，采取统一解决的方案。这样可以做到专业化和规模化。从而可以从技术方面和组织方面强化成本的降低和服务水平的提高。在网络经济时代，这种模式是一种发展趋势。

③用户自己提货的形式。这种形式实际上是将生产企业的销售物流转嫁给用户，变成了用户自己组织供应物流的形式。对销售方来讲，已经没有了销售物流的职能。这是在计划经济时期广泛采用的模式，除非在十分特殊的情况下，否则这种模式不再具有生命力。

### 3.2.4 回收物流

回收物流（Returned Logistics）指不合格物品的返修、退货以及周转使用的包装容器从需方返回到供方所形成的物品实体流动。即企业在生产、供应、销售的活动中总会产生各种边角余料和废料，这些东西的回收是需要伴随物流活动的。如果回收物品处理不当，往往会影响整个生产环境，甚至影响产品的质量，占用很大空间，造成浪费。

（1）回收物流的系统流程

制造企业：是产品的生产者，它在回收物流合理化中是一个关键环节，如果能解决好制造企业的问题，就能促使回收物流的合理化。

生产或制造商品企业的生产原料可采用原物料、再生物料，制造过程中采用可再用的工具或器械，生产过程剩余的废弃品或物料可以进行适当的资源回收，并在生产时就要注意到产品的回收问题，尽量做到绿色生产，从源头上提高物品的回收活性。

物流中心：我国物流中心的闲置率已经达到60%，可以考虑把回收物流系统纳入其中，这样能在一定程度上减轻物流中心的压力。在物流中心，可以用两次包装进行理货等作业，并用废弃物分类的处理方式，得到资源回收的效益。

消费者：消费者从一定程度上影响着制造企业在原料选择和制造方式中的取向，如果对消费者的购物意向能进行合理引导，也是使回收物流趋于合理化的有效途径。为提高废弃物的回收活性，消费者还可采用正确的废弃物分类方法，一方面可增加资源的复生效率，另一方面也可减少废弃物对于环境的污染。

（2）回收物流的类型

①企业的生产工艺性废料。
②企业生产过程中产生的废品。
③企业生产中损坏和报废的机械设备。
④企业生产维修过程中更换下来的各种废旧零件和材料。
⑤原材料和设备的各种包装废弃物。
⑥由精神磨损产生的旧材料、旧设备等。

### 3.2.5 废弃物物流

废弃物物流（Waste material Logistics）是将经济活动中失去原有使用价值的物品，根据实际需要进行收集、分类、加工、包装、搬运、储存等，并分送到专门处理场所时所形成的物品实体流动。废弃物处理手段及废弃物物流的产业化情况如下。

（1）废弃物处理手段

就固体废弃物而言，目前的处理方法主要有压实、破碎、分拣、脱水与干燥、固化、热转化、生物处置 7 种。随着科技发展，垃圾处理设备不断改进，废弃物处理的现代化、科学化、系统化水平也逐渐提高。如现代机械用于垃圾分拣；生物工程用于填埋场建设；热物理传热 365JT 技术改进垃圾焚烧发电系统，提高产电能力；生物技术用于垃圾制肥，提高制肥效率和质量；现代化信息技术用于垃圾综合管理系统等。废弃物焚烧在国外获得广泛应用，在日本、荷兰、瑞士、丹麦、瑞典等国家已成为主要处理手段。瑞士废弃物 80% 为焚烧；日本、丹麦则为 70% 以上。

（2）固体废弃物处理的国际潮流

当前废弃物处理的国际潮流"综合性废物管理"，就是动员全体民众参与 3R 行动，把垃圾的产量减下来，3R 的行动口号是：减少浪费（Reduce）、物尽其用（Reuse）和回收利用（Recycle）。因为经济全球化及社会资源趋于全球流动，需要全民共同减轻垃圾的负担。

（3）废弃物物流产业化发展状况

以美国废物处理公司为例。该公司创立于 1894 年，是目前世界上最大的废物处理公司，也是唯一一家提供全套环保服务的公司。服务范围包括环境咨询、建筑 365JT 设计与工程管理处理，业务扩展到世界各地。该公司控制着国际废物处理公司、化学废物处理公司、带式喷丸清理机技术公司和拉斯特国际公司，成为世界上最大的环境服务公司。再比如丹麦，一个国家只建设一个垃圾综合处理场，垃圾消纳量占全国的一半左右。

## 3.3 企业物流目标

实践表明，只有目标明确的企业才能得到迅速的发展。同理，也只有目标明确的企业物流作业才能高效运转起来。企业物流作业的目标包括如下几个方面，分别为快速响应、最低库存、集中运输、最小变异、质量控制以及生命周期支持等。

### 3.3.1 快速响应

这是企业物流作业目标中最基本的要求。快速响应关系到一个企业能否及时满足客户的服务需求。快速响应的能力使企业将物流作业传统上强调的根据预测和存货情况作出计划转向了以小批量运输的方式对客户需求作出反应上来。快速响应要求企业具有流畅的信息沟通渠道和广泛的合作伙伴支持。

### 3.3.2 最低库存

这是企业物流作业目标中最核心的要求。最低库存的目标同资产占用和相关的周转速度有关。最低库存越少，资产占用就越少；周转速度越快，资产占用也越少；因此，物流系统中存货的财务价值占用企业资产也就越低。在一定的时间内，存货周转率与存货使用率相关。存货周转率高、可得性高，意味着投放到存货上的资产得到了有效利用。企业物流作业的目标就是要以最低的存货满足客户需求，从而实现物流的总成本最低。

随着物流经理将注意力更多地放在最低库存的控制上，类似"零库存（JIT）"之类的概念已经从 DELL 这样的国际大公司向众多公司中转移并得到实际应用。当存货在制造和采购中达到规模经济时，它能提高投资报酬率。企业物流作业的目标之一就是要将存货减少到最低水平上。为实现最低存货的目标，物流系统设计必须对整个企业的资金占用和周转速度进行控制，而不是对每一个单独的业务领域进行控制。

### 3.3.3 集中运输

集中运输是企业物流作业中实施运输成本控制的重要手段之一。运输成本与运输产品的种类、运输规模和运输距离直接相关。许多具有一流服务特征的物流系统采用的都是高速度、小批量运输，这种运输通常成本较高。为降低成本，可以将运输整合。一般而言，运输量越大、距离越长，单位运输成本就越低。因此，将小批量运输集中起来以形成大规模的经济运输不失为一种降低成本的途径。不过，集中运输往往降低了企业物流的响应时间。因此，企业物流作业必须在集中运输与响应时间方面综合权衡。

### 3.3.4 最小变异

在企业物流领域，变异是指破坏系统作业表现的任何未预期到的事件，它可以产生于物流作业的任何地方。比如空运作业因为天气原因受到影响、铁路运输作业因为地震等灾害受到影响。减少变异的传统解决办法是建立安全存货，或是使用高成本的运输方式。不过，上述两种方式都将增加物流成本，为了有效地控制物流成本，目前多采用信息技术以实现主动的物流控制，这样在某种程度上就可以将变异减少到最低。

### 3.3.5 质量控制

物流作业本身就是在不断地寻求客户服务质量的改善与提高。目前，全面质量管理（TQM）已引起各类企业的高度关注，自然，物流领域也不例外。从某种角度说，TQM还是物流得以发展的主要推动力之一。因为事实上一旦货物质量出现问题，物流的运作环节就要全部重新再来。比如运输出现差错或运输途中导致货物损坏，企业不得不对客户的订货重新操作，这样一来不仅会导致成本的大幅增加，而且还会影响到客户对企业服务质量的感知，因此企业物流作业对质量的控制不能有半点马虎。

### 3.3.6 生命周期支持

绝大多数产品在出售时都会标明其使用期限。若超过这个期限，厂商必须对渠道中的货物或正在流向顾客的货物进行回收。之所以将产品回收是出于严格的质量标准、产品有效期、产品可能出现的危险后果等方面的考虑。当货物潜藏有危害人身健康的因素时，这时不论成本大小，反向物流必然发生。

## 3.4 企业物流模式

企业选择什么样的物流经营模式，主要取决于两个因素：其一是物流对企业成功的影响程度；其二是企业对物流的管理能力。据此，设计出三种决策方案：物流自营方案、物流外包方案、物流联盟方案。企业物流模式的选择过程如图3-4所示。

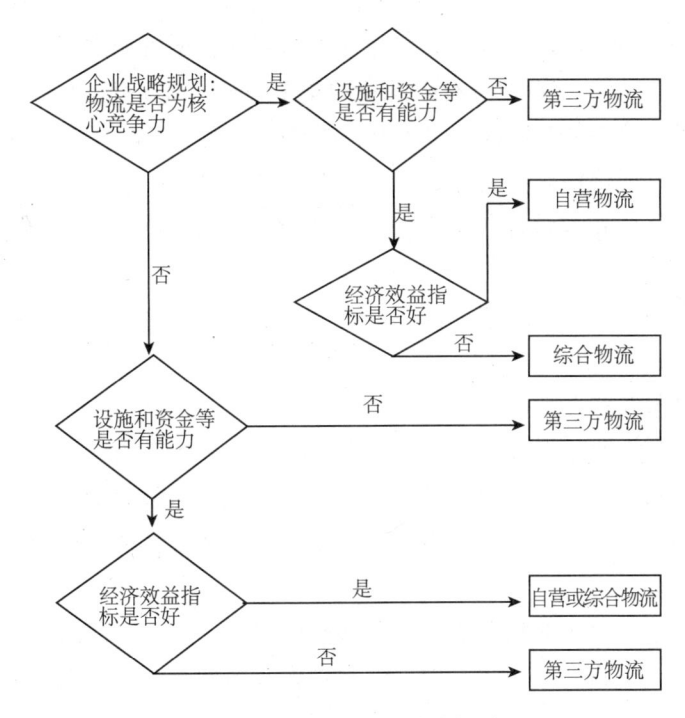

图 3-4　企业物流模式的选择过程

### 3.4.1　物流自营方案

物流自营是指生产企业借助于自身的物质条件自行组织的物流活动。在物流自营方式中，企业也会向运输公司购买运输服务或向仓储企业购买仓储服务，但这些服务都只限于一次或一系列分散的物流功能，而且是临时性、纯市场交易的服务，物流公司并不按照企业独特的业务程序提供独特的服务，即物流服务与企业价值链是松散的联系。

一般来说，如果物流对企业成功的影响很大，且企业对物流的管理能力很强，企业采用物流自营模式较适宜。

常见的物流自营经营方式有：

①将分散在不同组织部门的物流活动整合为一个部门加以运作管理，实现跨业务单位的内部物流管理一体化。

②开发内部的水平物流组织或跨职能物流组织，该组织按照业务过程或工作流进行，而不按照任务或职能划分，以实现跨任务协作、以顾客为中心。

③建立物流服务部，内部的物流服务部门以市场为导向，并向内部的服务对象索取费用，且内部顾客不再享有免费或低价服务，物流部门可为外部顾客提供服务，内部顾客也可以任选外部供应商提供服务。

④成立物流子公司，代理企业专司物流业务管理，对物流业务统一指挥并实行独立核算、自负盈亏，多余的物流能力可参与社会经营，避免物流能力闲置和浪费。

### 3.4.2　物流外包方案

物流外包是以签订合同的方式，在一定期限内将部分或全部物流活动委托给专业物流企业来完成。由于任何企业所拥有的资源都是有限的，它不可能在所有的业务领域都获得竞争优势，在快速多变的市场竞争中，单个企业依靠自己的资源进行自我调整的速度很难赶上市场变化的速度，企业必须将有限的资源集中在核心业务上，强化自身的核心能力，而将自身不具备核心能力的业务以外包的形式或战略联盟、合作的形式交由外部组织承担。正如美国著名管理学者德鲁克曾预言："在10年至15年之内，任何企业中，仅做后台支持而不创造营业额的工作都应该外包出去，任何不提供向高级发展的机会的活动、业务也应该采用外包形式。"

一般来说，如果物流对企业成功的影响程度不大，且企业对物流的管理能力较弱，企业采用物流外包模式较适宜。

常见的物流外包经营方式有：

①外包全部物流。当企业物流服务的复杂性低且资产的专用性低时，企业可采用多个外包伙伴，以提高外部企业的竞争性并从中获得更好、更稳定的低价服务；当企业物流服务的复杂性高但资产的专用性低时，更有利于企业广泛地将各种物流服务外包给潜在的专业化的第三方物流企业。

②外包部分物流。当企业物流服务的复杂性低但资产的专用性高时，企业自己投资专用性资产，不从事物流自营，而将专用性资产租赁给外部企业，并由其来运作物流；当企业物流服务的复杂性高且资产的专用性高时，运用激励机制实施部分物流外包。

### 3.4.3 物流联盟方案

物流联盟是企业双方在物流领域的战略性合作中进行的有组织的市场交易，形成优势互补、要素双向或多向流动、互相信任、共担风险、共享收益、长期互利、全方位的物流合作伙伴关系。物流联盟是介于物流自营和物流外包之间的一种物流组建模式，联盟双方在相互合作的同时，仍保持各自的相对独立性。物流联盟的建立有助于物流伙伴之间在交易过程中减少相关交易费用，如信息搜索成本、讨价还价成本、监督执行成本、机会主义成本、交易风险成本。

一般来说，如果物流对企业成功的影响程度很大，而企业对物流的管理能力很弱，或是物流对企业成功的影响程度不大，而企业对物流的管理能力很强，企业采用物流联盟模式较适宜。

常见的物流联盟经营方式有：

①水平一体化物流联盟。通过同一行业中多个企业在物流方面的合作而获得规模经济效益和物流效率。如不同的企业可以用同样的装运方式进行不同类型产品的共同运输。当物流范围相近，而某个时间内物流量较少时，几个企业同时分别进行物流操作显然不经济。于是就出现了一个企业在装运本企业产品的同时，也装运其他企业的产品。

②垂直一体化物流联盟。要求企业将提供产品或运输服务等的供货商和用户纳入管理范围，企业从原材料到用户的每个过程实现对物流的管理；要求企业利用自身条件建立和发展与供货商和用户的合作关系，形成联合力量，赢得竞争优势。

③混合一体化物流联盟。是水平一体化物流联盟和垂直一体化物流联盟的有机组合。

## 3.5 企业物流管理

### 3.5.1 企业物流管理的含义

企业物流管理（Logistics Management）作为企业管理的一个分支，是对企业内部的物流活动（诸如物资的采购、运输、配送、储备等）进行计划、组织、指挥、协调、控制和监督的活动。通过使物流功能达到最佳组合，在保证物流服务水平的前提下，实现物流成本的最低化，这是现代企业物流管理的根本任务所在。

### 3.5.2 企业物流管理的内容

（1）从物流活动诸要素的角度分析

物流管理内容包括：

①运输管理。主要内容包括：运输方式及服务方式的选择、运输路线的选择、车辆调度与组织等。

②储存管理。主要内容包括：原料、半成品和成品的储存策略、储存统计、库存控制、养护等。

③装卸搬运管理。主要内容包括：装卸搬运系统的设计、设备规划与配置及作业组织等。

④包装管理。主要内容包括：包装容器和包装材料的选择与设计、包装技术和方法的改进、包装系列化、包装标准化、包装自动化等。

⑤流通加工管理。主要内容包括：加工场所的选定、加工机械的配置、加工技术与方法的研究和改进、加工作业流程的制定与优化。

⑥配送管理。主要内容包括：配送中心选址及优化布局、配送机械的合理配置与调度、配送作业流程的制定与优化。

⑦物流信息管理。主要指对反映物流活动内容的信息、物流要求的信息、物流作用的信息和物流特点的信息所进行的搜集、加工、处理、存储和传输等。信息管理在物流管理中的作用越来越重要。

⑧客户服务管理。主要指对于物流活动相关服务的组织和监督，例如调查和分析顾客对物流活动的反映，决定顾客所需要的服务水平、服务项目等。

（2）从物流系统诸要素的角度分析

物流管理的内容包括：

①人的管理。人是物流系统和物流活动中最活跃的因素。对人的管理包括：物流从业人员的选拔和录用、物流专业人才的培训与提高、物流教育和物流人才培养规划与措施的制定等。

②物的管理。"物"指的是物流活动的客体即物质资料实体。物的管理贯穿于物流活动的始终。它涉及物流活动诸要素，即物的运输、储存、包装、流通加工等。

③财的管理。主要指物流管理中有关降低物流成本，提高经济效益等方面的内容，它是物流管理的出发点，也是物流管理的归宿。主要内容有：物流成本的计算与控制、物流经济效益指标体系的建立、资金的筹措与运用、提高经济效益的方法等。

④设备管理。指对物流设备管理有关的各项内容。主要有：各种物流设备的选型与优化配置，各种设备的合理使用和更新改造，各种设备的研制、开发与引进等。

⑤方法管理。主要内容有：各种物流技术的研究、推广普及，物流科学研究工作的组织与开展，新技术的推广普及，现代管理方法的应用等。

⑥信息管理。信息是物流系统的神经中枢，只有做到有效地处理并及时传输物流信息，才能对系统内部的人、财、物、设备和方法5个要素进行有效的管理。

（3）从物流活动具体职能的角度分析

企业物流管理的内容包括：

①物流计划管理。指对物质生产、分配、交换、流通整个过程的计划管理，也就是在物流大系统计划管理的约束下，对物流过程中的每个环节都要进行科学的计划管理，具体体现在物流系统内各种计划的编制、执行、修正及监督的全过程。物流计划管理是物流管理工作的首要职能。

②物流质量管理。包括物流服务质量、物流工作质量、物流工程质量等的管理。物流质量的提高意味着物流管理水平的提高，意味着企业竞争能力的提高。因此，物流质量管理是物流管理工作的中心问题。

③物流技术管理。包括物流硬技术和物流软技术的管理。对物流硬技术进行管理，即是对物流基础设施和物流设备的管理，如物流设施的规划、建设、维修、运用；物流设备的购置、安装、使用、维修和更新；提高设备、日常工具的利用率等。对物流软技术进行管理，主要是物流各种专业技术的开发、推广和引进，物流作业流程的制定，技术情报和技术文件的管理，物流技术人员的培训等。物流技术管理是物流管理工作的依托。

④物流经济管理。包括物流费用的计算和控制，物流劳务价格的确定和管理，物流活动的经济核算、分析等。成本费用的管理是物流经济管理的核心。

**【本章小结】**

企业物流是指企业内部的物品实体流动。它从企业角度上研究与之有关的物流活动，是具体的、微观的物流活动的典型领域。企业物流又可区分以下不同典型的具体物流活动：生产物流、供应物流、销售物流、回收物流、废弃物物流等。企业物流作业的目标包括如下几个方面，分别为快速响应、最低库存、集中运输、最小变异、质量控制以及生命周期支持等。企业物流管理作为企业管理的一个分支，是对企业内部的物流活动（诸如物资的采购、运输、配送、储备等）进行计划、组织、指挥、协调、控制和监督的活动。

**【本章思考】**

1. 什么是企业物流？企业物流有什么特点？
2. 企业物流活动有哪些？这些活动之间有何关联？
3. 企业物流的目标是什么？
4. 企业物流的模式有哪些？各有何特点？
5. 企业物流管理的内容有哪些？

## 【案例讨论】

## 东风汽车的物流管理方案

在汽车行业，东风汽车股份有限公司一直重视信息化建设。为了更好地发挥自身优势，实现东风汽车股份公司整车物流管理的信息化，东风汽车股份有限公司实施了中软冠群的整车物流管理解决方案。并对解决方案提出了目标要求，要求以条码为信息载体，实现整车仓储的自动化管理，提高管理效率，充分共享和跟踪车辆信息，以满足市场的快速变化对信息准确、及时的要求。

1. 方案总体结构

中软公司根据汽车行业物流管理的特点及东风汽车股份有限公司的目标要求，把整车物流管理解决方案基于 ES/1 Logistics 产品的强大物流管理系统基础上，使用 ES/1 自身的开发平台，开发出了整车物流管理解决方案。同时，此方案以整车仓储自动化管理、运输管理为中心，涵盖汽车的生产管理、库存管理、销售管理和财务管理，并可向 ES/1 Logistics 和 ES/1 Manufacturing 任意扩展，形成汽车行业的供应链 SCM 整体解决方案。通过全方位的条码扫描替代人工录入来管理所有仓库库存，实现根据规则自动建议入库位置、自动建议出库位置，达到最大化利用仓储空间和避免库区内倒车的管理效果，并通过库间倒车跟踪和长途运输跟踪来控制车辆运输时间和避免车辆损失，从而大大提高汽车行业整车物流的管理水平，减少庞大的管理费用。

该方案以生产管理为起点，采用适合汽车行业的重复生产模式来管理生产作业的进度计划，并通过此计划自动生成车型与底盘号的对应关系，而无需人工维护。此方案管理销售订单、运单、销售发票、应收账款，并可管理和控制在经销商仓库中的库存，保证企业资金顺畅，避免财务风险。

2. 功能和特点

（1）所有车辆采用条码管理，车辆入库和出库管理全部通过条码扫描实现。

（2）入库扫描后依据规则设定系统自动产生和打印入库建议单，司机完全依据入库建议单指定的库位即可入库，无需人工干预。

（3）入库建议自动根据设定库位优先级来寻找库位，保证车辆放置紧凑有序。

（4）出库根据先进先出原则，系统自动根据车辆入库时间先后顺序给出所要出库车型的出库建议，司机根据出库建议按顺序领取车钥匙并提车。

（5）出库时扫描出库单条码和整车的条码，自动对应收货单位和所提车辆信息。

（6）运单管理可以跟踪每辆车的在途情况，以及检查车辆实际到达目的地和返回公司的日期是否符合系统计算出的日期要求。

（7）采用适合汽车行业的重复生产模式来管理生产作业的进度计划，并通过此计划自动生成车型与底盘号的对应关系，无需人工维护。

（8）管理所有放在经销商仓库的整车库存，管理所有经销商和直接客户的销售信息，使企业对市场信息了如指掌，便于经营管理者做出正确及时的管理决策。

3. 带来的效益

此方案在东风汽车股份有限公司的实施，为其带来如下改变。

（1）储运部门方面，实现了仓库管理的电子化、自动化管理。车辆入库的放置库位和取车库位的选择由系统自动提供，准确快速，大大提高了仓库管理的工作效率。同时仓库及其他各个部门可以随时知道准确的库存情况。不仅如此，仓库通过销售数据和生产管理部门输入的作业计划，可以协调销售与生产，提前进行倒车和新车准备工作的安排。这样不仅没有了对数据的重复整理工作，还做到事前计划、事中控制和事后反馈。

（2）销售部门方面，可以知道准确的仓库库存、近期的生产数量和库存中已在销售订单中售出但还未出货的数量。通过对库存的分析，便于销售部门进行销售工作的协调，对时间长存货量大的车辆加强销售力度，对畅销的产品加大生产规模。

（3）生产部门方面，实现生产订单的电子化管理。可以提前安排好生产计划，也可以随时更改生产计划，以及时反映销售与市场的变化情况。

4. 管理对比

其实，最难以管理的是整车仓库，较差的管理与良好的管理差距很大，造成的管理难度也很大。

较差的管理：相同车型不同颜色混排，不充分利用空间，前、后、中间都有空位，不按间隔停放，难以先进先出。白色为库位中有问题的位置。

良好的管理：同车型同颜色同列存放，充分利用空间，车辆长度与库位长度比较合适，先进先出非常顺利。

（资料来源：http://www.dfl.com.cn/）

### 分析与讨论

1. 东风汽车的物流管理包含了哪些内容？
2. 东风汽车的物流管理有何特点？

### 【拓展资源】

1. 网上资源：苏宁集团官方网站：http://www.suning.cn/；东风汽车股份有限公司网站：http://www.dfl.com.cn/

2. 书籍：《企业物流管理：供应链的规划组织和控制》，（美）Ronald H.Ballou 著，王晓东，胡瑞娟等译/2006年/机械工业出版社；《企业物流管理》，浦震寰，蔡改成主编/2012年/大连理工大学出版社

# 第 4 章　第三方物流

**【学习要点】**

- 掌握第三方物流的概念和内涵
- 了解第三方物流的产生和发展
- 熟悉第三方物流的分类
- 掌握第三方物流的特点
- 熟悉第三方物流的优势与弊端

**【关键术语】**

第三方物流（The Third Party Logistics，TPL/3PL）；外包（Out-souring）

# 【案例导读】

## 麦当劳的第三方物流

在麦当劳的物流中，质量永远是权重最大、被考虑最多的因素。麦当劳重视品质的精神，在每一家餐厅开业之前便可见一斑。餐厅选址完成之后，首要工作是在当地建立生产、供应、运输等一系列的网路系统，以确保餐厅得到高品质的原料供应。无论何种产品，只要进入麦当劳的采购和物流链，必须经过一系列严格的质量检查。麦当劳对土豆、面包和鸡块都有特殊的严格的要求。比如，在面包生产过程中，麦当劳要求供应商在每个环节加强管理。比如装面粉的桶必须有盖子，而且要有颜色，不能是白色的，以免意外破损时碎屑混入面粉，而不易分辨；各工序间运输一律使用不锈钢筐，以防杂物碎片进入食品中。

谈到麦当劳的物流，不能不说到夏晖公司，这家几乎是麦当劳"御用3PL"（该公司客户还有必胜客、星巴克等）的物流公司，他们与麦当劳的合作，至今在很多人眼中还是一个谜。麦当劳没有把物流业务分包给不同的供应商，夏晖也从未移情别恋，这种独特的合作关系，不仅建立在忠诚的基础上，麦当劳之所以选择夏晖，在于后者为其提供了优质的服务。

而麦当劳对物流服务的要求是比较严格的。在食品供应中，除了基本的食品运输之外，麦当劳要求物流服务商提供其他服务，比如信息处理、存货控制、贴标签、生产和质量控制等诸多方面，这些"额外"的服务，虽然成本比较高，但它使麦当劳在竞争中获得了优势。如果甲提供的物流服务仅仅是运输，运价是一吨4角，而乙的价格是一吨5角，但乙提供的物流服务当中包括了信息处理、贴标签等工作，麦当劳也会选择乙做物流供应商。

另外，麦当劳要求夏晖提供一条龙式物流服务，包括生产和质量控制在内。这样，在夏晖设在台湾的面包厂中，就全部采用了统一的自动化生产线，制造区与熟食区加以区隔，厂区装设空调与天花板，以隔离落尘，易于清洁，采用严格的食品与作业安全标准。所有设备由美国SASIB专业设计，生产能力每小时24 000个面包。在专门设立的加工中心，物流服务商为麦当劳提供所需的切丝、切片生菜及混合蔬菜，拥有生产区域全程温度自动控制、连续式杀菌及水温自动控制功能的生产线，生产能力每小时1500公斤。此外，夏晖还负责为麦当劳上游的蔬果供应商提供咨询服务。

麦当劳利用夏晖设立的物流中心，为其各个餐厅完成订货、储存、运输及分发等一系列工作，使得整个麦当劳系统得以正常运作，通过它的协调与联接，使每一个供应商与每一家餐厅达到畅通与和谐，为麦当劳餐厅的食品供应提供最佳的保证。目前，夏晖在北京、上海、广州都设立了食品分发中心，同时在沈阳、武汉、成都、厦门建立了卫星分发中心和配送站，与设在香港和台湾的分发中心一起，斥巨资建立起全国性的服务网络。

例如，为了满足麦当劳冷链物流的要求，夏晖公司在北京地区投资5500多万元人民币，建立了一个占地面积达12 000平方米、拥有世界领先技术的多温度食品分发物流中心，该物流中心配有先进的装卸、储存、冷藏设施，5吨到20吨多种温度控制运输车40余辆，中心还配有电脑调控设施用以控制所规定的温度，检查每一批进货的温度。

物流中的浪费很多，不论是人的浪费、时间的浪费还是产品的浪费都很多。而夏晖是靠信息系统的管理来创造价值。夏晖的平均库存远远低于竞争对手，麦当劳物流产品的损耗率也仅有万分之一。

（资料来源：http://www.havi-logistics.com/）

## 4.1 第三方物流的内涵

### 4.1.1 第三方物流的定义

第三方物流（The third Party Logistics，TPL/3PL）是相对"第一方"发货人"第二方"收货人而言的，它通过与第一方或第二方的合作来提供其专业化的物流服务，它不拥有商品，不参与商品的买卖。而是为客户提供以合同为约束和以结盟为基础的系列化、个性化、信息化的物流代理服务，因此又称为合同物流、外包物流等。根据《中华人民共和国国家标准·物流术语》（GB/T 18354—2006）的定义，第三方物流是指独立于供需双方为客户提供专项或全面的物流系统设计或系统运营的物流服务模式。

从字面上看，第三方物流是指由与货物有关的发货人和收货人之外的专业企业，即第三方来承担企业物流活动的物流形态。

从服务提供者的角度，第三方物流被定义为"拥有一定技术和专业知识，并提供如交通、运输管理、承运人管理、仓储、配送等物流活动中的部分或全部物流环节的第三方企业"。它是把传统的组织内履行的物流职能变革为由外部公司履行，是将企业的全部或部分物流运作业务外包给专业公司管理经营，而这些能为顾客提供多元化物流服务的专业公司称为第三方物流提供商。

### 4.1.2 第三方物流的作用

（1）集中主业

企业能够实现资源优化配置，将有限的人力、财务集中于核心业务，进行重点研究，发展基本技术，努力开发出新产品参与世界竞争。

（2）节省费用，减少资本积压

专业的第三方物流提供者利用规模生产的专业优势和成本优势，通过提高各环节能力的利用率节省费用，使企业能从分离费用结构中获益。根据对工业用车的调查结果，企业解散自有车队而代之以公共运输服务的主要原因就是为了减少固定费用，这不仅可以节省购买车辆的投资，还节省了车间仓库、发货设施、包装器械以及与员工相关的开支。

（3）减少库存

企业不能承担原料和库存的无限拉长，尤其是高价值的部件要及时送往装配点以保证库存的最小量。第三方物流提供者借助精心策划的物流计划和适时运送手段，最大限度养活库存，改善了企业的现金流量，实现成本优势。

（4）简化交易

很明显，第三方物流的存在大大简化了交易结构和过程。

（5）降低成本，提高效率

第三方物流不仅可以提供更专业的服务，还可以实现规模经济所带来的低成本和高效率。

（6）提高服务水平

第三方物流可以更好地满足消费者的需求，减少缺货概率，与营销有效配合，提供更加专业化的物流服务。

（7）提升企业形象

第三方物流提供者与顾客不是竞争对手，而是战略伙伴，他们为顾客着想，通过全球性的信息网络使顾客的供应链管理完全透明化，顾客随时可通过互联网了解供应链的情况；第三方物流提供者是物流专家，他们利用完备的设施和训练有素的员工对整个供应链实现完全的控制，减少物流的复杂性；他们通过遍布全球的运送网络和服务提供者（分承包方）大大缩短了交货期，帮助顾客改进服务，树立自己的品牌形象；第三方物流提供者通过"量体裁衣"式的设计，制订出以顾客为导向、低成本高效率的物流方案，为企业在竞争中取胜创造有利条件。

## 4.2 第三方物流的产生

### 4.2.1 第三方物流的发展阶段

第三方物流的演进并没有很清晰的界限。一般按照第三方物流所提供的服务类型、所实施控制的水平以及在企业战略重要性方面所扮演的水平，将第三方物流的演进分为导入期、知晓期、需求期、整合期和差别化期5个阶段。

在导入期，第三方物流观念处于萌芽状态，仅当第三方物流公司具有显著成本优势或运输紧张时，企业才会予以考虑。

在知晓期，第三方物流观念得以流行，企业开始考虑采用第三方物流公司作为存货控制和成本削减的替代选择，以强化企业竞争力，增加利润。然而，第三方物流仍引起企业界对缺乏物流控制权的担忧。

在需求期，重要市场和法律的变更增加了配销的复数程度，导致有配销专长的第三方物流公司的协助成为企业的必需，第三方物流的观念开始得到企业界的认可和采纳。

在整合期，第三方物流的观念吸引了越来越多的公司，国际化以及分销渠道复杂性增加等因素迫使企业转向第三方物流。

在差别化期，第三方物流的观念被认为是企业核心竞争力方向的一个区分器，国际化的趋势以及日益重要的伙伴和联盟关系，使得企业将第三方物流作为增加竞争力的必需功能，以支持企业使命。

#### 4.2.2 第三方物流产生的推动因素

##### 4.2.2.1 第三方物流产生是社会分工的结果

在外包（Out-souring）等新型管理理念的影响下，各企业为增强市场竞争力，而将企业的资金、人力、物力投入到其核心业务上去，寻求社会化分工协作带来的效率和效益的最大化。专业化分工的结果导致许多非核心业务从企业生产经营活动中分离出来，其中包括物流业。将物流业务委托给第三方专业物流公司负责，可降低物流成本，完善物流活动的服务功能。

##### 4.2.2.2 改善物流与强化竞争力相结合意识的萌芽

物流研究与物流实践经历了成本导向、利润导向、竞争力导向等几个阶段。将物流改善与竞争力提高的目标相结合是物流理论与技术成熟的标志。这是第三方物流概念出现的逻辑基础。

##### 4.2.2.3 物流领域的竞争激化导致综合物流业务的发展

随着经济自由化和贸易全球化的发展，物流领域的政策不断放宽，同时也导致物流企业自身竞争的激化，物流企业不断地拓展服务内涵和外延，从而导致第三方物流的出现。这是第三方物流概念出现的历史基础。

##### 4.2.2.4 第三方物流的产生是新型管理理念的要求

进入20世纪90年代后，信息技术特别是计算机技术的高速发展与社会分工的进一步细化，推动着管理技术和思想的迅速更新，由此产生了供应链、虚拟企业等一系列强调外部协调和合作的新型管理理念，既增加了物流活动的复杂性，又对物流活动提出了零库存、准时制、快速反应的要求。有效的顾客反应等更高的要求，使一般企业很难承担此类业务，由此产生了专业化物流服务的需求。第三方物流的思想正是为满足这种需求而产生的。它的出现一方面迎合了个性需求时代企业间专业合作不断变化的要求，另一方面实现了进出物流的整合，提高了物流服务质量，加强了对供应链的全面控制和协调，促进供应链达到整体最佳性。

## 4.3 第三方物流企业的分类

根据不同的标准，第三方物流企业可以划分为不同的类型。

按照第三方物流企业完成的物流业务范围的大小和所承担的物流功能，可将物流企业分为功能性物流企业和综合性物流企业。

①功能性物流企业（也称单一物流企业）是指那些仅承担和完成某一项或少数几项物流功能，按照其主要从事的物流功能可将其进一步分为运输企业、仓储企业、流通加工企业等。

②综合性物流企业是指那些能完成和承担多项或全部物流功能的企业，企业一般规模较大、资金雄厚，并且有着良好的物流服务信誉。包括从配送中心的规划设计到物流的战略策划、具体业务功能等。

按照第三方物流企业是自行完成和承担物流业务，还是委托他人进行操作．还可将物流企业分为物流运营企业与物流代理企业。

①物流运营企业是指实际承担大部分物流业务的企业，它们可能有大量的物流环境和设备支持物流运作，如配送中心、自动化仓库、交通工具等。

②物流代理企业是指接受物流需求方的委托，运用自己的物流专业知识、管理经验，为客户制定最优化的物流路线，选择最合适的运输工具等，最终由物流运营企业承担具体的物流业务。物流代理企业还可以按照物流业务代理的范围，分成综合性物流代理企业和功能性物流代理企业。功能性物流代理企业，包括运输代理企业（货代公司）、仓储代理公司（仓代公司）和流通加工代理企业等。

按照第三方物流业务角度分类，可分为运输服务、仓储服务、特别服务、国际互联网服务和技术服务。

①第三方物流运输服务所包含的主要内容有汽车运输、专一承运、多式联运、水运、铁路运输、包裹、设备、司机、车队等。

②第三方物流仓储服务包括入库、上门收货服务、包装／次级组装、完善分货管理、存货及管理、位置服务等。

③第三方物流特别服务包括逆向物流、直接配送到商店、进／出口海关、ISO认证、直接送货到家等。

④第三方物流国际互联网服务包括搜索跟踪、电子商务、电子执行、通信管理、电子供应链等。

⑤第三方物流的技术服务包括GIS技术、GPS技术、EDI技术、条码技术、RFID技术等。

## 4.4 第三方物流的特点

### 4.4.1 物流、信息流、资金流的统一体

在借助信息技术完成物流运作的同时，物流企业往往还要完成货款结算、提供资金垫付等附加服务，体现了第三方物流"三流合一"的特点。

### 4.4.2 关系合同化

第三方物流是通过契约形式来规范物流经营者与物流消费者之间关系的。物流经营者根据契约规定的要求，提供多功能直至全方位一体化物流服务，并以契约来管理所有提供

的物流服务活动及其过程。第三方物流发展物流联盟也是通过契约的形式来明确各物流联盟参加者之间权责利相互关系的。

### 4.4.3 个性化物流服务

不同的物流消费者存在不同的物流服务要求，第三方物流需要根据不同物流消费者在企业形象、业务流程、产品特征、顾客需求特征、竞争需要等方面的不同要求，提供针对性强的个性化物流服务和增值服务。从事第三方物流的物流经营者也因为市场竞争、物流资源、物流能力的影响需要形成核心业务，不断强化所提供物流服务的个性化和特色化，以增强物流市场竞争能力。

### 4.4.4 功能专业化

第三方物流所提供的是专业的物流服务。从物流设计、物流操作过程、物流技术工具、物流设施到物流管理必须体现专门化和专业水平，这既是物流消费者的需要，也是第三方物流自身发展的基本要求。

### 4.4.5 管理系统化、集成化

第三方物流应具有系统的物流功能，是第三方物流产生和发展的基本要求，第三方物流需要建立现代管理系统才能满足运行和发展的基本要求。

### 4.4.6 信息网络化

信息技术是第三方物流发展的基础。物流服务过程中，信息技术发展实现了信息实时共享，促进了物流管理的科学化、极大地提高了物流效率和物流效益。

### 4.4.7 物流企业与生产企业之间是动态联盟关系

依靠现代电子信息技术的支撑，第三方物流企业与客户之间、第三方物流企业之间充分共享信息，并以合同为纽带，彼此共担风险、共享收益、形成联盟关系，达到双赢目的。

## 4.5 第三方物流的优势与弊端

### 4.5.1 第三方物流的优势

在当今竞争日趋激化和社会分工日益细化的大背景下，第三方物流具有明显的优越性，具体表现在：

（1）企业集中精力于核心业务

由于任何企业的资源都是有限的，很难成为业务上面面俱到的专家。为此，企业应把自己的主要资源集中于自己擅长的主业，而把物流等辅助功能交给物流公司。

（2）灵活运用新技术，实现以信息换库存，降低成本

当科学技术日益进步时，专业的第三方物流供应商能不断地更新信息技术和设备，而普通的单个制造公司通常短时间难以更新自己的资源或技能；不同的零售商可能有不同的、不断变化的配送和信息技术需求，此时，第三方物流公司能以一种快速、更具成本优势的方式满足这些需求，而这些服务通常都是制造商一家难以做到的。同样，第三方物流供应商还可以满足一家企业的潜在顾客需求的能力，从而使企业能够接洽到零售商。如美国赖

德专业物流公司向一家床垫制造商西蒙斯公司提供一种新技术，使得后者彻底改变了自己的经营方式。在合作前，西蒙斯公司在每一个制造厂储存了 2 万～5 万个床垫来适时满足客户的时尚需求。合作后，赖德在西蒙斯的制造厂安排一个现场物流经理。当订单到达时，该物流经理使用特殊的软件来设计把床垫发送给客户的优化顺序和路线。随后这一物流计划被发送到工厂的楼底，在那里按照确切的数量、款式和顺序制造床垫，并全部及时发送。该项物流合作从源头降低了西蒙斯对库存的需求。

（3）减少固定资产投资，加速资本周转

企业自建物流需要投入大量的资金购买物流设备、仓库和信息网络等专业物流设备。这些资源对于缺乏资金的企业特别是中小企业是个沉重的负担。而如果使用第三方物流公司不仅减少设施的投资，还解放了仓库和车队方面的资金占用，加速了资金周转。

（4）提供灵活多样的顾客服务，为顾客创造更多的价值

假如你是原材料供应商，而你的原材料需求客户需要迅速的货源补充，你就要有地区仓库。通过第三方物流的仓储服务，你就可以满足客户需求，而不必因为建造新设施或长期租赁而调拨资金并在经营灵活性上受到限制。如果你是最终产品供应商，利用第三方物流还可以向最终客户提供超过自己提供给他们的更多样的服务品种（如提供本企业一时不能满足客户要求的暂时缺货、短时的仓储管理等服务），为顾客带来更多的附加价值，使顾客满意度提高。

（5）提升企业形象

第三方物流提供者与顾客不是竞争对手，而是战略伙伴，他们为顾客着想，通过全球性的信息网络使顾客的供应链管理完全透明化，顾客随时可通过互联网了解供应链的情况；第三方物流提供者是物流专家，他们利用完备的设施和训练有素的员工对整个供应链实现完全的控制，减少物流的复杂性；他们通过遍布全球的运送网络和服务提供者（分承包方）大大缩短了交货期，帮助顾客改进服务，树立自己的品牌形象。第三方物流提供者通过"量体裁衣"式的设计，制订出以顾客为导向，低成本高效率的物流方案，使顾客在同行者中脱颖而出，为企业在竞争中取胜创造了有利条件。

（6）货主企业采用第三方物流方式对于提高企业经营效率具有重要作用

首先，可以使企业专心致志地从事自己所熟悉的业务，将资源配置在核心业务上。其次，第三方物流企业作为专门从事物流工作的行家，具有丰富的专业知识和经验，有利于提高货主企业的物流水平。第三方物流企业是面向社会众多企业提供物流服务，可以站在比单一企业更高的角度，更大范围，面对市场外部环境的变化，企业的生产经营活动也变得越来越复杂，要实现和物流活动的合理化仅仅将物流系统范围局限在企业内部已远远不够。建立企业间，跨行业的物流系统网络，将原材料生产企业，制品生产企业，批发零售企业等生产流通全过程上下游相关企业的物流活动有机结合起来，形成一个链状的商品供应系统，是构筑现代物流大系统的要求。第三方物流企业通过其掌握的物流系统开发设计能力，信息技术能力，成为建立企业间物流系统网络的组织者，完成个别企业，特别是中小企业所无法实现的工作。

#### 4.5.2 第三方物流的弊端

①企业不能直接控制物流职能,不能保证供货的准确和及时,不能保证顾客服务的质量和维护与顾客的长期关系,企业将放弃对物流专业技术的开发等。另外,由于外部服务商的存在,企业内部更容易出现相互推诿的局面,影响效率。

②企业与客户的关系被削弱。由于生产企业是通过第三方来完成产品的配送与售后服务,同客户的直接接触少了,这对建立稳定密切的客户管理非常不利。同时,第三方物流公司会通过在运输工具上喷涂它自己的标志或让公司员工穿着统一服饰等方式来提升第三方物流公司在顾客心目中的整体形象。

③客户信息泄漏风险。客户信息对企业而言是非常重要的资源,但第三方物流公司并不只面对一个客户,在为企业竞争对手提供服务的时候,企业的商业机密被泄漏的可能性将增大。

④连带经营风险。第三方物流是一种长期的合作关系,如果服务商自身经营不善,则可能影响企业的经营,解除合作关系又会产生较高的成本,因为稳定的合作关系是建立在较长时间的磨合期基础之上的。

### 【本章小结】

第三方物流是指独立于供需双方为客户提供专项或全面的物流系统设计或系统运营的物流服务模式。一般按照第三方物流所提供的服务类型、所实施控制的水平以及在企业战略重要性方面所扮演的水平,将第三方物流的演进分为导入期、知晓期、需求期、整合期和差别化期5个阶段。根据不同的标准,第三方物流企业可以划分为不同的类型。第三方物流具有三流合一、关系合同化、个性化物流服务、功能专业化等特点。第三方物流具有明显的优越性,同时也存在弊端。

### 【本章思考】

1. 什么是第三方物流?为什么会产生第三方物流?
2. 第三方物流企业有哪些类型?
3. 第三方物流有何特点?
4. 第三方物流有哪些优势和弊端?

### 【案例讨论】

## 福特汽车的物流外包

福特汽车有限公司(以下简称"福特汽车")创建于1903年,此后迅速成长为一个世界范围内汽车制造及汽车相关产品和服务行业的领导者。

福特汽车为了确保原材料供给,在公司总部及底特律建造了内陆港和错综复杂的铁路、公路网络并且投资于运货卡车、内河运输和远洋运输,公司拥有庞大的车队用于物料和原材料配进，意图控制整个原材料供应、制造、运输、销售过程。但是，公司在汽车销售市场上却在走下坡路，不仅出口业务受到日本、韩国等新兴汽车生产国的强烈冲击，连国内市场也受到最大的对手通用汽车的蚕食。

福特汽车的决策层经过分析发现，物流活动并不构成公司的核心竞争力。福特公司对整个供应链进行控制的做法不仅不能保持高的服务水平，相反带来了巨大的财务包袱，损害了公司汽车业务的发展。而且随着汽车业务业绩的下滑，庞大的供应链条不能及时反映这种变化。此外，当时美国国内也出现了像联邦快递、UPS等优秀的专业物流提供商。

在这种历史背景下，福特汽车审时度势，而将原材料的供应、运输等不具竞争力的工作都交给独立的专业化公司去做。福特汽车将运输业务外包，缩短了零部件和成品的交付时间，降低了运输和库存成本。2001年年初，福特汽车先后与美国联邦快递公司（FedEx）和美国联合包裹运送服务公司（UPS）签订了合作协议，这两家公司分别为福特卡车零部件和整车的运送提供物流服务。根据协议，对重要零部件的运送，FedEx将本着优先服务的原则，保证所订货物在第二天到达客户手中。而UPS将对福特整车实行实时运送，以满足客户的需求，该合作使福特整车的运送时间比原来的时间节省26%。同时，福特公司在其分拨中心内的整车库存量减少29%，从而使每年的库存开支减少10亿美元，库存搬运开支减少1.25亿美元。福特公司的材料、计划和物流部副经理乐观地表示，随着公司网络系统日益精确和完善，上述成本开支还将继续降低，运送时间也将进一步缩短。

福特汽车的经营模式上的转变表明，在社会分工日益专业化的现代经济中，没有哪一家厂商能够完全做到自给自足，只有将企业有限的资源投入到加强自身核心竞争力上，并与供应链上其他企业通力合作以便最有效地利用内、外部资源，才能成为真正的赢家。

（资料来源：http://www.ford.com.cn/）.

**分析与讨论**

1. 福特汽车为何要将物流外包？
2. 试分析福特汽车的第三方物流模式。

**【拓展资源】**

1. 网上资源：夏晖物流官方网站：http://www.havi-logistics.com /；长安福特官方网站：http://www.ford.com.cn/

2. 书籍：《第三方物流》，骆温平编/2012年/高等教育出版社；《第三方物流运营实务》/钱芝网，孙海涛编/2011年/电子工业出版社

# 第 5 章　第四方物流

## 【学习要点】

- 熟悉第四方物流的产生背景
- 掌握第四方物流的概念
- 掌握第四方物流的作用与影响
- 掌握第四方物流的功能与特点
- 了解第四方物流的运作模式

## 【关键术语】

第四方物流（The Fourth Party Logistics，FPL/4PL）；物流服务提供商（Logistics Service Provider）；虚拟物流（Virtual Logistics）；供应链集成商（Supply Chain Integrators）

## 【案例导读】

# 苏宁的第四方物流转型

2014年11月24日,商务部对全国10家物流企业颁发了一个第四方物流的牌照,在整个电商互联网企业里面只有苏宁一家。此举在物流行业产生巨大轰动,外界也开始掀开苏宁物流的一角。

### 1. 物流成本降到2个点以内

未来的电商竞争,谁能把物流成本降到2个点以内,谁就能胜出。亚马逊在美国物流很强大,它就是把物流成本降下来,才开始盈利的。苏宁下一步可能上线变成四方物流,相当于所有的第三方物流公司都可以到线上进行交易,类似于自营的物流B2C加C2C。

不仅如此,苏宁正在谋求从托盘的标准化、拼车、联盟,由此最大限度地降低物流运行的社会经济成本,提高整体物流运营效率。物流配送当中经常拼车,不够整车发送的,拼车之后,只按出的立方米数付钱。比如,从广州发到天津蓟县的车,通过合车,一个14米的车每个人承担一定的费用,这样的话成本至少降低三分之二,比如原来一车3000元,拼车后只需要1000元。事实上,苏宁已经行动起来,进行上述资源整合,比如,苏宁与金龙鱼的合作,就是在托盘标准化推进后大大降低了库存率,而且未来可能还会更低。同时,出库的效率提高了2倍,原来可能需要4个人,现在2个人足矣。即使是整个12家的托盘,一扫码即可结束。由此,通过成本的集约化,给互联网企业带来巨大的效益。苏宁物流现在有1600多家门店,选了大概将近2000种产品,在195个城市做2个小时急速达,而且是免费的,现在友商在搞3小时极速达,但是要向消费者收取49元的费用。

### 2. 送装一体建竞争壁垒

除了在物流规模、自动化程度与同行业的比拼之外,苏宁正在通过极速达和送装一体建构起强大的竞争壁垒。苏宁率先推出送装一体,原来消费者买东西是需要两次流程,送货一次、预约安装再一次,现在苏宁在北京推行送装一体,就是买货配送和安装合并一次到达，称之为变两次预约等待为一次体验，一次解决，这也是免费的。而且这对物流成本的降低起了非常大的作用。因为原来安装一次、物流配送一次，现在安装和配送一次完成，大大方便了消费者的同时，运营成本也得到了节约。

"送装一体"可以大幅降低物流成本，但同时，它的推行对同行来说却有着很难逾越的壁垒。"送装一体"有几个条件：第一，要有一批具有技术职能的安装维修工人，要有技术等级证书；第二，要求有自营能力，售后安装维修的资源，不是光靠物流；第三，要懂产品，有线下门店的人员培训，比如装热水器，用什么样的开关、插座，更换的新产品应该怎么安装、需要哪些材料等，这些都有很多的技术含量。

### 3. 苏阿合作：苏宁物流输出

对于苏宁与阿里的合作，外界虽然关注颇多，但双方的合作基点却一直是一个巨大的困惑。侯恩龙则从供应链、物流、大数据角度给出了答案。

阿里对苏宁的兴趣点在于：第一是苏宁拥有第一个自营的供应链，拥有强大的物流售后服务能力，1600多家线下的实体店体验，以及遍布各地的网络。对苏宁来说，双方可以联合采购，进一步降低采购价格。这其实也是大家比较感兴趣的，可以给阿里的平台商户和上面的商家带来好处。第二是流量方面。第三是未来双方可能会在大数据等其他方面展开一系列的合作，包括物流跟菜鸟的合作已经开始了，未来大家合作的空间广度和深度都非常值得期待。就在9月25日，也就是在苏阿合作后的仅仅45天，苏宁就送出了帮菜鸟配送的第一单，这个速度成就了互联网的速度。目前阿里已经把很多产品放在了苏宁的指定仓内，由苏宁来进行"双十一"服务，用户到时候可以看到上面有两张面单：一张是阿里的，另一张是苏宁的。

对阿里的平台商户来说，由于有苏宁的自营供应链，采购价格会大幅降低，而且保证正品，销售之后还可以获得苏宁的配送和未来的一些服务，比如售后服务。目前，双方正在合作推出"万店同庆"，主要做好三件事情：以旧换新、3C店面、易购天猫官方旗舰店。双方已经制定了非常完整的推广和销售目标计划，在磨合后，成果会很快显现。

### 4. 逆向物流：打造新的增长高地

当然，苏宁在物流的布局方面还有一个巨大的伏笔，那就是其在农村电商方面打造的"逆向物流"。这恰恰是苏宁发展农村电商重要的商业逻辑，而这一逻辑，的的确确也获得了很多地方政府部门及合作伙伴的善待和支持。

目前，苏宁正在全面接触四川所有的农特产品企业，计划在2015年年内与大部分企业签署战略合作协议，全部实现苏宁易购全线运营。政府以商务厅和农业厅携手，希望苏宁能把四川省3个贫困县都纳入到整个这次苏宁与国务院扶贫办"双百"扶贫行动的104个县的覆盖范围之内，建扶贫的线上特色馆。苏宁此次为104个贫困县打造特色馆，是跟国家扶贫办一起做的，马上要在全国各地推广，四川目前有3个地方参与，惠及的人数大概有761万人，这符合"授人以鱼，不如授人以渔"的思路。

正是苏宁在供应链及物流方面打造的强大根基，让苏宁这一次在价格战上挺直了腰板。同时，苏宁要把超市母婴打造成继苏宁电器之后的第二块金字招牌，除了3C、大家电，在超市母婴、海外购方面，都将发起战争，因为要想做到"胜者为王"，就永远需要把消费者放在第一位，真正洞悉消费者的需求，同时，价格竞争、品质消费也是永恒的主题。

（资料来源：http://www.suning.cn/）

## 5.1 第四方物流的产生

### 5.1.1 物流业务外包发展的必然产物

第四方物流（The fourth party logistics，FPL/4PL）作为供应链管理的一种新的模式，它的出现是物流行业业务外包的必然产物。企业物流业务外包有三个不同的层次，每个层次都比上个层次更加有深度和广度。

第一层次是传统的物流外包。企业与一家物流服务提供商签订合同，由其提供单一的、明确界定的物流服务。如把仓储外包给专业的仓储公司、把运输外包给专业的运输公司、委托专门结算机构代结货运账、委托海关经纪人代为通关、委托进出口代理商准备进出口文件。

第二层次是第三方物流。企业与一家物流提供商签订合同，由其提供整合的解决方案，包括两种或更多的物流服务，并且给予其一定的决策权。如货运代理决定用哪一家运输公司、运输管理、进货管理、整合的仓储和运输管理。

第三层次是第四方物流。在利用所有第二层次服务的基础上，获得增值的创新服务。如供应链网络结构设计、全球采购计划、IT功能的强化和管理、商品退货和维修、持续的供应链改善。

第四方物流在复杂的供应链管理中担负着主要的任务，是供应链外部协作的重要组成部分。它对供应链的物流进行整体上的计划和规划，并监督和评估物流的具体行为和活动的效果。对于供应链的管理来说，第四方物流是对包括第四方物流服务商及其客户在内的一切与交易有关的伙伴的资源和能力的统一。

### 5.1.2 管理的效率和效益最大化的要求

随着科技的进步和市场的统一，供应链中很多供应商和大的企业为了满足市场需求，将物流行业务外包给第三方物流服务商，以降低存货的成本，提高配送的效率和准确率。但是，由于第三方物流缺乏较综合的、系统性的技能和整合应用技术的局限性以及全球化网络和供应链战略的局部化，使得企业在将业务外包时不得不将业务外包给多个单独的第三方物流服务商，增加了供应链的复杂性和管理难度。市场的这些变化给物流和供应链管理提出了更高的期望，这在客观上要求将现代科技、电子商务和传统的商业运营模式结合起来，以在供应链中构造一个将供应链的外包行为链接的统一单位，而不是像以前那样的单独的行为。

从管理的效率和效益来看，对于将物流业务外包的企业来说，为获得整体效益的最大化，它们更愿意与一家公司合作，将业务统一交给能提供综合物流服务和供应链解决方案的企业，而且，由于在供应链中信息管理变得越来越重要，所以也有必要将物流管理活动统一起来，以充分提高信息的利用率和共享机制，提高外包的效率和效益。供应链管理中外包行为的这些变化促使很多第三方物流服务商与咨询机构及技术开发商开展协作，以增强竞争能力，由此而产生了第四方物流。

### 5.1.3 竞争的加剧

企业对降低物流成本的追求导致了物流提供商有必要从更高的角度来看待物流服务，把提供物流服务从具体的运输管理协调和供应链管理上升到对整个物流供应链的整合和供应链方案的再造设计。

### 5.1.4 弥补第三方物流的不足

第三方物流缺乏跨越整个物流供应链运作的能力和条件，这是由第三方物流本身的机制决定的。第三方物流主要为企业提供具体的物流运作服务，它所依赖的是自己的交通运输工具、物流基础设施和一些最基本的物流信息，并不参与整个被服务企业的物流供应。因此，也就不能站在应有的高度来看待客户的整个供应链。同时，物流企业也缺乏整合整个供应链流程所需的战略专业技能。

而第四方物流——作为一个提供全面供应链解决方案的供应链集成商，可以站在较第三方物流更高的高度，不受约束地将每一个领域的最佳物流提供商组合起来，为客户提供最佳物流服务，进而形成最优物流方案或供应链管理方案。

第四方物流实际上是一种新的供应链外包形式，这种形式正在通过比传统的供应链外包协议更多的暂时的成本降低和资产转移来实现。通过与行业最佳的第三方服务供应商、技术供应商、管理顾问的联盟，第四方物流组织可以创造任何单一的提供商无法实现的供应链解决方案。

### 5.1.5 顾客对服务的期望及实现技术的成熟

推动这种新的外包形式的直接动力是顾客对物流服务越来越高的期望，英特尔和WEB技术以及新的企业集成技术为实现这种转变提供了技术支撑。

在当今的供应链环境中，有一项公认的事实：顾客对他们的供应商的期望越来越高。这种服务需求的增加随着现代电子通信技术的发展而得到了加强。这些技术在提供物流服务方面比过去有实质性改善的同时，也会驱使顾客期望服务有更大程度的改善。而顾客未满足的期望推动企业重新评估他们的供应链战略。这两种因素相互作用，共同推动了这种物流外包形式的产生。

## 5.2 第四方物流的基本概念

### 5.2.1 第四方物流的定义

第四方物流是有领导力量的物流服务提供商（Logistics service provider），它可以通过对整个供应链的影响力，提供综合的供应链解决方案，也为其顾客带来更大的收益。它不仅控制和管理特定的物流服务，而且对整个物流过程提出解决方案，并通过电子商务将这个过程集成起来。第四方物流正日益成为一种帮助企业实现运作成本持续降低和区别于传统外包业务的真正的资产转移。它实际上是一种虚拟物流（Virtual logistics），是依靠业内最优秀的第三方物流供应商、技术供应商、管理咨询顾问和其他增值服务商,整合社会资源,为用户提供独特和广泛的供应链解决方案。第四方物流集成了管理咨询和第三方物流服务商的能力,通过优秀的第三方物流、技术专家和管理顾问之间的联盟,为客户提供最佳的供应链解决方案。更重要的是,这种使客户价值最大化统一技术方案的设计、实施和运作,只有通过咨询公司、技术公司和物流公司的齐心协力才能够实现。第四方物流的定位如图 5-1 所示。

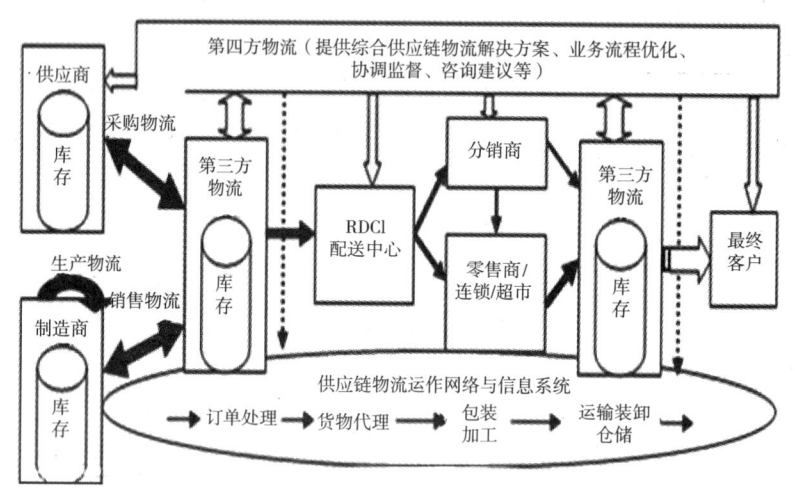

**图 5-1 第四方物流的定位**

从传统意义上讲,所谓第一方物流是指卖方、生产者或者供应方组织的物流。这些物流组织的核心业务是生产和供应商品;第二方物流是指买方、销售方或流通企业组织的物流行为。这些物流组织的核心业务是采购并销售商品,为了销售业务需要而投资相应的物流网络;第三方物流是针对于卖方和买方而言,介于供应商和用户之间的专业物流中间商,即专业的物流组织。

目前,国内外对第四方物流的表述方式多种多样,并没有一个非常明确和统一的定义。例如有的定义是指"集成商利用分包商来控制与管理客户公司的点到点供应链运用";还有的把第四方物流定义成"一个集中管理自身资源、能力和技术并提供互补服务的供应链综合解决方法的供应者";美国著名的互助基金公司——摩根斯坦利公司认为,第四方物流就是将"供应链中附加值较低的服务通过合同外包出去后,剩余的物流服务部分",同时在第四方物流中引入"物流业务的管理咨询服务"。

现在学术界比较认同的是埃森哲公司的 John Gattorna 所给的定义,"第四方物流提供商是一个供应链的集成商,它对公司内部和具有互补性的服务商所拥有的不同资源、能力和技术能进行整合和管理,并提供一整套供应链解决方案"。与第三方物流的外包性质有所不同,第四方物流既不是委托企业全部物流和管理服务的外包,也不是完全由企业自己管理和从事物流,而是一种中间状态。第四方物流就是将两种物流管理形态融为一体,在统一的指挥和调度下,将企业内部物流和外部物流整合在一起。第四方物流的思想必须依靠第三方物流的实际运作来实现并得到验证;第三方物流又迫切希望得到第四方物流在优化供应链流程与方案方面的指导,它们的价值在于"共生"。

### 5.2.2 第四方物流的组织构成

（1）委托客户

第四方物流组织一般是在主要委托客户企业与服务供应组织之间通过签订合资协议或长期合作协议而形成的组织机构。参加第四方物流的客户数量可以是一个，也可以是若干个，可以是同行业的，也可以是不同行业的，根据其规模和实力的不同可分为主要客户和一般客户。其中主要客户构成了第四方生存发展的基础或市场，在第四方物流组织中主要客户扮演了两种角色：一是第四方物流组织的成员，委托客户除了与其他组织共同出资外，通常也把它的整个物流和采购管理，包括物流设备、物流管理人员及经营人员转让给第四方物流组织。作为出资回报，第四方物流组织负责管理和经营主要客户的整个供应链的管理职能；二是第四方物流组织的客户，它与第四方保持着长期、稳定的业务关系。

（2）第三方物流服务商

它是为企业提供专业物流服务的机构，是供应链实施的主体。它拥有一定的服务设施、服务专业知识和经验，提供采购、储存、运输、装卸和物资配送、物料处理等综合多样化服务，也可以是从事物流某一方面业务服务的企业。它是第四方物流在物流实体操作方面的主要承担者。

（3）管理咨询公司

主要是从事物流管理服务的咨询机构、管理咨询公司及类似的组织。它们具有强大的战略管理能力，虽没有具体的物流设施，但却拥有高素质的物流管理人才和丰富的管理经验，了解和掌握着物流的信息。它们主要从事物流评审、物流规划、物流顾问、系统实施及物流培训等方面的业务，能够帮助企业作出科学的规划和管理，提高收益和竞争力，起到智囊的作用。

（4）其他增值服务商

主要是一些 IT 信息服务提供者以及专业的营销、包装、加工、配送等服务的服务商。

第四方物流组织有较大的柔性，其主要运作方式有供应链合作联盟型、提供集成方案型、行业创新型、动态联盟模式。从第四方物流组织构成来看，第四方物流作为客户间的联接点，通过合作或联盟提供多样化服务，从而实现服务的最佳整合、资源的最佳整合，保证产品可以迅速、高质量、低成本地送到需求者手中。

### 5.2.3 第四方物流的优势

（1）成本及交易费用低

第四物流自己不投入任何固定资产，而是对买卖双方及第三方物流供应商的资产和行为进行合理调配和管理，它依靠业内最优秀的第三方物流供应商、技术供应商、管理咨询顾问和其他增值服务商，为客户提供独特和广泛的供应链解决方案，使存货和现金流转次数减少，资产利用率提高，物流业务的分离整合协调了物流环节各参与方的利益冲突，有效降低了企业和供应商的交易费用。当交易成本和寻找成本降低时，交易效率提高，交易中的透明度增强，市场信息更为准确，物流业才有可能得到更大的发展。

（2）供应链"共赢"

在第三方物流中，由于信息不对称、外包商不确定，企业为维持外包物流服务的稳定与可靠会增加相应的监察、协调、集成等管理费用，执行外包合约的交易费用随之上升，供应链并不能皆从中受益。而第四方物流关注的不是仓储或运输单方面的效益而是整条供应链的效益，整条供应链外包可以降低运营成本，提高运作效率，流程一体化建设、改善供应使运营成本和产品销售成本降低，整条供应链的客户利益会因此而增加。

（3）管理"软"、"硬"分离

第四方物流专门提供物流方案和进行物流人才培训，物流服务提供者或参与者不再依托或者不完全依托物流硬件设施设备，而是为所服务的企业制订完整的物流方案，然后利用社会物流资源实现方案。与第三方物流相比，它是将拥有物流硬件变为控制物流硬件。物流产业内"软"的管理设计与"硬"的设施设备相分离，使产业分工更加明晰，提高了服务的专业化程度和服务水平，加速了市场发育和产业升级。

（4）人本服务

发展物流本身就是一种服务，而关于服务模式的创新，需要各个企业根据自身的实际尽量满足客户个性化的服务。第四方物流的特点是提供了一个综合性供应链解决方法，集中所有资源为客户完美地解决问题，将客户与供应商信息及技术系统一体化，把人的因素与业务规范有机结合起来，使整个供应链规划和业务流程能够有效地贯彻实施。

（5）知识化管理

信息化技术、自动化技术、智能化技术、仿真技术和管理技术的提高是第四方物流的源泉，EDI（电子数据交换）、POS（销售终端）、GIS（地理信息系统）、GPS（全球定位系统）、ITS（智能交通系统）、自动识别系统、自动分拣系统、电子拣选系统、高架立体仓库、虚拟库存、电子支付的使用为第四方物流的出现打下了基础。在第四方物流中，HSE管理体系融入到企业安全等文化建设中，把HSE观念从单纯的生产安全扩展到生活、生存安全和环境领域，将事后管理转变为事前控制，使物流告别了劳动密集型和资本密集型时代，迈进一个崭新的知识型时代。

（6）客观上适应商品流通新趋势

随着全球经济的发展，商品交易表现为高频率、大范围，从而也要求现代物流向高速、多层次、大范围的运行趋势进行变革。传统的物流方式由于其自身局限性，在高频率、大范围的商品流通面前，显得有点无能为力。而第四方物流在时间上和空间上更有效率，适应了商品流通新趋势。

## 5.3 第四方物流的作用与影响

### 5.3.1 第四方物流的作用

第四方物流是咨询服务、第三方物流以及技术支持相结合的产物，所以它综合了咨询管理和第三方物流的优点，能从比较大的范畴去改善整个供应链的管理，对供应链的复杂要求作出高效率的反应。

(1) 供应链流程再造或供应链过程的再设计

供应链过程中真正显著的改善可以通过各个环节计划和运作的协调一致来实现，也可以通过各个参与方的通力协作来实现。供应链再造改变了供应链管理的传统模式，整合和优化了供应链内部和与之交叉的供应链运作，将商贸战略与供应链战略连成一线，创造性地重新设计了参与者之间的供应链，使之达到一体化标准。4PL 服务供应商通过物流运作的流程再造，使整个物流系统的流程更合理、效率更高，从而将产生的利益在供应链的各个环节之间进行平衡，使每个环节的企业客户都可以受益。

(2) 供应链节点企业之间的功能转化

通过采用新的供应链管理技术可以加强并改善各个供应链节点的职能。4PL 通过采用领先和高明的技术，加上战略思维、流程再造和卓越的组织变革管理，共同组成最佳方案，实现对供应链活动和流程进行整合和改善。

(3) 业务流程再造

一个第四方物流服务商帮助客户实施新的业务方案，包括业务流程优化，客户公司和服务供应商之间的系统集成，以及将业务运作转交给 4PL 的项目运作小组。项目实施的最大目标，是把一个设计得非常好的策略和流程实施得恰到好处，因而全面发挥方案的优势，达到项目的预期成果。

(4) 开展多功能多流程的供应链管理

第四方物流供应商可以承担多个供应链职能和流程的运作责任，工作范围远远超越了传统第三方物流的运输管理和仓库管理的运作，还包括制造、采购、库存管理、供应链信息技术、需求预测、网络管理、客户服务管理和行政管理等。通常的 4PL 只是从事供应链功能和流程的一些关键技术部分。

### 5.3.2 第四方物流的影响

从国外目前发展第四方物流的经验来看，大力发展我国的第四方物流，不仅仅能获得明显而巨大的社会经济效益，更重要的是能够对整个物流业进行整合，从而实现物流企业的规模化、正规化。

第一，发展第四方物流将有助于打破地区封锁，促进国内物流与国际物流的有效流通。第四方物流是从整个社会物流系统的角度来运作的，它最大程度整合整个地区、国家、甚至全球的社会资源，建立供应链联盟，有利于优化物流管理体制，打破行业垄断，消除部门分割、地区封锁现象，促进经济体制改革。

第二，发展第四方物流有助于促进物流行业的快速发展。近年来我国社会物流增长明显高于同期 GDP 的增长速度。这一现象表明经济增长对物流的需求越来越大，对物流的依赖程度也越来越高，第四方物流的蓬勃发展正成为促进物流产业快速发展的驱动力。

第三，发展第四方物流将从两个方面大幅度降低社会物流费用：一是优化第三方物流。或许从局部来看，第三方物流是高效率的，但从地区和国家整体来说，第三方物流企业各自为政，不能最优整合社会资源，造成了社会资源的大量浪费。而第四方物流的发展能满足整个社会物流系统的要求，最大程度整合社会资源，减少物流时间，节约资源，提高物流效率，也减少了环境污染。二是提高社会物流设施的整体利用率。第四方物流的发展有助于促进现有的交通工具、交通道路设施、仓储设备、电信设施等物流存量资源整合,避免重复建设,提高社会物流设施的整体利用率。

第四,发展第四方物流将有助于促进社会信息化的发展。强大的信息技术支撑能力和广泛的服务网络覆盖支撑能力是第四方物流开拓市场的有力武器。第四方物流的发展有助于提升客户企业的信息化水平,改善供应链上相关企业的信息共享程度,整合供应链服务商的信息设备、技术和资源,也有助于改善政府物流管理相关部门的信息化水平,促进社会信息化的发展。

就行业自身优势来看,我国第四方物流的发展也是令人瞩目的。除了市场需求驱动之外,第四方物流在中国的发展也具有第三方物流所没有的优势及其对客户企业的巨大价值,发展第四方物流对社会、客户企业而言都具有巨大的社会经济效益:首先,第四方物流具有提升客户企业核心竞争力,降低其运营成本的明显优势。核心竞争力是企业在市场竞争中保持持续长久竞争优势的源泉,采用第四方物流,企业可以专注于核心业务,将物流等非主业进行外包,从而极大地提升企业核心竞争力,大幅度降低物流成本。这样做,一方面可以减少物流资本投入、降低资金占用,提高资金周转速度,减少投资风险;另一方面可以降低库存管理及仓储成本。其次,第四方物流具有强大的专业资源优势。一般而言,第四方物流公司都拥有较多高素质的专业资源,尤其是团队资源,他们可以为客户企业提供全面科学的供应链管理与运作技术,提供完善的供应链解决方案,可以在解决物流实际业务的同时实施与公司战略相适应的物流发展战略。再次,第四方物流具有对整个供应链和物流系统进行整合规划的优势。第四方物流作为具有领导力量的物流服务提供商,可以通过其影响整个供应链的能力,整合具备优势资源的第三方物流服务商、管理咨询服务商、信息技术服务商和电子商务服务商等,为客户企业提供完善的供应链解决方案,为其降低运营成本,增加赢利。而第三方物流的优势仅在于运输、储存、包装、装卸、配送、流通加工等实际的物流业务操作能力,在综合技能、集成技术、战略规划、区域及全球拓展能力等方面存在明显的局限性,特别是缺乏对整个供应链及物流系统进行整合规划的能力。最后,第四方物流具有信息及服务网络优势。第四方物流公司的运作主要依靠信息与网络,其强大的信息技术支持能力和广泛的服务网络覆盖支撑能力能够为客户企业开拓国内外市场、降低物流成本提供强大的支撑平台,也是获得大额长期订单、赢得客户信赖的基础。

第五,第四方物流可以改善物流服务质量,提升企业形象,实现中国企业全球化的战略。由于第四方物流不是物流的利益方,而是利益共享关系和战略合作伙伴关系,企业完全可以利用第四方物流专业化的供应链物流管理运作能力和高素质的物流人才制订出以顾客为导向、快捷、高质量、低成本的物流服务方案,改善物流服务质量,从而极大提升企业形象,尤其是在全球经济一体化的冲击下,生产制造企业一般缺乏全球化物流运作的能力,如果能够通过第四方物流进行全球采购、配送和服务将会成为中国企业实现其全球化战略的物流捷径。

第六,第四方物流同时成功地影响着大批的物流业服务者(第三方物流、网络工程、电子商务、运输企业等)以及客户供应链中的伙伴,它作为客户间的联接点,通过合作或联盟提供多样化服务，可以为客户提供迅速、高质量、低成本的物流服务。

## 5.4 第四方物流的功能与特点

第四方物流是一个供应链集成商（Supply Chain Integrators），它通过对本公司内部和具有互补性的服务提供商所拥有的不同资源、能力和技术进行整合和管理，向客户提供一整套供应链解决方案。第四方物流企业不是从货物运输的角度看待各企业间的关系，而是站在客户企业的目标和利益角度，寻求各个客户间资源与优势的互补。第四方物流企业将其业务与客户的企业经营相融合，在实际管理过程中强调业务流程协调技术的重要性。

第四方物流的功能体现在以下几个方面。

①第四方物流是物流信息的管理者，第四方物流企业收集并处理供应链上所有的运行数据和成本信息。通过对信息的分析和计算设计出适合客户企业的供应链解决方案。

②第四方物流是供应链的集成者和整合者，第四方物流企业利用其系统基础设施和采用公共的信息平台，把制造商和他的供应商以及消费者联系起来，并能够利用其管理能力来集成和整合制造商上游的供应商和下游的顾客。

③第四方物流是物流服务的购买者，第四方物流企业能够为制造商提供物流的购买技巧。通过第四方物流商专门研究物流和供应链以及成本分析和运行优化的专家队伍，他们能有效评估最适应提供某一方面物流服务活动的最佳物流服务提供商。

第四方物流通常以物流服务价格代理的身份出现，这迫使第四方物流走出了一条截取供应链上顶端资源组合的高起点路线，进而形成了第四方物流高起点、高技术含量的特点。

其一，在整个过程中，第四方物流自己不投入任何的固定资产，而是对买卖双方以及第三方物流供应商的资产和行为进行合理调配和管理，提供一个综合性供应链解决方案，以有效适应需方多样化和复杂化的需求，集中所有的资源为客户完善解决问题。第四方物流集成了管理咨询和第三方物流服务商的能力。更重要的是，一个使客户价值最大化的统一技术方案的设计、实施和运作，只有通过咨询公司、技术公司和物流公司的齐心协力才能够实现。

其二，通过其对整个供应链产生影响的能力来增加价值，即其能够为整条供应链的客户带来利益。第四方物流充分利用了一批服务提供商的能力，包括第三方物流、信息技术供应商、合同物流供应商、呼叫中心、电信增值服务商等，此外还有客户的能力和第四方物流自身的能力。总之，第四方物流通过提供一个全方位的供应链解决方案来满足企业所面临的广泛而又复杂的需求。这个方案关注供应链管理的各个方面，既可提供持续更新和优化的技术方案，同时又能满足客户的独特需求。

## 5.5 第四方物流的运作模式

### 5.5.1 超能力组合（1+1>2）协同运作模式

第四方物流和第三方物流共同开发市场，第四方物流向第三方物流提供一系列服务，包括：技术、供应链策略、进入市场的能力和项目管理的专业能力。第四方物流往往会在第三方物流公司内部工作，其思想和策略通过第三方物流这样一个具体实施者来实现，以达到为客户服务的目的。第四方物流和第三方物流一般会采用商业合同的方式或者战略联盟的方式合作。

### 5.5.2 方案集成商模式

在这种模式中，第四方物流为客户提供运作和管理整个供应链的解决方案。第四方物流对本身和第三方物流的资源、能力和技术进行综合管理，借助第三方物流为客户提供全面的、集成的供应链方案。第三方物流通过第四方物流的方案为客户提供服务，第四方物流作为一个枢纽，可以集成多个服务供应商的能力和客户的能力。

### 5.5.3 行业创新者模式

第四方物流为多个行业的客户开发和提供供应链解决方案，以整合整个供应链的职能为重点，第四方物流将第三方物流加以集成，向上下游的客户提供解决方案。在这里，第四方物流的责任非常重要，因为它是联结上游第三方物流的集群和下游客户集群的纽带。行业解决方案会给整个行业带来最大的利益。第四方物流会通过卓越的运作策略、技术和供应链运作实施来提高整个行业的效率。

无论第四方物流采取哪一种模式，都突破了单纯发展第三方物流的局限性，能做到真正的低成本、高效率、实时运作，实现最大范围的资源整合。第四方物流可以不受约束地将每一个领域的最佳物流提供商组合起来，为客户提供最佳物流服务，进而形成最优物流方案或供应链管理方案。而第三方物流缺乏跨越整个供应链运作以及真正整合供应链流程所需的战略专业技术，其要么独自，要么通过与自己有密切关系的转包商来为客户提供服务，所以不太可能实现技术、仓储与运输服务的最佳结合。

### 【本章小结】

第四方物流提供商是一个供应链的集成商，它对公司内部和具有互补性的服务商所拥有的不同资源、能力和技术进行整合和管理，并提供一整套供应链解决方案。第四方物流是咨询服务和第三方物流以及技术支持相结合的产物，所以它综合了咨询管理和第三方物流的优点，能从比较大的范畴去改善整个供应链的管理，对供应链的复杂要求作出高效率的反应。从国外目前发展第四方物流的经验来看，大力发展我国的第四方物流，不仅能获得明显而巨大的社会经济效益，更重要的是能够对整个物流业进行整合，从而实现我国物流企业的规模化、正规化。第四方物流的运作模式有超能力组合（1+1>2）协同运作模式、方案集成商模式、行业创新者模式3种。

### 【本章思考】

1. 什么是第四方物流？第四方物流与第三方物流有何区别和联系？
2. 第四方物流有何作用和影响？
3. 第四方物流有哪些功能？第四方物流有何特点？
4. 第四方物流有哪几种运作模式？

### 【案例讨论】

## 亚物天津的第四方物流

亚洲物流（天津）有限公司（以下简称"亚物天津"）是中国第一家网络物流服务商。在充分分析中国物流现状的基础上，创造性地以网上信息联网和网下业务联网的结合为核心，通过全国87个城市的分公司和加盟用户的联网运作，提供客户所需的整套物流服务，从而创立了一套卓有成效的现代网络物流方案。

亚物天津最独特的核心优势是不断扩张的运营网络，是通过设立在87个城市中的150家分公司及办事处，形成了基于互联网的中国覆盖面最广的省际公路物流网络，从而全面提升物流服务的竞争力。

亚物天津定位于第四方物流服务商，原因是公司没有自己的仓库及车队。而是通过长租或控股的运输车队拥有重型、中型、小型、货柜等车况良好的各类车辆1000台来适应不同的货运要求。仓储也是通过长租或控股的方式，由于车是车主的，仓是仓主的，亚物天津可以减省不少车辆或仓库维修及保养的烦恼。亚物天津拥有的只是一张覆盖全国的物流运营网络，一个信息交流、搭配、交易的网络平台及一个具有物流行业经验的专家团队。

1. 亚物天津物流运营网络

亚物天津的运输网络由三种业态构成：在北京、天津、上海、广州、无锡5个城市设有一级分公司。一级分公司具有：大客户管理能力、长距离多式联运能力、转运及区域内短途运输能力、仓储及包装能力。在21个省会城市设有二级分公司。二级分公司具有长距离多式联运能力和转运及区域内短途运输能力。设立二级分公司的21个城市是：石家庄、太原、呼和浩特、沈阳、长春、哈尔滨、重庆、杭州、合肥、福州、南昌等，上述26家一、二级分公司管理着61家城市具有货物接收转运能力的加盟用户，从而形成巨大的亚物天津公路物流网络。

2. 亚物天津的发展目标

亚物天津的发展目标是搭建一个领先的第四方物流系统，其主要构件包括创新的配送路径优化机制、环球追踪系统及全球供应链管理系统。

（1）创新的配送路径优化机制

所谓"创新的配送路径优化机制"，就是能令客户的管理层开拓具有策略性的物流选择的空间。配送路径优化机制能考虑多方面的因素，包括各货仓及货车的所有活动、成本、储货、载货量等，亦能照顾拥有车队的客户而作出路径分析，并能决定最有效率的固定或主要运输路线、连合不同客户领域、调整车队数目，以及分析服务频率等。

优化的方法有多种。传统的直线式程序亦能解决部分问题，但当配送点的数目不断增多，路线及车队调动的复杂性将以倍数增加，优化路线的计算时间亦不断延长。这当然未能符合实际需要，因第四方物流服务供货商需能实时将最合适的路径通知车队。因此，第四方物流服务供货商必须具备一套智能化的路径选择系统，能够考虑各方面的实际情况，实时为客户决定最优化的运输路径。

（2）环球追踪系统（GTS）

环球追踪系统（GTS）需以环球定位系统（GPS）作支持。市场对环球定位系统期待已久，期望能为消费者及工业市场带来改革。但现实是环球定位系统从未在中国成功使用，而尝试使用的公司亦寥寥可数。很多业内的大型跨国公司如EG&G、SEG及Trimble等已于中国成立分公司，但均未能成功。原因在于此等公司未能解决最基本的问题，如不熟悉中国国内的情况和市场、未能取得营业牌照、错误的市场推广、缺乏电子地图的资料及营运管理失当等。话虽如此，成功开发环球追踪系统仍是第四方物流服务供货商的主要课题，环球追踪系统对它们来说是必需的。

（3）全球供应链管理系统

跨企业的协同式解决方案能为物流供应链内的所有参与者提供快速的投资回报。时至今日，改善物流管理程序及降低货运成本已是必须，而成功的企业及物流服务供货商则正寻求真正的协同式物流解决方案，作为其策略的一部分。

全球供应链管理解决方案能为各方改善物流管理程序，也可透过单一平台为客户提供主动的事件管理。此平台需能无缝结合所有地方不同交通模式的运作，令客户透过一个步骤就能管理所有事宜。传统上，物流运作可能是企业最难控制和掌握的一环——每天的不同作业可能达数千件，整年计算则甚至可能达几百万件。

传统的供应链管理解决方案功能有限，原因在于该解决方案只着眼于企业本身的运输费用，而忽略与客户、供货商、贸易伙伴及服务供货商的协同效应。人手操作的系统或工作表缺乏可调整性，未能提供最大的优化，更不能有效配合日益全球化的供应链。

亚物天津有点儿像"戴尔公司"，卖的是一种组合产品。戴尔因减少了中间环节而减少了成本，而配货这个行业在内部环节的良好协调、搭配而减少的成本更明显。戴尔因大量定制而有了规模效应的成本降低，而亚物天津首先是因为有了布点范围的规模效应，才有了一个40%～50%的成本降低空间，其次才是因为能处理的业务量大而带来的规模性成本降低。通过在干线物流领域布下的完善网络为运作平台；通过以联网动态配合为核心优势；通过各种先进技术的应用和与其他优势资源的结盟为辅助手段，在干线物流的非单企服务领域（行业基础服务或称之为第四方），打造国内最佳的物流基础业务服务网，成为规模最大、服务效率和能力最强的唯一领先的第四方物流服务企业。

（资料来源：http://info.jctrans.com/）

**分析与讨论**

1. 亚物天津是如何构建其运作模式的？
2. 亚物天津的第四方物流模式有何特点？

**【拓展资源】**

1. 网上资源：苏宁集团官方网站：http://www.suning.cn/；锦程物流网站：http://info.jctrans.com/；万联网资讯中心：http://info.10000link.com/

2. 书籍：《第四方物流理论与实践》，毛光烈编/2010年/科学出版社；《第四方物流整合供应链资源研究》，姚建明编/2013年/中国人民大学出版社

# 第三篇　物流作业

# 第 6 章　包装管理

## 【学习要点】
- 熟悉包装的概念及功能
- 了解各种包装材料的特点
- 熟悉各种包装技法
- 掌握包装合理化内容

## 【关键术语】
包装（Packaging）；运输包装；销售包装；包装材料；包装技法

**【案例导读】**

# 电子商务下快件包装的挑战

近年来，随着信息技术的飞速发展和互联网的迅速普及，企业的生产成本报价信息越来越透明，很多包装印刷企业的发展模式都已向电子商务过渡，都会在网上对比产品价格、产品性能并选择具有优势的厂商进行合作。

挑战一：包装材料规格标准化

电商包装的形式、规格可谓五花八门，只要可以用的包装材料，在电商包装上都有用武之地。包装材料规格繁杂，没有统一的标准，这是最为常见的问题。大部分电商企业会储备一定量的商品和包装材料，然后根据客户订单进行分拣、包装、发货，如果包装材料规格过多，就会造成仓储成本及物流管理成本的增加。因此，包装材料规格的标准化就显得非常必要，这不仅有助于包装企业实行批量化生产，还能帮助电商企业有效利用仓储空间以及快速打包。

包装材料的规格可以基于"大数据"来达到标准化，这就需要大量数据验证得到经常使用的包装规格。例如，外包装规格可以根据电商产品的特性，如尺寸、重量等信息，进行信息收集整理统计后，尽可能少地定义出多个标准外包装尺寸，这样便可减少外包装材料的规格。缓冲包装材料可以根据产品的保护性、操作便利性、成本及环保性等多方面因素，总结出内包装缓冲材料的特性，然后根据电商包装需求来选择恰当的缓冲材料。也就是说，对电商包装的要求从最初的单一整合要求开始上升到技术和研发层面。

挑战二：规范物流操作，降低破损率

在物流运输过程中有很多不可控因素，现在很多快递物流公司存在野蛮操作，会造成商品破损问题，亟须解决。目前快递物流行业的操作方式还处于人工搬运阶段，且周转搬运次数较多，因此在物流操作过程中，不同程度的破损现象时有发生，导致客户直接拒收或退货，从而引起不必要的损失。物流的不可控确实令企业非常头疼和困惑。如果能够在物流操作规范性上做得更好一些，设计电商包装时也会比较好做。规范物流分拣和配送作业已经势在必行，这也对电商包装提出了更高的要求。首先，包装企业在设计电商包装时应该考虑到电商包装便于搬运、装卸、打包和配送等特性，以及外包装箱的强度应满足对内装物的保护功能，以减少破损现象的发生。

下一步要做的事情是对物流场景进行信息采集，达到与电商包装物流环境的一个匹配度，以减少物流过程中发生破损的几率。为此，一些大型的电商企业将电商包装供应链进行细化，根据不同的运输路径对包装进行优化，并最大限度地降低成本。因为同一电商包装针对不同的运输路径，破损率是不一样的。例如，亚马逊在短途运输中会使用低成本的包装，对于远距离运输则会使用强度更高的包装；1号店针对一些外观笨重的产品，从仓库取出后会先发送到配送站重新打包或整合后再去配送。

挑战三：控制成本，避免过度包装或包装保护不足

当前电商企业的利润空间越来越小，特别是日化产品，其附加值较低，因此理想的电商包装既能很好地保护产品，又能合理降低物流包装成本。纸箱作为电商的主要包装形式，用量非常大，有可能实现技术突破，从而进一步合理控制成本。每家电商企业都非常关注成本问题，这个问题的核心在于如何平衡好产品价值与其包装的成本，同时兼顾电商包装的保护性能，避免过度包装与包装保护不足的问题发生。

由于产品脆弱性的不同以及缓冲包装材料保护性能的不同，因此，只有深入研究两者之间的平衡关系，才能制订出合理的包装解决方案，从而妥善解决过度包装或包装保护不足的问题。可根据其产品的特性采取恰当的保护措施，如带有喷头的产品将其喷头脆弱部位进行局部加强保护。

（资料来源：http://www.chinawuliu.com.cn/）

## 6.1 包装概述

### 6.1.1 包装发展历程

包装是一古老而现代的话题，也是人们自始至终在研究和探索的课题。从远古的原始社会、农耕时代，到科学技术十分发达的现代社会，包装随着人类的进化、商品的出现、生产的发展和科学技术的进步而逐渐发展，并不断发生一次次重大突破。从总体上看，包装大致经历了原始包装、传统包装和现代包装三个发展阶段。

（1）原始包装

人类使用包装的历史可以追溯到远古时期。早在距今一万年左右的原始社会后期，随着生产技术的提高，生产得到发展，有了剩余物品需储存和进行交换，于是开始出现原始包装。最初，人们用葛藤捆扎猎物，用植物的叶、贝壳、兽皮等包裹物品，这是原始包装发展的胚胎。以后随着劳动技能的提高，人们以植物纤维等制作最原始的篮、筐，用火煅烧石头，泥土制成泥壶、泥碗和泥罐等，用它们来盛装、保存食物、饮料及其他物品，使得运输、储存与保管功能得到初步完善。这是古代包装，即原始包装。

（2）传统包装

约在公元前5000年，人类开始进入青铜器时代。4000多年前的中国夏代，人们已能冶炼铜器，商周时期青铜冶炼技术进一步发展。春秋战国时期，人们掌握了铸铁炼钢技术和制漆涂漆技术，铁制容器、涂漆木制容器大量出现。在古代埃及，公元前3000年就开始吹制玻璃容器。因此，用陶瓷、玻璃、木材、金属加工各种包装容器已有千年的历史，其中许多技术经过不断完善发展，一直使用至今。

公元前105年蔡伦发明了造纸术。公元61年，中国造纸术经高丽传至日本。13世纪传入欧洲，德国第一个建造了较大的造纸厂。11世纪中叶，宋朝的毕昇发明了活字印刷术。15世纪，欧洲开始出现了活版印刷，包装印刷和包装装潢业开始发展。16世纪欧洲陶瓷工业开始发展，美国建成了玻璃工厂，开始生产各种玻璃容器。至此，以陶瓷、玻璃、木材、金属等为主要材料的包装工业开始发展，近代传统包装开始向现代包装过渡。

（3）现代包装

自16世纪以来，由于工业生产的迅速发展，特别是19世纪的欧洲产业革命，极大地推动了包装工业的发展，从而为现代包装工业和包装科技的产生和建立奠定了基础。

18世纪末，法国科学家发明了灭菌法包装储存食品，因此19世纪初出现了玻璃食品罐头和马口铁食品罐头，使食品包装学得到迅速发展。进入19世纪，包装工业开始全面发展，1800年机制木箱出现，1814年英国出现了第一台长网造纸机，1818年镀锡金属罐出现，1856年，美国发明了瓦楞纸，1860年欧洲制成制袋机，1868年美国发明了第一种合成塑料袋——赛璐珞，1890年美国铁路货场运输委员会开始承认瓦楞纸箱正式作为运输包装容器。

进入20世纪，科技的发展日新月异，新材料、新技术不断出现，聚乙烯、纸、玻璃、铝箔、各种塑料、复合材料等包装材料被广泛应用，无菌包装、防震包装、防盗包装、保险包装、组合包装、复合包装等技术日益成熟，从多方面强化了包装的功能。

20世纪中后期开始，国际贸易飞速发展，包装已为世界各国所重视，大约90%的商品需经过不同程度、不同类型的包装，包装已成为商品生产和流通过程中不可缺少的重要环节。目前，电子技术、激光技术、微波技术广泛应用于包装工业，包装设计实现了计算机辅助设计（CAD），包装生产也实现机械化与自动化生产。

包装工业和技术的发展，推动了包装科学研究和包装学的形成。包装学科涵盖物理、化学、生物、人文、艺术等多方面知识，属于交叉学科群中的综合科学，它有机地吸收、整合了不同学科的新理论、新材料、新技术和新工艺，从系统工程的观点来解决商品保护、储存、运输及销售等流通过程中的综合问题。包装学科的分类比较多样，通常将其分类为包装材料学、包装运输学、包装工艺学、包装设计学、包装管理学、包装装饰学、包装测试学、包装机械学等分学科。目前，中国已有40多所高校开办了包装工程专业，包装人才队伍日益壮大。

### 6.1.2 包装的功能

#### 6.1.2.1 包装的定义

根据《中华人民共和国国家标准·物流术语》（GB/T 18354—2006）的定义，包装（Packaging）是为在流通加工过程中保护产品、方便储运、促进销售、按一定技术方法而采用的容器、材料及辅助物的总体名称；也指为了达到上述目的而采用容器、材料和辅助物的过程中施加一定技术方法等的操作活动。

#### 6.1.2.2 包装的功能

（1）保护功能

保护功能是包装最基本的功能，即使商品不受各种外力的损坏。一件商品，要经多次流通，才能走进商场或其他场所，最终到消费者手中，这期间，需要经过装卸、运输、库存、陈列、销售等环节。保护被包装的商品，防止风险和损坏，诸如渗漏、浪费、偷盗、损耗、散落、掺杂、收缩和变色等，包装是很重要的。

（2）便利功能

这里的便利功能包括方便流通和方便销售。在物流环节中的方便也就意味着效率的提高和成本的降低。包装的规格尺寸标准化为集合包装提供了条件，可以极大提高物资的装卸搬运效率，从而大大提高储存的入库作业速度。一个好的包装作品，同时也为了辨别，包装上必须注明产品型号、数量、品牌以及制造厂家或零售商的名称。包装能帮助库房管理人员准确找到产品，也可帮助消费者找到他想要的东西。一个好的包装作品，应该以"人"为本，站在消费者的角度考虑，这样会增近商品与消费者之间的关系，增加消费者的购买欲、对商品的信任度，也可促进消费者与企业之间沟通。

（3）销售功能

商品的包装是直接呈现给消费者的，有创意且符合消费者审美情趣的包装可以在一定程度上起到宣传、促进销售的作用，特别是在自选商店里更是如此。每个包装箱都是一幅广告。良好的包装能够提高新产品的吸引力，包装本身的价值也能引起消费者购买某项产品的动机。

### 6.1.3 包装的分类

#### 6.1.3.1 按包装用途分类

商业包装（又称销售包装，或小包装和内包装）：指直接接触商品并随商品进入零售店或与消费者见面的包装（GB/T18354—2006）。特点是在市场上陈列展销，不需要重新包装、分配、衡量。消费者可以直接选购自己所需要和喜爱的商品。

工业包装（又称运输包装）：指以满足运输、仓储要求为主要目的的包装（GB/T18354—2006）。工业包装要在满足物流的基础上使包装费用越低越好。对于普通物资的工业包装其程度应当适中，才会有最佳的经济效果。

#### 6.1.3.2 按照包装形态层次分类

（1）个包装

个包装是直接盛装和保护商品的最基本的包装形式，是在商品生产的最后一道工序中形成的，随商品直接销售给顾客。个包装起着直接保护、美化、宣传和促进商品销售的作用。

（2）内包装

又称中包装，是个包装的组合形式，是个包装之外再加一层包装，以便在销售过程中起到保护商品、简化计量和利于销售的功能。如10包香烟为一条，8个杯子为一盒，20罐易拉罐啤酒为一箱等。

（3）外包装

又称大包装。生产部门为了方便记数、仓储、堆存、装卸和运输的需要，必须把单体的商品集中起来，装成大箱，这就是运输包装。它要求坚固耐用，不使商品受损，并要求提高使用率，在一定体积内合理地装更多的产品。由于它一般不和消费者见面，故较少考虑外表设计。为方便计数和标明内在物，这种包装只以文字标记货号、品名、数量、规格、体积，用图形标出防潮、防火、防倒、防歪等要求就可以了。外包装最常用的材料是瓦楞纸箱、麻包、竹篓、塑料筐、化纤袋、铁皮等。

6.1.3.3 按照容器质地分类

（1）硬包装

指填充或取出包装的内装物后，容器形状基本不发生变化，材质坚硬或质地坚牢的包装，但是往往脆性很大，如玻璃包装、金属包装、陶瓷包装等。

（2）软包装

与硬包装相反，指填充或取出包装的内装物后，容器形状基本会发生变化，且材质较软的包装。

（3）半硬包装

介于硬包装和软包装之间的包装。

6.1.3.4 按照使用范围分类

（1）专用包装

专用包装是指根据内装物的状态、性质以及技术保护、流通条件的需要而专门为某种或某类货物的运输而设计制造的包装。

（2）通用包装

通用包装是指一种包装能盛装多种商品，能够被广泛使用的包装容器。

除此之外，当然还有很多其他的分类方式，但是不管根据什么分类依据，包装的作用是不会变的。

## 6.2 包装材料

包装材料是指用于制造包装容器、包装装潢、包装印刷、包装运输等满足产品包装要求所使用的材料，它既包括金属、塑料、玻璃、陶瓷、纸、竹木、野生蘑类、天然纤维、化学纤维、复合材料等主要包装材料，又包括涂料、粘合剂、捆扎带、装潢、印刷材料等辅助材料。包装材料应该具有：

①一定的机械性能：包装材料应能有效地保护产品，因此应具有一定的强度、韧性和弹性等，以适应压力、冲击、振动等静力和动力因素的影响。

②阻隔性能：根据对产品包装的不同要求，包装材料应对水分、水蒸气、气体、光线、芳香气、异味、热量等具有一定的阻挡作用。

③良好的安全性能：包装材料本身的毒性要小，以免污染产品和影响人体健康；包装

材料应无腐蚀性,并具有防虫、防蛀、防鼠、抑制微生物生长等性能,以保护产品安全。

④合适的加工性能:包装材料应宜于加工,易于制成各种包装容器,易于包装作业的机械化、自动化,以适应大规模工业生产,应适于印刷,便于印刷包装标志。

⑤较好的经济性能:包装材料应来源广泛、取材方便、成本低廉,使用后的包装材料和包装容器应易于处理,不污染环境,以免造成公害。

### 6.2.1 纸质包装材料和容器

纸在包装材料中占有重要的地位,据一些工业发达国家统计,纸质包装(图6-1)在包装材料中占到40%~50%的份额,我国的纸制包装约占40%的比例。

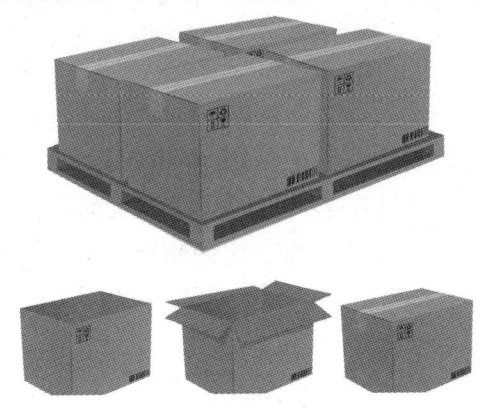

**图6-1 纸质包装**

纸在包装中得到广泛运用有如下几个原因。

①原料充足、价格低廉。造纸的原料很广泛,易于取材,可使用各种植物纤维。
②易于加工成型,折叠性能优良。
③瓦楞纸板制成的包装容器富有弹性,具有良好的缓冲防震性能,而且自重较轻。
④纸箱包装容器既能透气,又能完全封闭容器,具有无毒、无污染的良好卫生条件。
⑤纸纤维能吸收油墨和涂料,具有良好的印刷性能,图案与字迹清晰、美观、牢固。
⑥已使用过的纸质包装可以回收利用,防止环境污染。

常用包装用纸、纸板见表6-1、表6-2。

**表6-1 常用包装用纸**

| 普通纸张 | 牛皮纸、低袋纸、包装包裹纸、中性包装纸、玻璃纸等 |
| --- | --- |
| 特殊纸张 | 邮封纸、高级伸缩纸、透明纸、湿强纸、袋包茶滤纸等 |
| 装潢纸张 | 书写纸、胶版纸、铜版纸、压花纸、表涂层纸等 |
| 二次加工纸 | 石蜡纸、沥青纸、防锈纸、真空镀铝纸等 |

**表6-2 常用包装用纸板**

| 普通纸板 | 箱板纸、黄纸板、白纸板等 |
| --- | --- |
| 瓦楞纸 | 瓦楞原纸、瓦楞纸板 |

### 6.2.2 木质包装材料与容器

木材是一种优良的包装材料，能够较好地满足储运条件的要求（图6-2）。

图6-2　木质包装

在工业发达的国家，木材包装在包装价值总额中占6%~12%，例如日本约为10%。但是由于木材的过度使用已经对环境造成了一定的负面影响，所以木材包装材料正在被其他材料所取代。然而现阶段对木材包装材料的需求还是很大的，其特点如下。

①木材具有优良的强度/重量比，有一定的弹性，能承受冲击、震动、重压等外力作用。

②木材资源广泛，可以就地取材。

③木材方便加工，不需要复杂的机械设备。

④木材可加工成胶合板，其外观好，可减轻包装质量，提高木材的均匀性，因此扩大了木材的适用范围。

⑤木材存在吸水性、易变形分裂、易腐朽、易受白蚁蛀蚀等缺点。

⑥木材资源有限，价格有因资源的紧缺而增高的劣势。

在木质材料包装中。典型的代表就是通用木箱，目前国内通用木箱有4种类型，如表6-3所示。

表6-3　通用木箱的类型

| 类型 | 装载重量 |
| --- | --- |
| 一类箱型 | 25公斤以下 |
| 二类箱型 | 75公斤以下 |
| 三类箱型 | 50~200公斤 |
| 四类箱型 | 40公斤以下 |

### 6.2.3 塑料包装材料与容器

塑料是一种可塑性高分子材料，是近代发展起来的新型材料。由于塑料具有质量轻、耐腐蚀、机械性能好、易于加工、易着色和美观等特点，所以被广泛运用于各类产品的包装（图6-3）。

图 6-3　塑料包装

塑料作为包装材料，在近几十年中发展很快，特别是工业发达的国家，塑料包装材料在包装材料总量中已上升为第二、三位，如德国和日本居第二，美国和英国居第三位。我国的塑料包装材料虽然起步晚，但发展较快，比重已上升到 20%，无论是在数量、质量、品种和规格等方面都有了很大的变化。特别是包装塑料薄膜、复合包装材料、钙塑箱、周转箱、编织袋以及防震缓冲泡沫塑料都有较大的发展。

表 6-4 是几种常见的塑料包装材料。

表 6-4　常见的塑料包装材料

| 名称 | 特点 | 应用 |
| --- | --- | --- |
| 聚乙烯塑料（PE） | 韧性好 | 各种瓶、软管、壶、薄膜、粘合剂、聚乙烯泡沫塑料等 |
| 聚氯乙烯塑料（PVC） | 可塑性强，良好的装饰性、印刷性能 | 各种软的、硬的包装容器，聚氯乙烯薄膜等 |
| 聚丙烯（PP） | 韧性好 | 瓶子、器皿、包装薄膜、打包带、编织袋、食品包装等 |
| 聚苯乙烯塑料（PS） | 呈无定形的玻璃态物质（常温下） | 可用作盛装食品或酸、碱类物质的容器，聚苯乙烯泡沫塑料仪表仪器、电视机和高级电器产品的缓冲包装材料等 |
| 聚酯（PET） | 无色透明有光泽、较好的韧性和弹性、不耐碱、热封性和防紫外线透过性较差 | 一般与聚乙烯、聚丙烯等热合性较好的树脂共聚，用于制作冷冻食品和需加热食品的包装材料 |

各种塑料虽不尽相同，但都具有高聚化物的共同性能，其性能主要如下所述。

①物理机械性能好。有一定的抗拉强度、抗压强度、抗弯曲强度、抗冲击强度，另外还有防潮性等。

②阻隔性能好。包括对气体和水蒸气的阻隔性。

③抗化学制品性能好。耐酸碱、耐化学试剂、耐油脂、防锈蚀、无毒等。

④加工适应性能好。塑料，特别是热塑性塑料的加工适应性能好，无论是热成型、机械加工，还是热封都有良好的适应性，便于塑料成型、机械加工和封热包装。塑料成型的技术有多种，如吹塑、挤压、真空、热收缩、拉升等，利用这些技术可以将其制成薄膜、片材、管材、编织布、无纺布、发泡材料等。但是塑料的缺点在于不耐高温和低温，遇到高温时会变软、变形、强度变低，甚至分解变质；遇到低温时，塑料又会变脆，甚至变质。

⑤透光性和表面光泽度良好，印刷和装饰性能好。

表 6-5 是几种常见的塑料包装容器。

表 6-5 常见的塑料包装容器

| 类型 | 具体类别 | 特点 |
| --- | --- | --- |
| 塑料桶 | 全塑桶、钙塑桶、钢塑桶 | 易于盛装液体、抗压抗震能力好等 |
| 塑料箱 | 全塑箱、钙塑箱 | 质量轻、耐腐蚀、易清洗、方便运输、堆垛安全等 |
| 塑料袋 | 塑料薄膜袋、塑料编织袋 | 方便运输、气密性好等 |

### 6.2.4 金属包装材料与容器

金属是近代四种主要包装材料之一，可以分为两大类，如表 6-6 所示。

表 6-6 金属的类型

| 名称 | 类型 |
| --- | --- |
| 黑色金属 | 薄钢板、镀锌薄钢板、镀锡薄钢板、镀铬薄钢板 |
| 有色金属 | 铝板、铝合金板、铝箔 |

金属包装材料的优点：

①优良的机械性能，牢固、硬度大。

②优良的综合防护性能，不易破碎、不透气、防潮、防光等。

③优良的加工性能，有良好的延伸性，容易加工成型，而且技术成熟，钢板镀上锌、锡等，具有良好的防锈能力。

④具有特殊的金属光泽，便于印刷，使金属包装容器有良好的装潢效果。

⑤资源丰富，成本低，加工能耗低。

⑥易于再生使用。

同时，金属包装材料也具有以下缺点：

①耐腐蚀性差，易生锈。

②金属及焊料中的 Pb（铅）、As（砷）等易渗入食品中，污染食品，金属离子还会影响食品的风味。

③金属容器内壁涂料有时会影响食品的质量。

④成本高，耗能大，且易变性等。

作为运输包装的金属容器是指用金属材料制成的各种结构和形式的金属桶、金属罐等，用来装运流体、半流体、粉状和粒装货物（图 6-4）。

图 6-4　金属包装

### 6.2.5　玻璃包装材料与容器

玻璃包装材料是指用于制造玻璃容器，满足玻璃产品包装要求所使用的材料。它既可以用于工业包装也可用于销售包装，越来越多的食品、饮料、酒水等倾向于玻璃包装（图6-5）。

图 6-5　玻璃包装

玻璃包装材料具有多方面的优点：

①玻璃包装材料具有良好的阻隔性能，可以很好地阻止氧气等气体对内装物的侵袭，同时可以阻止内装物的可挥发性成分向大气中挥发。

②玻璃包装材料可以反复多次使用，可以降低包装成本，且原材料资源丰富。

③玻璃包装材料容易进行颜色和透明度的改变。

④玻璃包装材料安全卫生、有良好的耐腐蚀能力和耐酸蚀能力，适合进行酸性物质（如果蔬汁、饮料等）的包装。

由于玻璃包装材料适合自动灌装生产线的生产，国内的玻璃瓶自动灌装技术和设备发展也较成熟，采用玻璃瓶包装果蔬汁、饮料在国内有一定的生产优势。

同时，玻璃包装材料也存在以下缺点：

①耐冲击力大，脆性大，碰撞时易碎，存在很多安全隐患。

②自身的重量大，运输成本高，从物流的角度看，玻璃包装对物流过程的好处几乎为零。

### 6.2.6 其他包装材料与容器

复合材料是把几种不同的材料，通过特殊的加工工艺，把具有不同特性材料的优点结合在一起，成为一种完美的包装材料。它具有最好的保护性能，又有良好的印刷与封计性能。复合材料的种类很多，如玻璃与塑料复合，塑料与塑料复合，铝箔与塑料复合，铝箔、塑料与玻璃纸复合，不同纸张与塑料复合等。

自然材料是指各种贝壳、竹、木、柳、草编织品和麻织品等，被用于土特产品和礼品包装，并赋予了产品一种亲切感、温馨感。

新型环保材料是指为缓解白色污染的情况而研制的最新材料，也是今后包装材料的主要发展方向。其主要有秸秆容器、侦菌薄膜、玉米塑料、油菜塑料、小麦塑料、木粉塑料等。

## 6.3 包装技术

目前国家对包装技术的定义、范围和分类还没有统一的解释，根据一般的理解，我们认为：包装技术是包装系统中的一个重要组成部分，是研究包装过程中所涉及的技术的机理、原理、工艺过程和操作方法的总称。

包装技术的原则：科学、经济、牢固、美观、适用。

其中要考虑的因素：被包装物品的性质、外观状况、包装材料、包装容器和包装机械设备的选用和开发、经济因素、相关法规等。

### 6.3.1 运输包装技法

运输包装技法是指在包装作业时所采用的技术和方法。任何一个运输包装件操作时都有技术问题和方法问题，通过包装技法，才能将运输包装体和产品（包括小包装）形成一个有机的整体。

运输包装技法可以分为两类：一类是针对产品的不同形态特点而采用的技术和方法；另一类是针对产品的不同物性而采取的技术和方法。

一般的包装技法如下。

①内装物的合理置放、固定和加固。
②对松泡产品进行体积压缩。
③外包装形状尺寸的合理选择。
④内装盒形状尺寸的合理选择。
⑤包装外捆扎。

### 6.3.2 缓冲包装技法

缓冲包装是解决所包装的物品免受外界的冲击、振动等作用，从而防止物品损伤的包装技术和方法。外界冲击或振动使包装物品产生的损伤多数属于物理损伤，主要有以下几种。

①产品某一部位，特别是外侧突缘部位受到的外力超过本身的强度，产生了变形或脆

性破坏。

②产品表面受物理作用而破坏。

③产品的原粘接部件受外力而脱落。

④产品的滑动部件受外力作用，其固定设施失效，发生滑动撞击而破坏。

缓冲包装方法主要有全面缓冲包装、部分缓冲包装和悬浮式缓冲包装。

①全面缓冲包装方法。指产品或内包装的整个表面都用缓冲衬垫的包装方法。根据产品不同和缓冲材料的不同可分为压缩包装法、浮动包装法、裹包包装法、模盒包装法、就地发泡包装法。

②部分缓冲包装方法。是指仅在产品或内包装的拐角或局部地方使用缓冲材料，整体性好的产品或有内包装容器的产品特别适用。它既能得到较好的效果，又能降低包装成本。可以有天地盖、左右套、四棱衬垫、八角衬垫和侧衬垫几种。

③悬浮式缓冲包装方法。是指先将产品置于纸盒中，产品与纸盒间均用柔软的泡沫塑料衬垫妥当，盒外用帆布包缝或装入胶合板箱，然后用弹簧张吊在外包装箱内，使其悬浮吊起。这种方法适用于极易受损且要求确保安全的产品，如精密机电设备、仪器、仪表等。

### 6.3.3 防潮包装技法

在流通和使用过程中，产品不可避免地要受大气中潮气及其变化的影响。大气中的潮气是引起产品变质的重要因素，有些产品如医药品、农药、食盐、食糖等会潮解变质；有很多食品、纤维制品、皮革等会受潮变质甚至发霉变质；金属制品会因受潮气而生锈等。

所谓防潮包装，就是采用防潮材料对产品进行包封，以隔绝外部空气相对湿度变化对产品的影响，使得包装内的相对湿度符合产品的要求，从而保护产品的质量。所以，防潮包装要达到的目标是保护产品质量，采取的基本措施是以包装来隔绝外部空气中潮气变化的影响。某些食品的水分和平衡相对湿度如表6-7所示。

表6-7 某些食品的水分和平衡相对湿度情况

| 食品 | 刚制造完时 | | 容许值 | |
| --- | --- | --- | --- | --- |
| | 水分（%） | 湿度（%） | 水分（%） | 湿度（%） |
| 巧克力 | 1.0 | 20 | 2.0 | 65 |
| 脆饼干 | 1.7 | 15 | 5.5 | 40 |
| 苏打椒盐饼干 | 3.5 | 20 | 6.0 | 50 |
| 糖果 | 2.0 | 20 | 4.0 | 45 |
| 炸马铃薯片 | 3.0 | 15 | 5.0 | 30 |
| 快餐糕点 | 2.0 | 20 | 5.0 | 50 |
| 片状点心 | 0.4 | 30 | 0.8 | 55 |

还有一类非吸湿性产品如金属、玻璃、塑料等制品，它们自身并不含有水分，或者并没有吸湿性，但必须进行防潮包装，特别是金属制品。

（1）包装的防潮特性

包装的防潮作用，不是决定于包装材料的防潮性能，而是决定于封口的密封性质。通常在保证封口密封的条件下，包装的防潮特性主要指包装材料水蒸气的渗透性。包装防潮材料主要有玻璃、金属、塑料薄膜和加工纸制品。在进行包装时，常进行如下分析：

0 克/（米²·24 小时）：完全防潮材料；

1 克/（米²·24 小时）以下：非常高的防潮材料；

5 克/（米²·24 小时）以下：高度防潮材料；

15 克/（米²·24 小时）以下：较好的防潮材料。

（2）包装内部空气环境及其变化

由于包装容器（包装材料）的阻隔作用，会使包装内部空气环境和包装外部空气形成差异。也由于一些包装材料对水蒸气不能绝对隔绝，外部环境的水蒸气会透过内部，或内部水蒸气会透到外部。所以，包装内加一些能够吸湿的干燥剂，可增加允许透进包装的水蒸气量。

（3）防潮包装方法

防潮包装等级的选用。重要原则是：既要防止不足包装，又要防止过度包装。国家标准"防潮包装"（GB5048—85）对防潮包装进行如表6-8所示的分级。

表 6-8 防潮包装分级

| 等级 | 包装储运条件 |||
|---|---|---|---|
| | 储运期限 | 气候种类 | 内装物性质 |
| Ⅰ | 一年以上<br>两年以下 | A | 贵重、精密、对湿度敏感、易生锈、长锈、变质的产品 |
| Ⅱ | 半年以上<br>一年以下 | B | 较贵重、较精密、对湿度轻度敏感的产品 |
| Ⅲ | 半年以下 | C | 对湿度不甚敏感的产品 |

### 6.3.4 防锈包装技法

防锈包装方法是在运输储存金属制品与零部件时，为防止其生锈而降低价值或性能所采用的种种包装技术和方法。其目的是消除和减少致锈的各种因素，采取适当的防锈处理，在运输和储存中除了防止防锈材料的功能受到损伤外，还要防止一般性的外部物理性破坏。然而，金属被腐蚀是不可避免的，即使制品仅一部分是由金属制成的，也绝对需要使用防锈包装方法。

防锈包装方法是按清洗、干燥、防锈处理和包装4个步骤逐步进行的。

①清洗是尽可能消除后期生锈不可少的第一步。

②干燥是指清除清洗后残存的水和溶剂。干燥应进行得迅速可靠，否则将使清洗工作变得毫无意义。

③防锈处理是指清洗、干燥后，选用适当防锈剂对金属制品进行处理，这是最根本最重要的工作。在缺少适当的防锈剂或防锈剂应用得不理想时，应代之以密封防潮处理。

④最后一步是包装阶段。这一阶段除要达到保证防锈处理效果，保护制品不受物理性损伤，防止防锈剂对其他物品污染之外，还要达到便利储运和提高商品价值等目的。在考虑清洗、干燥、防锈处理和包装时，应选择适当的方法加以应用。

### 6.3.5 防霉包装技法

包装产品的发霉变质是由霉菌引起的。霉菌是一种真菌，在一定条件下很容易在各种有机物上繁殖生长。防霉包装方法是包装防护措施之一，即为防止因霉菌侵袭内装物（产品）长霉影响质量所采取的一定防护措施，其防护途径是通过包装结构或工艺对内装产品起到防霉保护作用。

（1）防霉包装等级的选择

Ⅰ级包装：产品表面用肉眼看不见菌丝生长；

Ⅱ级包装：产品表面霉菌呈稀疏状生长；

Ⅲ级包装：产品表面的霉菌呈稀疏点状生长；

（2）合理选择防霉包装等级的原则

一是满足产品的运销使用；二是尽量减少费用，经济合理。在具体选择时，对于外观和性能均有要求的产品，可以选择Ⅰ级包装；对于霉菌不敏感或要求较低的产品，可选择Ⅱ级或Ⅲ级包装。这样可以起到抵抗或减缓霉菌生长的作用，满足产品的使用要求。

（3）防霉包装设计应考虑的因素

①防霉包装等级，反映了对产品的防霉要求。

②产品的特点，即产品的抗霉性能，有无采用防霉措施和防霉处理。

③内外包装材料的特点，即包装材料受霉菌侵蚀损坏的敏感程度和防霉处理情况。

④销售目的地的气候环境。

⑤整个运输、装卸和储存的环境条件、时间长短、有无防霉措施等。

对于各类产品，应根据上述因素来设计防霉包装结构、工艺和方法，使包装达到防霉性能最佳。

## 6.4 包装合理化

### 6.4.1 不合理包装的具体表现

（1）包装不足

①包装强度不足，导致包装防护性不足，造成被包装物的损失。

②包装材料选择不当，导致包装不能很好地承担运输防护和促进销售的作用。

③包装容器的层次和容积不足。

④包装成本过低。

（2）包装过度

①包装物强度设计过高，使包装防护性过高。

②包装材料选择不当，选择过高。

③包装技术过高。

④包装成本过高。

（3）包装污染

①包装材料中大量使用纸箱、木箱、塑料容器等，要消耗大量的自然资源。
②商品包装的一次性、豪华性，甚至采用不可降解的包装材料，严重污染环境。

### 6.4.2 合理包装的具体表现

①智能化：包装上的信息详细而准确。
②标准化：包装规格尺寸标准化、包装工业产品标准化、包装强度标准化。
③绿色化：遵循绿色化原则，通过减少包装材料，重复使用、循环使用、回收使用材料等包装措施，以及降解、分解来推行绿色包装（环境友好包装），节省资源。
④单位大型化：大型化包装有利于机械的使用，提高物流活动效率。
⑤作业机械化：提高包装作业效率、减轻人工包装作业强度。
⑥成本低廉化：在保证功能的前提下，尽量降低材料的档次，节约材料的费用支出。

### 6.4.3 包装合理化的途径

①包装的轻薄化，可以降低包装、装卸搬运的成本。
②要符合集装单元化和标准化的要求。
③提高包装的机械化。
④包装的大型化。
⑤包装要有利于环境。

**【本章小结】**

包装是为在流通加工过程中保护产品、方便储运、促进销售，按一定技术方法而采用的容器、材料及辅助物的总体名称；也指为了达到上述目的而采用容器、材料和辅助物的过程中施加一定技术方法等的操作活动。包装具有保护、便利和销售三大功能。包装材料是指用于制造包装容器、包装装潢、包装印刷、包装运输等满足产品包装要求所使用的材料，具有一定的机械性能、阻隔性能、良好的安全性能、合适的加工性能和较好的经济性能。包装技术是包装系统中的一个重要组成部分，是研究包装过程中所涉及的技术机理、原理、工艺过程和操作方法的总称。包装技法有运输包装技法、缓冲包装技法、防潮包装技法、防锈包装技法、防霉包装技法等。

**【本章思考】**

1. 包装有何功能？
2. 从物流角度分析各种包装材料各有何优缺点？
3. 包装技法有哪些？
4. 如何实现包装合理化？

**【案例讨论】**

## 沃尔玛的包装合理化

　　沃尔玛有六条基本原则：一抓住做生意的本质，即客户需要什么，要给客户提供正确的产品；二如果希望顾客到你的店里来，价格必须是合理的；三要使购物对客户来讲变得简单，顾客没有很多时间，他们一定要最快找到自己所需的产品；四要根据不同的地点销售不同的产品；五需要适当数量的产品，也就是说不能出现断货的情况；六要保证质量，才能赢得顾客的信任。

　　沃尔玛每天都在按照这六条基本原则运营。沃尔玛现在使用的包装材料有70%是RPC，而不是瓦楞纸箱，这主要是由于纸箱没有统一的占地标准和展示产品的功能。产品堆码整齐统一的重要性不言而喻。比如在一个农产品配送中心会有来自不同产地的商品，如果商品的种类繁多，而包装件的尺寸大小不一，那么对于如何搬运这些货物就是一个很大的难题。

　　如果商品的包装标准化，拥有统一的占地面积，而且一个完整的占地尺寸和托盘的尺寸相等，这个问题就迎刃而解了。RPC是最早实现标准化的运输材料，因为其规格一致，所以便于堆码。RPC底部均有插槽，其堆码稳定性也优于纸箱。RPC不仅具有标准的姿势，还具有很强的展示功能。

　　由于RPC没有顶盖，可以直接看到内装的产品，不必在外包装上印刷图案，省去了一笔印刷费又不失包装的推销功能。但是，瓦楞纸箱对商品的保护性能很强，是RPC不能与之相比的。而且RPC有优良的抗压、抗戳穿和防潮性能，是经回收后可以重复使用的包装产品，从外观上看是比较陈旧的，而纸箱却是干净美观的。但值得注意的是纸箱制造业正在受到RPC的挑战。

　　纸箱产品存在最重要的两个弊端：首先，纸箱的规格成千上万，这对于追求个性化包装的商家当然是重要的，但却给整个物流环境带来很大麻烦。不便于堆码，不便于运输，还会占用大量的宝贵空间，集装箱就是一个典型例子。其次，由于其结构封杀了产品自身展示的功能，虽然可以在包装箱的外面印刷精美的图案，但这需要加大包装成本。

　　前不久，欧洲瓦楞纸制造商联合会与美国纸箱协会和一些大型纸箱企业联合推出了《欧洲通用瓦楞纸箱占地标准》，目的就是加强瓦楞纸箱便于堆码和展示产品的功能。这一措施将有效地推动瓦楞纸箱行业的发展。更重要的是一种观念的转变，这套标准不仅改变了人们对原本在销售及堆码方面和RPC相比处于劣势地位的纸箱的认识，而且成为纸箱行业向更成熟的方向发展的一个标志。

　　（资料来源：http://www.wal-martchina.com/）

**分析与讨论**

1. 沃尔玛是如何设计物流包装的?
2. 试分析沃尔玛包装合理化的特点。

### 【拓展资源】

1. 网上资源：万联网资讯中心：http://info.10000link.com/；中国物流与采购网站：http://www.chinawuliu.com.cn/；沃尔玛中国有限公司网站：http://www.wal-martchina.com/

2. 书籍：《包装材料学》，卢立新编/2011年/印刷工业出版社；《物流运输包装设计》，彭国勋，宋宝丰编/2012年/印刷工业出版社

# 第 7 章　装卸与搬运

## 【学习要点】

➢ 熟悉装卸与搬运的概念与特点

➢ 了解装卸与搬运设备

➢ 熟悉装卸与搬运作业法

➢ 了解装卸与搬运合理化

## 【关键术语】

装卸（Loading and Unloading）；搬运（Handling Carrying）；集装箱作业法；托盘作业法；活性指数

## 【案例导读】

# 联华的装卸搬运系统

联华公司是上海首家发展连锁经营的商业公司，经过多年的发展，已成为中国最大的连锁商业企业之一。联华公司的快速发展，离不开高效便捷的物流配送中心的大力支持。目前，联华共有4个配送中心，分别是2个常温配送中心、1个便利物流中心、1个生鲜加工配送中心，总面积7万余平方米。

联华便利物流中心总面积8000平方米，由4层楼的复式结构组成。为了实现货物的装卸搬运，配置的装卸搬运机械设备主要为：电动叉车8辆、手动托盘搬运车20辆、垂直升降机2台、笼车1000辆、辊道输送机5条、数字拣选设备2400套。在装卸搬运时，操作过程如下。

来货卸下后，把其装在托盘上，由手动叉车将货物搬运至入库运载处，入库运载装置上升，将货物送上入库输送带。当接到向第一层搬送指示的托盘经过升降机平台时，不再需要上下搬运，直接从当前位置经过一层的入库输送带自动分配到一层入库区等待入库；接到向二至四层搬送指示的托盘，由托盘垂直升降机自动传输到所需楼层。

当升降机到达指定楼层时，由各层的入库输送带自动搬送货物至入库区。货物下平台时，由叉车从输送带上取下托盘入库。出库时，根据订单进行拣选配货，拣选后的出库货物用笼车装载，由各层平台通过笼车垂直输送机送至一层的出货区，装入相应的运输车上。

先进实用的装卸搬运系统，为联华便利店的发展提供了强大的支持，使联华便利物流运作能力和效率大大提高。

联华的装卸搬运系统不仅考虑到了先进性，而且还考虑到了实用性。这使它的设备不仅发挥整体高效便捷的作用，还做到了经济实用。这也是它能够快速发展的很重要的一个原因。

（资料来源：http://www.962828.com/）

## 7.1 装卸与搬运概述

### 7.1.1 装卸与搬运的概念

#### 7.1.1.1 装卸与搬运的概念

根据《中华人民共和国国家标准·物流术语》(GB/T 18354—2006)的定义,装卸(loading and unloading)是指物品在指定地点以人力或机械实施垂直位移的作业;搬运(handling carrying)是指在同一场所内,对物品进行水平移动为主的作业。两者全称"装卸与搬运"或"装卸搬运"。有时候在特定场合,单称"装卸"或单称"搬运"也包含了"装卸与搬运"的完整涵义。在习惯使用中,物流领域(如铁路运输)常将装卸搬运这一整体活动称作"货物装卸",在生产领域中常将这一整体活动称作"物料搬运"。实际上,活动内容都是一样的,只是领域不同而已。在实际操作中,装卸与搬运密不可分,两者是伴随在一起发生的。因此,在物流学科中并不过分强调两者差别而是作为一种活动来对待。搬运的"运"与运输的"运",区别之处在于,搬运是在同一地域的小范围内发生的,而运输则是在较大范围内发生的,两者是量变到质变的关系,中间并无一个绝对的界限。

#### 7.1.1.2 装卸搬运在物流中的地位

装卸活动的基本动作包括装车(船)、卸车(船)、堆垛、入库、出库以及连结上述各项动作的短程输送,是随运输和保管等活动而产生的必要活动。在物流过程中,装卸活动是不断出现和反复进行的,它出现的频率高于其他各项物流活动,每次装卸活动都要花费很长时间,所以往往成为决定物流速度的关键。装卸活动所消耗的人力也很多,所以装卸费用在物流成本中所占的比重也较高。以我国为例,铁路运输的始发和到达的装卸作业费占运费的20%左右,搬运占40%左右。因此,降低物流费用,装卸是个重要环节。

此外,进行装卸操作时往往需要接触货物,因此,这是在物流过程中造成货物破损、散失、损耗、混合等损失的主要环节。例如,袋装水泥纸袋破损和水泥散失主要发生在装卸过程中,玻璃、机械、器皿、煤炭等物品在装卸时最容易造成损失。

由此可见,装卸活动是影响物流效率、决定物流技术经济效果的重要环节。为了说明上述看法,列举如下几个数据。

①据我国统计,火车货运以500公里为分歧点,运距超过500公里,运输时间多于起止的装卸时间;运距低于500公里,则装卸时间超过实际运输时间。

②美国与日本之间的远洋船运,一个往返需25天,其中运输时间13天,装卸时间12天。

③我国对物流的统计,机械工厂每生产1吨成品,需进行252吨次的装卸搬运。

### 7.1.2 装卸与搬运的特点

#### 7.1.2.1 装卸搬运是附属性、伴生性的活动

装卸搬运是物流每一项活动开始及结束时必然发生的活动，因而有时常被人忽视，有时被看做其他操作时不可缺少的组成部分。例如，一般而言的"汽车运输"，就实际包含了相随的装卸搬运，仓库中泛指的保管活动，也含有装卸搬运活动。

#### 7.1.2.2 装卸搬运是支持、保障性活动

装卸搬运的附属性不能理解成被动的，实际上，装卸搬运对其他物流活动有一定的决定性。装卸搬运会影响其他物流活动的质量和速度。例如，装车不当，会引起运输过程中的损失；卸放不当，会引起货物转换成下一步运动的困难。许多物流活动是在有效的装卸搬运支持下，才能实现高水平。

#### 7.1.2.3 装卸搬运是衔接性的活动

任何其他物流活动互相过渡时，都是以装卸搬运来衔接的，因而，装卸搬运往往成为整个物流活动的"瓶颈"，是物流各功能之间能否形成有机联系和紧密衔接的关键，而这又是一个系统的关键。建立一个有效的物流系统，关键看这一衔接是否有效。比较先进的物流方式——联合运输方式就是着力解决这种衔接而产生的。

### 7.1.3 装卸与搬运的方式

装卸搬运由于其附属性、伴随性和复杂性所致，可以从不同角度进行不同分类。

#### 7.1.3.1 按装卸搬运施行的物流设施、设备对象分类

①仓库装卸。配合出库、入库、维护保养等活动进行，并且以堆垛、上架、取货等操作为主。

②铁路装卸。是对火车车皮的装进及卸出，特点是一次作业就实现一车皮的装进或卸出，很少有像仓库装卸时出现的整装零卸或零装整卸的情况。

③港口装卸。包括码头前沿的装船，也包括后方的支持性卸运，有的港口装卸还采用小船在码头，与大船之间"过驳"的办法，因而其装卸的流程较为复杂，往往经过几次的装卸及搬运作业才能最后实现船与陆地之间货物过渡的目的。

④汽车装卸。一般一次装卸批量不大，由于汽车的灵活性，可以减少或根本减去搬运活动，而直接、单纯利用装卸作业达到车与物流设施之间货物过渡的目的。

⑤车间装卸搬运。指在车间内部工序间进行的各种装卸搬运活动。如原材料、在制品、半成品、零部件、产成品等的取放、分拣、堆码、输送等作业。

⑥站台装卸搬运。指在车间或仓库外的站台进行的各种装卸搬运活动。如装车、卸车、集装箱装箱、搬运等作业。

#### 7.1.3.2 按装卸搬运的机械及机械作业方式分类

①"吊上吊下"方式。采用各种起重机械从货物上部起吊，依靠起吊装置的垂直移动实现装卸，并在吊车运行的范围内或回转的范围内实现搬运或依靠搬运车辆实现小搬运。由于吊起及放下属于垂直运动，这种装卸方式属垂直装卸。

②叉上叉下方式。采用叉车从货物底部托起货物，并依靠叉车的运动进行货物位移，搬运完全靠叉车本身，货物可不经中途落地直接放置到目的处。这种方式垂直运动不大而

主要是水平运动，属水平装卸方式。

③滚上滚下方式。主要指港口装卸的一种水平装卸方式。利用叉车或半挂车、汽车承载货物，连同车辆一起开上船，到达目的地后再从船上开下，称"滚上滚下"方式。利用叉车的滚上滚下方式，在船上卸货后，叉车必须离船，则拖车将半挂车、平车拖拉至船上后，拖车开下离船而载货车辆连同货物一起运到目的地，再原车开下或拖车上船拖拉半挂车、平车开下。滚上滚下方式需要有专门的船舶，对码头也有不同要求，这种专门的船舶称"滚装船"。

④移上移下方式。是在两车之间（如火车和汽车）进行靠接，然后利用各种方式，不使货物垂直运动，而靠水平移动从一个车辆上推移到另一车辆上，称移上移下方式。移上移下方式需要使两种车辆水平靠接，因此，需改变站台或车辆货台，并配合移动工具实现这种装卸。

⑤散装散卸方式。是对煤炭、矿石、化肥等散装货物进行装卸。一般从装点直到卸点，中间不再落地，这是集装卸与搬运于一体的装卸方式。

7.1.3.3 按操作特点分类

①堆码取拆作业。包括在车间内、仓库内、运输工具的堆码和拆垛作业。

②分拣配货作业。指按品种、用途、到站、去向、货主等不同特征进行分拣货物的作业。

③挪动移位作业。指单纯地改变货物的水平空间位置的作业。

7.1.3.4 按作业对象分类

①单件作业法。是单件、逐件装卸搬运的方法，这是人力作业阶段的主要方法。目前对长大笨重、形状特殊的货物或集装会增加危险的货物等仍然采取单件作业法。

②集装作业法。是指将货物集零为整，再进行装卸搬运的方法。有集装箱作业法、托盘作业法、货捆作业法、滑板作业法、网装作业法以及挂车作业法等。

③散装作业法。是指对煤炭、矿石、粮食、化肥等块、粒、粉状物资，采用重力法（通过筒仓、溜槽、隧洞等方法）、倾倒法（铁路的翻车机）、机械法（抓、吕等）、气力输送（用风机在管道内形成气流，应用动能、压差来输送）等方法进行装卸。

7.1.3.5 按装卸搬运的作业特点分类

①连续装卸。主要是同种大批量散装或小件杂货通过连续输送机械，连续不断地进行作业，中间无停顿，货间无间隔。在装卸量较大、装卸对象固定、货物对象不易形成大包装的情况下适用于采取这一方式。

②间歇装卸。间歇装卸有较强的机动性，装卸地点可在较大范围内变动，主要适用于货流不固定的各种货物，尤其适于包装货物、大件货物，散粒货物也可采取此种方式。

除此之外，也可按作业手段和组织水平分为人工作业法、机械作业法、综合机械化作业法和自动化作业法。

## 7.2 装卸与搬运设备

### 7.2.1 装卸与搬运设备概述

#### 7.2.1.1 装卸搬运机械设备的概念

装卸搬运机械设备是实现装卸搬运作业机械化的基础。它是指用来搬移、升降、装卸和短距离输送物料或货物的机械设备,是物流机械设备中重要的机械设备。它不仅用于完成船舶与车辆的装卸,而且也用于完成库场地堆码、拆垛、运输以及舱内、车内、库内的装卸。

#### 7.2.1.2 装卸搬运设备在物流中的地位

大力推广和应用装卸搬运设备,不断更新装卸搬运设备和实现现代化管理,对于加快现代化物流发展,促进国民经济发展,均有着十分重要的作用。

(1) 改善劳动条件,提高装卸效率

广泛运用装卸搬运机械设备,可节约劳动力,减轻装卸工人的劳动强度,提高装卸搬运效率。

(2) 缩短作业时间

运用装卸搬运机械设备,可加速车辆周转,加快货物的送达和发出速度。

(3) 提高装卸质量,保证货物的完整和运输安全

特别是长大笨重货物的装卸,依靠人力,一方面难以完成,另一方面保证不了装卸质量,容易发生货物损坏或偏载,危及行车安全。采用机械作业,则可避免这种情况发生。

(4) 降低装卸搬运作业成本

装卸搬运机械设备的运用,势必会提高装卸搬运作业效率,而效率提高使每吨货物摊到的作业费用相应减少,从而使作业成本降低。

(5) 充分利用货位,加速货位周转,减少货物堆码的场地面积

采用机械作业,堆码高度大,装卸搬运速度快,可以及时腾空货位。因此,可以减少场地占用面积。

随着现代物流的不断发展,装卸搬运机械将会得到更为广泛的应用。从装卸搬运机械发展趋势来看,发展多类型的、专用装卸搬运机械来适应货物的装卸搬运作业要求是今后装卸搬运机械的发展方向。

### 7.2.2 装卸与搬运的主要设备

装卸搬运设备的作业对象种类繁多,外形和特点各异,有箱装货物、袋装货物、桶装货物、易燃易爆及剧毒品等。

(1) 按主要用途或结构特征分类

可分为起重设备、连续输送设备、装卸搬运设备、专用装卸搬运设备。

起重设备是一种以间歇作业方式对物料进行起升、下降和水平运动的机械设备的总称。它对减轻劳动强度,降低运输成本,提高生产效率,加快车、船周转,实现装卸搬运机械

化起着十分重要的作用，在现代物流装卸作业环节中得到广泛应用。

岸边集装箱起重机（简称岸桥或桥吊，见图7-1）安装在港口码头边，是船岸之间装卸集装箱的专用设备。它由金属结构、载重小车、起升机构、小车运行机构、大车运行机构、机器房、吊具、电气传动及控制设备、各种安全装置及其他辅助设备等组成。

图7-1 岸桥

集装箱龙门起重机一般可按运行方式或主梁结构特点来分类，按运行方式可分为轨道式集装箱龙门起重机和轮胎式集装箱龙门起重机；按悬臂分为双悬臂、单悬臂和无悬臂三种；按主梁的结构可分为横架梁式和箱形梁式；按主梁的数量可分为单梁式和双梁式。轨道式集装箱龙门起重机（RMG，简称轨道吊、轨道桥）根据其用途可分为铁路车站和码头后方用的集装箱门式起重机、码头前沿用的集装箱门式起重机、堆场上用的集装箱门式起重机、船用集装箱门式起重机等。轮胎式集装箱龙门起重机（RTG，简称轮胎吊、轮胎式箱吊），它是大型专业化集装箱堆场的专用机械，装卸标准集装箱。它不仅适用于集装箱码头的堆场，同样也适用于集装箱专用堆场。见图7-2。

图7-2 门机

（2）按作业性质分类

可分为装卸设备、搬运设备、装卸搬运设备、集装箱跨运车、集装箱叉车。

集装箱跨运车是用于码头前沿和堆码集装箱的专用机械，由门形跨架、起升机构、运行机构、动力设备及其他辅助设备组成，采用机械或液力传动（图7-3）。

集装箱叉车是集装箱码头和货场常用的一种装卸机械，它可以采用货叉插入集装箱底

· 105 ·

部插槽内举升搬运集装箱,也可在门架上装设一个顶吊架,借助旋锁件与集装箱连接,从顶部起吊(图7-4)。

图7-3 集装箱跨运车

图7-4 集装箱叉车

(3)按装卸搬运货物的种类分类

可分为长大笨重货物的装卸搬运设备(如轨行式起重机)、散装货物的装卸搬运设备(如抓斗起重机)、成件包装货物的装卸搬运设备(如叉车、带式输送机等)、集装箱货物装卸搬运设备(如叉车、龙门起重机、旋转起重机等)。见图7-5、图7-6。

图7-5 轨行式起重机

图7-6 旋转起重机

### 7.2.3 装卸与搬运设备的选择

(1)根据作业性质和作业场合进行配置、选择

装卸搬运作业性质和作业场合不同,需配备不同的装卸搬运设备。根据作业是单纯的装卸或单纯的搬运,还是装卸、搬运兼顾,从而可选择更合适的装卸搬运设备;作业场合不同,也需配备不同的装卸搬运设备。

(2)根据作业运动形式进行配置、选择

装卸搬运作业运动形式不同,需配备不同的装卸搬运设备。水平运动,可配备选用卡车、牵引车、小推车等装卸搬运设备;垂直运动,可配备选用提升机、起重机等装卸搬运设备；倾斜运动，可配备选用连续运输机、提升机等装卸搬运设备；垂直及水平运动，可配备选用叉车、起重机、升降机等装卸搬运设备；多平面式运动，可配备选用旋转起重机等装卸搬运设备。

(3) 根据作业量进行配置、选择

装卸搬运作业量大小关系到设备应具有的作业能力，从而影响到所需配备的设备类型和数量。作业量大时，应配备作业能力较高的大型专用设备；作业量小时，最好采用构造简单、造价低廉而又能保持相当生产能力的中小型通用设备。

(4) 根据货物种类、性质进行配置、选择

货物的物理性质、化学性质以及外部形状和包装千差万别，有大小、轻重之分，有固体、液体之分，有散装、成件之不同，所以对装卸搬运设备的要求也不尽相同。

(5) 根据搬运距离进行配置、选择

长距离搬运一般选用牵引车和挂车等装卸搬运设备，较短距离搬运可选用叉车、跨运车等装卸搬运设备，短距离搬运可选用手推车等装卸搬运设备。为了提高设备的利用率，应当结合设备种类和特点，使行车、货运、装卸、搬运等工作密切配合。

(6) 装卸搬运设备的配套

成套地配备装卸搬运设备，使前后作业相互衔接，相互协调，是保证装卸搬运工作持续进行的重要条件。因此，需要对装卸搬运设备在生产作业区、数量吨位、作业时间，场地条件、周边辅助设备上作适当协调。

装卸搬运设备的选择如表7-1所示。

表7-1 装卸搬运设备的选择

| 设备名称 | 优点 | 价格 | 适用范围 | 选择因素 | 需要的件数 |
| --- | --- | --- | --- | --- | --- |
| 叉车 | 适用性强、机动灵活、效率高 | 内燃柴油车8万元左右/台，电瓶叉车20万元左右/台 | 在厂区内短距离运输，不准长距离运输和上快车道，配合托盘作业 | 根据配送中心作业区域面积大小选择 | 3台 |
| 地牛 | 灵活、载荷量大、(3000公斤)，便于人力推动或者电动驱动行走 | 1500元/个 | 基本工具，应用广泛，配合托盘使用，也可单独使用 | 根据作业量的多少和作业程序的复杂程度选择 | 5个 |
| 手动堆垛装货机 | 人力操作灵活 | 3200元/台 | 仓库作业重货的装卸 | 根据作业场地通道面积的大小选择 | 3个 |
| 货架型平台备货车 | 机动灵活、效率高 | 300～500元/辆 | 适合库房内的分拣作业 | 根据装卸货物的形态来选择，通常使用运送散货 | 2辆 |
| 登高车 | 可方便人员站在车平台上实现存取货物等作业行为 | 780元/个 | 仓库内部货物的存取 | 根据货物的摆放高度选择 | 4个 |

续表

| 设备名称 | 优点 | 价格 | 适用范围 | 选择因素 | 需要的件数 |
|---|---|---|---|---|---|
| 堆垛机 | 车身结构灵巧轻便，转弯半径小，操作舒适 | 2000元/台 | 仓库内部货物的堆垛 | 货物搬运的重量 | 2台 |
| 滚筒式输送机 | 输送量大，速度快，运转轻快 | 1300元/台 | 配送中心货物的传送 | 货物的传送距离 | 3台 |
| 杠杆式手推车 | 轻巧、灵活、转向方便 | 100元/个 | 仓库内货物的搬运 | 货物的搬运距离 | 4个 |

## 7.3 装卸与搬运作业

可以分别按作业对象、作业手段、装卸设备作业原理、作业方式不同进行分类。一般分为单件作业法和集装作业法。单件、逐件的装卸搬运是人力作业阶段的主导方法，人力装卸搬运长大笨重等货物会增加危险性，危险货物以及行包等仍采取传统的单件作业法。集装作业法是先将货物集零为整（集装化），再行装卸搬运。它包括：集装箱作业法（分为吊上吊下方式和滚上滚下方式两类）、托盘作业法、网袋作业法、货捆作业法、滑板作业法、挂车作业法等。

### 7.3.1 集装箱作业法

（1）吊上吊下方式

专用集装箱码头前沿一般都是配备岸边集装箱起重机进行船舶装卸作业。按货场上使用的机械类型可分为下列主要机械化：底盘车方式、跨运车方式、轮胎式龙门起重机方式、轨道式龙门起重机方式。

（2）滚上滚下方式

采用滚装船运输集装箱，是将集装箱放置在挂车（底盘车）上，船舶到港后，牵引车通过船艄门、舷门或舷门跳板进入船舱，用叉车把集装箱放到挂车上，由牵引车拖带到码头货场。或者仅用叉车通过跳板搬运集装箱。

### 7.3.2 托盘作业法

托盘作业法就是以托盘为基本工具，最大限度地应用集装单元的原则，以及除此之外货物搬运的灵活性、标准化、机械化等物料搬运的原则，使搬运作业组织化，是从历来的静态搬运发展到动态搬运的新的搬运作业体制。

托盘作业法的主要机械有：叉车、托盘搬运车、托盘移动升降机、桥式堆垛机、巷道堆垛机、码盘机、拆盘机等。

### 7.3.3 网、袋作业法

网、袋作业法是指粉状、粒状货物采用多种合成纤维和人造纤维编织布制成的集装袋，各种袋装货物采用人造或合成纤维织成的网络，各种块状货物（如废钢铁）采用钢丝绳编成的网络，先行集装再进行装卸搬运的方法。这种柔性集装工具体积小、自重轻、回送方便，可一次使用，也可重复使用，在流通领域备受欢迎，很有发展前途。

### 7.3.4 货捆作业法

货捆作业法是用捆装工具以各种方法将散件货物组成一个货物单元，使其在流通过程中保持不变，以保证装卸搬运作业实现综合机械化的方法。

货捆可以用通用门式、桥式以及其他类型的起重机和叉车进行装卸搬运作业。因而开展货捆作业法投资少、效果显著。

带有与各种货捆配套的专用吊具的门式起重机和岸壁起重机是货捆作业法的主型装卸机械，叉车、侧叉车和跨车是配套的搬运机械。

### 7.3.5 滑板作业法

滑板是由纸板、纤维板、塑料板或金属板制成的，与托盘尺寸一致的、带翼板的平板，用以承放货物组成搬运单元。与其匹配的装卸搬运机械是带推拉器的叉车。叉货时推拉器的钳口夹住滑板的翼板（勾舌、卷边）将货物拉上货叉，卸货时先对好位，然后叉车后退、推拉器往前推，货物即就位。滑板搬运不仅具有托盘搬运的优点，而且解决了木材消耗大、流通周转很繁杂、运载工具净载重、占用作业场地多等问题，但是与滑板匹配的带推拉器的叉车比较笨重（推拉器本身重 0.5～0.9 吨），机动性差，堆取货物时操作比较困难，装卸效率比托盘低，对货物包装与规格化的要求高，与工业发达国家已形成的成套搬运储存设备不配套，因此，到底采用托盘还是滑板尚在争议之中。

### 7.3.6 挂车作业法

挂车作业法是先将货物集装到挂车里，然后由拖车将挂车牵引到铁路平车上。或用大型门式起重机将挂车吊到铁路平车上的装卸搬运方法。

### 7.3.7 散装作业法

①倾翻法：将运载工具的载货部分倾翻，使货物卸出的方法，主要用于铁路敞车和自卸汽车的卸货，敞车被送入翻车机，夹紧固定后，敞车和翻车机一起翻转，货物倒入翻车机下面的受料槽。带有可旋转车钩的敞车和一次翻两节车的大型翻车机配合作业，可以实现列车不解体卸车，卸车效率可达 5000 吨/小时。

②重力法：利用货物的策略势能来完成装卸作用的方法。主要适用于铁路运输业，汽车也可用这种方法装载，重力法装车设备有筒仓、溜槽、隧洞三类。筒仓、溜槽装铁路车辆时效率可达 5000～6000 吨/小时。以直径 6.5 米左右的钢管埋入矿石堆或煤堆，制成装车隧洞，洞顶有风动闸门，列车徐行通过隧洞，风动闸门开启，货物流入车内，每小时可装 1 万～1.2 万吨。一次可装 5～7 辆车的长隧洞斗车效率高达 1.5 万吨/小时。重力卸车主要指底开门车或漏斗车在高轴线或卸车坑道上自动开启车门，煤或矿石依靠重力自行流出的卸车方法。列车边走边卸，整列的卸车效率可达 1 万吨/小时。

③气力输送法：利用风机在管道内形成气流，依靠气体的动能或压差来输送货物的方法。这种方法的装置结构紧凑、设备简单、劳动条件好、货物损耗少。但消耗功率较大、噪声较高。近年发展起来的依靠压差的推送式气力输送正在克服上述缺点，主要用于装卸粮谷和水泥等。

④机械法：系采用各种机械，使其直接作用于货物，通过舀、抓、铲等作业方式，从

而达到装卸目的的方法。常用的机械有：胶带输送机、堆取料机、装船机、链斗装车机、单斗和多斗装载机、挖掘机、斗式、带式和螺旋卸船机和卸车机、各种抓斗等。港口装船推荐采用移动式装船机，卸船以抓斗为主，堆场作业采用旋臂堆料机、斗轮机及门式斗轮堆取料机等。

## 7.4 装卸与搬运合理化

### 7.4.1 装卸与搬运合理化的意义

#### 7.4.1.1 装卸搬运合理化的意义

装卸费用在物流成本中所占的比重比较高。据统计，美国工业产品的生产过程中装卸搬运费用占成本的20%～30%，德国企业物流搬运费用占营业额的1/3，日本物料搬运费用占国民生产总值的10.73%。因此，为了降低物流费用，装卸是个重要环节。

许多大的搬运公司，在操作方面还保留着原始的人工作业，尤其是装卸搬运工作，绝大部分还是靠人力肩扛手提的方式装卸搬运货物，员工工作过程中缺乏工作激情，工作效率低下，互相之间缺乏协作，整个工作显得混乱无序，整个仓库缺乏规范的整理整顿。

除此之外，混乱的工作流程以及超负荷的工作强度导致员工工作中带着严重的不良情绪，这种情绪导致装卸过程中搬运工与搬运工之间，搬运工与管理人员之间，搬运工与客户之间经常出现争执，冲突一触即发。

另外，搬运工的不良情绪直接造成装卸搬运过程中的暴力装车和暴力卸车，货物破损严重，每个月公司为货差货损产生的理赔费用居高不下。

如上所说，确实需要进行一些针对性的改进，旨在提高装卸搬运的工作时效，改善工作环境，减轻员工的劳动负荷，缓解工作中的各种矛盾，减少货物损坏以及货单不符等差错。

#### 7.4.1.2 国内外装卸搬运行业现状

国外的装卸搬运工作，可以说已经全面进入现代化，特别是欧美日等国家和地区，以机械化、信息化和智能化为主，在重型工业方面，装卸作业通过起重机、拖车等大型装卸设备实现；轻型工业企业则建造自动化立体仓库，安装自动分拣系统，使用自动导引小车（AGV）、工业机器人、高档叉车、自动存取设备等，并运用条形码识别技术，射频识别技术等信息化技术实现对货物的分拣及存储作业。而在公路运输企业中，同样也有很高的发展水平，其装卸搬运的最大特点就是集装单元化，操作机械化，极大地减轻了工作人员的劳动强度。

目前国内的物流企业如雨后春笋般大量涌现，但是仔细观察会发现，大部分物流企业其实质就是运输企业，几辆车，几个人，一条专线，就可以组成一个运输公司，号称物流企业，而这些物流企业绝大多数都是公路零担运输企业，即城市之星运输公司的同行。

纵观中国各大城市热闹非凡的物流园（或称货场），西到成都重庆，东到广州上海，园区内的绝大多数运输企业都还保留着原始的装卸搬运方式。一辆机动叉车，三五个手动叉车（地拖），几十个托盘，十几个搬运工，构成现在国内大多数运输企业仓库装卸搬运系统。即使这样的装卸搬运系统发展运作了数十年，可以说已经比较成熟，但是在这样的硬件条件下，装卸搬运流程的不规范，仍然导致各种问题捉襟见肘。可以说，城市之星存在的装卸搬运问题，正是中国各个公路零担运输企业装卸搬运问题的典型。

#### 7.4.2 装卸与搬运合理化措施

##### 7.4.2.1 防止和消除无效作业

所谓无效作业是指在装卸作业活动中超出必要的装卸、搬运量的作业。显然，防止和消除无效作业对装卸作业的经济效益有重要作用。为了有效防止和消除无效作业，可从以下几个方面入手。

（1）尽量减少装卸次数

要使装卸次数降低到最小，就要避免没有物流效果的装卸作业：

①集装化装卸、多式联运、集装箱化运输、托盘一贯制物流等都是有效的做法。

②利用货物本身的重量和落差原理，如滑槽、滑板等工具的利用。

③减少从下往上的搬运，多采用斜坡式以减轻负重。

④水平装卸搬运，如仓库的作业台与卡车车厢处于同一高度，手推车直接进出。

⑤卡车后面带尾板升降机，仓库作业月台设装卸货升降装置等。总之，省力化装卸搬运原则是：能往下则不往上、能直行则不拐弯、能用机械则不用人力、能水平则不要上斜、能滑动则不摩擦、能连续则不间断、能集装则不分散。

（2）提高被装卸物料的纯度

物料的纯度，指物料中含有水分、杂质与物料本身使用无关的物质的多少。物料的纯度越高则装卸作业的有效程度越高。反之，则无效作业就会增多。

（3）包装要适宜

包装是物流中不可缺少的辅助作业手段。包装的轻型化、简单化、实用化会不同程度地减少作用于包装上的无效劳动。

（4）缩短搬运作业的距离

物料在装卸、搬运当中，要实现水平和垂直两个方向的位移，选择最短的路线完成这一活动，就可避免超越这一最短路线以上的无效劳动。

##### 7.4.2.2 提高装卸搬运的灵活性

所谓装卸、搬运的灵活性，是指在装卸作业中的物料进行装卸作业的难易程度。所以，在堆放货物时，事先要考虑到物料装卸作业的方便性。

装卸、搬运的灵活性，根据物料所处的状态可分为不同的级别。如表7-2所示。

表7-2 货物装卸搬运活性指数

| 货物状态 | 货物移动的机动性 | 作业需求量（依次） ||||需作业的数目|活性指数|
|---|---|---|---|---|---|---|---|
| | | 集中 | 搬起 | 升起 | 运走 | | |
| 直接置于地面上 | 移动时需逐个用人力搬到运输工具上 | 是 | 是 | 是 | 是 | 4 | 0 |
| 置于容器 | 可人工一次搬运，但不便于机械使用的 | 否 | 是 | 是 | 是 | 3 | 1 |
| 置于托盘 | 可方便使用机械搬运的 | 否 | 否 | 是 | 是 | 2 | 2 |
| 置于车内 | 不需要借助其他机械便可搬运的 | 否 | 否 | 否 | 是 | 1 | 3 |

续表

| 货物状态 | 货物移动的机动性 | 作业需求量（依次） ||||  需作业的数目 | 活性指数 |
|---|---|---|---|---|---|---|---|
| | | 集中 | 搬起 | 升起 | 运走 | | |
| 置于传送带 | 货物处于移动状态 | 否 | 否 | 否 | 否 | 0 | 4 |

0级——物料杂乱地堆在地面上的状态；

1级——物料装箱或经捆扎后的状态；

2级——箱子或被捆扎后的物料，下面放有枕木或其他衬垫后，便于叉车或其他机械作业的状态；

3级——物料被放于台车上或用起重机吊钩钩住，即刻移动的状态；

4级——被装卸、搬运的物料已经被启动、直接作业的状态。

从理论上讲，活性指数越高越好，但必须考虑到实施的可能性。例如，物料在储存阶段中，活性指数为4的输送带和活性指数为3的车辆，在一般的仓库中很少被采用，这是因为大批量的物料不可能存放在输送带和车辆上的缘故。在整个物流过程中货物需要经过多次的装卸搬运，上一步的卸货作业与后一步的装载或搬运作业关系密切。因此在组织装卸搬运作业时，应灵活运用各种装卸搬运工具和设备，并且上一道作业要为下一道作业着想，以提高装卸搬运的活性指数。

#### 7.4.2.3 实现装卸作业的省力化

装卸搬运使物料发生垂直和水平位移，必须通过做功才能实现，要尽力实现装卸作业的省力化。

在装卸作业中应尽可能地消除重力的不利影响。在有条件的情况下利用重力进行装卸，可减轻劳动强度和能量的消耗。将设有动力的小型运输带（板）斜放在货车、卡车或站台上进行装卸，使物料在倾斜的输送带（板）上移动，这种装卸就是靠重力的水平分力完成的。在搬运作业中，不用手搬，而是把物资放在一台车上，由器具承担物体的重量，人们只要克服滚动阻力，使物料水平移动，这无疑是十分省力的。

利用重力式移动货架也是一种利用重力进行省力化的装卸方式之一。重力式货架的每层格均有一定的倾斜度，货箱或托盘可自己沿着倾斜的货架层板滑到输送机械上。物料滑动的阻力越小越好，通常货架表面均处理得十分光滑，或者在货架层上装有滚轮，也有在承重物资的货箱或托盘下装上滚轮，这样将滑动摩擦变为滚动摩擦，物料移动时所受到的阻力会更小。

#### 7.4.2.4 合理组织装卸搬运设备，提高装卸搬运作业的机械化水平

物资装卸搬运设备运用组织是以完成装卸任务为目的，并以提高装卸设备的生产率、装卸质量和降低装卸搬运作业成本为中心的技术组织活动。它包括下列内容。

①确定装卸任务量。根据物流计划、经济合同、装卸作业不均衡程度、装卸次数、装卸车时限等，来确定作业现场年度、季度、月、旬、日平均装卸任务量。装卸任务量可事先确定，也有临时变动的可能。因此，要合理地运用装卸设备，就必须把计划任务量与实际装卸作业量两者之间的差距缩小到最低水平。同时，装卸作业组织工作还要把装卸作业的物资对象的品种、数量、规格、质量指标以及搬运距离尽可能地作出详细的规划。

②根据装卸任务和装卸设备的生产率，确定装卸搬运设备需用的台数和技术特征。

③根据装卸任务、装卸设备生产率和需用台数，编制装卸作业进度计划。它通常包括：装卸搬运设备的作业时间表、作业顺序、负荷情况等详细内容。

④下达装卸搬运进度计划，安排劳动力和作业班次。

⑤统计和分析装卸作业成果，评价装卸搬运作业的经济效益。

随着生产力的发展，装卸搬运的机械化程度将不断提高。由于装卸搬运的机械化能把工人从繁重的体力劳动中解放出来，尤其对于危险品的装卸作业，机械化能保证人和货物的安全，也是装卸搬运机械化程度不断得以提高的优势。

7.4.2.5 推广组合化装卸搬运

在装卸搬运作业过程中，根据不同物料的种类、性质、形状、重量来确定不同的装卸作业方式。处理物料装卸搬运的方法有3种形式：一是分块处理，即将普通包装的物料逐个进行装卸；二是散装处理，即将颗粒状物资不加小包装而原样装卸；三是集装处理，即将物料以托盘、集装箱、集装袋为单位进行组合后进行装卸。对于包装的物料，尽可能进行"集装处理"，实现单元化装卸搬运，可以充分利用机械进行操作。

组合化装卸搬运具有很多优点：

①装卸单位大、作业效率高，可大量节约装卸作业时间。

②能提高物料装卸搬运的灵活性。

③操作单元大小一致，易于实现标准化。

④不用手去触及各种物料，可达到保护物料的效果。

7.4.2.6 合理规划装卸搬运方式和装卸搬运作业过程

装卸搬运作业过程是指对整个装卸作业的连续性进行合理的安排，以减少运距和装卸次数。装卸搬运作业现场的平面布置是直接关系到装卸、搬运距离的关键因素，装卸搬运机械要与货场长度、货位面积等相互协调。要有足够的场地集结货场，并满足装卸搬运机械工作面的要求，场内的道路布置要为装卸搬运创造良好的条件，有利于加速货位的周转。装卸搬运距离达到最小平面布置是减少装卸搬运距离最理想的方法。

提高装卸搬运作业的连续性应做到：作业现场装卸搬运机械合理衔接；不同的装卸搬运作业在相互联结使用时，力求使它们的装卸搬运速率相等或接近；充分发挥装卸搬运调度人员的作用，一旦发生装卸搬运作业障碍或停滞状态，立即采取有效的措施补救。

**【本章小结】**

在同一地域范围内（如车站范围、工厂范围、仓库内部等）以改变"物"的存放、支承状态的活动称为装卸，以改变"物"的空间位置的活动称为搬运，全称为装卸与搬运。装卸与搬运是附属性、伴生性的活动，支持、保障性活动以及衔接性的活动。装卸与搬运可以分别按作业对象、作业手段、装卸设备作业原理、作业方式不同进行分类。装卸搬运的合理化措施包括防止和消除无效作业、提高装卸搬运的灵活性、实现装卸作业的省力化、合理组织装卸搬运设备、提高装卸搬运作业的机械化水平、推广组合化装卸搬运、合理规划装卸搬运方式和装卸搬运作业过程等。

## 【本章思考】

1. 装卸与搬运有何特点？
2. 主要的装卸与搬运设备有哪些？如何进行装卸与搬运设备的选择？
3. 主要的装卸与搬运作业有哪些？
4. 如何实现装卸与搬运的合理化？

## 【案例讨论】

### 双鹤的装卸搬运合理化

云南双鹤医药有限公司（以下简称"双鹤"）是一个以市场为核心、现代医药科技为先导、金融支持为框架的新型公司，是西南地区经营药品品种较多、较全的医药专业公司。虽然双鹤已形成规模化的产品生产和网络化的市场销售，但其流通过程中物流管理严重滞后，造成物流成本居高不下，不能形成价格优势。这严重阻碍了物流服务的开拓与发展，成为公司业务发展的"瓶颈"。

装卸搬运活动是衔接物流各环节活动正常进行的关键，双鹤由于搬运设备的现代化程度低，只有几个小型货架和手推车，大多数作业仍处于以人工作业为主的原始状态，工作效率低，且易损坏物品。另外仓库设计不合理，造成长距离搬运，并且库内作业流程混乱，形成重复搬运，大约有70%的无效搬运。这种过多的搬运次数，损坏了商品，也浪费了时间。

如果说物流硬件设备犹如人的身体，那么物流软件解决方案则构成了人的智慧与灵魂。同理，要想构筑先进的物流系统，提高物流管理水平，单靠物流设备是不够的。双鹤在进行装卸搬运合理化时应考虑以下方面。

（1）减少装卸搬运环节。改善装卸作业，既要设法提高装卸作业的机械化程度，还必须尽可能地实现作业的连续化，从而提高装卸效率，缩短装卸时间，降低物流成本。

（2）防止和消除无效作业。尽量减少装卸次数，努力提高被装卸物品的纯度，选择最短的作业路线等。

（3）提高物品的装卸搬运活性指数。企业在堆码物品时事先应考虑装卸搬运作业的方便性，把分类好的物品集中放在托盘上，以托盘为单元进行存放，既方便装卸搬运，又能妥善保管好物品。

（4）积极而慎重地利用重力原则，实现装卸作业的省力化。装卸搬运使物品发生垂直和水平位移，必须通过做功才能完成。由于我国目前装卸机械化水平还不高，许多尚需人工作业，劳动强度大，因此必须在有条件的情况下利用重力进行装卸，将设有动力的小型运输带（板）斜放在货车、卡车上进行装卸，使物品在倾斜的输送带（板）上移动，这样就能减轻劳动强度和减少能量的消耗。

（5）进行正确的设施布置。采用"L"型和"U"型布局，以保证物品单一的流向，既避免了物品的迂回和倒流，又减少了搬运环节。

（资料来源：http://info.10000link.com/）

### 分析与讨论
1. 从案例中可知装卸与搬运在物流活动中有何地位和作用？
2. 双鹤如何实现装卸与搬运合理化？

### 【拓展资源】
1. 网上资源：上海联华官方网站：http://www.962828.com/；万联网资讯中心：http://info.10000link.com/

2. 书籍：《装卸搬运技术》，王成林编 /2012 年 / 中国财富出版社；《装卸与搬运作业》，杨秀茹编 /2015 年 / 机械工业出版社

# 第 8 章　仓储管理

## 【学习要点】

- 熟悉仓储的概念及仓储管理的内容
- 了解各种仓储设施和设备
- 熟悉仓储作业的过程
- 熟悉库存管理的方法

## 【关键术语】

仓储管理（Warehousing Management）；ABC 库存管理；供应商管理库存（Vendor Managed Inventory，VMI）；联合库存管理（Joint Managed Inventory，JMI）

## 【案例导读】

# 京东商城的仓储管理

1. 入库：商品进入京东的第一道关卡

入库是进入京东商城仓储的第一个环节，供货商按照采购协议，将商品运送到京东的商品仓储库，入货员会根据采货单收货验货，严格核对商品的品种、数量、规格、型号等信息。这一步表面看起来无关紧要，但事实上却与用户体验直接相关。

2. 拣货：在商品海洋里准确捞"针"

当用户按下确认订单付款按钮后，订单的信息会直接反馈到京东的物流仓储后台，由拣货员从浩如烟海的商品货架上将订单上的商品拣出并准确无误地放到扫描台上。京东商城每个拣货员都配备了 RF 扫描枪和 PDA 设备，在扫描完集合单的批次号后，逐一核对订单及货架上的商品信息。

3. 复合扫描：确保商品出货准确

作为商品出库前的关键一步，复合扫描环节任务艰巨，需要扫描员拥有耐心、责任感，复核每一个订单对应的商品型号、颜色，以确保出库商品的准确性，并进行批量的集合单和发票打印。高峰期日均处理订单 8 万张以上。

4. 打包：把好商品出库前的最后一关

打包工作是商品出库前的最后一个环节。打包员的操作过程令人眼花缭乱，可谓"粗中有细"，在完成包装并贴好外包装标签后，商品就被依次放到传送带上，等待出库。

5. 分拣发货：与时间赛跑

对已打包好的商品进行分拣，是物流体系中很重要的环节。京东商城拥有全自动的分拣平台，可对商品送达站点的不同进行自动归类，从传送带滑轨上下来的商品，分拣员会按照站点装进橙黄色的周转箱内，为了保证商品不受挤压，商品摆放很有讲究，要做到大不压小，重不压轻，不仅考验分拣员的眼力还考验他们的判断力。分拣完成后，发货员将商品运送到指定的配送站。

6. 配送员：最后一公里体验保障

在商品到达配送站点后，京东商城配送员先用PDA对商品进行扫描认领，然后将商品按照大小件和配送地址的远近，整装进送货箱，保证每件商品到站时有条不紊地取放，提升配送效率。

（资料来源：http://www.jd.com/）

## 8.1 仓储与仓储管理

### 8.1.1 仓储概述

#### 8.1.1.1 仓储的概念

在物流系统中，仓储（Warehousing）是一个不可或缺的构成要素。仓储是商品流通的重要环节之一，也是物流活动的重要支柱。在社会分工和专业化生产的条件下，为保持社会再生产过程的顺利进行，必须储存一定量的物品，以满足一定时期内社会生产和消费的需要。

"仓"也称为仓库（Warehouse），是存放物品的建筑物或场地，可以为房屋建筑、大型容器、洞穴或者特定的场地等，具有存放和保护物品的功能；"储"表示收存以备使用，具有收存、保管、交付使用的意思，当适用有形物品时也称为储存（Storing）。"仓储"则为利用仓库存放、储存未即时使用物品的行为。简言之，仓储就是在特定的场所储存物品的行为。

仓储的形成是因为产品不能被即时消耗掉，需要专门场所存放，这时就产生了静态仓储。而将物品存入仓库以及对存放在仓库里的物品进行保管、控制、加工、配送等的管理，便形成了动态仓储。现代仓储管理是主要研究动态仓储的一系列管理活动。

综上所述，结合《中华人民共和国国家标准·物流术语》（GB/T 18354—2006）的定义，仓储是指利用仓库及相关设施设备进行物品的入库、储存、出库的活动。仓储通过仓库或特定的场所对有形物品进行保管、控制等管理，从克服产需之间的时间差异中获得更好的效用。

#### 8.1.1.2 仓储在物流中的地位和作用

仓储是随着社会化分工和商品交换而逐步产生和发展起来的。随着生产的发展，专业化程度不断提高，社会分工越来越细，仓储存在于社会再生产各环节之中，提供社会再生产各环节之间的"物"的停滞，构成了上一步活动和下一步活动联系的必要条件。

（1）调整生产和消费在时间上的间隔

由于许多商品生产和消费都存在着时间间隔与地域差异，因此，为了更好地促进商品的流通与贸易，必须设置仓库将这些商品储存在其中使其发挥时间效应的作用。

（2）保证进入市场的商品质量

在商品从生产领域进入流通的过程中，通过仓储环节，对即将进入市场的商品在仓库进行检验，可以防止质量不合格的伪劣商品混入市场。待入库商品应满足仓储要求，在仓库保管期间，商品处于相对静止状态应使其不发生物理、化学变化，以保证储存商品的数量和质量。

（3）加速商品周转和流通

随着仓储业的发展，仓储本身不仅具有储存货物的功能，而且越来越多地承担着生产特性的加工业务。例如，分拣、挑选、整理、加工、简单装配、包装、加标签、备货等活动，使仓储过程与生产过程更有机地结合在一起，从而增加了商品的价值。随着流通领域物流业的发展，仓储业可在货物储存过程中为物流活动提供更多的服务项目，可为商品进入市场缩短后续环节的作业过程和时间，从而为加快商品的销售发挥更多的功能和作用。

（4）调节运输工具运载能力的不平衡

在各种运输工具中，由于其运载能力差别很大，容易出现极其不平衡的状态。此外，在商品运输过程中，在车、船等运输工具的衔接上，由于在时间上不可能完全一致，也产生了在途商品对车站、码头流转性仓库的储存要求。

（5）减少货损货差

在货物进出门过程中，无论是港口还是机场的库场，在接收承运、保管时，都需要检查货物及其包装，并根据货物性质、包装进行配载、成组装盘（板）、有的货物还需在库场灌包、捆绑。进口货物入库，还需进行分票、点数、分拨。一旦发生因海关、检验检疫手续的延误，或因气象原因而延迟装船、交付、疏运等，货物可暂存库场，避免货损发生。在货物装卸过程中，若发现货物标志不清、混装等，则可入库整理，这时库场又可提供暂时堆存、分票、包装等方面的业务。

8.1.1.3 仓储的功能

随着现代经济的发展，物流在社会经济活动中扮演着越来越重要的角色。仓储的功能也从传统的存储功能中解放出来，并逐渐转变，增加了如发货、配送等功能，以此来提高物品周转效率。从物流角度看，仓储功能可以按照经济利益和服务利益加以分类。其中经济利益包括堆存、拼装、分类、加工；服务利益包括现场储备、配送分类、组合、生产支持、市场形象。其具体说明如下。

（1）储存功能

现代社会生产的一个重要特征就是专业化和规模化生产，劳动生产率极高，产量巨大，绝大多数产品都不能被及时消费，需要经过仓储手段进行储存，这样才能避免生产过程堵塞，保证生产过程能够继续进行。另一方面，对于生产过程来说，适当的原材料、半成品的储存，可以防止因缺货造成的生产停顿。而对于销售过程来说，储存尤其是季节性储存可以为企业的市场营销创造良机。适当的储存是市场营销的一种战略，它为市场营销中特别的商品需求提供了缓冲和有力的支持。

（2）保管功能

生产出的产品在消费之前必须保持其使用价值，否则将会被废弃。这项任务就需要由仓储来承担，在仓储过程中对产品进行保护、管理，防止损坏而丧失价值。如水泥受潮易结块，使其使用价值降低，因此在保管过程中就要选择合适的储存场所，采取合适的养护措施。

（3）加工功能

根据存货人或客户的要求对保管物的外观、形状、成分构成、尺度等进行加工，使仓储物发生所期望的变化。加工提供了两个基本经济利益：第一，风险最小化，因为最后的包装要等到敲定具体的订购标签和收到包装材料时才完成；第二，通过对产品使用各种标签和包装配置，可以降低存货水平。降低风险与降低库存水平相结合，从而能降低物流系统的总成本。

（4）整合功能

整合（图8-1）是仓储活动的一个经济功能。通过这种安排，仓库可以将来自多个制造企业的产品或原材料整合成一个单元，进行一票装运。其好处是有可能实现最低的运输成本，也可以减少由多个供应商向同一客户进行供货带来的拥挤和不便。为了能有效地发挥仓储整合功能，每一个制造企业都必须把仓库作为货运储备地点，或用作产品分类和组装的设施。这是因为，整合装运的最大好处就是能够把来自不同制造商的小批量货物集中起来形成规模运输，使每一个客户都能享受到低于其单独运输成本的服务。

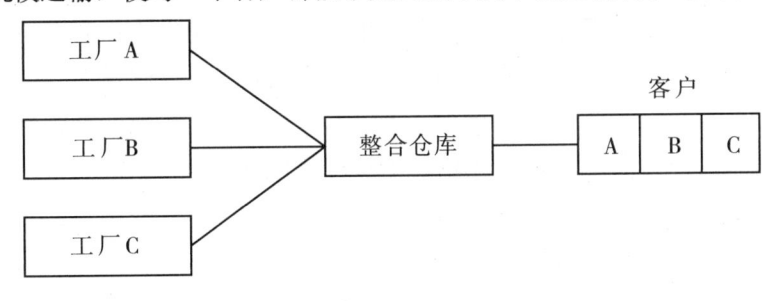

图 8-1　整合功能

（5）分类和转运功能

分类（图8-2）就是将来自制造商的组合订货分类或分割成个别订货，然后安排适当的运力运送到制造商指定的个别客户。

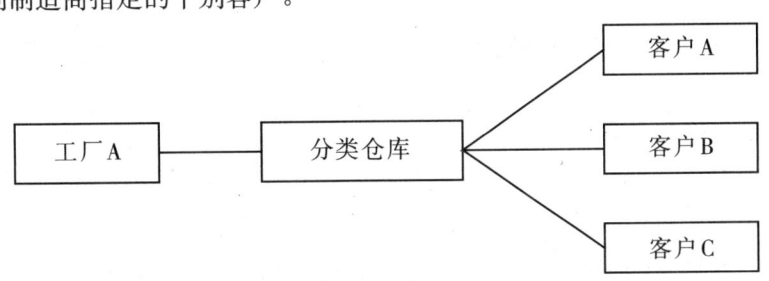

图 8-2　仓储的分类功能

转运（图8-3）就是仓库从多个制造商处运来整车的货物，在收到货物后，如果货物有标签，就按客户要求进行分类；如果没有标签，就按地点分类，然后货物不在仓库停留，直接装到运输车辆上，装满后运往指定的零售店。同时，由于货物不需要在仓库内进行储存，因而降低了仓库的搬运费用，最大限度地发挥了仓库装卸设施的功能。

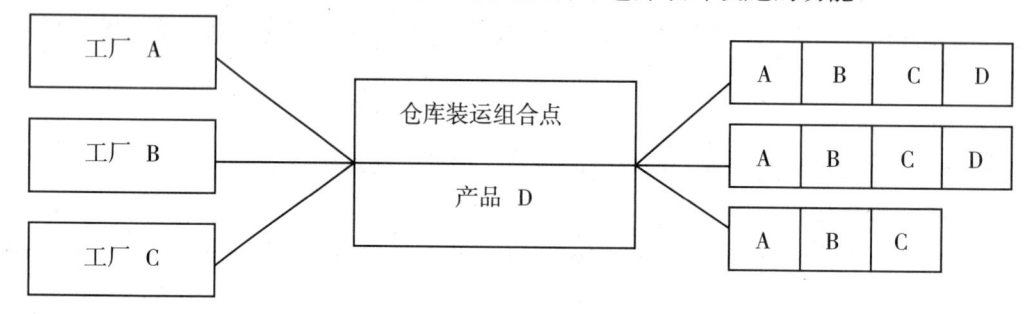

图 8-3 仓储的转运功能

（6）支持企业市场形象的功能

尽管市场形象的功能所带来的利益不像前面几个功能带来的利益那样明显，但对于一个企业的营销主管来说，仍有必要重视仓储活动。因为从满足需求的角度看，从一个距离较近的仓库供货远比从生产厂商处供货方便得多，同时，仓库也能提供更为快捷的递送服务。这样会在供货的方便性、快捷性以及对市场需求的快速反应性方面，为企业树立一个良好的市场形象。

（7）市场信息的传感器

任何产品的生产都必须满足社会的需要，生产者都需要把握市场需求的动向。社会仓储产品的变化是了解市场需求极为重要的途径。仓储量减少，周转量加大，表明社会需求旺盛；反之则为需求不足。厂家存货增加，表明其产品需求减少或者竞争力降低，或者生产规模不合适。仓储环节所获得的市场信息虽然比销售信息滞后，但更为准确和集中，且信息成本较低。现代物流管理特别重视仓储信息的收集和反应，将仓储量的变化作为决定生产的依据之一。

### 8.1.2 仓储管理

仓储管理（Warehousing Management）就是对仓库及仓库内储存的物品所进行的管理，是仓储机构为了充分利用所拥有的仓储资源，提供仓储服务所进行的计划、组织、控制和协调过程。具体来说，仓储管理包括仓储资源的获得、仓库管理、经营决策、商务管理、作业管理、仓储保管、安全管理、劳动人事管理、财务管理等一系列计划、组织、指挥、控制与协调工作。

#### 8.1.2.1 仓储管理的内容

仓储管理研究的是商品流通过程中货物储存环节的经营和管理。即研究商品流通过程中货物储存环节的业务经营活动，以及为提高经营效益而进行的计划、组织、指挥、监督以及调节活动。仓储管理主要是从整个商品流通过程的购、销、储、运各个环节的相关关系中，研究货物的收、管、发和与之相关的加工的经营活动，以及围绕货物储存业务所开展的对人、财、物的运用与管理。

仓储管理的对象是仓库及库存物品，具体管理内容包括如下几个方面。

①仓库的选址与建设。即合理规划仓储设施网络。例如，仓库的选址原则、仓库建筑

面积的确定、库内运输道路与作业区域的布置等。它影响到仓库的服务水平和综合成本，必须提到战略层面来处理。

②仓库机械作业的选择与配置。即合理选择仓储设施、设备，以提高货品流通的顺畅性和保障货物在流通过程中的质量。例如，如何根据仓库作业特点和所储存物品的种类以及其理化特性，选择机械装备以及应配备的数量，如何对这些机械进行管理等。

③仓库的业务管理。例如，如何组织物品出入库，如何对在库物品进行储存、保管与养护。

④仓库的库存管理。例如，如何根据企业生产需求状况，储存合理数量的物品，既不会导致储存过少引起生产中断而造成损失，又不会导致储存过多而占用过多的流动资金等。

此外，仓库业务的考核，新技术、新方法在仓库管理中的应用，仓库安全与消防等，也是仓储管理所涉及的内容。

8.1.2.2 仓储管理的基本原则

（1）服务原则

仓储活动是以为社会提供服务为内容，服务是贯穿仓储活动的一条主线。仓储的定位、仓储具体操作，对储存货物的控制都以服务为中心而展开，因此，仓储管理就需要围绕服务定位。例如，提供什么服务、如何提高服务质量、改善服务管理等。仓储服务水平与仓储经营成本两者之间有密切联系，服务好，成本高，收费也高。仓储服务管理就是要在降低成本和提高（保持）服务水平之间保持平衡。

（2）效率原则

效率是指在一定劳动要素投入时的产品产出量。高效率就是指以较少的劳动要素投入产出较多的产品，它意味着单位劳动产出大。劳动要素利用高效率是现代生产的基本要求。仓储的效率表现在货物周转率、仓容利用率、进出库时间、装卸车时间等指标上。高效率仓储体现出"快进、快出、多储存、保管好"的特点。

仓储的生产管理以效率管理为核心，实现最少劳动投入获得最大的产品产出。劳动的投入包括劳动力的数量、生产工具以及它们的作业时间和使用时间。效率是所有仓储管理工作的基础，没有生产的效率，就不会有经营的效益，更不可能有优质的服务。

高效率的实现是管理艺术的体现，通过准确地核算、科学地组织、妥善地安排场所、空间、机械设备，并与员工合理配合。部门与部门、人员与人员、设备与设备、人员与设备之间默契配合，使生产作业过程有条不紊地进行。

高效率需要有效管理过程作为保证，包括现场的组织、督促，标准化、制度化的操作管理，严格的质量责任制。现场作业混乱、操作随意、作业质量差甚至出现作业事故等显然不可能有效率。

（3）效益原则

企业生产经营的目的，就是要获得最大的经济效益，而利润是经济效益的表现形式。利润大，经济效益好；反之，经济效益差。从下述公式就可看出：

利润＝经营收入－经营成本－税金

要实现利润最大化则需要实现经营收入最大化和经营成本最小化。

社会主义市场经济不排除为了追求利益最大化的动机,作为参与市场经济活动主体之一的仓储企业,也应该围绕着获得最大经济效益目的开展和组织经营。同时,企业也应向社会承担一定责任,如维护社会安定、履行环境保护的义务,满足社会不断发展的需要等。

## 8.2 仓储设施与设备

仓储设施与设备是储存的实体,是实现储存功能的重要保证。仓储设施主要是指用于仓储的库场建筑物,它由主体建筑、辅助建筑和附属设施构成。仓储设备是指仓储业务所需的所有技术装置与机具,即仓库进行生产作业或辅助生产作业以及保证仓库及作业安全所必需的各种机械设备的总称。其分类如图8-4所示。

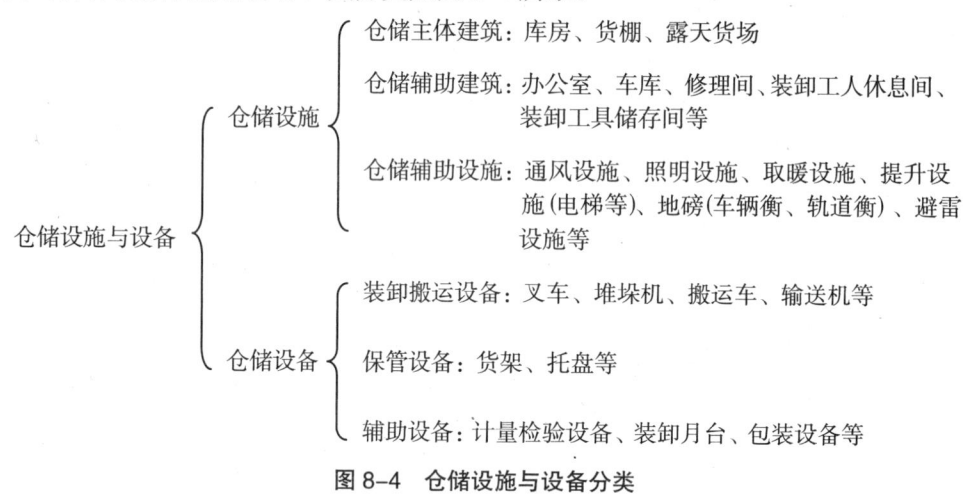

```
仓储设施与设备
├─ 仓储设施
│   ├─ 仓储主体建筑:库房、货棚、露天货场
│   ├─ 仓储辅助建筑:办公室、车库、修理间、装卸工人休息间、装卸工具储存间等
│   └─ 仓储辅助设施:通风设施、照明设施、取暖设施、提升设施(电梯等)、地磅(车辆衡、轨道衡)、避雷设施等
└─ 仓储设备
    ├─ 装卸搬运设备:叉车、堆垛机、搬运车、输送机等
    ├─ 保管设备:货架、托盘等
    └─ 辅助设备:计量检验设备、装卸月台、包装设备等
```

图8-4 仓储设施与设备分类

### 8.2.1 仓储设施

#### 8.2.1.1 仓库的分类

仓库是保管、储存物品的建筑物和场所的总称。由于各种仓库所处的地位不同,所承担的任务不同,其储存物的品种规格繁多、性能各异,因此仓库的种类也就很多。可以根据不同的分类标准,将仓库分为不同的类型。图8-5为某仓库的外观。

图8-5 仓库外观

（1）按使用范围分类

①自用仓库。即生产或流通企业为本企业经营需要而修建的附属仓库，完全用于储存本企业的原材料、燃料、产成品等货物。

②营业仓库。即一些企业专门为了经营储运业务而修建的仓库。

③公用仓库。即由国家或某个主管部门修建的为社会服务的仓库，如机场、港口、铁路的货场、库房等。

④出口监管仓库。即经海关批准，在海关监管下存放已按规定领取了出口货物许可证或批件，已对外买断结汇并向海关办完全部出口海关手续的货物的专用仓库。

⑤保税仓库。即经海关批准，在海关监管下专供存放未办理关税手续而入境或过境货物的场所。

（2）按保管物品种类的多少分类

①综合库。即用于存放多种不同属性物品的仓库。

②专业库。即用于存放一种或某一大类物品的仓库。

（3）按仓库保管条件分类

①普通仓库。即用于存放无特殊保管要求物品的仓库。

②保温、冷藏、恒湿恒温库。即用于存放要求保温、冷藏或恒湿恒温物品的仓库。

③特种仓库。通常是指用于存放易燃、易爆、有毒、有腐蚀性或有辐射性物品的仓库。

④气调仓库。即用于存放要求控制库内氧气和二氧化碳浓度的物品的仓库。

（4）按建筑物结构类型分类

①平房仓库。平房仓库的构造比较简单，建筑费用便宜，人工操作比较方便。

②楼房仓库。楼房仓库是指二层楼以上的仓库，它可以减少土地占用面积，进出库作业可采用机械化或半机械化，如图8-6所示。

③高层货架仓库。在作业方面，高层货架仓库主要使用电子计算机控制，能实现机械化与自动化操作，如图8-7所示。

图8-6 楼房仓库　　　　　图8-7 高层货架仓库

④罐式仓库。罐式仓库的构造特殊，呈球形或柱形，主要是用来储存石油、天然气和液体化工品等，如图8-8所示。

图 8-8　球形仓库

⑤简易仓库。简易仓库的构造简单、造价低廉，一般是在仓库不足而又不能及时建库的情况下采用的临时代用办法，包括一些固定或活动的简易货棚等。

8.2.1.2 仓库的组成

（1）主体建筑

仓库的主体建筑包括库房、货棚和露天堆场等。

库房是仓库中用于存储货物的主要建筑，多采用封闭方式。可以提供良好的储存和养护条件。一般用于储存怕风吹、雨淋、日晒，对保管条件要求较高的物品。库房主要由以下建筑结构组成：库房基础、地坪、墙壁、库门、库窗、柱、站台、雨棚等。图 8-9 所示为某仓库的站台。

图 8-9　仓库站台

货棚是一种简易的仓库，为半封闭式建筑，适宜储存对温湿度要求不高，入出库频繁的物品以及怕雨淋、但不怕风吹日晒的产品。货棚的建筑形式分为无墙和有墙两种，前者只有顶棚和支柱，没有围墙；后者除有顶棚和支柱外，还在货棚两端或三面筑有围墙。货棚的保管条件不如封闭式仓库，但入出库作业比较方便，且建造成本较低，如图 8-10 所示。

露天货场也称货场，是用于存放货物的露天场地，适宜存放经得起风吹、雨淋、日晒，经过苫垫堆垛的货物或散装货物。货场装卸作业方便，建造成本低廉，但储存的品种有一定的局限性，如图 8-11 所示。

图 8-10 货棚

图 8-11 货场

（2）辅助建筑

仓库辅助建筑是指办公室、车库、修理间、装卸工人休息间、装卸工具储存间等建筑物。这些建筑一般设在生活区，并与存货区保持一定的安全间隔。

（3）辅助设施

仓库辅助设施主要包括通风设施、照明设施、取暖设施、提升设施（电梯等）、地磅（车辆衡、轨道衡）以及避雷设施等，如图 8-12 所示。

图 8-12 地磅

### 8.2.2 仓储设备

8.2.2.1 装卸搬运设备

（1）叉车

叉车是一种无轨、轮胎行走式装卸搬运车辆，如图 8-13 所示。主要用于车站、码头、仓库和货场的装卸、堆垛、拆垛、短途搬运等作业，既可以进行水平运输，也可以进行垂直堆码。

叉车有如下的特点。

①通用性。叉车在物流的各个领域都有所应用。它和托盘配合，扩大了应用范围，同

时也可以提高作业效率。

②机械化程度高。叉车是装卸和搬运一体化的设备。

③机动灵活。它将装卸和搬运两种作业合二为一。叉车外形尺寸小，轮距较小，掉头转向比较容易，能在其他机械难以到达的作业区域内使用。

④节约劳动。叉车仅仅依靠驾驶员就能完成对货物的系列作业，无需装卸工人的辅助劳动。

（2）堆垛机

堆垛机是自动化立体仓库中专用的装卸搬运设备，它在高层货架之间的巷道内来回穿梭运行，将位于巷道口的货物存入货格；或者相反，取出货格内的货物运送到巷道口。如图8-14所示。

图8-13　叉车　　　　　　　　　图8-14　堆垛机

堆垛机的额定载重量一般为几十公斤到几吨，其中0.5吨的使用较多。它的行走速度一般为每分钟4～120米，升降速度一般为每分钟3～30米。

（3）搬运车

搬运车是为了改变货物的存放状态和空间位置而使用的小型车辆的总称。如图8-15所示。

图8-15　搬运车

搬运车主要包括以下几种类型。

①手推车。手推车是依靠人力驱动，在路面上水平运输货物的小型搬运车。其搬运作

业距离一般小于 25 米，承载能力一般在 500 公斤以下。其特点是轻巧灵活、易操作、转弯半径小，是输送较小、较轻物品的一种方便而经济的短距离运输工具。手推车的构造形式多种多样，适应于不同的货物种类、性质、重量、形状和道路条件。手推车的选用首先应考虑货物的形状和性质。当搬运多品种货物时，应选用通用手推车；搬运单一品种货物应选用专用手推车，以提高搬运效率。

②牵引车。牵引车俗称拖头，用来牵引挂车，本身没有承载货物的平台，不能单独运输货物。牵引车只在牵引时才与挂车连在一起，把挂车拖到指定地点。装卸货时，牵引车与挂车脱开，再去牵引其他挂车，从而提高设备利用率。

③电瓶搬运车。电瓶搬运车有固定的载货平台，可载重运输，也可用作牵引。电瓶搬运车车体小而轻，动作灵活，使用时清洁卫生。电瓶搬运车宜在平坦的路面上行驶，以减轻蓄电池的震动。由于没有防爆装置，电瓶搬运车不宜在有易燃易爆物品的场所内工作。

（4）输送机

仓储用输送机主要用于输送托盘、箱包件或其他有固定尺寸的集装单元货物，如图 8-16 所示。也有用于输送散料的，但不多见。

图 8-16　输送机

输送机可分为重力式和动力式两类。重力式输送机因滚动体的不同，可分为滚轮式、滚筒式和滚珠式三种形式。动力输送机以电动机为动力，根据驱动介质的不同可以分为辊子输送机、皮带输送机、链条式输送机和悬挂式输送机等。

输送机在运输中，货物的装和卸均在输送过程不停顿的情况下进行，不需要经常启动和制动。其结构比较简单，造价较低。通常可选用多台输送机构成输送系统，从而实现物流系统化。

8.2.2.2 保管设备

（1）货架

在仓储设备中，货架是指专门用于存放成件货物的保管设备，由立柱片、横梁和斜撑等构件组成。下面介绍几种常见货架。

①层架。层架是由主柱、横梁和层板构成，分成数层，层间用于存放货物。层架具有结构简单、省料，适用性强等特点，便于货物的收发，但存放物品数量有限，是人工作业

仓库主要的储存设备。轻型层架用于小批量、零星收发的小件物品的储存。中型和重型层架要配合叉车等工具储存大件、重型物品，所以其应用领域广泛。如图 8-17 所示。

②托盘货架。此种货架是存放装有货物托盘的货架，应用最为广泛。其结构是货架沿仓库的宽度方向分成若干排，排与排之间有巷道，供堆垛起重机或叉车运行。每排货架沿仓库纵向分成若干列，在垂直方向又分为若干层，从而形成大量货格。托盘货架的每一块托盘均能单独存入或取出，不需移动其他托盘。横梁的高度可根据货物的尺寸相应地调整，适用于存放各种类型的货物。其配套设备简单，能快速地安装和拆卸，货物装卸迅速，能提高仓库的空间利用率。托盘货架配合堆垛起重机和叉车进行存取作业，可提高劳动生产率，便于使用计算机进行库存管理和控制，是仓储管理机械化和自动化的基础。如图 8-18 所示。

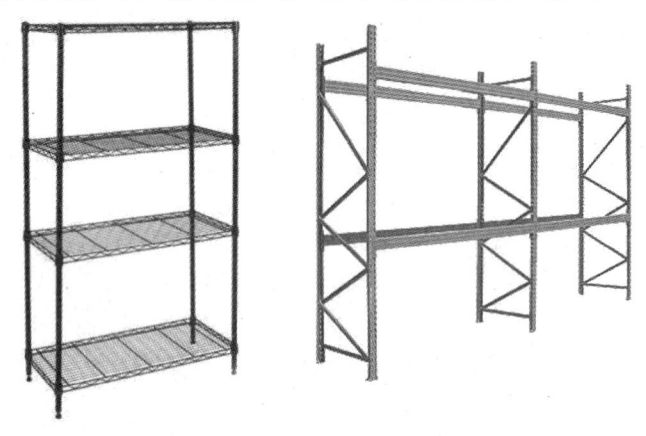

图 8-17　层架　　　　图 8-18　托盘货架

③抽屉式货架。抽屉式货架与层架相似，区别在于层格中有抽屉。它属于封闭式货架，具有防尘、防潮、避光的作用，用于比较贵重的小件物品的存放，或用于怕尘土、怕湿等的贵重物品，如刀具、量具、精密仪器、药品等的存放。如图 8-19 所示。

④悬臂式货架。悬臂式货架又称树枝形货架，由中间立柱向单侧或双侧伸出悬臂而成。悬壁可以是固定的，也可以是调节的，结构轻巧，载重能力好。一般用于储存长条形材料和不规则货物，如圆钢、型钢、木板等。此种货架可采用起重机起吊作业，也可采用侧面叉车和长料堆垛机作业。如图 8-20 所示。

图 8-19　抽屉式货架　　　　图 8-20　悬臂式货架

⑤驶入式货架。又称进车式货架,它采用钢质结构,钢柱上有向外伸出的水平突出构件。当托盘送入时,突出的构件将托盘底部的两个边托住,使托盘本身起架子横梁的作用。当架子没有放托盘货物时,货架正面便成了无横梁状态,这时就形成了若干通道,可方便叉车等作业车辆出入。驶入式货架是高密度存放货物的货架,库容利用率可达90%以上。但是,由于叉车只能从正面驶入,库存货物很难实现先进先出,因此,每一巷道只宜保管同一种、不受保管时间限制的货物。如图8-21所示。

⑥移动式货架。又叫动力式货架,其底部安装有运行车轮,通过电动机驱动,可在水平导轨上直线移动,为叉车存取货物提供作业通道。移动式货架使仓库储存密度大大增加,单位面积储存量是托盘式货架的2倍左右,而且可直接存取每一项货物,不受先进先出的限制。这种货架的缺点是成本高,施工慢。如图8-22所示。

除上述6种货架外,常用的还有重力式货架、U型架、阁楼式货架、旋转式货架等。

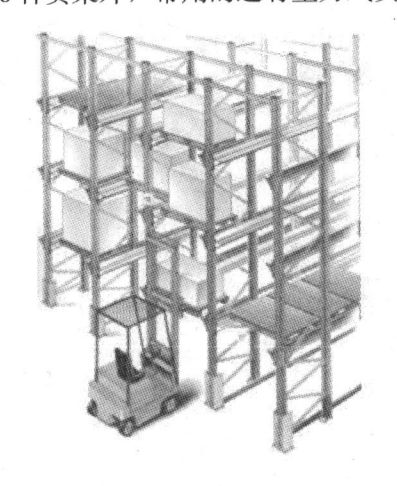

图 8-21 驶入式货架　　　　图 8-22 移动式货架

（2）托盘

托盘是为了便于装卸、运输、保管货物,由可以承载单位数量物品的负荷面和叉车插口构成的装卸用垫板,如图8-23所示。托盘是一种随着装卸机械化而发展起来的重要集装器具,叉车与托盘配合使用形成有效的装卸系统,大大提高了装卸机械化水平。目前,托盘作为实现单元化货物装载运输的重要工具,正在被各行各业所认识和接纳,应用越来越广泛。

图 8-23 托盘

现国际上托盘尺寸有4个系列，即1200系列（1200毫米×800毫米和1200毫米×1000毫米）、1100系列（1100毫米×1100毫米）、1140系列（1140毫米×1140毫米）、1219系列（1219毫米×1016毫米）。我国国家标准规定的托盘尺寸共有800毫米×1200毫米、800毫米×1000毫米和1000毫米×1200毫米3种。

8.2.2.3 辅助设备

（1）计重计量设备

计重计量设备主要是对商品进出时的计量、点数，以及货存期间的盘点、检查等，计重计量的装置较多，如地磅、轨道衡、电子秤、电子计数器、流量仪、皮带秤、天平仪以及较原始的磅秤、转尺等。计重计量设备要求有4个主要特性：即准确性、灵敏性、稳定性、不变性。

电子秤是以传感器为感应元件，以电子电路放大、运算及显示面板为一体的计重装置，按工作方式可分为台式和吊秤式。电子吊秤是一种挂钩式称重装置（也称拉力计式），一般用于单元化集装货物的计重计量场所。计重范围较宽，大吨位计重一般与起重机配合使用，由于装置处于高空计量不便于读数，其计量数据可采用无线发送到显示终端。

电子汽车衡作为称量车装货物的设备，由于其称量快、准确度高、数字显示、数据可传输、操作维护方便等特点已完全取代了旧式机械地磅，被广泛使用在货场、仓库、码头、建筑等批量物料的称重计量场合。

现在称重技术进步很快，还有不停车称量的动态电子汽车衡和物流分拣系统中的传送带式动态电子计重衡，它们均能在短时间内实现运动物体的准确称重。

（2）检验设备

检验设备是指商品进入仓库验收和在库内测试、化验以及防止商品变质、失效的机具、仪器，如温度仪、测潮仪、吸潮器、烘干箱、风幕（设在库门处，隔内外温差）、空气调节器、商品质量化验仪器等。在规模较大的仓库里这类设备使用较多。

（3）装卸月台

月台主要分布在车辆依靠处、装卸货物处、货物暂存处，利用月台能方便地将货物装车或卸车，实现物流网络中线与节点的衔接转换。

月台的主要形式有高月台和低月台。高月台是指月台高度与车辆货台高度基本保持一致。车辆停靠时，车辆货台与月台处于同一作业平面，有利于使用车辆进行水平装卸，使装卸合理化。低月台是指月台和仓库地面处于同一高度，有利于月台与仓库之间的搬运。低月台的装卸车作业不如高月台方便，此时可以在车辆和仓库之间安装输送机，使输送机的载货平面与车辆货台保持同等高度。此外，低月台也有利于叉车作业。

（4）包装设备

物流过程中需频繁进行装卸、搬运、运输和堆码等物理性活动，为了保护物料和提高效率，需要适当的包装和集装措施。包装是指采用打包、装箱、灌装和捆扎等操作技术，使用箱、包、袋、盒等适当的容器、材料和辅助物等将物品包封并予以适当标志的工作，它是包装物和包装操作的总称。

物流包装设备是指完成全部或部分包装过程的机器的总称。类别有裹包包装机械、充填包装机械、灌装包装机械、封口机械、贴标机械、捆扎机械、热成型包装机械、真空包装机械、收缩包装机械和其他包装机械等。

#### 8.2.2.4 自动化设备

（1）高层货架

高层货架有多种类型。按照建筑材料不同，可分为钢结构货架、钢筋混凝土结构货架等；按照货架的结构特点，可分为固定式货架和可组装、可拆卸的组合式货架；按照货架的高度分：小于 5 米的低层货架，5～15 米的中层货架，15 米以上的高层货架。自动化立体仓库货架一般是由钢材或钢筋混凝土制作的高层货架。

（2）自动化输送设备

常用的搬运输送设备有各种堆垛起重机、高架叉车、辊子或链式输送机、巷道转移台车、升降机、自动导引车等。

巷道堆垛起重机是自动立体仓库的主要搬运取送设备，它主要由立柱、载货台、货叉、运行机构、卷扬机构和控制机构组成。

液压升降台、辊式输送机、台车、叉车、托盘等是自动化立体仓库的主要运输设备，它们与堆垛超重机相互配合，构成完整的装卸搬运系统。

（3）控制系统

控制系统控制堆垛起重机和各种搬运输送设备的运行、货物存入与拣出，是自动化立体仓库的"指挥部"和"神经中枢"。自动化立体仓库的控制形式有手动自动控制、随机自动控制、远距离控制和计算机全自动控制 4 种形式。计算机全自动控制又分为脱机、联机和实时联机 3 种形式。随着物流自动化和智能化的发展，电子计算机在仓库控制中将发挥越来越重要的作用。

## 8.3 仓储作业

仓储作业包括入库、保管和出库三大过程，其中入库过程包含接运、验收和入库，出库过程包括出库和交付，具体如图 8-24 所示。

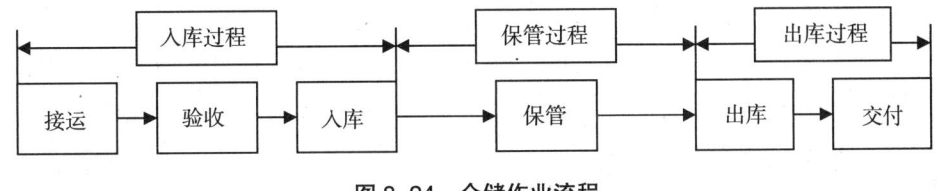

图 8-24 仓储作业流程

### 8.3.1 入库作业

入库管理，是根据物品入库凭证，在接收入库物品时对卸货、查点、验收、办理入库手续等各项业务活动的计划和组织，具体如图 8-25 所示。

#### 8.3.1.1 物品接运

(1) 入库前的准备

仓库应根据仓储合同或者入库单、入库计划，及时进行库场准备，以便货物能按时入库，保证入库过程的顺利进行。入库准备需要由仓库的业务部门、仓库管理部门、设备作业部门分工合作，共同完成。

(2) 物品接运方式

物品接运的主要任务是向托运者或承运者办清业务交接手续，及时将货物安全接运回库。物品接运人员要熟悉各交通运输部门及有关供货单位的制度和要求，根据不同的接运方式，处理接运中的各种问题。入库物品的接运方式主要有：专用线接运，车站、码头提货，入库交接。

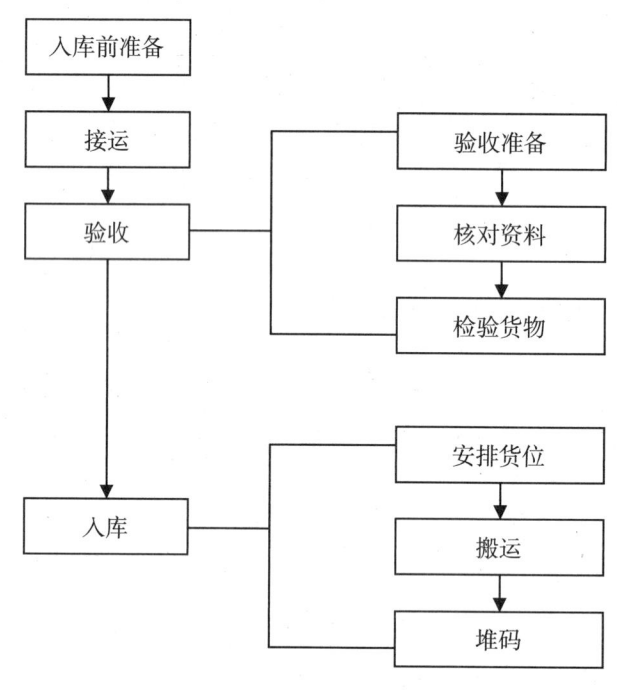

图 8-25  入库步骤

#### 8.3.1.2 物品入库

(1) 物品入库验收

物品入库验收，是仓储工作的起点，是分清仓库与货主或运输部门责任的界线，并为保管养护打下基础。物品入库的验收工作，主要包括数量验收、质量验收和包装验收3个方面。在数量和质量验收方面应分别按商品的性质、到货情况来确定验收的标准和方法。

(2) 物品入库

①安排货位。安排货位时，必须将安全、方便、节约的思想放在首位，使货位合理化。货物因自身的自然属性不同而具有不同的自然性，有的怕冻，有的怕热，有的怕潮，有的怕蛀虫等。如果不能适应储存货物的特性，就会影响货物质量，发生霉腐、锈蚀、融化、干裂、挥发等变化；为了方便出入库业务，要尽可能缩短收、发货作业时间，以最少的仓容，储存最大限量的货物，提高仓容使用效能。

②搬运。经过充分的入库准备及货位安排后，搬运人员就可把在验收场地上经过点验合格的入库货物，按每批入库单开制的数量和相同的品唛集中起来，分批送到预先安排的货位，要做到进一批、消一批，严格防止品唛互串和数量溢缺。分类工作力争配合送货单位，在装车启运前就做到数量准、批次清。对于批次多和批量小的入库货物，分类工作一般可由保管收货人员在单货核对、清点件数过程中同时进行；也可将分类工作结合在搬运时一起进行。在搬运过程中要尽量做到"一次连续搬运到位"，力求避免入库货物在搬运途中的停顿和重复劳动。对有些批量大、包装整齐，送货单位又具备机械操作条件的入库货物，要争取送货单位的配合，利用托盘实行定额装载，往返厂库之间，从而提高计数准确率，缩短卸车时间，加速货物入库。

③堆码。货物堆码是指货物入库存放的操作方法和方式，它直接影响着货物保管的安全，清点数量的便利，以及仓库容量的利用率。

④办理入库手续。验收合格的物品，应及时办理入库手续，建立各种资料及给货主签回验收单。

### 8.3.2 保管作业

#### 8.3.2.1 理货

仓库理货是指仓库在接收入库货物时，根据入库通知单、运输单据和仓储合同，对货物进行清点数量、分类分拣、数量接受的交接工作。仓库理货是仓库管理人员对货物入库现场的管理工作，其工作内容不只是狭义的理货工作，还包括货物入库的一系列现场管理工作。

（1）清点货物件数

对于件装货物，包括有包装的货物、裸装货物、捆扎货物，根据合同约定的计数方法，点算完整货物的件数。如果合同没有约定则仅限点算运输包装件数（又称大数点收）。合同约定计件方法为约定细数以及需要在仓库拆除包装的货物，则需要点算最小独立（装潢包装）的件数，包括捆内细数、箱内小件数等；对于件数和单重同时要确定的货物，一般只点算运输包装件数。对入库拆箱的集装箱则要在理货时开箱点数。

（2）查验货物单重、尺寸

货物单重是指每一运输包装的货物的重量。单重确定了包装内货物的含量，分为净重和毛重。对于需要拆除包装的货物需要核定净重。货物单重一般通过称重的方式核定，按照数量检验方法确定称重程度。对于以长度或者面积、体积进行交易的商品，入库时必然要对货物的尺寸进行丈量，以确定入库货物数量；丈量的项目（长、宽、高、厚等）根据约定或者根据货物的特性确定，通过使用合法的标准量器，如卡尺、直尺、卷尺等进行丈量。同时货物丈量还是区分大多数货物规格的方法，如管材、木材的直径，铜材的厚度等。

（3）查验货物重量

查验货物重量是指对入库货物的整体重量进行查验。对于计重货物（如散装货物）、件重并计（如有包装的散货、液体）的货物，需要衡定货物重量。货物的重量分为净重和毛重，毛重减净重为皮重。根据约定或具体情况确定毛重或净重。

（4）检验货物表面状态

理货时应对每一件货物的外表进行感官检验，查检货物外表状态，以接收外表状态良好的货物。外表检验是仓库的基本质量检验要求，通过它可确定货物有无包装破损、内容外泄、变质、油污、散落、标志不当、结块、变形等不良质量状况。

#### 8.3.2.2 堆垛

物品堆垛又称为堆码和码垛，它是根据物品的包装形状、重量和性能特点，结合地面负荷、储存时间，按照一定的要求将物品在库房、物料棚、货场内堆码成各种垛形的操作。

（1）堆垛物品要求

①物品已验收，已查清其数量、质量和规格等。未验收或已验未收（验收中发现问题）的物品不能正式堆垛。

②包装完好，标志清晰。包装破损、标志不清或标志不全的物品不能正式堆垛。

③物品外表若有污渍或其他杂物必须清除，并且在清除过程中确保对物品质量没有产生负面影响。

④物品受潮、锈蚀甚至出现某种质量变化，必须进行养护处理，经过处理后能恢复原状并对质量无影响者方可堆垛。

⑤为便于机械化操作，金属材料等应该打捆的要打捆，机电产品和仪器仪表等可集中装箱的要装入合用的包装箱。

（2）堆垛场地要求

①库内堆垛：垛应该在墙基线和柱基线以外，垛底需要垫高。

②物料棚堆垛：物料棚需要防止雨雪渗透，物料棚内的两侧或者四周必须有排水沟或管道，物料棚内的地坪应该高于棚外的地面，最好铺垫沙石并夯实。堆垛时要垫垛，一般应该垫高30～40厘米。

③露天堆垛：堆垛场地应该坚实、平坦、干燥、无积水、杂草，场地必须高于四周地面，垛底还应该垫高40厘米，四周排水必须畅通。

（3）堆垛的原则

①分类存放。分类存放是仓库储存规划的基本要求，是保证物品质量的重要手段，因此也是堆码需要遵循的基本原则。其具体内容包括：不同类别的物品分类存放，甚至需要分区分库存放；不同规格、不同批次的物品也要分位、分堆存放；残损物品要与原货分开；对于需要分拣的物品，在分拣之后，应分位存放，以免混串。此外，分类存放还包括不同流向物品、不同经营方式物品的分类分存。

②选择适当的搬运活性，摆放整齐。为了减少作业时间、次数，提高仓库周转速度，根据货物作业的要求，合理选择货物的搬运活性。对选用搬运活性高的库存货物，应注意摆放整齐，以免堵塞通道、浪费仓容。

③货物尽可能码高，货垛必须稳固。为了充分利用仓容，存放的货物要尽可能码高，使货物占用地面面积最少。尽可能码高包括采用码垛码高和使用货架在高处存放。货物堆垛必须稳固，避免倒垛、散垛，要求叠垛整齐，放位准确，必要时采用稳固方法，如垛边、垛头采用纵横交叉叠垛，使用固定物料加固等。同时只有在货垛稳固的情况下才能码高。

（4）堆码方法

堆码作业依靠堆垛机、叉车等设备与人工相结合，按照信息管理系统的指导进行运作。

堆码方法随货物种类、包装形式、码放场所而不同，并从方便现代物流信息系统的规范化管理与监控来适当选用，通常有下列几种方法。

①五五化堆码法。根据各种物料的特性和开头做到"五五成行，五五成方，五五成串，五五成堆，五五成层"使物料叠放整齐，便于点数、盘点和取送。此方法适用于产品外形较大、外形规则的物品的堆放。如图8-26所示。

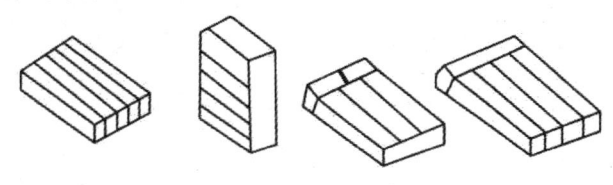

图8-26 "五五化"堆垛示意图

②鱼鳞式堆码法。将环形货物半卧，其一小半压在另一件货物上，依次排列。第一件和最后一件直立堆成柱形；码第二层时方法与第一层相同，但排列方向相反。此法对轮胎、钢圈、电缆等非常适用。如图8-27所示。

③行列式堆码法。采用平放，排列成行，组成行列式垛形，宜用于体积大而重，外形特殊或需经常四周查看的货物，如汽车、大型工程机械、大功率变压器等。

④衬垫式堆码法。在每层垫入与货物相适应的衬垫物，然后再向上堆码。宜用于四面不规则的货物，如电动机、减速器等货物。

⑤压缝式方垛和圆形垛码。将底层并排摆放成方形、长方形、圆形或环形，然后层层起脊压缝上码（图8-28），多用于断面是圆形的货物，如桶装货品和盘圆等。

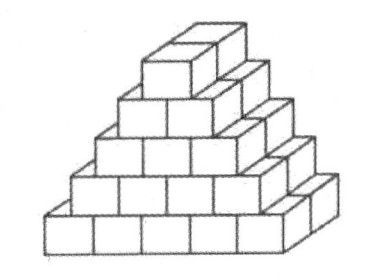

图8-27 鱼鳞式堆码法　　图8-28 压缝式方垛和圆形垛码

⑥串联式堆码法。利用货物中间的孔隙，用绳索将一定数量的货物串联起来逐层向上堆码。

⑦通风式堆码。物品在堆码时、任意两件相邻的物品之间都留有空隙、以便通风（见图8-29）。层与层之间采用压缝式或者纵横交错式。形体较小的物品多采用"非"字形、"示"字形、"漩涡"型和"井"字形通风结构。对大宗的木板材则通常采用重叠、衬垫相结合的通风堆码方式。通风式堆码可以用于所有箱装、桶装以及裸装物品堆码，起到通风防潮、散湿散热的作用。

⑧直升式堆码法。它是排列整齐，由下往上按规定的垛宽和高度，相互紧靠的堆码方法，宜用于袋装货物，如石英砂、大米等。

⑨栽柱式堆码。在货垛的两旁栽上两三根木柱或钢棒，然后将材料平铺在柱中，每层或间隔几层在两侧相对应的柱子上用铁丝拉紧，以防倒塌（图8-30），这种方法多用于金属材料中的长条形材料，如圆钢、中空钢，适宜于机械堆码，采用较为普遍。

图8-29　通风式堆码　　　　图8-30　栽柱式堆码

#### 8.3.2.3 垫垛

垫垛是指在货物码垛前，在预定的货位地面位置使用衬垫进行铺垫。常见的衬垫物有枕木、废钢轨、货板架、木板、帆布、芦苇、钢板等。垫垛的目的是使地面平整，堆垛货物与地面隔离，防止地面潮气和积水浸湿货物。通过强度较大的衬垫物一是可使重物的压力分散，避免损害地坪；二是可使地面杂物、尘土与货物隔离；三是形成垛底通风层，有利于货垛通风排湿；四是货物的泄漏物留存在衬垫之内，不会流动扩散，便于收集和处理。

垫垛尺寸一般为：库房内下垫厚度为20～30厘米；露天货场下垫厚度为30～50厘米；台式货场不用下垫。主要下垫材料为：枕木、方木、石块、水泥墩、油毡、苇席、垫板等。

垫垛要求地面要夯实、铺平，应能承受货物堆放重量，下垫材料更要适应负重要求，严防倒塌、倾斜。木料作垫料时要经过防潮、防虫处理。货场存放货物的货区四周应有排水沟，并保证排水流畅，不被阻塞，遇暴雨不泡垛。

#### 8.3.2.4 苫盖

苫盖也是为了防止货物受潮，所谓"下垫上盖"，均为配套性防潮措施。苫盖后的货垛应稳固、严密、不渗漏雨雪。如图8-31所示。苫盖材料常选用雨布、铁皮、油毡、帆布、芦苇等。

图8-31　苫盖

（1）苫盖要求

①选择合适的苫盖材料：选用符合防火、无害的安全苫盖材料；苫盖材料不会对货物产生不利影响；成本低廉，不易损坏，能重复使用；没有破损和霉烂。

②苫盖要牢固：每张苫盖材料都需要牢牢固定，必要时在苫盖物外用绳索、绳网绑扎或者采用重物镇压，确保刮风揭不开。

③苫盖接口要紧密：苫盖的接口要有一定深度的互相叠盖，不能迎风叠口或留空隙；苫盖必须拉挺、平整，不得有折叠和凹陷，防止积水。

④苫盖的底部与垫垛平齐：苫盖不腾空或拖地，并牢固地绑扎在垫垛外侧或地面的绳桩上，衬垫材料不露出垛外，以防雨水顺延渗入垛内。

⑤要注意材质和季节：使用旧的苫盖物或雨水丰沛季节，垛顶或者风口需要加层苫盖，确保雨淋不透。

（2）苫盖方法

①简易苫盖法：就货物堆码垛形，把苫盖物直接敷盖在货物上面，适用于大件包装货物和屋脊形货垛的苫盖。

②鱼鳞式苫盖法：用苫盖物沿货垛底逐层向上苫盖。

③棚架式苫盖法：根据堆码的垛形，用苫盖骨架与苫盖物合装成房屋状。

### 8.3.3 盘点作业

#### 8.3.3.1 盘点概述

盘点就是定期或不定期地对店内的商品进行全部或部分的清点，以确实掌握该期间内的经营业绩，并加以改善，是为了确实掌握货物的"进（进货）、销（销货）、存（存货）"，避免货物囤积太多或缺货，对于计算成本及损失是不可或缺的。盘点工作往往容易被企业所忽略，虽说这是件很简单的事，但是它直接影响到库存数据的准确性和及时性，会影响到仓储管理的质量，盘点能够有效地控制库存数量。通过盘点，可使各类货物的实存数量、种类、规格得到真实反映；可以掌握各类物品的保管情况；可以查明各类货物的储备和利用情况；可以了解验收、保管、发放、调拨、报废等各项工作是否按照规定管理。盘点就是对企业全部资产进行衡量，然后与资产的卡片和账目核对，经过点数、过称、对账、质检，确定资产的真实情况。

#### 8.3.3.2 盘点作业的目的

（1）确定库存量并修改料账不符产生的误差

盘点可以查清实际库存数量，并通过盈亏调整使库存账面数量与实际库存数量一致。账面库存数量与实际存货数量不符的主要原因通常是收发作业中产生的误差，如记录库存数量时多记、误记、漏记；作业中导致的损失、遗失；验收与出货时清点有误；盘点时误盘、重盘、漏盘等。通过盘点清查实际库存数量与账面库存数量，发现问题并查明原因，及时调整。

（2）帮助企业计算资产损益

对货主企业来讲，库存商品总金额直接反映企业流动资产的使用情况，库存量过高，流动资金的正常运转将受到威胁。而库存金额又与库存量及其单价呈正比，因此为了准确地计算出企业实际损益，必须盘点。

（3）发现仓库管理中存在的问题

通过盘点查明盈亏的原因，发现作业与管理中存在的问题，并通过解决问题来改善作业流程和作业方式，提高人员素质和企业的管理水平。

#### 8.3.3.3 盘点作业的步骤

（1）盘点前的准备

盘点作业的事先准备工作是否充分，关系盘点作业进行得顺利程度，为了利用有限的人力在短时间内迅速准确地完成盘点，必须做好相应的准备工作，包括明确建立盘点的程序方法；盘点、复盘、监盘人员必须经过训练并熟悉盘点用的表单；盘点用的表格必须事先印制完成；库存资料必须已经结清。

（2）盘点时间的确定

一般来说，为保证货账相符，盘点次数愈多愈好，但因每次进行盘点要投入人力、物力、财力，成本很大，故很难经常进行盘点。事实上，导致盘点误差的关键主要在于出入库过程，可能是因出入库作业单证的错误，或是出入库搬运造成的损失，因此一旦出入库作业次数多时，误差也会随之增加。所以，就一般生产厂而言，因其货品流动速度不快，半年至一年实施一次盘点即可。但物流中心货品流动速度较快的情况下，我们既要防止过久盘点对公司造成的损失，又要考虑可用资源的限制，最好能根据物流中必备货品的性质制订不同的盘点时间。例如，在已建立商品 ABC 分类管理的公司，一般建议 A 类重要货品每天或每周盘点一次；B 类货品每二三周盘点一次；C 类较不重要货品每月盘点一次即可。

而未实施商品 ABC 分类管理的企业，至少也应对较容易损耗毁坏及高单价货品增加盘点次数。另外需注意的是，当实施盘点作业时，时间应尽可能短，以 2～3 天内完成为宜。至于日期一般会选择在：

①财务决算前夕，因便于决算损益以及查清财务状况。

②淡季进行，因淡季储货量少，盘点容易，需要的人力较少，且调动人力较为便利。

（3）确定盘点方式

因为不同现场对盘点的要求不同，盘点的方法也会有差异，为尽可能快速准确地完成盘点作业，必须根据实际需要确定盘点方法。

（4）盘点人员的培训和组织

为使盘点工作得以顺利进行，盘点时必须增派人员协助进行，由各部门增援的人员必须组织化，并且施以短期训练，使每位参与盘点的人员充分发挥其作用。人员的培训分为两部分：第一，针对所有人员进行盘点方法的训练；第二，针对复盘与监盘人员进行认识货品的训练。

（5）清理盘点现场

盘点现场也就是仓库或配送中心的保管现场，所以盘点作业开始之前必须对其进行整理，以提高盘点作业的效率和盘点结果的准确性。清理作业主要包括以下几方面的内容。

①在盘点前，对厂商交来的物料必须明确其所有数，如已验收完成，应及时整理归库，若尚未完成验收程序，同厂商应划分清楚，避免混淆。

②储存场所在关闭前应通知各需求部门预领所需的物品。

③储存场所整理整顿完成，以便计数盘点。

④预先鉴定呆料、废品、不良品，以便盘点。

⑤账卡、单据、资料均应整理后加以结清。
⑥储存场所的管理人员在盘点前应自行预盘。

（6）盘点

盘点时，因工作单调琐碎，人员较难持之以恒，为确保盘点的正确性，除人员培训时加强培训外，工作进行期间还应加强指导与监督。

（7）查清盘点差异的原因

当盘点结束后，发现所得数据与账本不符时，应追查差异的主因。其产生的原因可能是：因记账员素质不高，导致货品数目登记错误；因料账处理制度的不完善，导致货品数目无法登记；是否因盘点制度的不完善，导致货账不符；盘点所得数据与账本的差异是否在容许误差内；盘点人员是否尽责，产生盘亏时应由谁负责；是否产生漏盘、重盘、错盘等情况；盘点的差异是否可预防、是否可以降低料账差异的程度。

（8）盘盈、盘亏的处理

差异原因追查后，应针对主要原因进行适当的调整与处理，至于呆废品、不良品减价的部分则需与盘亏一并处理。物品除了盘点时产生数量的盈亏外，有些货品在价格上会产生增减，这些变更在经主管审核后必须利用货品盘点盈亏及价目增减更正表修改。

盘点的具体步骤及流程如图 8-32 所示。

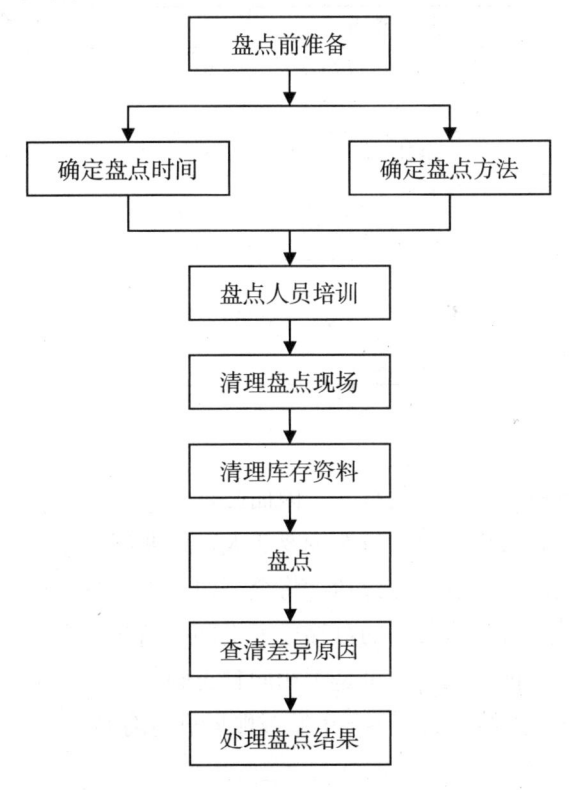

图 8-32　盘点作业步骤

### 8.3.3.4 盘点的种类

与账面库存和现货库存一样，盘点也分为账面盘点及现货盘点。所谓账面盘点，就是把每天入库及出库货品的数量及单价，记录在电脑或账簿上，然后不断地累计加总算出账面上的库存量及库存金额。而现货盘点亦称为实地盘点或实盘，也就是实际去点数调查仓库内的库存数，再依货品单价计算出实际库存金额的方法。

因此，要得到最正确的库存情况并确保盘点无误，最直接的方法就是账面盘点与现货盘点的结果要完全一致。一旦存在差异，即产生料账不符的现象，须查清错误原因，得出正确结果及分清责任归属。

8.3.3.5 盘点的方法

（1）账面盘点法

账面盘点法是将每一种货品分别设账，仔细记载每一种货品的入库与出库情况，不必实地盘点即能随时从电脑或账册上查询货品存量，通常量少而单价高的货品较适合采用此方法。

（2）现货盘点法

现货盘点依其盘点时间频度的不同又分为期末盘点和循环盘点。期末盘点是指在期末一起清点所有货品数量的方法。而循环盘点则是在每天、每周即作少种少量的盘点，到了月末或期末则每项货品至少完成一次盘点的方法（表8-1）。

表8-1 期末盘点和循环盘点的比较

| 盘点方式比较内容 | 期末盘点 | 循环盘点 |
| --- | --- | --- |
| 时间 | 期末、每年仅数次 | 平常、每天或每周一次 |
| 所需时间 | 长 | 短 |
| 所需人员 | 全体动员 | 专门人员 |
| 盘差情况 | 多且发现得晚 | 少且发现得早 |
| 对营运的影响 | 须停止作业数天 | 无 |
| 对货品的管理 | 平等 | A类重要货品：仔细管理；C类不重要货品：稍微管理 |
| 查清盘差原因 | 不易 | 容易 |

（3）期末盘点法

由于期末盘点是将所有货品一次盘完，因而必须要全体员工一起出动，采取分组的方式进行盘点。一般来说，每组盘点人员至少要3人，以便能互相核对减少错误，同时也能彼此制约避免流于形式。其盘点过程包括：将全公司员工进行分组；由一人先清点所负责区域的货品，将清点结果填入各货品的盘存单上半部；由第二人复点，填入盘存单的下半部；由第三人核对，检查前二人之记录是否相同且正确；将盘存单缴交给会计部门，合计货品库存总量；等所有盘点结束后，再与电脑或账册进行对照。

（4）循环盘点法

循环盘点是将每天或每周作为一个盘点周期，其目的除了减少过多的损失外，对于不同货品施以不同管理亦是主要原因，就如同前述ABC分类管理法，价格越高或越重要的货品，盘点次数越多，价格越低越不重要的货品，就尽量减少盘点次数。循环盘点因一次只进行少量盘点，因而只需专门人员负责即可，不需动用全体人员。

#### 8.3.4 出库作业

物品出库，是仓库根据业务部门或存货单位开具的出库凭证，经过审核出库凭证、备料、拣货、分货等业务直到把物品点交给要货单位或发运部门的一系列作业过程。它是物品仓储作业过程的最后一个环节，也是仓储部门对外的窗口。其业务水平，工作质量在一定程度上反映仓储企业形象，直接影响到企业的经济效益和社会效益。因此及时准确地做好出库业务工作，是仓储管理的一项重要工作。

##### 8.3.4.1 出库的要求

①凭证发货。物品出库必须依据一定格式的正式凭证进行。货主的出库通知或出库请求的格式不尽相同，不论采用何种形式，都必须是符合财务制度要求的有法律效力的凭证，要坚决杜绝凭信誉或无正式手续的发货。任何情况下，仓库都不得私自动用、外借货主的库存物品。

②先进先出。在保证物品使用价值不变的前提下，坚持"先进先出"的出库原则。同时要做到保管条件差的先出，包装简易的先出，容易变质的先出，有保管期限的先出。仓库管理人员必须经常注意物品的安全保管期限等，对已经变质、已经过期失效、已经失去原使用价值的物品，不允许出库。

③及时记账。物品发出后，应随即在物品保管账上核销，并保存好发放凭证，同时调整卡吊牌。

④保证安全。物品出库作业．要注意安全操作，防止损坏包装和震坏、压坏、摔坏物品。同时，还要保证运输安全，做到物品包装完整，捆扎牢固，标志正确清楚，性能不互相抵触，避免发生运输差错和损坏物品的事故。

##### 8.3.4.2 物品出库的方式

①送货。仓库根据货主单位的出库通知或出库请求，通过发货作业把应发物品交由运输部门送达收货单位或使用仓库自有车辆把物品运送到收贷地点的发货形式，就是通常所称的送货制。

仓库实行送货制具有多方面的好处：一是仓库可预先安排作业，缩短发货时间；二是收货单位可避免因人力、车辆等不便而发生的取货困难；三是在运输上，可合理使用运输工具，减少运费。

②托运。托运就是由货主开出提货单，通过在物品流通环节内部传递，将提货单送到仓库，仓库按单发货。托运是普遍采用的一种物品发运方式。它适用于距离远、数量大的物品。采用这种方式，应注意加强同运输单位的联系和衔接。

③提货。提货是由收货单位或受委托前来提货的单位，持货主所开的提货单到仓库直接提货。实行提货制的物品出库交接手续应在仓库内办理完毕。提货制一般用于有自备车辆的单位，适合提货量少、运输距离又近的物品。

④过户。过户是一种就地划拨的形式，物品实物并未出库，但是所有权已从原货主转移到新货主的账户中。仓库必须根据原货主开出的正式过户凭证，才予以办理过户手续。

⑤取样。货主由于商检或样品陈列等需要，到仓库提取货样（通常要开箱拆包、分割

抽取样本）。仓库必须根据正式取样凭证发出样品，并做好账务记载。

⑥转仓。转仓是指货主为了业务方便或改变储存条件，将某批库存自甲库转移到乙库。仓库也必须根据货主单位开出的正式转仓单办理转仓手续。

#### 8.3.4.3 出库业务程序

出库作业流程是保证出库工作顺利进行的基本保证。为防止出库工作失误，在进行出库作业时必须严格履行规定的出库业务工作流程，使出库有序进行。货物出库的流程主要包括货物出库前准备、审核出库凭证、出库信息处理、拣货、分货、包装、刷唛、点交清理等，如图8-33所示。

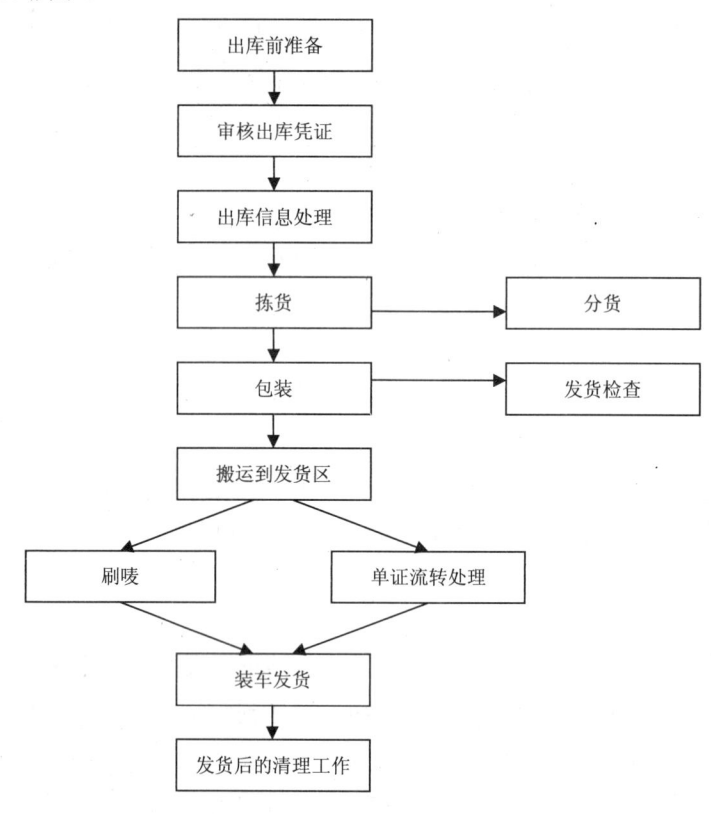

图8-33 出库作业流程

## 8.4 库存与库存管理

### 8.4.1 库存概述

库存（Inventory）是指在物流配送的各环节中堆积的商品总和。从物流系统观点看，流速为零的产品即库存。库存是为满足未来需要而暂时搁置的资源。库存不一定存放在仓库中，例如，汽车运输的货物处于运动状态，但这些货物暂时为未来需要而闲置，同样为库存，可看作是一种在途库存。《中华人民共和国国家标准·物流术语》（GB/T18354—2006）对库存（Stock）的定义是：储存作为今后按预定的目的使用而处于闲置或非生产状态的物品。广义的库存还包括处于制造加工状态和运输状态的物品。

库存无论对制造业还是服务业都十分重要。传统上，制造业库存是指生产制造企业为实现产成品生产所需要的原材料、备件、低值易耗品及在制品等资源。在服务业中，库存一般指用于销售的有形商品及用于管理服务的耗用品。

#### 8.4.1.1 库存的作用

库存使企业能够实现规模经济。在采购方面，大批量的采购可以获得价格折扣，可以减少由于价格上涨而带来的损失可以限制或降低运输成本；在制造方面，库存也可能实现制造的规模经济。库存能够平衡供给与需求，预防不确定性的、随机的需求变动以及订货周期的不确定性。此外库存在供应链中起缓冲器的作用，能够消除供需双方在地理位置上的差异。

#### 8.4.1.2 库存的问题

零售企业所遇到的是与消耗品和成品有关的库存问题。零售企业从批发企业或直接从制造企业得到其所经营的商品，这些商品形成了产成品库存，为了进行正常的经营活动所需耗用的消耗品则构成了消耗品的库存。零售企业主要强调库存周转时间和周转速度，因为加快零售商品库存的周转就可以获得更多的商业利润。

批发企业从制造企业买入大批商品并把它分销给零售企业，这些商品构成产成品库存。批发企业购买大批量的商品，但小批量地出售给零售企业，因此批发企业的经济合理性，来自其有无能力以小批量向零售企业提供来自不同制造企业的不同类型的商品。在正常的经营活动中也产生对消耗品的需求，从而涉及有关消耗品的库存问题。

对制造企业来说，批发系统或直接从生产厂家购入原材料，经过生产过程使之形成特定的产成品。因此，制造企业的库存从原材料和零部件开始，包括处于生产过程中尚未完工的在制品，直至以产成品告终。制造企业涉及全部四类库存类型（表8-2），其库存种类、数量较多，库存问题也最复杂。

表 8-2 库存类型

| 企业类型 | 库存类型 |  |  |  |
| --- | --- | --- | --- | --- |
|  | 消耗品 | 原材料 | 在制品 | 产成品 |
| 零售 | √ |  |  | √ |
| 批发 | √ |  |  | √ |
| 制造 | √ | √ | √ | √ |

### 8.4.2 库存管理

#### 8.4.2.1 库存管理的概念

库存管理（Inventory Management）是指对生产、经营全过程的各种物品、产成品及其他资源进行预测、计划、执行、控制和监督，使其储备保持在经济合理的水平上的行为。现代企业认为，零库存是最好的库存管理。因为库存多，占用资金也多，利息负担加重。但如果过分追求低库存，也会加大存货短缺成本，造成货源短缺，失去市场甚至失去客户。因此，在库存管理过程中，应把握好衡量的尺度，处理好服务成本、短缺成本、订货成本、库存持有成本等各成本之间的关系，以求达到企业的库存管理目标。

#### 8.4.2.2 库存管理的目标

为了保证企业正常的生产经营活动，库存是必要的，但因为库存又占用了大量资金，成为企业生产经营成本的一部分，因此，库存管理关键的问题就是要求既能保证经营活动的顺利进行，又能使资金占用达到最小。库存管理的目标就是要防止超储和缺货，在企业资源约束下，以最合理的成本为客户服务。具体而言，库存管理目标就是要实现库存成本最低的目标、库存保证程度最高的目标、限定资金的目标、快捷的目标等。

通过库存管理，以满足客户服务需求为前提，对企业的库存水平进行控制管理，尽可能降低库存水平，提高物流系统的效率，以强化企业的竞争力。

#### 8.4.2.3 库存管理的方法

库存管理的方法，包括传统库存管理方法和现代库存管理方法两大类。传统库存管理所要求的是既保证供应而又使储备量最小，做到不缺货。传统库存管理的方法，一般包括ABC分类法、经济订货批量法、订货点法、定期订货法等数学模型方法。

随着企业生产目标、组织结构、生产方式的变化，传统库存管理方法受到挑战，出现了新的现代库存管理方法。这类方法主要是通过适量的库存来达到合理的供应，实现总成本最低的目标。其库存管理的方法较传统库存管理方法有了一定的突破性，在于放弃了"保证供应"，允许缺货，利用总成本最低来进行决策控制，主要包括物料需求计划、制造资源计划、企业资源计划和准时制等方法。

### 8.4.3 传统库存管理

ABC分类库存管理法为典型的传统库存管理方法。很多时候企业生产或销售的产品数量可能很多，如果对所有的产品投入同等的物力和人力，对于企业来讲几乎是不太可能的，也是不经济的。因为企业的资源非常有限，从经济学的角度来讲，企业所从事的行为就是要把最有限的资源配置到最高效的地方，而且很多时候对于一个企业来讲，并不是所有的产品都是同等重要的，那么这时候就有必要对产品进行分类。

我国物流术语标准（GB/T18354—2006）对ABC分类法（ABC classification）的定义是：将库存物品按照设定的分类标准和要求分为特别重要的库存（A类）、一般重要的库存（B类）和不重要的库存（C类）三个等级，然后针对不同等级分别进行控制的管理方法。

#### 8.4.3.1 ABC分类库存管理的基本原理

由于各种库存品的需求量和单价各不相同，其年耗用金额也各不相同。那些年耗用金额大的库存品，由于其占压企业的资金较大，对企业经营的影响也较大，因此需要进行特别的重视和管理。

ABC分类库存管理法就是根据库存品的年耗用金额的大小，把库存品划分为A、B、C三类，具体分类方法如表8-3所示。

表8-3 ABC分类库存管理法

| 库存品种数 | 占总库存品种数的百分比 | 年耗用金额占总库存金额的百分比 |
|---|---|---|
| A类 | 约10% | 约70% |
| B类 | 约20% | 约20% |
| C类 | 约70% | 约10% |

在使用 ABC 分类库存管理法进行库存品管理的时候,"占总库存品种数的百分比"与"占总库存金额的百分比"使用大约数。就是说,并不是一个固定不变的数值,各个企业可以根据自己的实际情况决定各类物品的比例大小,企业间的比例不一定相同。

在实际应用中,对 A 类库存品执行重点管理,严格控制库存水平,对库存盘点、来料期限、领发料等都要严格要求,保持完整的库存记录,防止缺货;对 C 类库存品采用粗放的管理方法,可以适当加大安全库存量以保证企业需求,通常一次订购 6 个月或一年的需要量,采用双堆法进行库存管理;对 B 类库存品,企业可根据自己的管理能力和水平,选择使用重点管理或一般管理。如果人力物力允许,就执行重点管理;否则,就采用一般管理。B 类库存品可采用综合或连续、定期的控制方法,通常将若干 B 类物品合并一起订购。

#### 8.4.3.2 ABC 三类存货的确定

ABC 三类存货的划分主要有两个标准:金额标准和品种数量标准。其中,金额标准是最基本的,品种数量标准仅作参考。

确定 ABC 三类存货的一般步骤如下。

第一步:列出企业全部存货的明细表,计算各种库存品的年占用金额。

第二步:将库存品按年占用金额从大到小排列。

第三步:计算各种库存品年占用金额与全部库存金额的比例并累计。

第四步:按照 ABC 分类的基本原理进行分类,确定 A、B、C 三类存货。当金额百分比累积到 70% 左右时,以上存货视为 A 类;百分比介于 70%~90% 之间视为 B 类;其余视为 C 类。

第五步:绘制分类图。以库存品种数百分比为横坐标,以累计占用金额百分比为纵坐标,在坐标图上取点,并连接各点,绘成 ABC 曲线。

#### 8.4.3.3 ABC 分类管理的措施

用上述方法分出 ABC 三类货物之后,应在仓储管理中相应采用不同的方法。

(1) 对 A 类货物的管理

由于 A 类货物进出仓库比较频繁,如果供给脱节将对生产经营活动造成重大影响。但是,如果 A 类货物储存过多,仓储费用就会增加很多,因此,对 A 类货物的管理要注意以下几点。

①根据历史资料和市场供求的变化规律,预测货物的未来需求变化,并依此组织入库货源。

②多方了解货物供应市场的变化,尽可能地缩短采购时间。

③控制货物的消耗规律,尽量减少出库量的波动,使仓库的安全储备量降低。

④合理增加采购次数,降低采购批量。

⑤加强货物安全、完整的管理,保证账实相符。

⑥提高货物的机动性,尽可能地把货物放在易于搬动的地方。

⑦货物包装尽可能标准化,以提高仓库利用率。

(2) 对 B、C 类货物的管理

B、C 类货物相对来说进出库不是很频繁,但是由于这些货物要占用较大的仓库资源,所以实行的是简化管理,可以参考以下原则进行。

①对那些很少使用的货物可以规定最少出库的数量。

②依据具体情况储备必要的数量,以减少处理次数。

③可以不把数量大、价值低的货物列入日常管理范围的盘点次数和管理工作。

### 8.4.4 现代库存管理

8.4.4.1 供应商管理库存（VMI）

（1）供应商管理库存的含义

对于供应商管理库存（Vendor Managed Inventory, VMI），我国物流术语标准（GB/T18354—2006）的定义是：按照双方达成的协议，由供应链的上游企业根据下游企业的物料需求计划、销售信息和库存量，主动对下游企业的库存进行管理和控制的库存管理方式。

这种库存控制技术是以协议为约束，以用户和供应商双方都获得最低成本为目的，由供应商管理库存，并不断监督协议执行情况和修正协议内容，使库存管理得到持续改进的合作性策略。VMI作为一种全新的库存控制思想，正受到越来越多的人的重视。

（2）VMI的原则

①具有良好的合作精神（合作性原则）。在实施该策略时，相互信任与信息透明是很重要的。供应商和用户（零售商）要有良好的合作精神，才能够相互保持较好的合作。

②使整体成本最小（互惠原则）。VMI不是关于成本如何分配或谁来支付的问题，而是关于减少成本的问题。通过该策略可使双方的成本都得到减少。

③签订框架协议（目标一致性原则）。这是指双方都明白各自的责任，观念上达成一致的目标。例如，库存放在哪里，什么时候支付，是否要交管理费，要交多少等问题都要回答，并且体现在框架协议中。

④保持连续改进原则。这能使供需双方共享利益和消除浪费。VMI的主要思想是供应商在用户的允许下设立库存，确定库存水平和补给策略，拥有库存控制权。

（3）VMI的形式

①最简单的形式是供应商定期为用户的仓库补充库存到一个预定的水平。

②VMI的另外一种形式，是用户计算机系统的相关信息下载到供应商的计算机系统，通过电子数据交换或互联网分析特定库存物品，以便做补充决策。

③VMI还有一个形式是供应商把它的一个职员派到用户处实际管理库存。在这种情况下，供应商监控库存，在需要的时候及时补充库存。另外，供应商已经参与制定产品稳定可靠的采购战略。这种关系使双方有大量的业务往来。

（4）VMI的实施

成功实施VMI技术，首先必须建立在供需双方间的战略合作伙伴关系的基础之上。这样，双方才能形成利益共同体，供应商才可能把企业的需求与自己的利益紧密结合，企业才会把原属于自己机密的信息与供应商共享。

由于VMI具有很强的实时性，因此，供需双方间建立可靠的信息共享平台是必不可少的。客户企业要把自己的计划信息、需求状况源源不断地传输给供应商，供应商也应该把自己的发货信息及时快速地传输给客户。供需双方间的信息系统起到沟通桥梁作用。

客户企业的需求可能成千上万，对于 VMI 的使用是有选择性的，不是所需的物品都可以使用 VMI 管理。所以，客户企业必须对物料进行有效的 ABC 分类管理，选择重要的少数物料或重要的少数供应商参与 VMI 计划。

实施 VMI 需要供应商对库存能随时跟踪调查，方便快捷地处理业务。那么，用户库存状态的透明化和订单的标准化都能够对供方进行在线分析与决策提供有力的支持。

供应商管理库存的策略可以分为如下几个步骤实施。

①建立顾客情报信息系统。要有效地管理销售库存，供应商必须能够获得顾客的有关信息。通过建立顾客的信息库，供应商能够掌握需求变化的有关情况，把由批发商或分销商进行的需求预测与分析功能集成到供应商的系统中来。

②建立销售网络管理系统。供应商要很好地管理库存，必须建立起完善的销售网络管理系统，保证自己的产品需求信息和物流畅通。如，保证自己产品条码的可读性和唯一性，解决产品分类、编码的标准化问题及解决商品存储运输过程中的识别问题。目前已有许多企业开始采用 MRP Ⅱ 或 ERP 企业资源计划系统，这些软件系统都集成了销售管理的功能。通过对这些功能的扩展，可以建立完善的销售网络管理系统。

③建立供应商与分销商或批发商的合作框架协议。供应商和销售商或批发商一起通过协商，确定处理订单的业务流程以及控制库存的有关参数（如再订货点、最低库存水平等）、库存信息的传递方式（如 EDI 或 Internet）等。

④组织机构的变革。这一点也很重要，因为 VMI 策略改变了供应商的组织模式。过去一般由财务经理处理与客户有关的事情，引入 VMI 策略后，在订货部门产生了一个新的职能负责客户库存的控制、库存补给和服务水平。

（5）VMI 实施的作用

①成本缩减。具体表现为缓和了需求的不确定性，解决了存货水平与顾客服务水平的冲突，提高了补货频率，使供需双方都受益，运输成本减少。

②服务改善。具体表现为多用户补货、配送间的协调大大改善了，使产品更新更加方便。

8.4.4.2 联合管理库存（JMI）

联合管理库存（Joint Managed Inventory，JMI）是指由供应商和用户联合管理库存。传统的库存管理是把库存分为独立需求和相关需求两种库存模式来进行管理，而 JMI 则是一种风险分担的管理库存模式。联合管理库存是解决供应链系统中由于各节点企业的相互独立库存运作模式导致的需求放大现象，提高供应链的同步化程度的一种有效方法。联合管理库存与供应商管理用户库存不同，它强调双方同时参与，共同制订库存计划，使供应链过程中的每个库存管理者（供应商、制造商、分销商）都从相互之间的协调性考虑，保持供应链相邻的两个节点之间的库存管理者对需求的预期保持一致，从而消除了需求变异放大现象。任何相邻节点需求的确定都是供需双方协调的结果，管理库存不再是各自为政的独立运作过程，而是供需连接的纽带和协调中心。如图 8-34 所示。

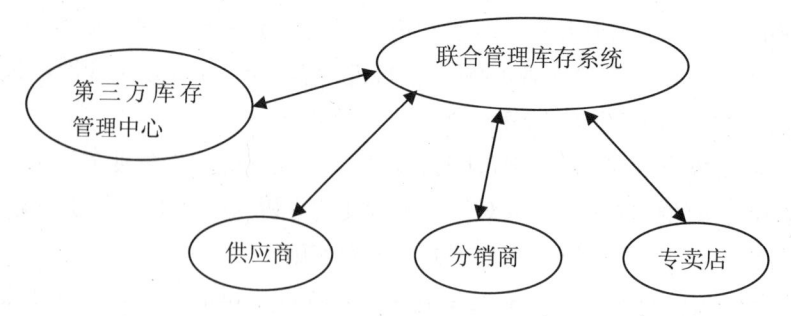

图 8-34　联合管理库存的基本表现形式

(1) JMI 的基本思想

联合管理库存的思想可以从分销中心的联合库存功能谈起。地区分销中心体现了一种简单的联合管理库存思想。传统的分销模式是分销商根据市场需求直接向工厂订货，比如汽车分销商（批发商）根据用户对车型、款式、颜色、价格等的不同需求向汽车制造厂订的货，需要经过一段较长的时间才能到达，而顾客不想等待这么久的时间，因此各个分销商不得不进行库存备货，这样大量的库存使分销商难以承受，以致破产。据估计，在美国，通用汽车公司销售 500 万辆轿车和卡车，平均价格是 18500 美元，分销商维持 60 天的库存，库存费是汽车价值的 22%，一年总的库存费用达到 3.4 亿美元，而采用地区分销中心，就大大减缓了库存浪费的现象。采用分销中心后的销售方式，各个销售商只需要少量的库存，大量的库存由地区分销中心储备，也就是各个销售商把其库存的一部分交给地区分销中心负责，从而减轻了各个销售商的库存压力。而分销中心就起到了联合管理库存的作用。

分销中心既是一个商品的联合库存中心，同时也是需求信息的交流与传递枢纽。在分销中心原有功能的基础上，我们提出了联合管理库存新模式——基于协调中心的联合管理库存系统。

与传统的管理库存模式相比，基于协调中心的管理库存有如下几个方面的优点。

①为实现供应链的同步化运作提供了条件和保证。

②减少了供应链中的需求扭曲现象，降低了库存的不确定性，提高了供应链的稳定性。

③库存作为供需双方的信息交流和协调的纽带，可以暴露供应链管理中的缺陷，为改进供应链管理水平提供依据。

④为实现零库存管理、准时采购以及精细供应链管理创造了条件。

⑤进一步体现了供应链管理的资源共享和风险分担的原则。

联合管理库存系统把供应链系统管理进一步集成为上游和下游两个协调管理中心，从而部分消除了由于供应链环节之间的不确定性和需求信息扭曲现象导致的供应链的库存波动。通过协调管理中心，供需双方共享需求信息，因而起到了提高供应链运作稳定性的作用。

(2) JMI 的实施策略

①建立供需协调管理机制。为了发挥联合管理库存的作用，供需双方应从合作的精神出发，建立供需协调管理机制，明确各自的目标和责任，建立合作沟通的渠道，为供应链联合管理库存提供有效的机制。没有一个协调的管理机制，就不可能进行有效的联合管理

库存。

②发挥两种资源计划系统的作用。为了发挥联合管理库存的作用，在供应链库存管理中应充分利用目前比较成熟的两种资源管理系统：MRP Ⅱ 和 DRP。原材料库存协调管理中心应采用制造资源计划系统 MRP，而在产品联合库存协调管理中心则应采用物品资源配送计划 DRP。这样在供应链系统中把两种资源计划系统很好地结合起来。

③建立快速响应系统。快速响应系统是在 20 世纪 80 年代末由美国服装行业发展起来的一种供应链管理策略，目的在于减少供应链中从原材料到用户过程的时间和库存，最大限度地提高供应链的运作效率。

④发挥第三方物流系统的作用。把库存管理的部分功能代理给第三方物流系统管理，可以使企业更加集中精力于自己的核心业务。第三方物流系统起到了供应商和用户之间联系的桥梁作用，为企业获得诸多好处。面向协调中心的第三方物流系统使供应与需求双方都取消了各自独立的库存，增加了供应链的敏捷性和协调性，并且能够大大改善供应链的用户服务水平和运作效率。

### 【本章小结】

仓储是商品流通的重要环节之一，也是物流活动的重要支柱。仓储的功能可以按照经济利益和服务利益加以分类。其中经济利益包括堆存、拼装、分类、加工；服务利益包括现场储备、配送分类、组合、生产支持、市场形象。仓储管理就是对仓库及仓库内储存的物品所进行的管理，是仓储机构为了充分利用所拥有的仓储资源，提供仓储服务所进行的计划、组织、控制和协调过程。仓储作业包括入库、保管和出库三大过程，其中入库过程包含接运、验收和入库；出库过程包括出库和交付。库存管理是指对生产、经营全过程的各种物品、产成品及其他资源进行预测、计划、执行、控制和监督，使其储备保持在经济合理的水平上的行为。库存管理的方法，包括传统库存管理方法和现代库存管理方法两大类。

### 【本章思考】

1. 仓储在物流管理中有怎样的作用与地位？
2. 仓储管理有哪些内容？
3. ABC 分类库存管理主要适用于什么样的情况？
4. 供应商管理库存与联合管理库存各有何特点？

### 【案例讨论】

## 富日物流的仓储服务

杭州富日物流有限公司（以下简称"富日物流"）于 2001 年 9 月正式投入运营，拥有杭州市最大的城市快速消费品配送仓。它在杭州市下沙路旁租用的 300 亩土地上建造了 14

万平方米现代化常温月台库房，并正在九堡镇建造规模更大的600亩物流园区。富日物流已经是众多快速流通民用消费品的华东区总仓，其影响力和辐射半径还在日益扩大中。

富日物流的主要客户包括大型家用电器厂商（科龙、小天鹅、伊莱克斯、上海夏普、LG、三洋等）、酒类生产企业（五粮液的若干子品牌、金六福等）、方便食品生产企业（如康师傅、统一等）和其他快速消费品厂商（金光纸业、维达纸业等）。国美电器、永乐家电等连锁销售企业和华润万佳等连锁超市也与富日物流达成了战略合作伙伴关系。

富日物流的商业模式就是基于配送的仓储服务。制造商或大批发商通过干线运输等方式大批量地把货品存放在富日物流的仓库里，然后根据终端店面的销售需求，用小车小批量配送到零售店或消费地。目前，富日物流公司为各客户单位每天储存的商品总值达2.5亿元。最近，这家公司还扩大了6万平方米的仓储容量，使每天储存的商品总值达10亿元左右。按每月流转3次计，这家公司的每月物流总值达30亿元左右，其总经理王卫安运用先进的管理经营理念，使得富日物流成为浙江现代物流业乃至"长三角"地区的一匹"黑马"。富日物流为客户提供仓储、配送、装卸、加工、代收款、信息咨询等物流服务，利润来源包括仓租费、物流配送费、流通加工服务费等。

富日物流的仓库全都是平面仓。部分采用托盘和叉车进行库内搬运。少量采用手工搬运。月台设计很有特色，适合于大型货柜车、平板车、小型箱式配送车的快速装卸作业。

与业务发展蒸蒸日上不同的是，富日物流的信息化一直处于比较原始的阶段，只有简单的单机订单管理系统，以手工处理单据为主。以富日物流目前的仓库发展趋势和管理能力，以及为客户提供更多的增值服务的要求，其物流信息化瓶颈严重制约了富日物流的业务发展。直到最近开始开发符合其自身业务特点的物流信息管理系统。富日物流在业务和客户源上已经形成了良性循环。如何迅速扩充仓储面积，提高配送订单的处理能力，进一步提高区域影响力已经成了富日物流公司决策层的考虑重点。

富日物流已经开始密切关注客户的需求，并为客户规划出多种增值服务，期盼从典型的仓储型配送中心开始向第三方物流企业发展。从简单的操作模式迈向科学管理的新台阶，富日物流的管理层开始意识到仅仅依靠决策层的先进思路是完全不够的，此时导入全面质量管理的管理理念和实施ISO9000质量管理体系，保证所有层次的管理人员和基层人员能够严格地按照全面质量管理的要求，并且在信息系统的帮助下，使得富日物流的管理体系能够上到一个科学管理的高度。

（资料来源：http://www.frlogistics.com/）

**分析与讨论**

1. 富日物流的仓储服务包含哪些内容？
2. 富日物流的仓储管理有何特点？

**【拓展资源】**

1. 网上资源：京东商城官方网站：http://www.jd.com/；富日物流有限公司官方网站：http://www.frlogistics.com/

2. 书籍：《现代仓储管理与实务》，周兴建编/2012年/北京大学出版社；《物流企业仓储管理与实务》，真虹编/2007年/中国物资出版社

# 第 9 章　运输管理

**【学习要点】**

- 掌握运输和运输业的特点
- 熟悉运输的供给和需求均衡
- 了解公路运输、铁路运输、水路运输、航空运输和管道运输5种运输方式的特点
- 熟悉多式联运与特殊运输

**【关键术语】**

运输（Transportation）；运输需求；运输供给；公路运输；铁路运输；水路运输；航空运输；管道运输

【案例导读】

# 沃尔玛的低成本运输

沃尔玛公司是世界上最大的商业零售企业。在物流运营过程中，尽可能地降低成本是沃尔玛的经营哲学。

沃尔玛有时采用空运，有时采用船运，还有一些货物采用卡车公路运输。在中国，沃尔玛百分之百地采用公路运输，所以如何降低卡车运输成本，是沃尔玛物流管理面临的一个重要问题，为此他们主要采取了以下措施。

（1）沃尔玛使用一种尽可能大的卡车，大约有16米加长的货柜，比集装箱运输卡车更长或更高。沃尔玛把卡车装得非常满，产品从车厢的底部一直装到最高，这样非常有助于节约成本。

（2）沃尔玛的车辆都是自有的，司机也是他的员工。沃尔玛的车队大约有5000名非司机员工，还有3700多名司机，车队每周每一次运输可以达7000～8000公里。

沃尔玛知道，卡车运输是比较危险的，有可能会出交通事故。因此，对于运输车队来说，保证安全是节约成本最重要的环节。沃尔玛的口号是"安全第一、礼貌第一"，而不是"速度第一"。在运输过程中，卡车司机们都非常遵守交通规则。沃尔玛定期在公路上对运输车队进行调查，卡车上面都带有公司的号码，如果看到司机违章驾驶，调查人员就可以根据车上的号码报告，以便于进行惩处。沃尔玛认为，卡车不出事故，就是节省了公司的费用，就是最大限度地降低了物流成本。由于沃尔玛狠抓了安全驾驶，使得运输车队已经创造了300万公里无事故的纪录。

（3）沃尔玛采用全球定位系统对车辆进行定位，因此在任何时候，调度中心都可以知道这些车辆在什么地方，离商店有多远，还需要多长时间才能到达商店，这种估算可以精确到小时。沃尔玛知道，卡车在哪里，产品就在哪里，只有提高整个物流系统的效率，才能有助于降低成本。

（4）沃尔玛的连锁商场的物流部门，24小时工作，无论白天或晚上，都能为卡车及时卸货。另外，沃尔玛的运输车队利用夜间进行从出发地到目的地的运输，从而做到了当日下午进行集货，夜间进行异地运输，翌日上午即可送货上门，保证在15～18个小时内完成整个运输过程，这是沃尔玛在速度上取得优势的重要措施。

（5）沃尔玛的卡车把产品运到商场后，商场可以把整车产品卸下来，而不用对每件产品逐个检查，这样就可以节省很多时间和精力，加快了沃尔玛物流的循环过程，从而降低了成本。但这里有一个非常重要的先决条件，就是沃尔玛的物流系统能够确保商场所得到的产品是与发货单完全一致的产品。

（6）沃尔玛的运输成本比供货厂商自己运输产品要低，所以厂商也使用沃尔玛的卡车来运输货物，从而做到了把产品从工厂直接运送到商场，大大节省了产品流通过程中的仓储成本和转运成本。

沃尔玛的集中配送中心把上述措施有机地组合在一起，作出了一个最经济合理的安排，从而使沃尔玛的运输车队能以最低的成本高效率地运行。当然，这些措施的背后包含了许多艰辛和汗水，相信我国的本土企业也能从中得到启发，创造出沃尔玛式的奇迹来。

（资料来源：http://www.wal-martchina.com/）

## 9.1 运输和运输业

### 9.1.1 运输及其功能

根据《中华人民共和国国家标准·物流术语》（GB/T 18354—2006）的定义，运输（Transportation）是指用专用运输设备将物品从一地点向另一地点运送。其中包括集货、分配、搬运、中转、装入、卸下、分散等一系列操作。运输是物流作业中最直观的要素之一，运输也是物流最重要的职能之一。运输提供两大功能：产品转移和产品储存。

#### 9.1.1.1 产品转移

无论产品处于哪种形式，是材料、零部件、装配件、在制品，还是制成品，也不管是在制造过程中，将被转移到下一阶段，还是实际上更接近最终的顾客，运输都是必不可少的。运输的主要功能就是产品在价值链中的来回移动。既然运输利用的是时间资源、财务资源和环境资源，那么，只有当它确实提高产品价值时，该产品的移动才是有意义的。

运输的主要目的就是要以最低的时间、财务和环境资源成本，将产品从原产地转移到规定地点。此外，产品灭失损坏的费用也必须是最低的；同时，产品转移所采用的方式必须能满足顾客有关交付履行和装运信息的可得性等方面的要求。

#### 9.1.1.2 产品储存

对产品进行临时储存是一个不太寻常的运输功能，也即将运输车辆临时作为相当昂贵的储存设施。然而，如果转移中的产品需要储存，但在短时间内（例如几天后）又将重新转移的话，那么，该产品从车上卸下来存入仓库再出库装上车的成本也许会超过储存在运输工具中每天支付的费用。

在仓库空间有限的情况下,利用运输车辆储存也许不失为一种可行的选择。可以采取的第一种方法是,将产品装到运输车辆上去,然后采用迂回线路或间接线路运往其目的地。在本质上,这种运输车辆被用作一种储存设施,但它是移动的,而不是处于闲置状态。

实现产品临时储存的第二种方法是改道。这是当交付的货物处在转移之中,而原始的装运目的地被改变时才会发生。概括地说,尽管运输工具储存产品可能是昂贵的,但当需要考虑装卸成本、储存能力限制,或延长前置时间的能力时,那么从总成本或完成任务的角度来看往往却是正确的。

### 9.1.2 运输业概述

运输业是"交通运输业"的简称,指国民经济中专门从事运送货物和旅客的社会生产部门,包括铁路、公路、水运、航空、管道运输等运输部门。

近年来,随着科技的不断进步,使得交通运输工具也在不断地向前发展,运输业也在向着现代交通运输业的方向发展。"现代交通运输业"这一概念的出现,并非出现了一个新的运输方式,这里的"现代"着重体现符合当前时代经济发展转型的新需求,使交通运输在服务效率、成本、质量、安全等方面达到更高的水平和层次,有别于传统交通运输业发展的内涵。有关资料显示,在人均 GDP 达到 4 000 美元之前,运输需求将持续保持高速增长,在人均 GDP 达到 4 000 美元后,运输需求的增加将有所放缓。据此,现代交通运输业的发展划分为快速发展阶段和稳步发展阶段,如表 9-1 所示。

表 9-1 现代交通运输业发展的不同阶段及特点

| 序号 | 基本内容 | 快速发展阶段的特点 | 稳步发展阶段的特点 |
| --- | --- | --- | --- |
| 1 | 交通基础设施建设 | 是经济社会发展的瓶颈,侧重于多渠道筹集建设资金 | 基础设施侧重于建、管、养、运协调发展 |
| 2 | 运输服务能力 | 有一定服务能力,但服务效率、服务质量不高 | 服务能力、服务效率以及服务质量达到较高水平 |
| 3 | 综合运输体系 | 尚未建立完善的综合运输体系 | 侧重各运输方式间的协调及网络功能结构的优化 |
| 4 | 现代物流业 | 停留在传统运输业层面上 | 基本形成现代物流业服务体系 |
| 5 | 客运网络体系 | 客运需求基本满足,多层次客运网络体系需构建健全 | 多层次客运网络体系基本构建,侧重于客运服务领域的进一步开拓 |
| 6 | 公共服务能力 | 具有基本的公共服务能力 | 具有较高的公共服务能力 |
| 7 | 体制机制和行业发展政策 | 逐步建立健全 | 相对健全完善 |
| 8 | 交通运输的快速发展与资源、环境 | 矛盾较为突出,资源利用以粗放型为主 | 资源利用由粗放型向集约型转变 |
| 9 | 科技创新体系 | 初步建立,交通科技创新能力不高 | 基本建立,侧重于强化科技成果转化和应用 |

运输业不同于工农业等物质生产部门的主要特征如下。

(1) 运输业生产过程独特

工农业生产过程中,改变劳动对象的属性或形态(金属切削加工成零件),而创造出不同于劳动对象原有属性或形态的产品，这种产品是不依赖于生产过程而独立存在的。

而运输业则不同，它具有独特的生产过程，它不改变劳动对象的属性或形态，而只是改变其位置。由这一特点所决定，在运输过程中对质量要求显得异常重要和突出，具有特定的内容和要求。因此，在客、货运输过程中。必须贯彻"安全第一"的方针，确保旅客、行人的人身安全和货物等完好无损。

（2）运输业产品具有无形性

运输劳务量的大小，取决于两个因素：运量（货物以吨为单位，旅客以人次为单位）和运距（客、货运距均以公里为单位）。它们的综合反映就是周转量（以吨公里、人公里为计量单位）。

人们习惯上把运输业为社会提供的效用称为"运输产品"。但"运输产品"是一种特殊"产品"，它不具有实物形态，其实是一种服务，"服务"这种产品当然是摸不着的。

（3）运输业产品的生产和消费具有同时性

运输业产品的生产和消费是同一个过程。运输业所出售的东西，就是场所的变动。它产生的效用，是与运输过程即运输业的生产过程不可分离地结合在一起的。旅客和货物是和运输工具一起运行的，而运输工具的运行，它的场所变动，也就是它所进行的生产过程。

根据这一特点，可见运输"产品"不同于一般的物质产品，它不能储存，不能调拨，其生产和消费是同一个过程，只能以满足当时当地发生的运输需要为限度，多了、少了都不行。为此，必须根据社会需要，合理分布运输生产能力——输送能力和通过能力，科学地组织运输生产，并使运输生产能力留有一定的后备，以适应客、货流地区分布和方向上、时间上波动的状况，满足国民经济发展和人民生活改善对运输增长的需要。

（4）运输业对社会再生产全过程作用重大

生产过程运输，是工农业生产的直接组成部分；流通过程运输，是生产过程的继续和完成，是社会生产领域和消费领域的中介，纽带和桥梁。

运输业在社会再生产过程中的这一特定地位，决定了它的存在和发展必须适应工农业等生产部门的需要，并最终受社会消费所制约（包括运输业的发展规模、速度、运输量大小、构成、时间波动，劳动力数量、运输工具数量、技术装备水平等），但运输业并不始终都是被动的，它以自己出色的劳动和"先行"作用，促进了工农业生产的发展和人民物质文化生活水平的提高，从而又为自身的发展开辟道路。

离开了社会的运输需要，归根到底，离开了最大限度地满足劳动人民物质文化生活的需要，运输业既无存在的必要，更没有发展的可能。

（5）运输业的资本有机构成有其特殊性

运输业的资本有机构成比一般的产业要高，其固定资本所占的比重巨大，资本的周转速度相对较慢。如运输线路的修建、运河的开凿、航道的疏浚、机场的建设、港口的修建、码头的建造无不需要巨额投资，而投资后的资本回收期较长。

（6）运输业的对国防建设具有特殊性

运输业的发展对于国防建设而言具有特殊性，大型交通运输企业是构成国民经济动脉的主体，是国家交通运输能力的重要基础。大型交通运输企业的国防交通建设，关乎战场"生命线"的实际运作和保障能力的充分发挥，是国家安全体系和国防体系建设的重要组成部分。

## 9.2 运输的需求与供给

进行运输需求分析的最终目的也是在为运输供给确定一个可发展的空间。供给是和需求相对的一个概念，研究运输需求不可能不考虑运输供给。供需是相互依赖的，运输需求先于运输供给而产生，没有需就没有供；但运输供给并不是完全被动的，它对运输需求的形成也起着一定的积极作用，所以要确定未来运输需求的质、量等形态特征，就要对道路运输供给对道路运输需求的影响作详细考虑。

一般而言，运输供给对运输需求的影响作用，包括运输供给对运输需求的制约作用和诱增作用，这可以从以下几个方面考虑。

### 9.2.1 运输需求分析

所谓运输需求，是一种由其他经济或社会活动派生出来的需求。运输需求函数（或曲线）在理论上可以通过商品产地的供给函数和销售地的需求函数（或曲线）推导出来。但现实中，在多个商品产地和销地并存而且有多种可替代运输方式的情况下，运输需求以及运输市场上的供求均衡都会呈现十分复杂的状态。

运输需求的大小用运输需求量来描述一般表达式，但同时运输需求又含有其他的要素。运输需求量可表示为影响它的诸多因素的函数：

$$Q=Q（P,Y_1,Y_2,\cdots,Y_j） \tag{9-1}$$

式中：$Q$ 为运输的需求量；$Q_d=f（p）$

$P$ 为运输的价格；

$Y_j$ 为除价格以外的其他影响因素，例如，人均 GDP 是影响因素，经济发展的水平也是影响因素，这里 $j=1, 2, 3, \cdots, n$。

运输需求曲线是假定在运输服务价格以外其他因素均保持不变的条件下，反映需求量与价格之间关系的曲线。一般情况下，如果运输服务的价格下降，则需求者对运输的需求量将会增加；反之，则减少，即运输需求与运价是反方向变化的，这是运输需求的一般规律。如图 9-1 所示，通常横轴表示需求量用 $Q$ 表示，纵轴表示运价 $p$，$D$ 表示运输需求曲线。此时运输需求曲线可简化为 $Q_d=f（p）$。

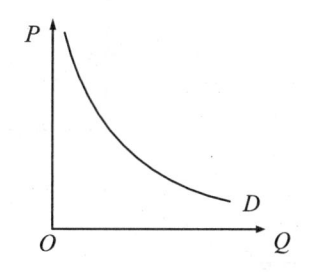

图 9-1 运输需求曲线

一般来说，只要两个经济变量之间存在着函数关系，我们就可以用弹性来表示因变量对自变量的反应的敏感程度。具体来说，它告诉我们，当一个经济变量发生 1% 的变动时，由它引起的另一个经济变量变动的百分比。弹性是一个相对数，它与自变量、因变量的度量单位无关。

运输需求受多种因素影响。而且不同的影响因素的变动使运输需求受影响的程度也不相同，为进行比较，引入"弹性"的概念。运输需求弹性即用来分析运输需求量随其影响因素变化而变化的反应程度，具体指影响运输需求的因素每变化百分之一，运输需求量相应变化百分之几，用公式表述为：

$$E_d = \frac{Q_{变动率}}{Z_{变动率}} = \frac{\Delta Q/Q}{\Delta Z/Z} \tag{9-2}$$

式中：$E_d$ 为运输需求弹性；$Q$ 为运输需求量；$Z$ 为影响运输需求的某种因素；$\triangle Q$ 为运输需求量的变化值；$\triangle Z$ 为影响因素的变化值。

影响运输需求的因素很多，因此就相应地有很多种运输需求弹性，在本书中重点讲价格需求弹性。运输需求的价格弹性 $E_p$ 反映了在一定时期内，运输需求量对运输价格变动反应的程度，表示为：

$$E_p = \frac{\Delta Q/Q}{\Delta P/P} \tag{9-3}$$

式中：$\triangle Q$ 为运输需求量及其变化值；$Q$，$\triangle P$ 为运价及其变化值。

根据价格弹性取值的不同，运输需求价格弹性又可分为以下 5 种情形（图 9-2）。

①完全无弹性：$|E_p|=0$，在这种情况下，不论运价如何变动，需求总保持不变。具有这种弹性的需求曲线是一条垂直于需求量轴的直线。

②完全有弹性：$|E_p|=\infty$，在这种情况下，运价不变，需求量可以无限增加。具有这种弹性的需求曲线是一条与需求量轴平行的直线。

③单位弹性：$|E_p|=1$，在这种情况下，运价每变动一定的百分率，导致需求量变动同样的百分率。具有这种弹性的需求曲线是一条正双曲线。

④缺乏弹性：$0<|E_p|<1$，在这种情况下，需求量变动的百分率小于运价变动的百分率。具有这种弹性的需求曲线比较陡峭且斜率较大。

⑤富有弹性：$1<|E_p|<\infty$，在这种情况下，需求量变动的百分率大于运价变动的百分率。具有这种弹性的需求曲线斜率较小。

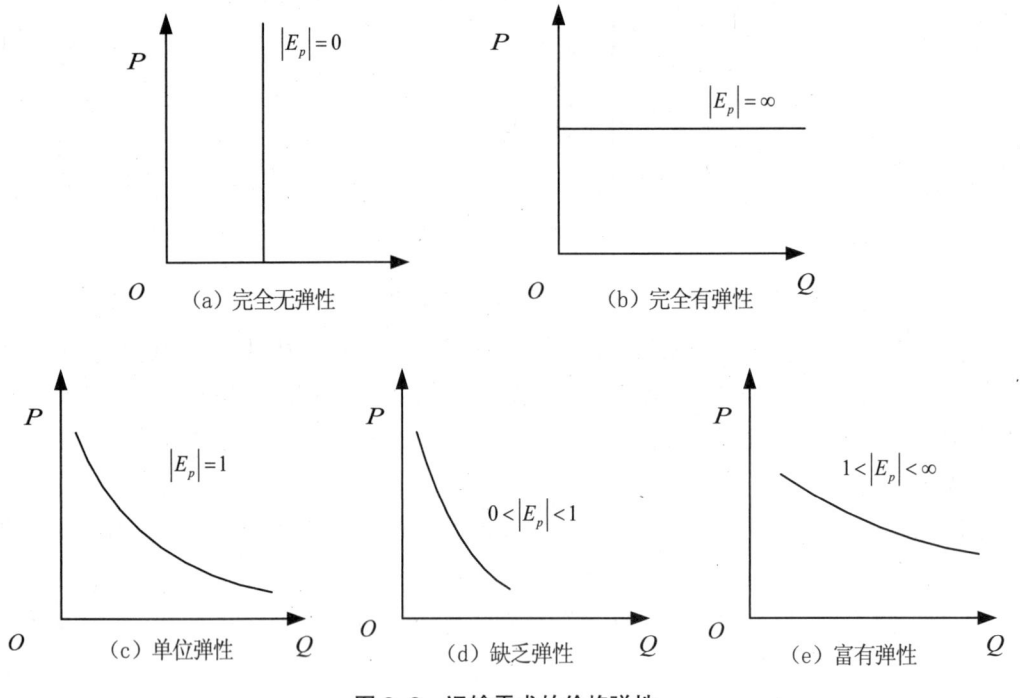

图 9-2 运输需求的价格弹性

结合运输需求函数,可以总结出运输需求的不同特点。

(1) 广泛性

现代人类社会活动的各个方面、各个环节都离不开人和物的空间位移,运输需求产生于人类生活和社会生产的各个角落,这种位移的一部分由私人或生产企业自行完成,不形成运输需求,而大部需要由公共运输业完成。运输业作为一个独立的产业部门,任何社会活动都不可能脱离它而独立存在,因此与其他商品和服务的需求相比,运输需求具有广泛性,是一种带有普遍性的需求。

(2) 多样性

货物运输服务提供者面对的是种类繁多的货物。承运的货物由于在重量、容积、形状、性质、包装上各有不同,因而对运输条件的要求也不同,在运输过程中必须采取不同的技术措施。例如,石油等液体货物需用罐车或管道运输;鲜活货物需用冷藏车运输;化学品、危险货物、长大货物等都需要特殊的运输条件。对于旅客运输需求来说,对于服务质量的要求也是多样的。由于旅客的旅行目的、收入水平、自身成分等方面不同,对运输服务的质量要求必然呈多样性。因此运输需求不仅仅是一个量的概念,它还有质的要求,安全、快速、方便、舒适、满足物流效率的要求等是运输质量的具体表现。运输服务的供给者必须适应运输质量方面多层次的需求。

(3) 派生性

运输需求大体上是一种派生性需求。在经济生活中,如果一种商品或劳务的需求由另一种或几种商品或劳务需求派生出来的,则称该商品或劳务的需求为派生性需求。引起派生需求的商品或劳务需求称为本源性需求。派生性是运输需求的一个重要特点。显然,货主或旅客提出位移要求的目的往往不是位移本身，而是为实现其生产、生活中的其他需求，完成空间位移只是中间一个必不可少的环节。

（4）空间特定性

运输需求是对位移的要求，而且这种位移是运输消费者指定的两点之间带有方向性的位移，也就是说运输需求具有空间特定性。运输需求的这一特点，构成了运输需求的两个要素，即流向和流程。

流向是指货物或旅客空间位移的地理走向即从何处来到何处去；流程也称运输距离，是指货物或旅客空间位移的起点与终点之间的距离。

对于货运来说，运输需求在方向上往往是不平衡的，特别是一些大宗货物的运输，如煤炭、石油、矿石等，都有很明显的流动方向，这是造成货物运输量在方向上不平衡的主要原因。

（5）时间特定性

客货运输需求在发生的时间上有一定的规律性，例如，周末和重要节日前后的客运需求明显高于其他时间；市内上下班高峰时间是交通运输的繁忙时间；蔬菜和瓜果的收获季节也是运输这些货物的繁忙期。这些反映在对运输需求的要求上，就是时间的特定性。运输需求在时间上的不平衡引起运输生产在时间上的不均衡。

时间特定性的另一层含义是对运输速度的要求。客货运输需求带有很强的时间限制，即运输消费者对运输服务的起运和到达时间有各自特定的要求。

从货物运输需求看，由于商品市场千变万化，货主对起止的时间要求各不相同，各种货物对运输速度的要求相差很大；对于旅客运输来说，每个人的旅行目的和对旅行时间的要求也是不同的。运输需求的时间特定性引出运输需求的两个要素：运输需求的流时和流速。流时是指运输需求对空间位移起止时间的要求；流速是指运输消费者对货物实现位移全过程中运输速度的要求。

运输速度和运输费用是呈正比的，运输服务消费者必须在运输速度和运输费用之间进行权衡，以尽量少的费用和尽可能快的速度实现人与物的位移。

（6）部分可替代性

不同的运输需求之间一般讲是不能互相替代的。例如，人的位移显然不能代替货物的位移，由北京到兰州的位移不能代替北京到广州的位移，运水泥也不能代替运水果，因为这明显是不同的运输需求。但是在另一些情况下，人们却可以对某些不同的物质位移作出替代性的安排。例如，煤炭的运输可以被长距离高压输电线路替代；在工业生产方面，当原料产地与产品市场分离时，人们可以通过生产位置的确定在运送原料还是运送产成品或半成品之间作出选择。运输需求的这种部分可替代性是区位理论解决选址问题和国民经济重大工程项目进行技术经济分析的基础。人员的一部分流动在某些情况下也可以被现代通信手段所替代。

### 9.2.2 运输供给分析

运输供给的大小通常用供给量来描述。运输供给量是指在一定时间、空间和一定的条件下，运输生产者愿意提供的运输服务数量。在这里，"一定的时间、空间"，同运输需求量中时间、空间的含义是相同的;"一定的条件"指的是影响运输供给的诸多因素,如政府对运输业的政策、运输服务的价格、运输服务的成本等。

运输供给量可表示为影响它的诸多因素的函数:

$$Q=Q(P,X_1,X_2,\cdots,X_n) \qquad (9-4)$$

式中:$Q$为运输供给量;$P$为运输服务价格;$X_1,X_2,\cdots,X_n$为除运价以外的其他影响因素。

在影响供给量的诸多因素中,运输价格是最灵敏、最重要的因素。运输供给曲线就是假定其他因素不变,反映供给量同价格之间的关系的曲线。所以,此时的供给函数可以表示为:

$$Q_s=Q(P) \qquad (9-5)$$

运输供给量与价格的关系如图9-3所示:

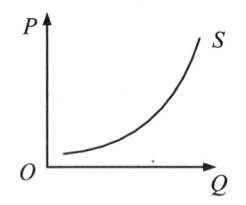

图9-3 运输供给曲线

运输供给的价格弹性是指在其他条件不变的情况下,运价变动所引起的供给量变动的灵敏程度,表示为:

$$Es=\frac{\Delta Q/Q}{\Delta P/P} \qquad (9-6)$$

由于运价同运输供给量同方向变动,所以供给弹性值为正值,这样,供给量对运价变化的反应可以用供给弹性值的大小衡量。$Es>1$,供给量是富有弹性的;$Es<1$,供给量是缺乏弹性的;$Es=1$,供给是单位弹性的。供给曲线上每一点,表示一定的供给状态。根据供给曲线上的特定点,可检验其供给弹性的状态特征,即是富有弹性还是缺乏弹性。

运输业是一种特殊产业,其产品的供给具有不同于其他产业的特点。

(1)产品的非储存性

运输产品的生产和消费是同时进行的,即运输产品不能脱离生产过程而单独存在,所以不能像工农业可以将产品储存起来,它具有非储存性的特点。

运输业是通过储存运力来适应市场需求变化的,而运输能力大小多按运输高峰的需求设计,具有一定的超前量。运输能力的超前建设与运输能力的储备对运输市场来说,既可适应市场需求增长的机遇,又可能因市场供过于求而产生风险,因此,保持合理的运力规模是提高运输工具利用率和满足市场需求的重要保证。

(2)供给的不平衡性

运输供给的不平衡性既表现在时间上也表现在空间上。运输需求的季节性不平衡,导致运输供给出现高峰与低谷。由于经济和贸易发展的不平衡性以及各地产业的不同特点,运输供给在不同国家和地区之间也呈现出一定的不平衡性。

运输供给的不平衡性还表现在运输方向上,比如矿区对外运矿的运力需求远远大于其他生产及生活资料的向内运输，加上有些运输需求对运输工具的特殊要求等，导致回程运力浪费。由于供给与需求之间在时间空间的差异性所造成的生产与消费的差异，使运输供给必须承担运力损失、空载行驶等经济上的风险。所以，运输活动的经济效果取决于供需在时间与空间的正确结合，这就要求运输生产者掌握市场信息，搞好生产的组织和调整，运用科学的方法提高经营管理水平。

（3）部分可替代性

运输供给由铁路、公路、水运、航空、管道等多种运输方式和多个运输生产者的生产能力构成。有时存在着可分别由几种运输方式的多个运输生产者完成同一运输对象的空间位移，即运输供给之间存在着替代性。这种替代性构成了运输业者之间的竞争的基础。

同时，由于运输产品在时间上、空间上的限制，以及人们对运输服务的经济性、方便性和舒适性的要求等，使得不同运输方式间或同一运输方式中替代性受到限制，这种限制又使每种运输方式间或同种运输方式中的具有差别的运输服务都可能在某一领域的运输供给上形成一定程度的垄断。因此，运输供给具有部分可替代性，它的替代性和不可替代性是同时存在的，而且是有条件限制的，运输市场的供给之间存在竞争也存在垄断。

## 9.3 不同的运输方式

按照不同的标准，运输方式有着不同的分类方法。按照货物和旅客承载的工具的不同，可以划分为公路运输、铁路运输、水路运输、航空运输和管道运输5种运输方式。

### 9.3.1 公路运输

公路运输（图9-4）是指在公共道路上使用汽车或其他运输工具，使旅客或货物发生位移的活动。公路运输是区别于铁路、水路、航空、管道运输的一种运输方式，是除铁路外的一切陆上运输组成的完整运输范畴。这里的公共道路既包括公路部门管理的公路，也包括城市道路、专用公路和乡村道路，不能片面理解为公路部门管理的公路。

图9-4 公路运输

公路运输的组织形式与其他运输方式不同。它是由不同特点的公司组成的集团，这些公司承运不同类别的商品，提供不同性质的服务。汽车运输具有"门到门"运输的灵活特点。随着道路系统的扩展和完善，包括高速公路的不断发展，汽车运输的作用将会愈来愈明显。

公路运输的技术经济特征如下。

①动力性能好。由于汽车工业不断采用新技术和改进汽车结构，汽车技术水平有很大提高，主要表现在动力性能的提高和燃料消耗的降低。

②安全性、舒适性好。一方面，使用汽车运输货物能保证质量，及时送达。同时，公路等级不断提高，汽车的技术性能与安全装置也大为改善，因此，公路运输的安全性也大大提高。此外，随着高速公路客运的大力发展，旅客运输的舒适性也大为改善。

③快速。快速就是汽车运输的运送速度比较快，运输途中不需中转。据国外资料统计，在中短途运输中，汽车运输的运送速度平均比铁路运输快 4～6 倍，比水路运输快 10 倍。汽车除了可以沿公路网运行，还可以深入工厂、矿山、车站、码头、农村、山区、城镇街道及居民区，空间活动范围大，这一特点是其他任何现代运输工具所不具备的，因而汽车运输在直达性上有明显的优势。由于公路运输灵活方便，可以实现"门到门"的直达运输，一般不需中途倒装，因而其送达快，有利于保持货物的质量和提高客、货的时间价值，加速流动资金的周转。

④原始投资少，资金周转快，回收期短。汽车购置费低，原始投资回收期短。据国外资料介绍，一般公路运输的投资每年可以周转 1～3 次，而铁路运输 3～4 年才周转 1 次。我国有些汽车运输企业的经验表明，若经营得好，一年左右即可收回购车费。尽管高速公路的造价高，原始投资要比普通公路高出十几倍，但是，高昂的造价也可在短期内得到补偿。例如，某些发达国家利用大吨位汽车通过高速公路运输，在中短途运距内，其运送速度和经济效益均较普通公路和铁路运输优越，高速公路的建设费用一般 7～8 年即可收回。

⑤灵活、方便。汽车运输具有机动灵活、运输方便的特点。首先是汽车运输既可以成为其他运输方式的接运方式，又可以自成体系，机动灵活。其次是汽车的载重量可大可小，小的只有 0.25 吨，大的有几十吨、几百吨，当使用牵引车拖（半）挂车时载重量可达上千吨。汽车运输对客、货批量的大小，具有很强的适应性，既可以单车运输，也可以拖挂运输。

⑥驾驶技术容易掌握。培训汽车驾驶员一般只需半年左右的时间，而培养火车、轮船或飞机驾驶员则需几年的时间。相比较而言，汽车驾驶技术比较容易掌握。

⑦能灵活制定运营时间表，货运的伸缩性极大。

⑧汽车公路运输中货物的撞击少，几乎没有中转装卸作业，因而货物包装比较简单。

由于公路运输具有上述优点，因此在世界范围内公路运输迅速发展，并超过铁路和其他运输方式。但是公路运输也存在一些问题，主要是大部分运输工具装载量小，不适宜大批量运输；长距离运输运费相对昂贵；易污染环境，发生事故及失窃较多；能量消耗大。另外，公路运输虽然发展较快，但受到劳力不足、劳动时间缩短、公路交通效率下降、环境污染、紧急救灾运输等因素的制约。今后为了发展公路运输，应提高运输效率，加强联运（公路、铁路集装箱联运），提高协同配送、计划配送等配送效率，采用托盘、集装箱等单元货载系统。同时还应注意提高社会效益，采用低公害车，保护环境；防止超载，保证安全；采取措施缩短劳动时间等。

另外，公路运输在生产组织、经营管理方面也有其特殊性。

①车路所有权分离。我国公路属于国家所有，机动车辆则属于运输企业或个人所有。公路的建设和养护，通常由汽车运输企业、机动车辆使用者的燃油税来承担。

②可实现"门到门"的运输服务。汽车可进出一切有道路的地方，既可承担全程运输任务，也可以辅助其他运输方式，实现"门到门"运输。

综上所述，汽车运输的适用范围主要是：承担中短距离运输，鲜活易腐货物的运输，联运体系衔接工具（集装箱多式联运、大陆桥运输等）。

### 9.3.2 铁路运输

铁路运输（图9-5）是使用机车牵引列车在铁路上行驶、运送旅客和货物的一种运输方式，已有170多年的发展历史。

**图9-5 铁路运输**

铁路运输的技术经济特征主要表现为：

①适应性强。铁路可以全年、全天候不停止地运输，受地理和气候条件的限制很少，有较好的连续性。

②运输能力大。铁路是大宗、通用的运输方式，能够承担大量的运输任务。铁路运输能力取决于列车质量和每昼夜线路通过的列车对数。

③安全性好。随着铁路广泛采用了电子计算机和自动控制等高新技术，安装了列车自动停车、列车自动操纵、设备故障和道口故障报警、灾害防护报警等装置，有效地防止了列车冲突事件和旅客伤亡事故，大大减轻了行车事故的损害程度。

④列车运行速度较高。常规铁路的列车运行速度一般为60～80公里/小时，提速后，列车运行速度可高达200公里/小时以上。2009年通车的武汉至广州的高速铁路，时速达到300～350公里/小时，武汉至广州在4小时以内到达。磁悬浮列车速度可达400公里/小时。

⑤能耗小。能源是国家重要战略物资，从单位运输量的能源消耗量看，轨道交通系统仅为公共汽车的3/5、私人用车的1/6，具有明显的节能效果。

⑥环境污染程度小。铁路运输对环境和生态平衡的影响程度较小，从单位运输量产生的大气污染物排放量分析，若采用内燃机车牵引，铁路交通氮氧化合物排放量为私人用车的70%，而碳氧化合物排放量是私人用车的4%，如果采用电力机车牵引，则基本没有废气污染。

⑦运输成本较低。在运输成本中，固定资产的折旧费所占比重较大，其与铁路运输距离长短密切相关。一般来说，铁路的单位运输成本比公路运输和航空运输要低得多，有的甚至比内河航运还低。

另外，在生产组织和经营管理方面也有其特殊性，如铁路的线路和车辆同属于铁路运输企业，以列车为基本输送单元等。

从铁路运输的适用范围看，其主要承担中长距离的旅客运输和长距离大宗货物运输，在联合运输中发挥着重要作用。

### 9.3.3 水路运输

水路运输（图9-6）是指由船舶、航道和港口等组成的交通运输系统。按其航行的区域，可分为远洋运输、沿海运输和内河运输3种类型。远洋运输通常指无限航区的国际间运输；沿海运输指在国内沿海区域各港口间进行的运输；内河运输则指在江、河、湖泊及人工水道上从事的运输。前两种运输又统称为海上运输。

图9-6　水路运输

水路运输的技术经济特征如下。

①运输能力大。在运输条件良好的航道，通过能力几乎不受限制。

②运输成本低。尽管水运的站场费用很高，但因其运载量大，运输距离较远，因而单位成本较低。美国沿海运输成本只有铁路运输成本的1/8。

③投资省。海上运输航道的开发几乎不需要支付费用，内河虽然有时需要花费一定费用以疏浚河道，但比修筑铁路的费用少得多。而且，航道建设还可结合兴修水利和电站，

具有明显的综合效益。

④劳动生产率高。由于船舶运载量大，配备船员少，因而其劳动生产率较高。

⑤航速低。由于大型船舶体积大，水流阻力大，因此航速一般较低。

水路运输在生产组织、经营管理方面的特殊性，主要表现为便于利用，不受海洋阻隔，国际竞争激烈等。

水路运输是最经济的运输方式，对大宗原料性物资的运输具有明显优势，其适用范围主要有国际货物运输、长途大宗货物的运输，在综合运输体系中发挥骨干作用。

### 9.3.4 航空运输

在运输市场上，航空公司提供的运输产品最突出的特点就是时间短、速度快。现在，世界范围内大多数区间的飞行不超过一昼夜，可以说，航空运输把地球变成了一个"村落"。速度快是航空运输的特点，也是它能够获得快速发展的重要原因。见图9-7。

图9-7 航空运输

航空运输的技术经济特征如下。

①高科技性。航空运输的发展水平反映了一个国家科学技术和国民经济的发展水平。

②高速性。高速性是航空运输与其他运输方式相比最明显的特征。现代喷气式飞机的速度一般为800～900公里/小时，比火车快5～10倍，比轮船快20～30倍。

③高度的机动灵活性。航空运输不受地形地貌、山川河流的限制。飞机在空中飞行，受航线条件限制的程度比汽车、火车、轮船小得多。它可以将地面上任何距离的两个地方连接起来，可以定期或者不定期飞行。尤其对灾区的救援、供应，对边远地区的救援等紧急任务，航空运输已成为必不可少的手段。

④安全可靠性和舒适性。随着科学技术的发展和宽体飞机的使用，为旅客创造了舒适的旅行环境，空中交通不如地面交通安全的错误认识正在逐渐消除。

⑤建设周期短、投资少、回收快。一般来说，修建机场比修建铁路和公路的建设周期短、投资少，若经营得好，投资回收也较快。

⑥运输成本高。在各种交通运输方式中，航空运输的成本最高。

航空运输在生产组织、经营管理方面有特殊性,主要表现为飞机与飞机场分离、适用范围广泛、具有国际性等。

航空运输主要适用于长距离、对时间性要求高的客、货以及抢险救灾的运输。

### 9.3.5 管道运输

管道运输(图9-8)指为运送某些特殊产品,如石油、天然气、煤等而建立起来的特殊运输系统,它是一种地下运输方式。通常情况下,公众很少意识到它的存在,所以,管道运输又称为"藏起来的巨人"。管道运输已有100多年的历史。

图 9-8 管道运输

美国1859年发现石油后不久,第一条输油管道就在宾夕法尼亚州兴建,并于1865年成功投入运行。随着石油的大量开采,管道运输逐渐成为运输体系的重要组成部分。然而它的进一步发展则是从20世纪开始的,随着第二次世界大战后石油工业的发展,管道的建设进入了一个新的阶段,各产油国竞相兴建大量的石油及油田管道。

自20世纪60年代开始,输油管道的发展趋于大管径、长距离,并逐渐建成成品油输送的管网系统,同时开始了用管道输送煤浆的尝试。目前全球的管道运输承担着很大比例的能源物资运输,包括原油、成品油、天然气、煤浆等,其完成的运量常常超过人们的想象(如在美国接近于汽车运输的运量)。近年来,管道运输也被进一步研究用于解决散状物料、成件货物、集装物料的运输,开始发展容器式管道输送系统。

## 9.4 国际多式联运

### 9.4.1 国际多式联运的含义与特征

一般而言,国际多式联运是指根据一个多式联运合同,采用两种或两种以上的运输方式，由多式联运经营人把货物从一国境内接管货物地点运到另一国境内指定交付货物地点的行为。

上述定义反映了国际多式联运具有以下特点。

①由国际多式联运经营人承担或组织完成全程运输工作。

②签订一个运输合同，对货物运输的全程负责。

③采用两种或两种以上不同运输方式来完成运输工作。

④采用一次托运、一次付费、一票到底、统一理赔、全程负责的运输业务。

⑤可实现"门到门"运输。

从上述定义可以看出，国际多式联运对运输方式的种类、国际多式联运合同所适用的规章、国际多式联运经营人的资格、货物的种类以及发货地与交货地等构成要素等并无任何限制。但在有关的运输规章或实际业务中，则会根据其需要，对国际多式联运中所涉及的上述要素加以必要的限定，从而使得在不同的运输规章或条件下有关国际多式联运的定义有所不同。下面对上述各构成要素予以简要说明。

（1）国际多式联运运输方式的种类

对运输方式的种类未做限制。在联合国《国际货物多式联运公约》等专门规范各种运输方式之间的国际多式联运的国际公约或国内立法中，对国际多式联运所涉及的运输方式种类无特殊的限制，可以由陆海、陆空、海空等运输方式组成。

对运输方式的种类加以限制。在规范某种运输方式的国际公约或国内立法中所定义的国际多式联运中将其规范的运输方式作为国际多式联运中必不可少的运输方式之一。比如，在我国《海商法》中所定义的国际多式联运仅是指海运与其他运输方式之间的多式联运。又如，考虑国际集装箱多式联运中采用空运方式的极少，我国《国际集装箱多式联运管理规则》中所称的国际多式联运将航空运输方式排除在外。

在特定情况下，某些单一方式下的联运也视为多式联运。如考虑到国际海运与国内水运实行不同的管理和责任制度，为了管理上的需要，国际商会的《联合运输单证统一规则》和我国《国际集装箱多式联运管理规则》也将国际海运与国内水运视为两种不同的运输方式，即将国际海运与国内水运之间的水水联运也视为多式联运。又如，我国境内段铁路运输和港澳段铁路运输适用不同的管理和责任制度，因此，这种铁铁联运也可视为多式联运。

（2）国际多式联运合同所适用的规章

适用专门规范国际多式联运方面的国际公约或惯例，联合国《国际货物多式联运公约》、国际商会《联合运输单证统一规则》是用于专门规范某种运输方式的国际公约或国内立法。如，在履行航空特快专递、机场至机场航空运输或者港至港海上集装箱运输过程中，都会涉及汽车运输或铁路运输的接送，但这种"陆空联运"或"陆海联运"已明确规定适用单一运输方式的国际公约或国内立法（即航空运输或海上运输方面的国际公约或国内立法），因而这种特殊的"多式联运"可以直接由所规定适用的某种运输方式的国际公约或国内立法予以调整，并不涉及对不同运输方式之间法律规范在责任期限、责任限制等方面所存在的冲突进行协调等问题，因此，在联合国《国际货物多式联运公约》和国际商会《联合运输单证统一规则》中均把这种"多式联运"排除在外。

（3）货物的种类

目前，绝大多数国际公约或国内立法对国际多式联运货物的种类通常并无限制，既可以是集装箱货物、成组托盘货物，也可以是一般的散杂货等。然而，由于采用集装箱运输的效果最好，故国际多式联运货物通常是指集装箱货物。而且有些国际多式联运法规或惯例专门对国际多式联运货物的种类予以限定。如，西伯利亚大陆桥运输中的货物仅限于国际集装箱货物；我国《国际集装箱多式联运规则》中的国际多式联运货物仅限于国际集装箱货物。

（4）发货地与交货地

国际多式联运要求发货地与交货地位于不同国家，国际多式联运与国内多式联运在组织形式、适用的规章、操作规程等诸多方面均存在很多差异。

### 9.4.2 国际多式联运的特点

国际多式联运是一种较高级的运输组织方式，它集中了各种运输方式的特点，扬长避短，融合一体，组成连贯运输，达到简化货运环节、加速周转、减少货损货差、降低运输成本、实现合理运输的目的。它相对于单一运输方式具有较大的优越性，主要表现在如下几个方面。

（1）提高运输组织水平

国际多式联运开展以前，各种运输方式都是自成体系，因此其经营的范围是有限的，承运的数量也是有限的。多式联运的开展，实现了运输的合理化，改善了不同运输方式的衔接协作，从而提高了运输的组织和管理水平。

（2）综合利用各种运输方式的优势

多式联运通过各种运输方式的合理搭配，充分发挥各类运输工具的效能，提高了运输效率，减少了货物的库存时间和费用，降低了运输成本。

（3）实现"门到门"运输的有效途径

国际多式联运综合了各种运输方式的特点，组成了直达连贯运输，可以把货物从发货人的内地工厂或仓库，直接运到收货人的内地工厂或仓库，还可以运到收货人指定的任何适宜的地点。

（4）手续简便、提早结汇

在多式联运方式下，不论全程运输距离多远，不论需要使用多少种不同的运输工具，也不论中途需要经过多少次装卸转换，所有运输事宜均由多式联运经营人统一负责办理。对货主而言，只需办理一次托运手续，指定目的地，多式联运经营人就会以此为基础，把海、陆、空组织起来，设定最佳路线，提供统一单证和至目的地的统一费率，承担运输的全部责任。这样做较货主自己选择运输路线、安排运输，不仅具有减少库存费用的优点，而且在减少一般管理费用的同时还可以获得多式联运经营人的优惠运价。货物在启运地装上第一程运输工具后，货主即可取得多式联运单据，并可凭此向银行办理收汇手续。这较之过去从内地发货，需要在到达港口装船后才可取得装船提单收汇要早，因而，也有利于加速资金周转，节省利息支出。

（5）安全迅速

整个多式联运过程由多式联运经营人统一组织与管理，加之多式联运经营人与各区段承运人一般采用包干费率的方式，因而，各个环节配合密切，衔接紧凑，中转迅速而及时，中途停留时间短。此外，多式联运以集装箱为主体，货物封闭在集装箱内，虽经长途运输，但无需拆箱，这样既减少了货损货差，还可以防止污染和被盗，能够较好地保证货物安全、迅速、准确、及时地运到目的地。

(6) 降低运输成本，节约运杂费用

多式联运可以从多方面节约费用，降低成本，对货主而言是优惠的运价，对承运人而言是高利润。

### 9.4.3 国际多式联运的基本形式

为了更好地理解国际多式联运与国内多式联运的异同，此处对多式联运的基本形式的划分并不仅限于国际多式联运，也包括国内多式联运。

(1) 法定联运与协议联运

法定联运，是指与多式联运有关的运输票据、联运范围、联运受理的条件与程序、运输衔接、货物交付、货物索赔程序以及承运人之间的费用清算等均应符合有关国际公约和国家颁布的有关规章的规定，并实行计划运输。这种多式联运的最基本特征在于其强制性，即承托双方并不需要对国际多式联运合同的条款予以协商，仅需要按照规定办理即可。法定联运实际上属于协作式联运，参与联运的承运人为共同承运这种联运形式人，对货主承担连带责任。这种联运形式无疑有利于保护货主的权利和保证联运生产的顺利进行，但缺点是灵活性较差，适用范围较窄，它在从事联运的运输企业资格、联运路线、货物种类与数量及受理地／换装地点等方面均作出了限制。此外，由于货主托运前需要报批运输计划，也给货主带来了一定的不便。

协议联运，是指法定联运以外的联运。协议联运的基本特征在于联运的非强制性。在这种联运形式下，联运采用的运输方式、运输票据、联运范围、联运受理的条件与程序、运输衔接、货物交付、货物索赔程序以及承运人之间的利益分配与风险承担等均由双方通过友好协商而定。在实践中，货主往往处于劣势，并不具备与联运经营人协商修改联运协议的能力。因此，为了避免联运经营人损害货主的利益，无论是国际还是国内都制定了规范这种联运形式的国际公约或法律法规，凡联运协议中与这些国际公约或法律法规相抵触的内容均属无效。根据是否存在负责全程运输组织工作的联运经营人，这种联运形式可分为协作式联运和衔接式联运两种类型。国际航空联运即属于协作式联运。

(2) 协作式联运与衔接式联运

根据联运组织方式和体制的不同，联运可分为协作式多式联运和衔接式多式联运两大类。

协作式多式联运，是指两种或两种以上运输方式的不同运输企业按照统一的公约、规章或商定的协议，共同将货物从接管货物的地点运到指定交付货物的地点的联运。

在协作式多式联运下，参与联运的承运人均可受理托运的申请、接收货物、签署全程运输单据，并负责自己区段的运输生产，后续承运人除负责自己区段的运输生产外，还需要承担运输衔接工作，而最后承运人则需要承担货物交付以及受理收货人的货损货差索赔。在这种体制下，参与联运的每个承运人均具有双重身份。对外而言，他们是共同承运人，其中一个承运人，或代表所有承运人的联运机构与发货人订立运输合同，并对其他承运人均有约束力，即每个承运人均视为与货主存在运输合同关系；对内而言，每个承运人不但有义务完成自己区段的实际运输和有关的货运组织工作，还应根据规章或约定协议的规定承担风险和利益分配。

根据开展联运所依据的规则不同，协作式多式联运可进一步细分为法定联运和协议联运。

衔接式多式联运，是指由一个多式联运经营人综合组织两种或两种以上运输方式的不同运输企业，将货物从接管货物的地点运到指定交付货物的地点的联运。

在实践中，多式联运经营人既可能由不拥有任何运输工具的国际货运代理、场站经营人、仓储经营人担任，也可能由从事某一区段的实际承运人担任。但无论如何，承运人都必须持有国家有关主管部门核准的许可证书，能独立承担责任。

在衔接式多式联运下，运输组织工作与实际运输生产实现了分离，多式联运经营人负责全程运输组织工作，各区段的实际承运人负责实际运输生产。在这种体制下，多式联运经营人也具有双重身份。对于货主而言，他是全程承运人，与货主订立全程运输合同，向货主收取全程运费及其他费用，并承担承运人的义务；对于各区段实际承运人而言，他是托运人，他与各区段实际承运人订立分运合同，向实际承运人支付运费及其他必要的费用。很明显，这种运输组织与运输生产相互分离的形式，符合分工专业化的原则，不但方便了货主和实际承运人，也有利于运输的衔接工作。因此，它是联运的主要形式。

（3）海陆联运、海空联运、陆空联运

海运与其他运输方式，尤其是与铁路、公路的联运在多式联运中占绝对的主导地位。其中的大陆桥运输、小陆桥运输及微桥运输等所谓的陆桥运输即是最典型的海陆联运。

海空联运不同于海陆联运，空运在运力、运输上有其特点，而且，绝大多数飞机无法实现海空货箱互换，海空货物的目的地是机场，货物运抵后是以航空货物处理的。如何在中转时快速、安全地处理货物以及如直接空运那样按时抵达目的地已成为海空联运的关键。正因为如此，海空联运是以航空运输为核心的多式联运，通常由航空公司或航空运输转运人，或者专门从事海空联运的代理人来制订计划，以便满足许多货主对于海运联运货物的抵达时间要求与直接空运一样精确到"日、时、分"。

陆空联运，这种联运包括陆空联运和陆空陆联运。

## 9.5 大陆桥运输

大陆桥是指以横贯大陆的铁路、公路为桥梁，以铁路两端的海港为桥头堡的运输通道。目前主要有西伯利亚大陆桥运输、美国的大陆桥运输、小陆桥运输、微陆桥运输，这些都是国际贸易运输的重要渠道。

大陆桥运输（Land Bridge Transport）是指以横贯大陆上的铁路、公路系统作为中间桥梁，把大陆与海洋连接起来形成的海陆联运的连贯运输。大陆桥运输是一种主要采用集装箱技术，由海上运输、铁路运输、公路运输、航空运输组成的现代化多式联合运输方式，是一个大的系统工程。

### 9.5.1 陆桥运输产生的背景

20世纪年50代初，日本运输公司将集装箱经太平洋运至美国西海岸，再利用横贯美国东西部的铁路运至美国东海岸，然后装船继续运往欧洲。由此产生了世界上大陆桥的雏形——美国大陆桥。

大陆桥的正式应用是在1967年，当时因阿以战争苏伊士运河被迫关闭，又赶上巴拿马运河拥挤堵塞，远东与欧洲之间的海上货船不得不改道绕航非洲好望角或南美洲得雷克海峡，导致航程和运输时间大大延长。当时又逢油价猛涨，海运成本增加，加之正值集装箱兴起，大陆桥运输便应运而生，产生了两条远东、日本至欧洲的大陆桥路线。

第一条为远东、日本经海运至美国西海岸港口，换装到铁路专用列车，横跨北美大陆至美国东海岸港口，然后由海运至欧洲。

第二条为日本和东南亚经海运至原苏联太平洋港口，转西伯利亚铁路，横跨欧洲大陆，然后由海运、铁路和公路运至欧洲各国。

国际贸易货物使用大陆桥运输具有运费低廉、运输时间短、货损货差率小、手续简便等特点，大陆桥运输是一种经济迅速、高效的现代化的新型的物流运输方式。

### 9.5.2 西伯利亚大陆桥

西伯利亚大陆桥（Siberian Land Bridge，SLB）是指使用国际标准集装箱，将货物由远东海运到俄罗斯东部港口，再经跨越欧亚大陆的西伯利亚铁路运至波罗的海沿岸，如爱沙尼亚的塔林或拉脱维亚的里加等港口，然后再采用铁路、公路或海运到欧洲各地的国际多式联运的运输路线。

西伯利亚大陆桥是目前世界上最长的一条陆桥运输线。它大大缩短了从日本、远东、东南亚及大洋洲到欧洲的运输距离，并因此而节省了运输时间。从远东经俄罗斯太平洋沿岸港口去欧洲的陆桥运输线。而相应的全程水面长1.3万公里，而相应的全程水路运输距离（经苏伊士运河）约为2万公里。从日本横滨到欧洲鹿特丹，采用大陆桥运输不仅可使运距缩短1/3，运输时间也可节省1/2。

### 9.5.3 北美大陆桥

北美大陆桥（North American Bridge，NAB）是指利用北美大陆的铁路从远东到欧洲的"海陆海"的国际多式联运的运输路线。该陆桥运输包括美国大陆桥运输和加拿大大陆桥运输。美国有两条大陆桥运输线：一条是从西部太平洋口岸至东部大西洋口岸的铁路（公路）运输系统，全长约3200公里；另一条是西部太平洋口岸至南部墨西哥港口岸的铁路（公路）运输系统，全长500～1000公里。

北美大陆桥是世界上最悠久、影响最大、服务范围最广的陆桥运输线。据统计，从远东到北美东海岸的货物有大约50%以上是采用双层列车进行运输的。因为采用这种陆桥运输方式比采用全程水运方式通常要快1～2周。例如，集装箱货从日本东京到欧洲鹿特丹港，采用全程水运（经巴拿马运河或苏伊士运河）通常约需5～6周时间，而采用北美陆桥运输仅需3周左右的时间。

### 9.5.4 O.C.P 运输

O.C.P（Overland Common Points）是我国对美国签订贸易合同，在运输条款中经常见到，用来说明海上运输目的地的术语，译作"陆路共通点"。

所谓"陆路共通点"，是指美国西海岸有陆路交通工具与内陆区域相连通的港口。美国内陆区域，是以落基山脉为界，即除紧邻太平洋的美国西部9个州以外，其以东地区均为适用O.C.P的地区范围。O.C.P的运输过程就是我国出口到美国的货物海运到美国西部港口（旧金山、西雅图）卸货，再通过陆路（主要是铁路）向东运至指定的内陆地点。

O.C.P运输是一种特殊的国际运输方式。它虽然由海运、陆运两种运输形式来完成，但它并不局限于国际多式联运。国际多式联运是由一个承运人负责的自始至终的全程运输，而O.C.P运输，海运、陆运分别由两个承运人签发单据，运输与责任风险也是分段负责。因此，它并不符合国际多式联运的含义，它是一种国际多式的联营运输。总之，O.C.P运输是"为履行单一方式运输合同而进行的该合同所规定货物的接送业务，不应视为国际多式联运"（《联合国国际多式联运公约》）。

### 9.5.5 新亚欧大陆桥

1990年9月11日我国陇海—兰新铁路的最西段乌鲁木齐至阿拉山口的北疆铁路与哈萨克斯坦德塔鲁贝巴站接轨，第二座亚欧大陆桥运输线全线贯通，于1992年9月正式通车。此条运输线东起我国连云港（大连、天津、上海、广州等港口也可），西至荷兰鹿特丹，跨亚欧两大洲，连接太平洋和大西洋，穿越中国、哈萨克斯坦、俄罗斯，经自俄罗斯、波兰、德国到荷兰，辐射20多个国家和地区，全长10800公里在我国境内全长4134公里。该陆桥为亚欧开展国际多式联运提供了便捷的国际通道。远东至西欧，经新亚欧大陆桥比经苏伊士运河的全程海运航线缩短运距8000公里，比通过巴拿马运河缩短运距1.1万公里。远东至中亚、中近东，经新亚欧大陆桥比经西伯利亚大陆桥缩短运距2700～3300公里。该大陆桥运输线的开通将有助于缓解西伯利亚大陆桥运力紧张的状况。

亚欧大陆桥铁路线路除了部分中断区间以外，大部分铁路网已经连接或在近期内有连接的可能性。另外，从东北亚到欧洲主要城市的铁路线具有能连接的优点，因而适合于区域国家之间贸易或货物运输；还具有东北亚地区和中亚与欧洲连接的内地复合运输过程的有利条件。

## 【本章小结】

运输是物流的重要职能之一，运输的成本在物流总成本中占有比较大的比重。运输服务是一种特殊的产品，在特定的条件下，运输供给的弹性表现出富有弹性、缺乏弹性和零弹性的特点；同样，在特定的条件下，运输需求的弹性表现出富有弹性、缺乏弹性和零弹性的特点。本章中着重介绍了运输的5种方式，包括公路运输、水路运输，航空运输、铁路运输和管道运输。这5种运输方式比较，在一定的条件下，它们有各自的优点，也有各自的不足之处。国际多式联运的发展，是借助于当今先进的运输方式和结算模式，国际多式联运的形式是多种多样的。陆桥运输是一种将陆运和铁路运输当成运输中的"桥"的运输方式。

### 【本章思考】

1. 运输供给和运输需求的特点是什么？
2. 5种运输方式有什么样的特点？试比较分析之。
3. 什么是多式联运？多式联运有何特点？
4. 什么是陆桥运输？世界范围内有哪些大陆桥？

### 【案例讨论】

## 佛山汽运的现代物流转型

佛山汽运集团（以下简称"佛山汽运"）物流分公司的前身是一个零担货运站，1994年以来，公司通过发展零担货运业务、组建货运中心、开展货物配载业务等举措，延伸传统货运的服务领域，大力发展第三方物流，将一个陷入困境的传统货运站发展为现代物流企业。佛山汽运从传统货运向现代物流转型的过程中的主要经验有以下几点。

1. 把握机遇，转换机制，建立货运中心

随着改革开放和道路运输业的蓬勃发展，货运市场出现了跨行业、跨区域经营，国营、集体、个体多种经济成分并存的新格局，竞争日趋激烈。许多国有运输企业由于未能及时转换经营机制，无法适应市场的竞争，大部分企业经营陷入困境。该公司也经历了与其他国有运输公司同样的痛苦。

2. 建立物流配送中心，加强基础设施建设

传统货运企业的经营范围局限于运输、仓储、装卸等，服务功能狭窄，无法满足社会化大生产和客户的多元化服务要求，而物流才能适应社会化大生产的要求，且市场巨大，有着广阔的发展空间。面对新形势，要振兴货运业，将货运业做大做强，就必须转变观念，重新选择市场。基于这种认识，公司决定在原有货物运输的基础上进一步拓宽业务，逐步形成运输、仓储、配送、搬运、包装、流通加工等一体化服务体系，开始向物流方向发展。佛山汽运提出了由传统货运向现代物流转变的战略构想，并将货运分公司更名为物流分公司，定位为提供全方位物流服务的第三方物流服务供应商。由于原有货运中心设备陈旧，管理模式落后，现代科技含量低，运作效率低，不能满足客户及货运经营者的要求，公司首先投资了1500万元，将原来总面积2万多平方米的货运配载中心改造为总面积近6万平方米的物流配送中心，拥有大型仓储配送平台、综合办公大楼、经营铺位、停车场、加油站、招待所等一整套适应物流发展的硬件设施。

3. 应用物流信息技术，提高企业物流质量

物流信息化是物流企业发展到一定阶段的必然选择。为加快向现代物流转变的步伐，佛山汽运一直很注重物流信息化的改造，建立了公司内部的局域网络，在物流运作逐步规范的基础上，基于互联网新技术，又开发了B/S（浏览器/服务器）结构的物流信息系

统。这套系统的功能包括了客户端电子商务系统、业务管理信息系统、系统管理维护三大主模块。由于任何信息系统都离不开数据,物流企业的信息化也同样离不开大量的物流数据。所以公司在开发信息系统时,首要考虑的问题是要采用什么样的技术手段实现对大量数据进行采集、分类、识读和传递,以避免出现"重流程,轻技术"的现象。建立物流信息系统,其核心作用在于:通过系统可以全面观察及控制整个物流系统的运行情况,即使客户在异地下单,在其发出收发货指令直至货物送达终端用户手中,客户也可通过物流信息系统掌握货物在物流链中的相关信息,甚至在完成物流业务后系统能自动产生各种费用、配载和库存等报表,从而实现实时信息共享,大大提高物流系统运作的效率,降低运作成本。佛山汽运总结的经验是,物流企业在开发信息系统时,应客观准确地根据企业自身的运作特点进行设计,不可盲从,应采取局部的、分阶段的、循序渐进的方式进行开发。

4. 与大型生产、流通企业共建,拓展现代物流

物流企业所追求的是与客户结成战略合作伙伴关系,而不是竞争关系。由于企业的"诚信度"是许多物流需求者在选择物流企业时首要评价的项目,所以要与客户建立长期的合作伙伴关系,就必须取得客户的信任和支持,必须持之以恒地向客户提供卓越的服务,并表现出企业的诚信品质。经过几年的努力,佛山汽运现已与超过100家知名企业建立了长期合作关系,其中有部分是国际的著名品牌企业。如丹麦新的宝食品(佛山)公司、日本江崎格力高食品(上海)公司、瑞典利乐华新包装(佛山)公司、深圳嘉景裕公司等。在长期服务中,围绕客户的需求,以多批次、高时效、高附加值、小批量的物品为主,为客户群中60%的客户提供"产品下生产线—运输—仓储—配送—用户"全过程的物流服务。如利乐华新产品下生产线后直接运送佛山物流仓库,由公司负责仓储管理,并配送到终端客户。又如深圳嘉景裕公司产品从入境报关开始,经过仓储管理并最终配送到用户,都由公司负责。佛山汽运在北京设立了仓储配送中心,为日本江崎格力高食品(上海)公司提供仓储配送服务。格力高食品公司是日本著名的品牌企业,主要生产销售饼干糖果,其生产基地和销售中心设在上海,产品分别通过上海、佛山及北京的仓储配送中心进行配送。格力高的产品下生产线后从上海通过汽车运输到公司在佛山或北京的仓储配送中心,由公司承担其货物的仓储管理和配送工作。目前,国内客户服务业务网络遍及全国各省40多个大中城市,包括中国香港,而对外运输可直达越南、东南亚、美洲、欧洲等国家和地区,已形成以枢纽城市为中心,覆盖全国的网络体系。

(资料来源:http://www.chinawuliu.com.cn/)

### 分析与讨论

1. 传统道路运输企业向现代物流转型时应该注意哪些问题?
2. 传统货运企业有哪些特点?现代物流运输企业有哪些特点?

**【拓展资源】**

1. 网上资源：沃尔玛官方网站：http://www.wal-martchina.com/；中国物流与采购网站：http://www.chinawuliu.com.cn/

2. 书籍：《运输管理》，（美）巴蒂（Bardi，E.J.）等著，刘南 等译/2009年/机械工业出版社；《运输管理应试指南》，中国交通运输协会 组编/2006年/电子工业出版社

# 第 10 章　流通加工

**【学习要点】**

- 了解流通加工产生的原因及流通加工的地位与作用
- 熟悉流通加工的形式
- 熟悉流通加工的类型
- 掌握流通加工的合理化

**【关键术语】**

流通加工（Distribution Processing）；增效性流通加工；增值性流通加工

**【案例导读】**

## 阿迪达斯的流通加工

阿迪达斯（adidas）是德国运动用品制造商，阿迪达斯AG的成员公司。以其创办人阿道夫·达斯勒命名，在1920年于接近纽伦堡的黑措根奥拉赫开始生产鞋类产品。其经典广告语："没有不可能"（Impossible is nothing）。

阿迪达斯公司曾在美国的一家超级市场设立了组合式鞋店，里面摆放着的不是已经完成好的成品鞋，而是半成品运动鞋，款式花色多样，有6种鞋跟，8种鞋底，均为塑料制造，鞋面的颜色以黑白为主，搭带的颜色有80多种，款式有百余种。顾客进来可以挑选自己满意的样式及颜色，交给职员当场组合。只要10分钟就可以完成。

这家鞋店昼夜营业，职员技术娴熟，鞋子的售价与成批制造的价格差不多，有的更便宜，顾客当然络绎不绝，销售的金额比邻近的鞋店多许多。

流通加工的意义就在于满足客户的需求，提高用户的满意程度，符合消费者个性化的要求，当然是在提高物流效率，降低成本，增加效益，促进销售的前提下。

阿迪达斯的这家鞋店便是如此。它正是意识到用户的个性化需求，不用大批量，少品种的生产运输产品，而是通过摆放半成品，让客户可以根据自己的喜好，来选择需要的成品。这一方面可以提高服务价值，满足各种人群对运动鞋的要求，形成竞争优势，吸引消费者的目光，利用消费者的好奇心，在周边的各类鞋店中取得优势，促进产品的销售；另一方面，这样的半成品在运输或是生产方面可以减少成本费用以及搭配装备的费用，提高原材料的利用率。

阿迪达斯将流通加工作为一种营销手段，从而增加了产品的附加值。

（资料来源：http://info.10000link.com/）

## 10.1 流通加工概述

### 10.1.1 流通加工产生的原因

**10.1.1.1 流通加工的产生与现代生产方式专业化有关**

现代生产发展趋势之一就是生产规模大型化、专业化，依靠单品种、大批量的生产方法降低生产成本获取规模经济效益，这样就出现了生产相对集中的趋势。这种规模的大型化、生产的专业化程度越高，生产相对集中的程度也就越高。生产的集中化进一步引起产品的需求方之间的分离，产需分离的表现一是生产及消费者不在同一个地点，而是有一定的空间距离；二是在时间上不能同步，而是存在着一定的"时间差"；三不是处于一个封闭的圈内，某些人生产的产品供给成千上万人消费，而某些人消费的产品又来自其他许多生产者。而弥补上述分离的手段便是运输、储存及交换。近年来，人们认识到，现代生产所引起的产需分离现象的原因并不局限于上述三个方面，这种分离是深刻而广泛的。第四种重大的分离就是生产及需求在产品功能上分离。尽管"用户第一"等口号成了许多生产者的主导思想，但是，生产毕竟有生产的规律，尤其在强调大生产的工业化社会，大生产的特点之一就是"少品种、大批量、专业化"，产品的功能（规格、品种、性能）往往不能与消费者需要密切衔接。而弥补这一分离的方法，就是流通加工。所以，流通加工的产生实际是现代生产发展的一种必然结果。

**10.1.1.2 流通加工的产生与现代消费观念个性化有关**

流通加工的产生与现代社会消费的个性化有关。消费的个性化与产品的标准化之间存在着一定的矛盾，使本来就存在的产需第四种形式的分离变得更加严重。本来，为了弥补第四种分离可以采取增加一道生产工序或由消费单位通过加工来改制的方法，但在个性化问题十分突出之后，采取上述弥补措施将会使生产及生产管理的复杂性及难度增加，按个性化生产的产品难以组织高效率、大批量的流通。所以，在出现了消费个性化的新形势及新观念之后，就为流通加工开辟了道路。

**10.1.1.3. 流通加工的产生与流通作用的转变有关**

在社会再生产全过程中，生产过程是典型的加工制造过程，是形成产品价值及使用价值的主要过程，再生产型的消费从其本质来看也是与生产过程一样，通过加工制造消费了某些初级产品而生产出深加工产品。

历史上，在生产不太复杂、生产规模不大时，所有的加工制造几乎全部集中于生产及再生产过程中，而流通过程只是实现商品价值及使用价值的转移而已。在社会生产向大规模生产、专业化生产转变之后，社会生产越来越复杂，生产的标准化和消费的个性化出现，流通的复杂化，生产过程中的加工制造也常常不能满足流通的要求。于是，加工活动开始部分地由生产及再生产过程向流通过程转移，在流通过程中形成了某些加工活动，这就是流通加工。

流通加工的产生使流通过程明显地具有了某种"生产性"，改变了长期以来形成的

"价值及使用价值转移"的旧观念,这就从理论上明确了:流通过程从价值观念来看是可以主动创造价值及使用价值的,而不单是被动地"保持"和"转移"的过程。

20世纪60年代后,效益问题逐渐引起人们的重视。流通加工可以以少量的投入获得很大的效果,是一种高效益的加工方式,自然获得了很大的发展。所以,流通加工从技术上来讲,可能不需要采用什么先进技术,但这种方式是现代观念的反映,在现代的社会再生产过程中起着重要作用。

因此,人们必须研究流通过程中孕育着多少创造价值的潜在能力,这就有可能通过努力在流通过程中进一步提高商品的价值和使用价值,同时,却以很少的代价实现这一目标,以取得更大的效益。这样,流通加工就为适应这种变化而诞生了。

### 10.1.2 流通加工的概念

#### 10.1.2.1 流通加工的定义

根据《中华人民共和国国家标准·物流术语》(GB/T 18354—2006)的定义,流通加工(Distribution Processing)是指商品在从生产者向消费者的流通过程中,即原料或产成品的流通过程中,通过对产品进行简单的包装、分割、组装、贴价格、贴标签、刷标志、分类、检量等一系列加工作业,以达到有效利用资源、方便用户、提高效率、促进销售的加工活动。

流通加工是流通中的一种特殊形式,是为了提高物流速度和物品的利用率,在物品进入流通领域后,按客户的要求进行的加工活动,即在物品从生产者向消费者流动的过程中,为了促进销售、维护商品质量和提高物流效率,对物品进行一定程度的加工,使商品发生物理、化学或形状的变化,以满足消费者的多样化需求和提高商品的附加值。

加工是通过改变物品的形态或性质来创造价值,属于生产活动;流通则是改变物品的空间状态和时间状态,并不改变物品的形态或性质。而流通加工处于不易区分生产还是流通的中间领域,不改变商品的基本形态和功能,只是完善商品的使用功能,提高商品的附加价值,同时提高物流系统的效率。可以说,流通加工是生产加工在流通领域的延伸,也可以看成流通领域为了提供更好的服务而在职能方面的扩大。如图10-1所示。

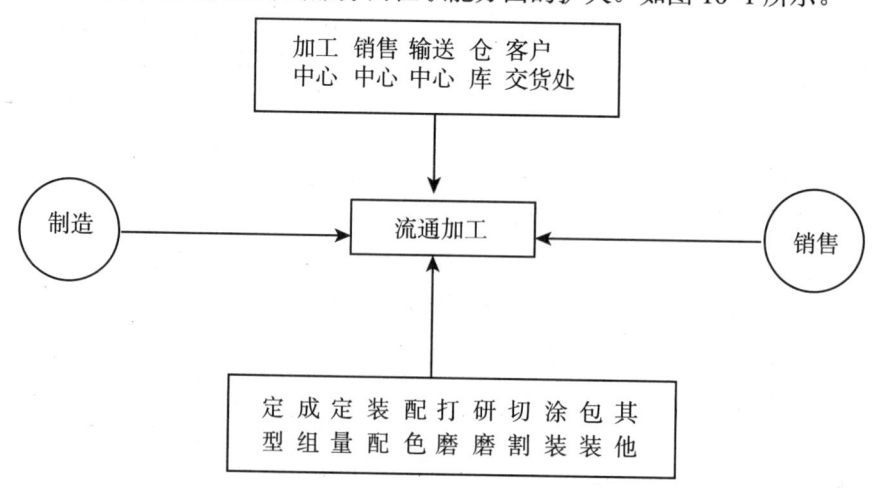

**图10-1 流通加工示意图**

流通加工通过改变或完善流通对象的形态来实现"桥梁和纽带"的作用,因此流通加工是流通中的一种特殊形式。随着经济增长，国民收入增多，消费者的需求出现多样化，促使在流通领域开展流通加工。目前，在世界许多国家和地区的物流中心或仓库经营中都大量存在流通加工业务，在日本、美国等物流发达国家则更为普遍。

#### 10.1.2.2 流通加工与生产加工的区别

流通加工是在流通领域从事的简单生产活动，具有生产制造活动的性质。流通加工与一般性的生产加工方法、加工组织、生产管理等方面并无显著区别，但在加工对象、加工程度方面差别较大。流通加工与生产加工的区别主要表现在以下几个方面，如表10-1所示。

表 10-1  流通加工与生产加工的区别

|  | 流通加工 | 生产加工 |
| --- | --- | --- |
| 加工对象 | 进入流通过程的商品 | 原材料、零配件或半成品 |
| 加工程度 | 简单加工，对生产加工的辅助及补充 | 复杂加工，完成加工大部分工作 |
| 价值观点 | 完善、提高其使用价值 | 创造价值及使用价值 |
| 加工责任人 | 商业或物资流通企业 | 生产企业 |
| 加工目的 | 促进销售，维护产品质量，实现物流高效 | 直接为消费进行的加工 |

#### 10.1.2.3 流通加工的特点

（1）集中化

以流通加工为主体的物流企业，会集中相关需求企业的物料进行集中加工，以达到规模效应、降低生产成本的目的。

（2）专门化

流通加工企业专注于某一行业物品的流通加工，配置专门的设施设备，专业的人员和技术，比传统加工企业更加专业化。

（3）黏性好

流通加工企业与工商企业、最终用户建立了长久的合作关系，深入了解客户的需求，根据客户要求开发商品，与客户产生协商效应，深入的合作降低了其他企业的替代性的可能，这也是许多物流企业看好流通加工的原因。

（4）高附加值

流通加工体现了个性化的加工，专业化和集中化是其他企业所不可替代的，同时也带来了物流一般形式中所不具备的高附加值。

#### 10.1.2.4 流通加工的流程

以下以服装物流的流通加工为例进行说明，如图10-2所示。

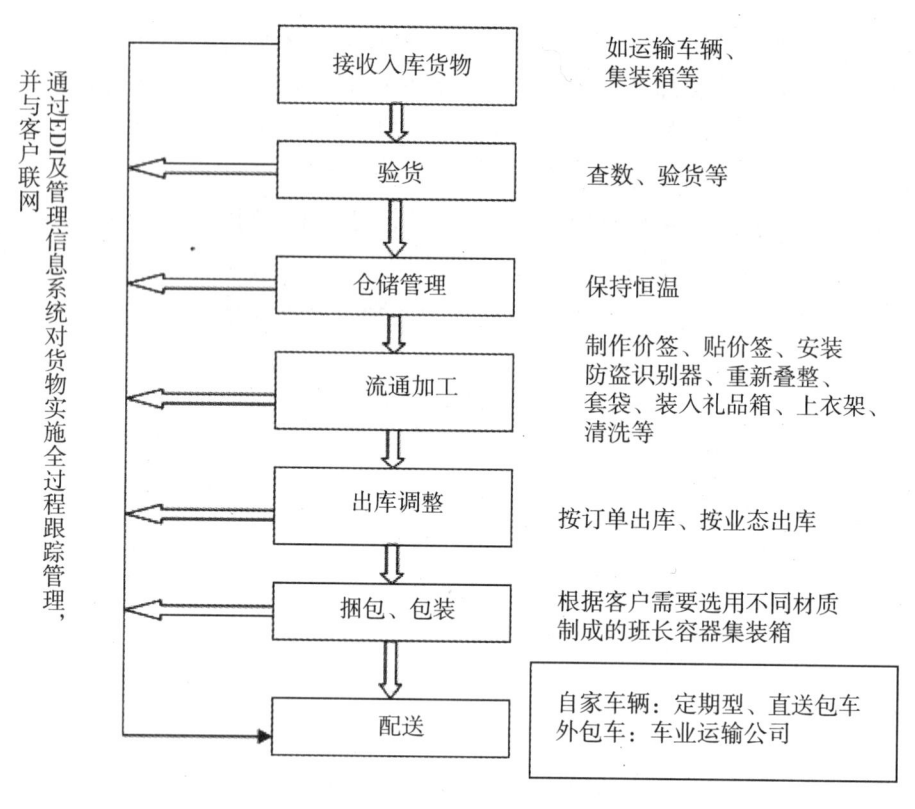

```
                    ┌──────────────┐
            ┌───────│ 接收入库货物 │    如运输车辆、
            │       └──────┬───────┘    集装箱等
            │              ↓
  通         │       ┌──────────────┐
  过    并   ←───────│    验货      │    查数、验货等
  E     与          └──────┬───────┘
  D     客           ↓
  I     户   ┌──────────────┐
  及    联   ←───────│  仓储管理    │    保持恒温
  管    网          └──────┬───────┘
  理                ↓                    制作价签、贴价签、安装
  信         ┌──────────────┐           防盗识别器、重新叠整、
  息         ←───────│  流通加工    │    套袋、装入礼品箱、上衣架、
  系                └──────┬───────┘    清洗等
  统                ↓
  对         ┌──────────────┐
  货         ←───────│  出库调整    │    按订单出库、按业态出库
  物                └──────┬───────┘
  实                ↓
  施         ┌──────────────┐
  全         ←───────│  捆包、包装  │    根据客户需要选用不同材质
  过                └──────┬───────┘    制成的班长容器集装箱
  程                ↓
  跟         ┌──────────────┐
  踪         ←───────│    配送      │    自家车辆：定期型、直送包车
  管                └──────────────┘    外包车：车业运输公司
  理
```

图 10-2  流通加工流程

10.1.2.5 流通加工的对象

流通加工分为生产性流通加工及营销服务性流通加工，前者主要服务于专业化程度高的生产性企业，后者主要服务于最终消费者。

（1）生产性流通加工

现代工商企业经营有自身的特点，有限资源专注于核心领域，自身的简单加工或不相关的加工可以通过外包的方式，由外部企业，特别是物流企业来担当。比如钢铁加工属于冶金行业，家电加工属于家电行业，船舶加工属于机械行业，它们的技术要求大相径庭。但家电、船舶都需要大量用到钢铁，钢铁生产规模化、专业化，而家电、船舶的生产个性化强，品种多，需要将统一的钢材进行简单的加工，而这一切并非钢铁企业所长，同时船舶制造、家电制造和冶金也不是一个领域，这样连接原材料生产和各类加工企业的物流企业就可以接过这个任务。其他许多行业也出现了这样的需求，比如电厂配煤、木材加工、玻璃加工、水泥加工等。

（2）营销服务性流通加工

终端消费者对于流通加工也有着大量的需求，比如随着居民收入水平的提高，人们对食品卫生有着更高的要求，因而超市有着大量的净菜、盆菜，小包装的家禽、家畜出售的需求，需要专门企业来加工；再如，打印机，数码产品，每个终端市场对最终产品的需求不同，那么说明包装的安排也可以由当地物流公司来完成。各种商品的节日包装、促销装、吊牌等的安排都属于流通加工，这些方面的需求随着经济的发展会越来越多。

### 10.1.3 流通加工的地位与作用

#### 10.1.3.1 流通加工的地位

（1）流通加工有效地完善了流通

流通加工在实现时间和场所上的效用方面，确实不能与运输和保管相比，因而，流通加工不是物流的主要功能要素。但这绝不是说流通加工不重要，实际上它也是不可轻视的。流通加工具有补充、完善、提高与增强产品价值的作用，能起到运输、保管等其他功能要素无法起到的作用。所以，流通加工的地位可以描述为：提高物流水平，促进流通向现代化发展。

（2）流通加工是物流的重要利润来源

流通加工是一种低投入、高产出的加工方式，往往以简单的加工解决大问题。实践中，有的流通加工通过改变商品包装，使商品档次升级而充分实现其价值；有的流通加工可将产品利用率大幅提高30%，甚至更多。这些都是采取一般方法以期提高生产率所难以做到的。实践证明，流通加工提供的利润并不亚于从运输和保管中挖掘的利润，因此我们说流通加工是物流的重要利润来源。

（3）流通加工是重要的加工形式

流通加工在整个国民经济的组织和运行中是一种重要的加工形式，对推动国民经济的发展、完善国民经济的产业结构具有一定的意义。目前，在世界许多国家和地区的物流中心或仓库经营中都大量存在流通加工业务，有的规模还比较大，在美国、日本等发达国家则更为普遍。

#### 10.1.3.2 流通加工的作用

（1）提高原材料利用率

通过流通加工进行集中下料，将生产厂商直接运来的简单规格产品，按用户的要求进行下料。例如，将钢板进行剪板、切裁；木材加工成各种长度及大小的板、方等。集中下料可以优材优用、小材大用、合理套裁，明显地提高原材料的利用率，有很好的技术经济效果。

（2）方便用户

用量小或满足临时需要的用户，不具备进行高效率初级加工的能力，通过流通加工可以使用户省去进行初级加工的投资、设备、人力，方便了用户。目前发展较快的初级加工有将水泥加工成生混凝土；将原木或板、方材加工成门窗；钢板预处理、整形等加工。

（3）提高加工效率及设备利用率

在分散加工的情况下，加工设备由于生产周期和生产节奏的限制，设备利用时松时紧，使得加工过程不均衡，设备加工能力不能得到充分发挥。而流通加工面向全社会，加工数量大，加工范围广，加工任务多。这样可以通过建立集中加工点，采用一些效率高、技术先进、加工量大的专门机具和设备，一方面提高了加工效率和加工质量，另一方面还提高了设备利用率。

## 10.2 流通加工形式

### 10.2.1 增效性流通加工

*10.2.1.1 为保护产品的流通加工*

在物流过程中，为了保护产品的使用价值，延长产品在生产和使用期间的寿命，防止产品在运输、储存、装卸搬运、包装等过程中遭受损失，可以采取稳固、改装、保鲜、冷冻、涂油等方式。例如，水产品、肉类、蛋类的保鲜、保质的冷冻加工、防腐加工等；丝、麻、棉织品的防虫、防霉加工等。还有，如为防止金属材料的锈蚀而进行的喷漆、涂防锈油等措施，运用手工、机械或化学方法除锈；木材的防腐朽、防干裂加工；煤炭的防高温自燃加工；水泥的防潮、防湿加工等。

*10.2.1.2 为提高物流效率的流通加工*

有些产品由于本身的形态难以进行物流操作，而且产品在运输、装卸搬运过程中极易受损，因此需要进行适当的流通加工加以弥补，从而使物流各环节易于操作，提高物流效率，降低物流损失。例如，造纸用的木材磨成木屑的流通加工，可以极大提高运输工具的装载效率；自行车在消费地区的装配加工可以提高运输效率，降低损失；石油气的液化加工，使很难输送的气态物转变为容易输送的液态物，提高了物流效率。

*10.2.1.3 为促进销售的流通加工*

流通加工也可以起到促进销售的作用。比如，将过大包装或散装物分装成适合依次销售的小包装的分装加工；将以保护产品为主的运输包装改换成以促进销售为主的销售包装，以起到吸引消费者、促进销售的作用；将蔬菜、肉类洗净切块以满足消费者要求等。

*10.2.1.4 为衔接不同运输方式，使物流合理化*

在长距离运输路线和它的辅助运输路线的交接点设置流通加工环节，可以有效解决大批量、低成本、长距离的干线运输与多品种、少批量、多批次的末端运输和集货运输之间的衔接问题。在流通加工点与大生产企业之间形成大批量、定点运输的渠道，以流通加工中心为核心，组织对多个用户的配送，也可以在流通加工点将运输包装转换为销售包装，从而有效衔接不同目的的运输方式。比如，散装水泥中转仓库把散装水泥装袋、将大规模散装水泥转化为小规模散装水泥的流通加工，就衔接了水泥厂大批量运输和工地小批量装运的需要。

*10.2.1.5 生产—流通一体化的流通加工*

依靠生产企业和流通企业的联合，或者生产企业涉足流通，或者流通企业涉足生产，形成的对生产与流通加工进行合理分工、合理规划、合理组织，统筹进行生产与流通加工的安排，这就是生产—流通一体化的流通加工形式。这种形式可以促成产品结构及产业结构的调整，充分发挥企业集团的经济技术优势，是目前流通加工领域的新形式。这种流通加工形式是配送中心为了实现配送活动，满足客户的需要而对物资进行的加工。例如，混凝土搅拌车可以根据客户的要求，把沙子、水泥、石子、水等各种不同材料按比例要求装入可旋转的罐中。在配送路途中，汽车边行驶边搅拌，到达施工现场后，混凝土已经均匀搅拌好，可以直接投入使用。

#### 10.2.2 增值性流通加工

**10.2.2.1 为适应多样化需要实施服务性加工**

生产部门为了实现高效率、大批量的生产，其产品往往不能完全满足用户的要求。这样，为了满足用户对产品多样化的需要，同时又要保证高效率的大生产，可将生产出来的单一化、标准化的产品进行多样化的改制加工。例如，对钢材卷板的舒展、剪切加工；平板玻璃按需要规格的开片加工；木材改制成枕木、板材、方材等的加工。

**10.2.2.2 为方便消费的流通加工**

根据下游生产的需要将产品加工成生产直接可用的状态。例如，根据需要将钢材定尺、定型，按要求下料；将木材制成可直接投入使用的各种型材；将水泥制成混凝土拌和料，使用时只需稍加搅拌即可。

**10.2.2.3 为弥补生产加工不足的深加工**

由于受到各种因素的限制，许多产品在生产领域的加工只能到一定程度，而不能完全实现终极的加工。例如，木材如果在产地完成成材加工或制成木制品的话，就会给运输带来极大的困难，所以，在生产领域只能加工到圆木、板、方材这个程度，进一步的下料、切裁、处理等加工则由流通加工完成；钢铁厂大规模的生产只能按规格生产，以使产品有较强的通用性，从而使生产能有较高的效率，取得较好的效益。

**10.2.2.4 为提高加工效率的流通加工**

许多生产企业的初级加工由于数量有限，加工效率不高。而流通加工以集中加工的形式，解决了单个企业加工效率不高的弊病。它以一家流通加工企业的集中加工代替了若干家生产企业的初级加工，促使生产水平有一定的提高。

## 10.3 流通加工类型

### 10.3.1 生产资料的流通加工

**10.3.1.1 钢材的流通加工**

热连轧钢板和钢带，热轧后钢板等板材最大交货长度可达 7～12 米，有的是成卷交货。对于使用钢板的用户来说，大型企业由于批量消耗大，可设专门的剪板和下料设备，按生产需要进行剪板。对于使用量不大的中小型企业来说，可利用钢板剪板和下料的流通加工达到要求。

钢材流通加工的优点是：加工精度高，可减少废料和边角料，既可提高加工效率，又可减少消耗。集中加工可保证批量及生产的连续性，又可以专门研究此项技术并采用先进设备，从而大幅度提高效率和降低成本。使用户简化生产环节，提高生产水平。见图10-3。

图 10-3　钢材的流通加工

#### 10.3.1.2 水泥熟料的流通加工

水泥加工是利用水泥加工机械和水泥搅拌运输车进行的。在需要长途调入水泥的地区，变调进成品水泥为调进半成品水泥。在该地区流通加工据点粉碎，并根据当地资源和需要渗入混合材料及外加剂，制成不同品种及标号的水泥，供当地用户使用，这是重要形式之一。水泥加工作业区域可以避开繁华闹市区，节省现场的作业空间。同时，这种方式优于直接供应或购买水泥后在工地现制混凝土的技术经济效果，因此受到广泛重视。

水泥流通加工的优点是：大大降低运费，节省运力，发展低标号水泥品种，以降低的成本实现大批量、高效率输送，大大降低水泥的输送损失，更好地衔接产需双方，方便用户。见图10-4。

图 10-4　水泥的流通加工

#### 10.3.1.3 木材的流通加工

木材的流通加工可细分为磨制木屑压缩运输和集中开木下料。

木材是容量轻的物资，在运输时占用相当大的容积，往往使车船满装但不能满载，同时，装车、捆扎也比较困难。为此，在林木生产地就地将原木磨成木屑，然后采取压缩方法，使之成为容量大、容易装运的形状，然后运至靠近消费地的造纸厂。见图10-5。

集中开木下料是在流通加工点将原木锯裁成各种规格的锯材，同时将碎木、碎屑集中加工成各种规格规格的板，甚至还可以进行打眼、凿孔等初级加工。

图 10-5 木材的流通加工

**10.3.1.4 天然气，石油气的液化加工**

由于气体的输送，保存都比较困难，天然气及石油气只能就地使用，如果有过剩往往就地燃烧掉，造成浪费和污染。天然气和石油气的输送可以采用管道，但因投资大，输送距离有限，也受到限制。在产出地将天然气和石油气压缩到临界压力之上，使之变成液体，可以用容器装运，使用时机动性也比较强。

### 10.3.2 消费资料的流通加工

**10.3.2.1 食品的流通加工**

食品的流通加工类型种类繁多。既有为了保鲜而进行的包装加工，也有为了提高物流效率而进行的对蔬菜和水果的加工。如去除多余的叶根等；鸡蛋去壳后加工成液体装入容器；鱼类和肉类食品去皮、去骨等。此外，半成品加工，快餐食品加工也成为流通加工的组成部分。见图 10-6。

冷冻加工。为解决鲜肉、鲜鱼在流通中保鲜及搬运装卸的问题，采取低温冻结方式的加工。

分选加工。农副产品离散情况较大，为获得一定规格的产品，采取人工或机械分选的方式加工。如果类、瓜类、棉毛原料等。

精制加工。在产地或销售地设置加工点，去除农副产品无用部分，进行切分、洗净、分装等加工。

分装加工。特大包装货物换成小包装货物，以满足消费者对不同包装规格的需求。

图 10-6 食品的流通加工

#### 10.3.2.2 平板玻璃的流通加工

平板玻璃作为生产资料可进行切断、弯曲等初级加工；作为消费资料可面向消费者进行套裁。平板玻璃的"集中套裁，开片供应"是重要的流通加工方式。这种方式是在城市中建立若干个玻璃套裁中心，按用户提供的图纸，统一开片，供应用户成品。在此基础上，可以逐渐形成从工厂到套裁中心的稳定、高效率、大规模的平板玻璃"干线运输"，以及从套裁中心到用户的小批量、多用户的"二次输送"的现代物流模式。这种方式可以提高平板玻璃的利用率，促进平板玻璃包装方式的改革，同时有利于玻璃生产厂简化规格，实行单品种大批量生产。见图10-7。

图 10-7　玻璃的流通加工

## 10.4 流通加工合理化

流通加工合理化的含义是实现流通加工的最优配置，也就是对是否设置流通加工环节、在什么地方设置、选择什么类型的加工、采用什么样的技术装备等问题作出正确抉择。这样做不仅要避免各种不合理的流通加工形式，而且要做到最优。

### 10.4.1 不合理加工的原因

#### 10.4.1.1 流通加工地点设置得不合理

流通加工地点设置即布局状况是决定整个流通加工是否有效的重要因素。一般来说，为衔接单品种大批量生产与多样化需求的流通加工，加工地点设置在需求地区，才能实现大批量的干线运输与多品种末端配送[即送达给消费者的物流，是以满足配送环节的终端（客户）为直接目的的物流活动]的物流优势。

如果将流通加工地设置在生产地区，一方面，为了满足用户多样化的需求，会出现多品种、小批量的产品由产地向需求地的长距离的运输；另一方面，在生产地增加了一个加工环节，同时也会增加近距离运输、保管、装卸等一系列物流活动。所以，在这种情况下，不如由原生产单位完成这种加工而无需设置专门的流通加工环节。

另外，一般来说，为方便物流的流通加工环节应该设置在产出地，设置在进入社会物流之前。如果将其设置在消费地，则不但不能解决物流问题，又在流通中增加了中转环节，因而也是不合理的。

即使是产地或需求地设置流通加工的选择是正确的，也并不代表流通加工地点的选择就一定合理，还有流通加工在小地域范围内的正确选址问题。如果决策失误，仍然会出现不合理，如交通不便，流通加工与生产企业或用户之间距离较远，加工点周围的社会及自然环境条件不好等。

10.4.1.2 流通加工方式选择不当

流通加工方式包括流通加工对象、流通加工工艺、流通加工技术、流通加工程度等。流通加工方式的确定实际上是与生产加工的合理分工有关。分工不合理，是指把本来应由生产加工完成的作业错误地交给流通加工来完成，或者把本来应由流通加工完成的作业错误地交给生产过程去完成，都会造成不合理。

流通加工不是对生产加工的代替，而是一种补充和完善。所以，一般来说，如果工艺复杂，技术装备要求较高，或加工可以由生产过程延续或轻易解决的，都不宜再设置流通加工，应由生产加工完成。如果设置在流通加工环节，则会导致适合资源的浪费，会出现与生产加工争夺市场，争夺利益的恶性竞争。

10.4.1.3 流通加工未发挥充分作用

流通加工的主要目的是方便物流和消费，有的流通加工过于简单，或者对生产和消费的作用都不大，甚至有时由于流通加工的盲目性，同样未能解决品种、规格、包装等问题，相反却增加了作业环节，这也是流通加工不合理的重要表现形式。

10.4.1.4 流通加工成本过高，效益较低

流通加工的一个重要优势就是它有较大的投入产出比，即在流通加工上的投资与它可以带来的增加值之比较大，因而能有效地起到补充、完善的作用。如果流通加工成本过高，则不能实现以较低投入实现更高使用价值的目的，势必会影响流通加工的经济效益。

### 10.4.2 流通加工合理化的途径

10.4.2.1 通过流通加工与其他环节相结合的运输合理化

（1）加工与配送结合

即流通加工设置在配送点中。一方面按配送的需要进行加工，配送的管理重点便是以服务用户为主的加工；另一方面加工又是配送作业流程中分货、拣货、配货的重要一环，加工后的产品直接投入到配货作业，这就无需单独设置一个加工的中间环节，而使流通加工与中转流通巧妙地结合在一起。同时，由于配送之前有必要的加工，可以使配送服务水平大大提高，这是当前对流通加工做合理选择的重要形式，在煤炭、水泥等产品的流通中已经表现出较大的优势。

（2）加工与配套结合

"配套"是指对使用上有联系的用品集合成套地供应给用户使用。例如，方便食品的配套，如作料与肉类，菜类的配套；再如，牙膏牙刷，碗筷的配套等。当然，配套的主体来自各个生产企业，如方便食品中的方便面，就是由其生产企业配套生产的。但是，有的配

套不能由某个生产企业全部完成,如方便食品中的盘菜、汤料等。这样,适当的流通加工,可以有效地促成配套,大大提高流通作为供需桥梁与纽带的能力。

（3）加工与合理运输结合

流通加工能有效衔接干线运输和支线运输,促进两种运输形式的合理化。利用流通加工,在支线运输转干线运输或干线运输转支线运输等这些必须停顿的环节,不进行一般的支转干或干转支,而是按干线或支线运输合理的要求进行适当加工,从而大大提高运输及运输转载水平。

（4）加工与合理商流结合

流通加工也能起到促进销售的作用,从而使商流合理化,这也是流通加工合理化的方向之一。商流是指物品在供应者向需求者转移的时候,物品的社会流动,主要表现为物品与其等价物的交换或是物品所有权的转移运动。

（5）加工与配送结合

通过流通加工,提高了配送水平,促进了销售,使加工与商流合理结合。此外,通过简单地改变包装加工形成方便的购买量,通过组装加工解除用户使用前进行组装、调试的困难,都是有效促进商流的很好例证。

（6）加工与节约结合

节约能源、节约设备、节约人力、减少耗费是流通加工合理化重要的考虑因素,也是目前我国设置流通加工并考虑其合理化的较普遍形式。

对于流通加工合理化的最终判断,是看其是否能实现社会的和企业本身的两个效益,而且是否取得了最优效益。流通企业更应该树立社会效益第一的观念,以实现产品生产的最终利益为原则,只有在生产流通过程中不断补充、完善为己任的前提下才有生存的价值。如果只是追求企业的局部效益,不适当地进行加工,甚至与生产企业争利,这就有悖于流通加工的初衷,或者其本身已不属于流通加工的范畴。

例如,**绿色流通加工**。绿色流通加工是绿色物流范畴之一。它是指物流加工过程中继续对流通中商品进行生产性加工,以使其成为更加适合消费者需求的最终产品。流通加工具有较强的生产性,也是流通部门对环境保护作出贡献的领域。流通加工的途径主要表现在两个方面:一方面是变消费者分散加工为专业集中加工,以规模作业方式提供资源利用率,以减少环境污染,减少能源浪费;另一方面是集中处理消费品加工中产生的边角废料,减少消费者分散加工所造成的废弃物污染,如流通部门对蔬菜的集中加工减少了居民分散垃圾丢放及相应的环境治理问题。

### 10.4.2.2 通过流通加工技术促进运输合理化

（1）拆卸

拆卸的技术性处理是通过对某些形状不规整或重量超标等不利于运输效率发挥及难以进行运输的产品,在运输前进行一定程度的拆卸,以便形成比较规格的运输物件。例如,自行车,干洗机以及建筑工程类设备,大型采矿类设备等。

（2）缩小体积

缩小体积主要是对本身体积较大,可以进行压缩或者可以进行形态改变,利用充气设备恢复等技术性处理。例如篮球、足球、干冰等。

(3) 延迟加工

延迟加工是把某些本可以在生产工厂进行的作业放在物流设施中进行，其本身是一种制造企业的生产方式。例如，把本应该在仓储基地进行的规格较大的物品的拆分工作放在指定目的地进行，或者把标准规模的产品运往下一级的分销中心，再进行围绕不同客户需求的个性化配置等。这些均有效实现了运送物品的延后分离，形成更大的运输分量，达到集中运送的目的。美国的惠普公司，戴尔公司，通用电气公司等均成功使用延后策略，实现了成本的有效降低，使得客户满意度提高，效率增加。

## 【本章小结】

流通加工是指产品在从生产者向消费者的流通过程中，即原料或产成品的流通过程中，通过对产品进行简单的包装、分割、组装、贴价格、贴标签、刷标志、分类、计量等一系列简单的加工作业，以达到有效利用资源、方便用户、提高效率、促进销售的加工活动。流通加工的形式有增效性流通加工和增值性流通加工。流通加工的类型分为生产资料的流通加工和消费资料的流通加工。通过流通加工与其他环节相结合的运输合理化，通过流通加工技术来促进运输合理化。

## 【本章思考】

1. 为什么会产生流通加工？
2. 流通加工在物流中有何地位与作用？
3. 流通加工的类型有哪些？
4. 为何产生不合理的流通加工？如何实现流通加工的合理化？

## 【案例讨论】

# 超市食品的流通加工

食品的流通加工的类型种类很多。只要我们留意超市里的货柜就可以看出，那里摆放的各类洗净的蔬菜、水果、肉末、鸡翅、香肠、咸菜等都是流通加工的结果。这些商品的分类、清洗、贴商标和条形码、包装、装袋等是在摆进货柜之前就已进行了加工作业，这些流通加工都不是在产地，已经脱离了生产领域，进入了流通领域。食品流通加工的具体项目主要有如下几种。

1. 冷冻加工

为了保鲜而进行的流通加工，为了解决鲜肉、鲜鱼在流通中保鲜及装卸搬运的问题，采取低温冻结方式的加工。这种方式也用于某些液体商品、药品等。

2. 分选加工

为了提高物流效率而进行的对蔬菜和水果的加工，如去除多余的根叶等。农副产品规格、质量离散情况较大,为获得一定规格的产品,采取人工或机械分选的方式加工称为分选加工。这种方式广泛用于果类、瓜类、谷物、棉毛原料等。

3. 精制加工

农、牧、副、渔等产品的精制加工是在产地或销售地设置加工点,去除无用部分,甚至可以切分、洗净、分装等加工,进行分类销售。这种加工不但大大方便了购买者,而且还可以对加工过程中的淘汰物进行综合利用。比如,鱼类的精制加工所剔除的内脏可以制成某些药物或用作饲料,鱼鳞可以制高级粘合剂,头尾可以制鱼粉等;蔬菜的加工剩余物可以制饲料、肥料等。

4. 分装加工

许多生鲜食品零售起点较小,而为了保证高效输送出厂,包装一般比较大,也有一些是采用集装运输方式运达销售地区。这样为了便于销售,在销售地区按所要求的零售起点进行新的包装,即大包装改小包装,散装改小包装,运输包装改销售包装,以满足消费者对不同包装规格的需求,从而达到促销的目的。

此外,半成品加工、快餐食品加工也成为流通加工的组成部分。这种加工形式,节约了运输等物流成本,保护了商品质量,增加了商品的附加价值。如葡萄酒是液体,从产地批量地将原液运至消费地配制、装瓶、贴商标,包装后出售,既可以节约运费,又安全保险,以较低的成本,卖出较高的价格,附加值大幅度增加。

(资料来源:http://www.chinawuliu.com.cn/)

### 分析与讨论

1. 对食品进行流通加工,其作用体现在哪些方面?
2. 与生产加工相比,流通加工有何特点?

### 【拓展资源】

1. 网上资源:万联网资讯中心:http://info.10000link.com/;中国物流与采购网站:http://www.chinawuliu.com.cn/。

2. 书籍:《流通加工技术》,刘北林编/2004年/中国物资出版社;《流通加工与配送实务》,关善勇编/2011年/北京师范大学出版集团,北京师范大学出版社

# 第 11 章 配送管理

## 【学习要点】
- 掌握配送的概念和配送中心的概念
- 熟悉配送中心的功能与分类
- 熟悉配送的流程与模式
- 熟悉配送合理化措施

## 【关键术语】
配送（Distribution）；配送中心（Distribution Center）；物流中心（Logistics Center）

【案例导读】

# 电子商务下的末端配送

从创造一个消费时点到逐渐演变成一种商业消费模式,"双11"深刻改变了传统商业模式和消费习惯,成为消费增长的新动力。但是"双11"是整个中国商业基础设施的一个大考,除了电商外,还包含支付、物流、客服体系等商业整个配套体系设施。其中,最让人关注的,仍然是物流。

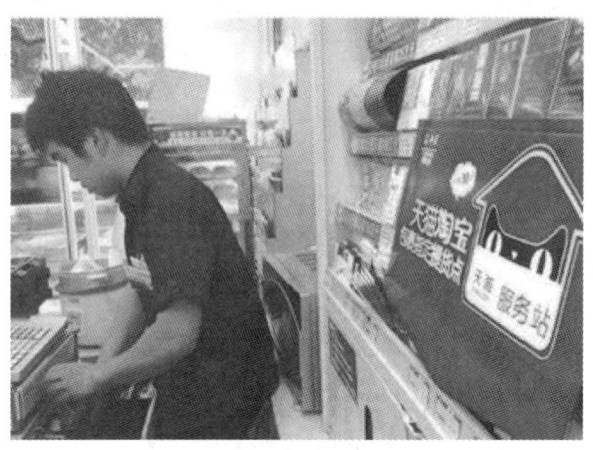

1. 物流整体再提速

在此前的快递动员大会上,阿里旗下的大数据物流平台公司菜鸟网络就公布了2015年"双11"的物流战略。与以往相比,2015年呈现出多兵种协同作战的特征,跨境、村淘、驿站点全面加入。菜鸟网络总裁童文红特别表示,2015年物流行业全面进入DT(大数据)时代。

也正是大数据的全面预测和覆盖,2015年"双11"物流整体再提速。电子面单全行业覆盖率已经超过六成,同时大数据预测将首次覆盖全行业半数以上的快递包裹。菜鸟网络还推出了"1亿元激励计划",鼓励快递公司提前揽收,包括协调大商家与快递企业提前揽收包裹,以及48小时送达、72小时送达等具体服务保障,整个"双11"期间的包裹送达将整体提速。

两年来,菜鸟网络以数据连接和互通为核心,打通了覆盖跨境、快递、仓配、农村、末端配送的全网物流链路,超过70%的快递包裹、数千家国内外物流、仓储公司以及170万物流配送人员都在菜鸟数据平台上运转,可以实现无缝对接。菜鸟网络做的事就是通过社会化协同,让仓储、快递、运输、落地配送等环节的合作伙伴都能在一个数据平台上连接,从而提升配送效率。

2. 仓网发力成亮点

每年"双11"开始后,各大快递物流公司就争分夺秒,接单、打包、装货、送货,为的就是不断刷新时效纪录。据菜鸟网络数据,2015年天猫"双11"配送的第一单仅用时14分钟,也就是北京时间11月11日零点14分,就由菜鸟网络合作伙伴日日顺物流送达。申通首单则从 11 日 00：01：24 买家下单到派件入柜，用时 30 分钟；全峰快递第一单签收于 00：28，用时 28 分钟。2015 年通达系快递公司首单时速大战，主要功劳在于自提柜签收的应用。申通、全峰就是以派件入柜、自提柜签收完成首单派送。而顺丰更是来了个"奇袭"，11 日凌晨上百首单齐发，拼时效的同时还拼规模，这主要得益于基于大数据的信息流与覆盖全国范围的仓储配送物流的配合。

据顺丰方面介绍，顺丰可根据商家提供的商品预售信息，将货物预存在顺丰仓库或是线下门店，提前调拨至消费者所在小区的丰巢柜。消费者在线上完成预售商品的尾款支付时，商家触发物流配送，顺丰的系统就会在第一时间作出反应，自动匹配到丰巢柜内相应的商品，同时推送商品到达信息给消费者，由消费者在方便时间自行前往丰巢柜提取。

业内人士认为，这不仅仅是顺丰历时 3 年布局的仓网首次展现锋芒，为电商商家提供"仓、干、配、店、柜"一站式物流供应链解决方案，也是未来行业发展的大趋势。让库存离消费者更近，就近发货提升时效，从而实现成本最优，而非只是运费最优。

（资料来源：http://www.chinawuliu.com.cn/）

## 11.1 配送概述

### 11.1.1 配送的概念

"配送"最早来源于日本对 delivery 一词的意译，但根据各国在物流领域配送的发展状况，都对配送赋予了不同的定义。根据《中华人民共和国国家标准·物流术语》(GB/T 18354—2006) 的定义，配送（Distribution）是指在经济合理区域范围内，根据客户要求，对物品进行拣选、加工、包装、分割、组配等作业，并按时送达指定地点的物流活动。

从物流来讲，配送几乎包括了所有的物流功能要素，是物流的一个缩影或在某小范围中物流全部活动的体现。一般的配送集装卸、包装、保管、运输于一身，通过这一系列活动完成将货物送达的目的。特殊的配送则还要以加工活动为支撑，所以包括的方面更广。但是，配送的主体活动与一般物流却有不同，一般物流是运输及保管，而配送则是运输及分拣配货。分拣配货是配送的独特要求，也是配送中有特点的活动，以送货为目的的运输则是最后实现配送的主要手段。

从商流来讲，配送与物流的不同之处在于，物流是商物分离的产物，而配送则是商物合一的产物。配送本身就是一种商业形式。虽然配送具体实施时也有以商物分离形式实现的，但从配送的发展趋势看，商流与物流越来越紧密的结合，是配送成功的重要保障。

具体来说，配送包含了以下 5 个内容。

① 整个概念描述了接近用户资源配置的全过程。

② 配送实质是送货。配送是一种送货，但与一般送货有区别：一般送货可以是一种偶然的行为，而配送却是一种固定的形态，甚至是一种有确定组织、确定渠道，有一套装备和管理力量、技术力量，有一套制度的体制形式，所以，配送是高水平的送货形式。

③配送是"配"与"送"的有机结合。所谓"合理地配"是指在送货活动之前必须依据顾客需求对其进行合理的组织与计划。只有"有组织有计划"地"配"才能实现现代物流管理中所谓的"低成本、快速度"地"送",进而有效满足顾客的需求。

④配送是一种"中转"形式。配送是从物流节点至用户的一种特殊送货形式。从送货功能看,其特殊性表现为:从事送货的是专职流通企业,而不是生产企业;配送是"中转"型送货,而一般送货尤其从工厂至用户的送货往往是直达型;一般送货是生产什么,有什么送什么;配送则是企业需要什么送什么。所以,要做到需要什么送什么,就必须在一定中转环节筹集这种需要,从而使配送必然以中转形式出现。

⑤配送以用户要求为出发点。在定义中强调"按用户的订货要求"明确了用户的主导地位。配送是从用户利益出发、按用户要求进行的一种活动,因此,在观念上必须明确"用户第一"、"质量第一"。配送企业的地位是服务地位而不是主导地位,因此不能从本企业利益出发而应从用户利益出发,在满足用户利益基础上取得本企业的利益。更重要的是,不能利用配送损伤或控制用户,也不能利用配送作为部门分割、行业分割、割据市场的手段。

### 11.1.2 配送的分类

#### 11.1.2.1 按配送组织者分类

(1) 商店配送

组织者是商业或物资的门市网点,这些网点主要承担零售,规模一般不大,但经营品种较齐全。除日常零售业务外,还可根据用户的需求将商店经营的品种配齐,或代用户外订外购一部分商店平时不经营的商品,与商店经营的品种一起配齐送给用户。这种配送组织者实力很有限,往往只是小量、零星商品的配送。对于商品种类繁多且需用量不大、有些商品只是偶尔需要而很难与大配送中心建立计划配送关系的用户,可以利用小零售网点从事此项工作。商业及物资零售网点数量较多,配送路径较短,所以更为灵活机动,可承担生产企业重要货物的配送和对消费者个人的配送,它们对配送系统的完善起着较重要的作用。这种配送是配送中心配送的辅助及补充形式。

(2) 配送中心配送

配送组织者是专职从事配送的配送中心。规模较大,可按配送需要储存各种商品,储存量也较大。配送中心专业性强,与用户建立固定的配送关系,一般实行计划配送,所以,需配送的商品往往在配送中心都有固定的库存,很少超越配送中心的经营范围。配送中心的建设及工艺流程是根据配送需要专门设计的,所以配送能力强,配送距离较远,配送品种多,配送数量大。可以承担工业企业生产用主要物资的配送,零售商店需补充商品的配送,向配送商店实行补充性配送等。配送中心配送是配送的重要形式。

(3) 仓库配送

仓库配送是以库房、货场作为物流据点组织的配送。它可以把仓库完全改造成配送中心,也可以在保持仓库原功能的前提下增加一部分配送职能。由于原仓库并不是按配送中心专门设计和建立的,因此仓库配送的规模较小,配送的专业化较差。仓库配送是开展中等规模配送可以选择的形式,同时也是较为容易利用现有条件而不需大量投资的形式。

（4）生产企业配送

生产企业配送的组织者是生产企业，尤其是生产多品种产品的生产企业，可以直接由企业配送，而不需要将产品送到配送中心。由于减少了一次物流中转，所以有一定的优势。

生产企业配送需要有较为完善的配送网络和较高的配送管理水平，适用于生产地方性较强产品的生产企业，如食品、饮料、百货等。某些不适用于中转的化工产品及地方建材也常常采用这种方式。

#### 11.1.2.2 按配送产品种类及数量分类

（1）单（少）品种大批量配送

工业企业需要量较大的产品，单独一个品种或仅少数品种就可达到较大输送量，可实行整车运输，这种产品往往不需要再与其他产品搭配，可由专业性很强的配送中心实行这种配送。由于配送量大，可使车辆满载并使用大吨位车辆，在配送中心中，内部设置也不需太复杂，组织、计划等工作也较简单。因而配送成本较低。单品种大批量配送优势范围较窄，当可用汽车、火车、船舶从生产企业将这种产品直抵用户，同时又不至使用户库存效益变坏时，采用直送方式往往有更好的效果。

（2）多品种少批量配送

各工业生产企业所需的重要原材料、零部件一般需要量大，要求也较均衡，采取直送或单品种大批量配送方式可以收到好的效果。但是，现代企业生产的所需，除了少数几种重要物资外，从种类数来看，处于 B、C 类的物资种类数远高于 A 类重要物资，这些种类的物资品种数多，单种需要量不大，采取直送或大批量配送方式由于必须加大一次进货批量，必然造成用户库存增大，库存周期拉长，库存损失严重，必然困死大量资金。所以，不能采取直送或大批量配送方法。类似情况也出现在向零售商店补充配送，国外开展的向家庭的配送也是如此。这些情况适合采用的方式便是多品种少批量配送。多品种少批量配送是按用户要求，将所需的各种物品（每种需要量不大）配备齐全，凑整装车后由配送据点送达用户。这种配送对配货作业的水平要求较高，配送中心设备较复杂，配送计划较困难，要有高水平的组织工作保证和配合。这是一种高水平、高技术的配送方式。配送的特殊成效，主要反映在多品种、少批量的配送中。这种方式也正切合现代"消费多样化"、"需求多样化"的新观念，所以是许多发达国家普遍采用的配送方式。

（3）配套成套配送

配套成套配送是按企业生产需要，尤其是装配型企业生产需要，将生产所需全部零部件配齐，按生产节奏定时送达生产企业，生产企业随即可将此成套零部件送入生产线装配产品。采取这种配送方式，配送企业实际承担了生产企业的大部分供应工作。

#### 11.1.2.3 按配送时间及数量分类

（1）定时配送（准时配送）

按规定的时间间隔进行配送，如几天一次、几小时一次等，每次配送的品种及数量可以事前拟定长期计划，规定某次多大的量，也可以配送时日之前以商定的联络方式（如电话、计算机终端输入等）通知配送品种及数量。这种方式由于时间固定，对于配送中心来讲，易于安排工作计划、易于计划使用车辆；对于用户来讲，也易于安排接货力量（如人员、设备等）。但由于备货的要求下达较晚，集货、配货、配装难度较大，在要求配送数量变化较大时，也会使配送运力安排出现困难。

（2）定量配送

按规定的批量进行配送，但不严格确定时间，只是规定在一个指定的时间范围内配送。这种方式由于数量固定，备货工作较为简单，用不着经常改变配货备货的数量，可以按托盘、集装箱及车辆的装载能力规定配送的定量，这就能有效利用托盘、集装箱等集装方式，也可做到整车配送，所以配送效率较高。由于时间不严格限定，对于配送中心来讲，可以将不同用户所需物品凑整车后配送，运力利用也较好；对于用户来讲，每次接货都处理同等数量的货物，有利于配备人力和设备。

（3）定时定量配送

规定准确的配送时间和固定的配送数量进行配送，这种方式在用户较为固定，又都有长期的稳定计划时，采用起来有较大优势，有定时、定量两种方式的优点。这种方式特殊性强，计划难度大，适合采用的对象不多。虽较理想，但不是一种普遍采用的配送方式。

（4）定时、定路线配送

在确定的运行路线上制定到达时间表，按运行时间表进行配送，用户可在规定路线站及规定时间接货，可按规定路线及时间表提出配送要求，进行合理选择。采用这种方式，对于配送中心来讲，有利于计划安排车辆及驾驶人员。在配送用户较多的地区，也可免去过分复杂的配送要求造成的配送计划、组织工作、配货工作及车辆安排的困难。对于用户来讲，既可在一定路线、一定时间进行选择，又可有计划安排接货力量，也有其便利性。但这种方式应用领域是有限的，不普遍采用。

（5）即时配送

完全按用户要求时间、数量进行配送。这种方式是以某天的任务为目标，在充分掌握了这一天的需要地点、需要量数及种类的前提下，即时安排最优的配送路线并安排相应的配送车辆，并实施配送。这种配送可以避免上述两种方式的不足，做到每天配送都能实现最优的安排，因而是水平较高的方式。采用即时配送方式，为了对这种配送实行有效的计划指导，可以在期初按预测的结果制订计划，以便统筹安排一个时期的任务，并准备相应的力量，实际的配送实施计划则可在配送前一两天根据任务书作出。

### 11.1.3 配送的意义和作用

#### 11.1.3.1 提高末端物流的效益

采用配送方式，通过增大经济批量来达到经济地进货，又通过将各种产品用户集中一起进行一次发货，代替分别向不同用户小批量发货，达到经济地发货，使末端物流经济效益提高。

#### 11.1.3.2 通过集中库存使企业实现低库存或零库存

实现了高水平的配送之后，尤其是采取准时配送方式之后，生产企业可以完全依靠配送中心的准时配送而不需保持自己的库存。或者，生产企业只需保持少量保险储备而不必留有经常储备，这就可以实现生产企业多年追求的"零库存"，将企业从库存的包袱中解脱出来，同时解放出大量的储备资金，从而改善企业的财务状况。实行集中库存，集中库存的总量远低于不实行集中库存时各企业分散库存之总量。同时增加了调节能力，也提高了社会经济效益。此外，采用集中库存可以利用规模经济的优势，使单位存货成本下降。

#### 11.1.3.3 简化事务，方便用户

采用配送方式，用户只需向一处订购，或与一个进货单位联系就可订购到以往需去许多地方才能订到的货物，只需组织对一个配送单位的接货便可代替现有的高频率接货，因而大大减轻了用户工作量和负担，也节省了事务开支。

#### 11.1.3.4 提高供应保证程度

用生产企业自己保持的库存，维持生产，供应保证程度很难提高（受到库存费用的制约）；而采取配送方式，配送中心可以比任何单位企业的储备量更大。因而对每个企业而言，中断供应、影响生产的风险便相对缩小，使用户免去短缺之忧。

## 11.2 配送中心

### 11.2.1 配送中心的概念

根据《中华人民共和国国家标准·物流术语》（GB/T 18354—2006）的定义，配送中心（Distribution Center）是指从事配送业务的物流场所或组织，应基本符合下列要求：

①主要为特定的客户服务。
②配送功能健全。
③辐射范围小。
④多品种、小批量、多批次、短周期。
⑤主要为末端客户提供配送服务。

配送中心是接受生产厂家等供货商多批次、小批量的货物，按照多家需求者的订货要求，迅速、准确、低成本、高效率地将商品配送到需求场所的物流节点设施。

一般来说，为了提高物流服务水平，降低物流成本，从工厂等供货场所到配送中心实施低成本、高效率的大批量运输，配送中心在分拣后，向区域内的需求者进行配送。在配送过程中，配送中心根据需要还可以在接近用户的地方设置末端配点，从这里向小需求量用户配送商品。

### 11.2.2 配送中心与物流中心

#### 11.2.2.1 物流中心的概念

根据《中华人民共和国国家标准·物流术语》（GB/T 18354—2006）的定义，物流中心（Logistics Center）是指从事物流活动且具有完善信息网络的场所或组织。应基本符合下列要求：

①主要面向社会提供公共物流服务。
②物流功能健全。
③集聚辐射范围大。
④储存、吞吐能力强。
⑤对下游配送中心客户提供物流服务。

物流中心是物流作业集中的场所，分为综合物流中心与专业物流中心，包括运输中心TC（Transfer Center）、配送中心DC（Distribution Center）、储存中心SC（Stock Center）、加工中心PC（Process Center）4种类型。

11.2.2.2 物流中心与配送中心的关系

二者之间的共同点：

①物流中心的外延比配送中心大，包括配送中心，配送中心属于物流中心，所以配送中心可以称为物流中心。

②二者都是物流作业，如运输、储存、包装、流通加工、物流信息等集中的地方。

二者之间的区别如表11-1所示。

表11-1 配送中心与物流中心的区别

| 区别点 | 配送中心 | 物流中心 |
| --- | --- | --- |
| 相互联系 | 上游可以为生产企业也可以是物流中心，下游为服务客户 | 其上游为生产企业，下游为配送中心或服务客户 |
| 服务对象 | 主要针对用户服务 | 主要是面向更广的全社会服务 |
| 功能 | 要求具有配送核心作业等功能 | 要求物流功能健全 |
| 辐射范围 | 相对小 | 大 |
| 配送特点 | 多品种、小批量、高频率 | 少品种、大批量 |
| 经营特点 | 以配送为主，储存为辅 | 储存、吞吐能力强 |

### 11.2.3 配送中心的分类

11.2.3.1 按照配送中心的内部特性分类

（1）储存型配送中心

这种配送中心有很强的储存功能。一般来讲，在买方市场下，企业成品销售需要有较大库存支持，其配送中心可能有较强储存功能；在卖方市场下，企业原材料，零部件供应需要有较大库存支持，这种供应配送中心也有较强的储存功能。大范围配送的配送中心，需要有较大库存，也可能是储存型配送中心。

（2）流通型配送中心

这种配送中心基本上没有长期储存功能，仅以暂存或随进随出方式进行配货和送货。这种配送中心的典型方式是，大量货物整进并按一定批量零出，采用大型分货机，进货时直接进入分货机传送带，分送到各用户货位或直接分送到配送汽车上，货物在配送中心里仅做少许停留。日本的阪神配送中心，中心内只有暂存，大量储存则依靠大型补给仓库。

（3）加工配送中心

这种配送中心具有加工职能，可以根据用户的需要或者市场竞争的需要，对配送物进行加工之后进行配送。在这种配送中心内，有分装、包装、初级加工、集中下料、组装产品等加工活动。

世界著名连锁服务店肯德基和麦当劳的配送中心，就是属于这种类型的配送中心。在工业、建筑领域，生混凝土搅拌的配送中心也是属于这种类型的配送中心。

#### 11.2.3.2 按照配送中心承担的流通职能分类

（1）供应配送中心

这种配送中心执行供应职能，专门为某个或某些用户（例如连锁店、联合公司）组织供应配送。例如，为大型连锁超级市场组织供应的配送中心；使零件加工厂对装配厂的供应合理化，代替零件加工厂送货的零件配送中心。供应配送中心的主要特点是，配送的用户有限并且稳定，用户的配送要求范围也比较确定，属于企业型用户。因此，配送中心集中库存的品种比较固定，配送中心的进货渠道也比较稳固，同时，可以采用效率比较高的分货式工艺。

（2）销售配送中心

这种配送中心执行销售职能，以销售经营为目的，以配送为手段。销售配送中心大体有两种类型：一种是生产企业为本身产品直接销售给消费者的配送中心，这种类型的配送中心在国外很多；另一种是流通企业作为本身的一种经营方式，建立配送中心以扩大销售，我国目前拟建的配送中心大多属于这种类型，国外的例证也很多。

销售配送中心的用户一般是不确定的，而且用户的数量很大，每一个用户购买的数量又较少，属于消费者型用户。这种配送中心很难像供应配送中心一样实行计划配送，计划性较差。

销售配送中心集中库存的库存结构也比较复杂，一般采用拣选式配送工艺，销售配送中心往往采用共同配送方法才能够取得比较好的经营效果。

#### 11.2.3.3 按配送区域的范围分类

（1）城市配送中心

这种配送中心以城市范围为配送范围。由于城市范围一般处于汽车运输的经济里程，这种配送中心可直接配送到最终用户，且采用汽车进行配送。所以，这种配送中心往往与零售经营相结合，由于运距短，反应能力强，因而从事多品种、少批量、多用户的配送较有优势。

（2）区域配送中心

这种配送中心以较强的辐射能力和库存准备，向省际、全国乃至国际范围的用户配送。这种配送中心配送规模较大，一般而言，用户也较大，配送批量也较大，而且，往往是配送给下一级的城市配送中心，也配送给营业所、商店、批发商和企业用户，虽然也从事零星的配送，但不是其主体形式。

#### 11.2.3.4 按配送货物种类分类

根据配送货物的属性，可以分为食品配送中心、日用品配送中心、医药品配送中心、化妆品配送中心、家用电器配送中心、电子（3C）产品配送中心、书籍产品配送中心、服饰产品配送中心、汽车零件配送中心以及生鲜处理中心等。

### 11.2.4 配送中心的功能

#### 11.2.4.1 集货功能

为了满足门店"多品种、小批量"的要货和消费者要求在任何时间都能买到所需的商品，配送中心必须从众多的供应商那里按需要的品种较大批量地进货，以备齐所需商品，规模备货，从生产企业取得种类、数量繁多的货物。这是配送中心的基础功能。

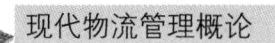

#### 11.2.4.2 储存功能

配送依靠集中库存来实现对多个用户的服务，储存可形成配送的资源保证。这是配送中心必不可少的支撑功能。

#### 11.2.4.3 分拣、理货功能

为了将多种货物向多个用户按不同要求、种类、规格、数量进行配送，配送中心必须有效地将储存货物按用户要求分拣出来，并能在分拣的基础上，按配送计划进行理货。这是配送中心的核心功能。

#### 11.2.4.4 配货、分放功能

配送通常是在商品的集结地进行。将各用户所需要的多种货物在配货区有效地组织起来，形成方便向用户发送的配载。这也是配送中心的核心功能。

#### 11.2.4.5 倒装、分装功能

不同规模的货载在配送中心应能高效地分解组合，形成新的装运组合或装运形态，从而符合用户的特定要求，达到有效的载运负荷。这是配送中心的重要功能。

#### 11.2.4.6 装卸搬运功能

配送中心的集货、理货、装货、加工都需要辅之以装卸搬运，有效地装卸能大大提高配送中心的水平。可以说，装卸搬运工作是物流能否顺利展开的最基本的保证。这是配送中心的基础性功能。

#### 11.2.4.7 送货功能

虽然送货已经超出配送中心的范畴，但配送中心还是要对送货工作指挥管理起决定性作用。送货属于配送中心的末端功能。配送中心的难点是如何组合形成高效最佳的配送路线，如何使配装和路线最搭配。

#### 11.2.4.8 流通加工功能

它是物品在从生产领域向消费领域流动的过程中，为了促进销售、维护产品质量和提高物流效率，而对物品进行的加工。

#### 11.2.4.9 信息处理功能

配送中心在干线物流与末端物流之间起衔接作用，这种衔接不但靠实物的配送，也靠情报信息的衔接。配送中心的情报活动是全物流系统中重要的一环。配送中心有相当完整的信息处理系统，能有效地为整个流通过程的控制、决策和运转提供依据。

## 11.3 配送流程与模式

### 11.3.1 配送的业务流程

#### 11.3.1.1 配送作业的基本环节

配送作业是按照用户的要求，把货物分拣出来，按时按量发送到指定地点的过程。从总体上讲，配送是由备货、理货和送货3个基本环节组成的。其中每个环节又包含若干项具体的、枝节性的活动。

（1）备货

备货是指准备货物的系列活动，它是配送的基础环节。严格来说，备货包括两项具体活动：筹集货物和储存货物。

（2）理货

理货是配送的一项重要内容，也是配送区别于一般送货的重要标志。理货包括货物分拣、配货和包装等经济活动。其中，分拣是指采用适当的方式和手段，从储存的货物中选出用户所需货物的活动。分拣货物一般采取两种方式来操作：其一是摘取式，其二是播种式。

（3）送货

送货是配送活动的核心，也是备货和理货工序的延伸。在物流活动中，送货实际上就是货物的运输。在送货过程中，常常进行3种选择：运输方式、运输路线和运输工具。

11.3.1.2 配送作业的一般流程

配送作业是配送企业或部门运作的核心内容，因而配送作业流程的合理性，以及配送作业效率的高低都会直接影响整个物流系统的正常运行。配送作业的一般流程如图11-1所示。

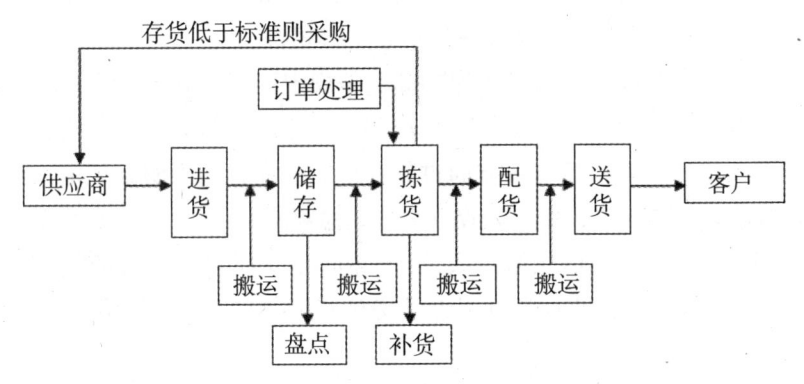

**图11-1 配送作业的一般流程**

当配送中心收到用户订单后，首先将订单按其性质进行"订单处理"，之后根据处理后的订单信息，进行从仓库中取出用户所需货品的"拣货"作业。拣货完成后，一旦发现拣货区所剩余的存货量过低时，则必须由储存区进行"补货"作业。如果储存区的存货量低于规定标准时，便向供应商采购订货。从仓库拣选出的货品经过整理之后即可准备"发货"，等到一切发货的准备工作就绪，司机便可将货品装在配送车上，向用户进行"送货"作业。另外，在所有作业中，可发现只要涉及物的流动作业，其过程就一定有"搬运"作业。

11.3.1.3 进货作业和订单处理

（1）进货作业

进货作业是指从货车上把货物卸下、开箱，检查其数量、质量，然后将必要的信息进行书面化的记载。进货作业流程包括以下主要环节。

①进货作业计划。物流中心的进货作业计划制定的主要基础和依据是需求订单。进货作业计划的制订必须依据订单所反映的信息，掌握商品到达的时间、品类、数量及到货方

式，尽可能准确预测出到货时间，以尽早作出卸货、储位、人力、物力等方面的计划和安排。进货作业计划的制订有利于保证整个进货流程的顺利进行，同时有利于提高作业效率，降低作业成本。

②进货前的准备。在商品到达物流中心之前，必须根据进货作业计划，在掌握入库商品的品种、数量和到库日期等具体情况的基础上做好进货准备。做好入库前的准备，是保证商品入库稳中有序的重要条件。准备工作的主要内容有：储位准备；人员准备；搬运工具准备；相关文件准备。

③接运与卸货。有些商品通过铁路、公路、水路等公共运输方式转运到达，需物流中心从相应站港接运商品，对直接送达物流中心的商品，必须及时组织卸货入库。

④分类与标示。在对商品进行初步清点的基础上，需按储放地点、哇头标志进行分类并作出标记。在这一阶段，要注意根据有关单据和信息，对商品进行初步清理验收，以便及时发现问题，查清原因，明确责任。

⑤核对单据。进货商品通常会具备下列单据或相关信息：送货单，采购订单、采购进货通知，供应方开具的出仓单、发票、磅码单、发货明细表等；除此之外，有些商品还有随货同行的商品质量保证说明书、检疫合格证、装箱单等；对由承运企业转运的货物，接运时还需审核运单，核对货物与单据反映的信息是否相符。

⑥入库验收。入库验收是对即将入库的商品按规定的程序和手续进行数量和质量的检验，也是保证库存质量的第一个重要的工作环节。商品的检验方式有全检和抽检两种商品检验方式，一般由供货方和接货方双方通过签订协议或在合同中明确规定。商品验收的内容包括：质量验收、包装验收、数量验收、交货期检验。

⑦进货信息的处理和商品信息的登录。到达物流中心的商品，经验收确认后一般应填写"入库验收单"，单据的格式根据商品及业务形式而不同，但一般包含供应商信息、商品信息、订单信息等。

⑧作业辅助信息的收集与整理。在进货通道、站台、库房布局等硬件设施的设计与布局中，需要考虑许多相关因素，才能达到既能控制适当的规模，节省投资，又能满足作业需要的目的。这些信息将决定进货工作量的大小、装卸货方式及设备的选择、库内外卸货站台的空间、进货验收对人员及设备等方面的需求、进货作业活动所需场地和空间的大小、车辆等运输工具的安排。进货辅助信息主要来自于进货作业过程中发生的相关信息，因此，必须注意收集与整理，以便为管理决策提供重要的参考数据。

（2）订单处理

从接到客户订单开始到着手准备拣货之间的作业阶段，称为订单处理。通常包括订单资料确认、存货查询、单据处理等内容。

订单处理分人工处理和计算机处理两种形式。人工处理具有较大弹性，但只适合少量的订单处理。计算机处理则速度快、效率高、成本低，适合大量订单的处理，因此目前主要采取后一种订单处理形式。订单处理的步骤如图11-2所示。

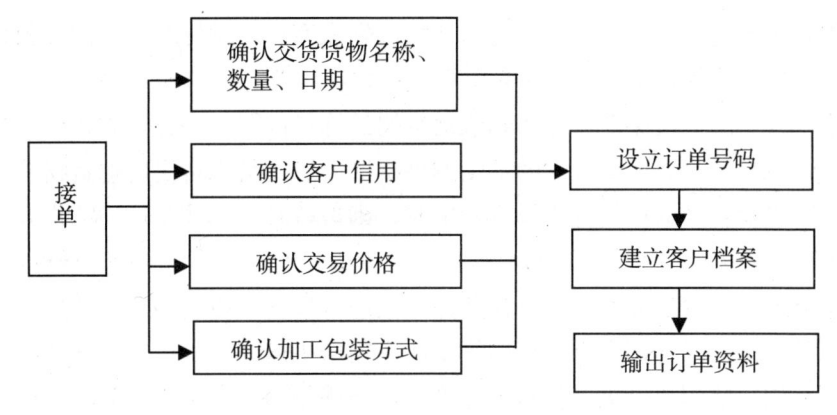

图 11-2 订单处理步骤

#### 11.3.1.4 拣货作业和补货作业

（1）拣货作业

拣货作业是依据顾客的订货要求或配送中心的送货计划，尽可能迅速、准确地将商品从其储位或其他区域拣取出来，并按一定的方式进行分类、集中、等待配装送货的作业流程。拣货作业的基本过程包括如下 4 个环节。

①拣货信息的形成。拣货作业开始前，指示拣货作业的单据或信息必须先行处理完成。虽然一些配送中心直接利用顾客订单或公司交货单作为拣货指示，但此类传票容易在拣货过程中受到污损而产生错误，所以多数拣货方式仍需将原始传票转换成拣货单或电子信号，使拣货员或自动拣取设备进行更有效的拣货作业。但这种转换仍是拣货作业中的一大瓶颈。因此，利用 EOS（Electric Ordering System）、POT 直接将订货资讯通过计算机快速及时地转换成拣货单或电子信号是现代配送中心必须解决的问题。

②行走与搬运。拣货时，拣货作业人员或机器必须直接接触并拿取货物，这样就形成了拣货过程中的行走与货物的搬运。这一过程有两种完成方式：人—物方式，即拣货人员以步行或搭乘拣货车辆方式到达货物储位。物—人方式，与第一种方式相反，拣取人员在固定位置作业，而货物保持动态的储存方式。

③拣货。无论是人工拣取还是机械拣取货物，都必须首先确认被拣货物的品名、规格、数量等内容是否与拣货信息传递的指示一致。这种确认既可以通过人工目视读取信息，也可以利用无线传输终端机读取条码，由电脑进行对比，后一种方式可以大幅度降低拣货的错误率。拣货信息被确认后，拣取的过程可以由人工或自动化设备完成。

④分类与集中。配送中心在收到多个客户的订单后，可以形成批量拣取，然后根据不同的客户或送货路线分类集中，有些需要进行流通加工的商品还需根据加工方法进行分类，加工完毕再按一定方式分类出货。多品种分类的工艺过程较复杂，难度也大，容易发生错误，必须在统筹安排形成规模效应的基础上提高作业的精确性。分类完成后，经过查对、包装便可以出货了。

（2）补货作业

补货作业是将货物从仓库保管区域搬运到拣货区的工作，其目的是确保商品能保质保量按时送到指定的拣货区。

补货作业主要包括：确定所需补充的货物，领取商品，做好上架前的各种打理、准备工作，补货上架。补货方式主要有以下几种。

①整箱补货。由货架保管区补货到流动货架的拣货区。这种补货方式的保管区为料架储放区，动管拣货区为两面开放式的流动棚拣货区。拣货员拣货之后把货物放入输送机并运到发货区，当动管区的存货低于设定标准时，则进行补货作业。这种补货方式由作业员到货架保管区取货箱，用手推车载箱至拣货区。较适合于体积小且少量多样出货的货品。

②托盘补货。这种补货方式是以托盘为单位进行补货。托盘由地板堆放保管区运到地板堆放动管区，拣货时把托盘上的货箱置于中央输送机送到发货区。当存货量低于设定标准时，立即补货，使用堆垛机把托盘由保管区运到拣货动管区，也可把托盘运到货架动管区进行补货。这种补货方式适合于体积大或出货量多的货品。

③货架上层—货架下层的补货方式。此种补货方式保管区与动管区属于同一货架，也就是将同一货架上的中下层作为动管区，上层作为保管区，而进货时则将动管区放不下的多余货箱放到上层保管区。当动管区的存货低于设定标准时，利用堆垛机将上层保管区的货物搬至下层动管区。这种补货方式适合于体积不大、存货量不高，且多为中小量出货的物品。

11.3.1.5 配货作业和送货作业

（1）配货作业

配货作业是指把拣取分类完成的货品经过配货检查过程后，装入容器和做好标示，再运到配货准备区，待装车后发送。配货作业既可采用人工作业方式，也可采用人机作业方式，还可采用自动化作业方式，但组织方式有一定区别。其作业流程如图 11-3 所示。

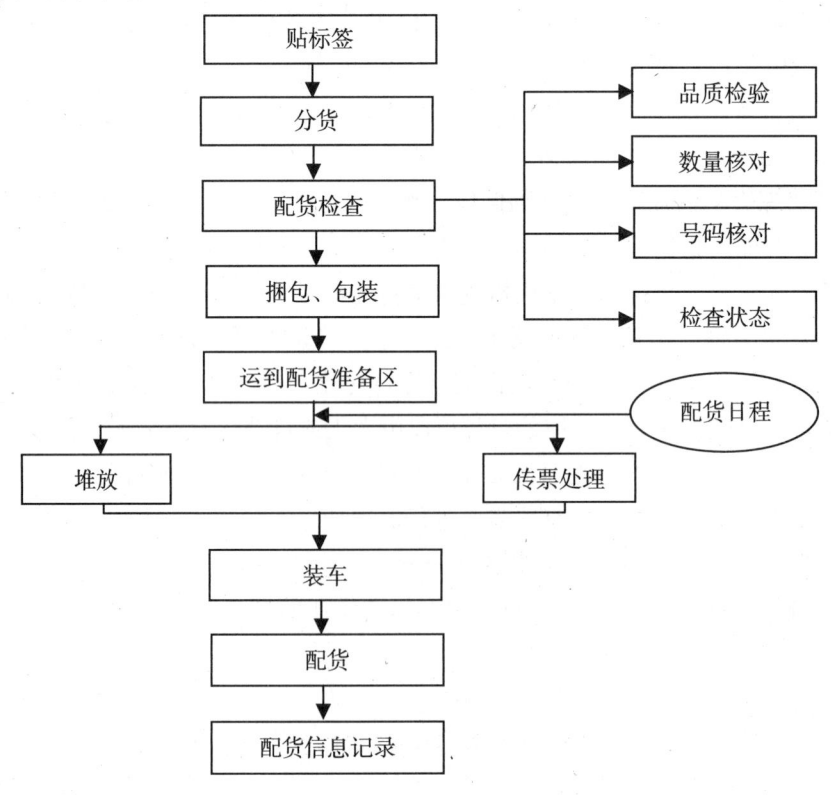

图 11-3 配货作业流程

(2) 送货作业

送货作业是利用配送车辆把用户订购的物品从制造厂、生产基地、批发商、经销商或配送中心，送到用户手中的过程。送货通常是一种短距离、小批量、高频率的运输形式，它以服务为目标，以尽可能满足客户需求为宗旨。

送货作业的一般业务流程如图11-4所示。在各阶段的操作过程中，需要注意的要点是：明确订单内容、掌握货物的性质、明确具体配送地点、适当选择配送车辆、选择最优的配送线路及充分考虑各作业点装卸货时间。

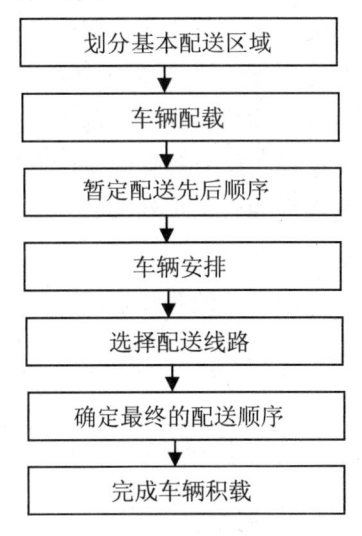

```
划分基本配送区域
     ↓
   车辆配载
     ↓
暂定配送先后顺序
     ↓
   车辆安排
     ↓
  选择配送线路
     ↓
确定最终的配送顺序
     ↓
  完成车辆积载
```

**图 11-4 送货作业流程**

#### 11.3.1.6 退调作业和信息处理

(1) 退调作业

退调作业涉及退货商品的接收和退货商品的处理。而退货商品的处理，还包含着退货商品的分类、整理（部分商品可重新入库）、退供货商或报废销毁以及账务处理。

(2) 信息处理

在配送中心的运营中，信息系统起着中枢神经的作用，其对外与生产商、批发商、连锁商场及其他客户等联网，对内向各子系统传递信息，把收货、储存、拣选、流通加工、分拣、配送等物流活动整合起来，协调一致，指挥、控制各种物流设备和设施高效率运转。在配送中心的运营中包含着三种"流"，即物流、资金流和信息流。

### 11.3.2 配送的模式

#### 11.3.2.1 配送模式的种类

(1) 自营配送模式

自营配送模式是指企业物流配送的各个环节由企业自身筹建并组织管理，实现对企业内部及外部货物配送的模式，是目前生产流通或综合性企业（集团）所广泛采用的一种配送模式。企业（集团）通过组建自己的配送中心，实现内部各部门、厂、店的物品供应的配送。这种配送模式因为糅合了传统的"自给自足"的"小农意识"，形成了新型的"大而全"、"小而多"，从而造成了社会资源浪费。但是这种配送模式有利于企业供应、生产和销售的一体化作业，系统化程度相对较高，既可满足企业内部原材料、半成品及成品的配送需要，又可满足企业对外进行市场拓展的需求。

较典型的企业（集团）内自营配送模式，就是连锁企业的配送。许多连锁公司或集团基本上都是通过组建自己的配送中心，来完成对内部各场、店的统一采购、统一配送和统一结算的。

（2）共同配送模式

共同配送是物流配送企业之间为了提高配送效率以及实现配送合理化所建立的一种功能互补的配送联合体。是一种物流配送经营企业之间为实现整体配送合理化，以互惠互利为原则，互相提供便利的物流配送服务的协作型配送模式，也是电子商务发展到目前为止最优的物流配送模式，包括配送的共同化、物流资源利用共同化、物流设施设备利用共同化以及物流管理共同化。共同配送模式是合理化配送的有效措施之一，是企业保持优势常在的至关重要的课题，是企业的横向联合、集约协调、求同存异和效益共享，有利于发挥集团型竞争优势的一种现代管理方式。

在实际运作中，由于共同配送联合体的合作形式、所处环境、条件以及客户要求的服务务存在差异，因此，共同配送的运作过程也存在较大的差异。共同配送的一般流程如图11-5所示。

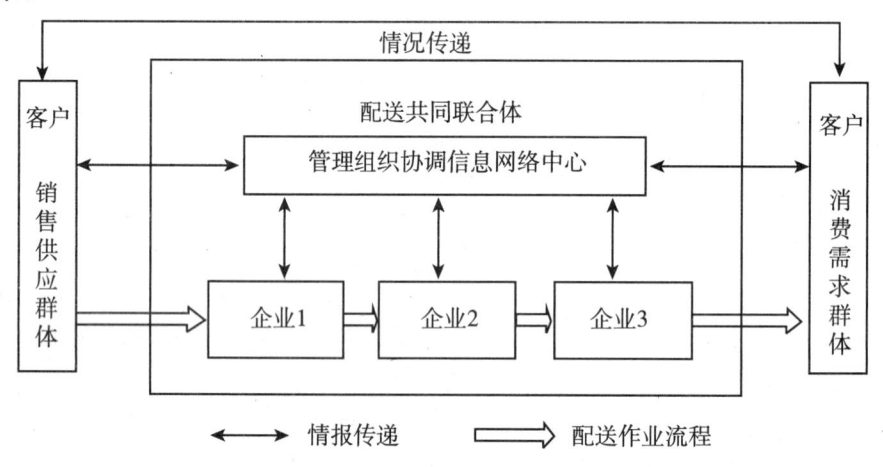

图 11-5　共同配送的一般流程

（3）第三方配送模式

随着物流产业的不断发展以及第三方配送体系的不断完善，第三方配送模式成为工商企业和电子商务网站进行货物配送的首选模式和发展方向。第三方配送模式的运作方式如图11-6所示。

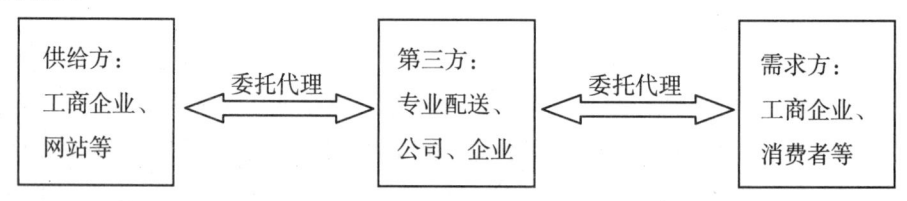

图 11-6　第三方配送模式的运作方式

第三方配送模式作为有着较新物流理念的产业正在逐步形成，在对企业的服务中逐步形成了一种战略关系。随着 JIT 管理方式的普及，无论是制造企业还是商业企业逐渐把配送业务交由相对独立的第三方进行管理。第三方配送企业根据采购方的小批量和多批次的要求，按照地域分布密集情况，决定供应方的取货顺序，并应用一系列的信息技术和物流技术，保证 JIT 取货和配货。与其他配送模式不同，这种新型的物流配送模式主要有以下特点。

①拉动式（响应为基础）的经营模式。
②小批量、多批次取货。
③提高生产保障率，减少待料时间。
④减少中间仓储搬运环节，做到"门对门"的服务，节约仓储费用和人力、物力。
⑤产生最佳经济批量，从而降低运输成本。
⑥通过 GPS 全球定位系统及信息反馈系统，保证了 JIT 运输及运输安全。

#### 11.3.2.2 配送模式的选择

选择何种配送模式，主要取决于以下几方面的因素：配送对企业的重要性、企业的配送能力、市场规模与地理范围、保证的服务及配送成本等。一般来说，企业配送模式的选择方法主要有矩阵图决策法、比较选择法等。下面介绍矩阵图决策法。

矩阵图决策法主要是通过两个不同因素的组合，利用矩阵图来选择配送模式的一种决策方法。其基本思路是选择决策因素，然后通过其组合形成不同区域或象限再进行决策。在这里，我们主要围绕配送对企业的重要性和企业配送的能力来进行分析，如图 11-7 所示。

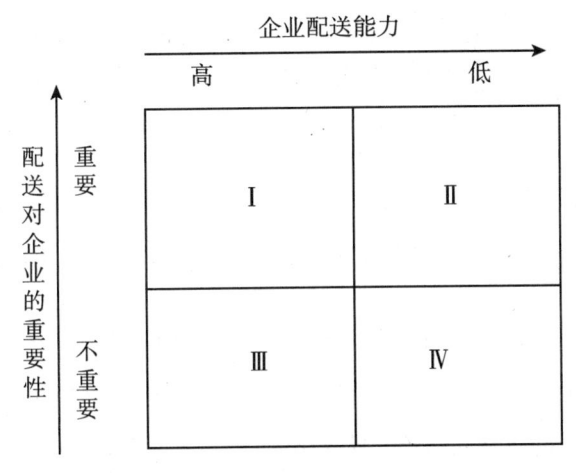

|  | 企业配送能力 | |
| --- | --- | --- |
|  | 高 | 低 |
| 配送对企业的重要性 — 重要 | Ⅰ | Ⅱ |
| 配送对企业的重要性 — 不重要 | Ⅲ | Ⅳ |

图 11-7 矩阵图决策法

在实际经营过程中，企业根据自身的配送能力和配送对企业的重要性组成了上述区域，一般来说，企业可按下列思路来进行选择和决策。

在状态Ⅰ下，配送对企业的重要性程度较大，企业也有较强的配送能力，在配送成本较低和地理区域较小但市场相对集中的情况下，企业可采取自营配送模式，以提高顾客的满意度和配送效率，与营销保持一致。

在状态Ⅱ下，配送虽对企业的重要程度较大，但企业的配送能力较低，此时，企业可采取的策略是寻求配送伙伴来弥补自身在配送能力上的不足。可供选择的模式有三种：第一种是加大投入，完善配送系统，提高配送能力，采用自营配送模式；第二种是进行一些投入，强化配送能力，采用共同配送模式；第三种是采取第三方配送模式，将配送业务完全委托给专业的配送企业来进行。一般来说，在市场规模较大且相对集中及投资量较小的情况下，企业可采取自营配送模式，若情况相反，则可采取第三方配送模式。

在状态Ⅲ下，配送在企业战略中不占据主要地位，但企业却有较强的配送能力，此时，企业可向外拓展配送业务，以提高资金和设备的利用能力，既可以采取共同配送的模式，也可以采用第三方配送模式。若企业在该方面具有较大的竞争优势，也可适当地调整业务方向，向社会化的方向发展，成为专业的配送企业。

在状态Ⅳ下，企业的配送能力较强，且不存在较大的配送需求，此时，企业宜采取第三方配送模式，将企业的配送业务完全或部分委托给专业的配送企业去完成，而将主要精力放在企业最为擅长的生产经营方面，精益求精，获得更大的收益。

## 11.4 配送合理化

### 11.4.1 不合理配送的表现形式

对于配送合理与否，不能简单判定，也很难有一个绝对的标准。例如，企业效益是配送的重要衡量标志，但是，在决策时常常考虑各个因素，有时要做赔本买卖。所以，配送的决策是全面、综合决策。在决策时要避免由于不合理配送所造成的损失，但有时某些不合理现象是伴生的，要追求大的合理，就可能派生小的不合理，所以，虽然这里只单独论述不合理配送的表现形式，但要防止绝对化。

#### 11.4.1.1 资源筹措不合理

配送是利用较大批量筹措资源，通过筹措资源达到规模效益来降低资源筹措成本，使配送资源筹措成本低于用户自己筹措资源成本，从而取得优势。如果不是集中多个用户需要进行批量筹措资源，而仅仅是为某一两个用户代购代筹，对用户来讲，就不仅不能降低资源筹措费，相反却要多支付一笔配送企业的代筹代办费，因而是不合理的。资源筹措不合理还有其他的表现形式，如配送量计划不准，资源筹措过多或过少，在资源筹措时不考虑建立与资源供应者之间长期稳定的供需关系等。

#### 11.4.1.2 库存决策不合理

配送应充分利用集中库存总量低于各用户分散库存总量，从而大大节约社会财富，同时降低用户实际平均分摊库存负担。因此，配送企业必须依靠科学管理来实现一个低总量的库存，否则就会出现单是库存转移，而未取得库存总量降低的效果。配送企业库存决策不合理还表现在储存量不足，不能保证随机需求，失去了应有的市场。

#### 11.4.1.3 价格不合理

总的来讲，配送的货品价格应低于不实行配送时用户自己进货的产品购买价格加上自己提货、运输等的成本总和，这样用户才会选择配送模式。有时候，由于配送有较高服务水平，价格稍高，用户也是可以接受的，但这不是普遍的原则。如果配送价格普遍高于用户自己进货价格，损伤了用户利益，就是一种价格的不合理表现。价格过低，使配送企业处于无利或亏损状态下运行，使多方的利益受损，这也是不合理的。

#### 11.4.1.4 配送与直达的决策不合理

一般的配送总是增加了环节，但是这个环节的增加，可降低用户平均库存水平，以此不但抵消了增加环节的支出，而且还能取得剩余效益。但是如果用户使用批量大，可以直接通过社会物流系统均衡批量进货，较之通过配送中转送货则可能更节约费用。所以，在这种情况下，不直接进货而通过配送，就属于不合理的决策。

#### 11.4.1.5 送货中的不合理运输

配送与用户自提比较，尤其对于多个小用户来讲，可以集中配装一车送几家，这比一家一户自提，可大大节省运力和运费。如果不能利用这一优势，仍然是一户一送，而车辆达不到满载（即时配送过多、过频时会出现这种情况），则就属于不合理运输。

此外，不合理运输的若干表现形式在配送中都可能出现，会使配送变得不合理。

#### 11.4.1.6 经营观念的不合理

在配送实施中，有许多是经营观念不合理，使配送优势无从发挥，相反却损坏了配送的形象。这是开展配送时尤其需要注意克服的不合理现象。例如，配送企业利用配送手段，向用户转嫁资金和库存困难；在资金紧张时，长期占用用户资金；在库存过大时，强迫用户接货，以缓解自己的库存压力；在资源紧张时，将用户委托资源挪做他用获利等。

### 11.4.2 配送合理化的判断标志

对于配送合理化与否的判断，是配送决策系统的重要内容，目前国内外尚无一定的技术经济指标体系和判断方法，按一般认识，以下若干标志是应当纳入的。

#### 11.4.2.1 库存标志

库存是判断配送合理与否的重要标志。具体指标有以下两个。

（1）库存总量

库存总量在一个配送系统中，从分散于各个用户转移给配送中心，配送中心库存数量加上各用户在实行配送后库存量之和应低于实行配送前各用户库存量之和。

此外，从各个用户角度判断，各用户在实行配送前后的库存量比较，也是判断合理与否的标准，某个用户的库存量上升而总量下降，也属于一种不合理。

库存总量是一个动态的量，上述比较应当是在一定经营量的前提之下的。在用户生产有发展之后，库存总量的上升则反映了生产经营的发展，必须扣除这一因素，才能对总量是否下降作出正确判断。

（2）库存周转

由于配送企业的调剂作用，以低库存保持高的供应能力，库存周转一般总是快于原来各企业的库存周转。

此外，从各个用户角度进行判断，各用户在实行配送前后的库存周转比较，也是判断合理与否的标志。为取得共同比较基准，以上库存标志都以库存储备资金计算，而不以实际物资数量计算。

#### 11.4.2.2 资金标志

总的来讲，实行配送应有利于资金占用降低及资金运用的科学化。具体判断标志如下。

（1）资金总量

用于资源筹措所占用的流动资金总量，随储备总量的下降及供应方式的改变必然有一个较大的降低。

（2）资金周转

从资金运用来讲，由于整个节奏加快，资金充分发挥作用，同样数量资金，过去需要较长时期才能满足一定供应要求，配送之后，在较短时期内就能达此目的。所以资金周转是否加快，是衡量配送合理与否的标志。

（3）资金投向的改变

资金分散投入还是集中投入，是资金调控能力的重要反映。实行配送后，资金必然应当从分散投入改为集中投入，以能增加调控作用。

#### 11.4.2.3 成本和效益

总效益、宏观效益、微观效益、资源筹措成本都是判断配送合理化的重要标志。对于不同的配送方式，可以有不同的判断侧重点。例如，配送企业、用户都是各自独立的以利润为中心的企业，因此不但要看配送的总效益，而且还要看对社会的宏观效益及两个企业的微观效益，忽视任何一方，都必然出现不合理。又如，如果配送是由用户集团自己组织的，配送主要强调保证能力和服务性，那么，效益主要从总效益、宏观效益和用户集团企业的微观效益来判断，不必过多顾及配送企业的微观效益。

由于总效益及宏观效益难以计量，在实际判断时，常以按国家政策进行经营，完成国家税收及配送企业及用户的微观效益来判断。

对于配送企业而言（投入确定了的情况下），则企业利润反映配送合理化程度。对于用户企业而言，在保证供应水平或提高供应水平（产出一定）前提下，供应成本的降低反映了配送的合理化程度。成本及效益对合理化的衡量还可以具体到储存、运输等配送环节，使判断更为精细。

#### 11.4.2.4 供应保证标志

实行配送，各用户的最大担心是害怕供应保证程度降低，这是个心态问题，也是承担风险的实际问题。

配送的重要一点是必须提高而不是降低对用户的供应保证能力，才算做到了合理。供应保证能力可以从以下方面判断。

（1）缺货次数

实行配送后，对各用户来讲，该到货而未到货以至于影响用户生产及经营的次数，必须下降才算合理。

（2）配送企业集中库存量

对每一个用户来讲，其数量所形成的保证供应能力高于配送前单个企业保证程度，从供应保证来看才算合理。

（3）即时配送的能力及速度

这是用户出现特殊情况的特殊供应保障方式，这一能力必须高于未实行配送前用户紧急进货能力及速度才算合理。

特别需要强调一点，配送企业的供应保障能力是一个科学的合理的概念，而不是无限的概念。具体来讲，如果供应保障能力过高，超过了实际需要，也属于不合理。

#### 11.4.2.5 社会运力节约标志

末端运输是目前运能、运力使用不合理，浪费较大的领域，因而人们寄希望于配送来解决这个问题。这也成了配送合理化的重要标志。

运力使用的合理化是依靠送货运力的规划和整个配送系统的合理流程及与社会运输系统合理衔接实现的。送货运力的规划是任何配送中心都需要花力气解决的问题，而其他问题有赖于配送及物流系统的合理化，判断起来比较复杂。可以简化如下。

①社会车辆总数减少，而承运量增加为合理。

②社会车辆空驶减少为合理。

③一家一户自提自运减少，社会化运输增加为合理。

#### 11.4.2.6 用户企业仓库、供应、进货人力物力节约标志

配送的重要观念是以配送代劳用户，因此，实行配送后，各用户库存量、仓库面积、仓库管理人员减少为合理；用于订货、接货、搞供应的人应减少才为合理。真正解除了用户的后顾之忧，配送的合理化程度则可以说是达到了一个高水平了。

#### 11.4.2.7 物流合理化标志

配送必须有利于物流合理。这可以从以下几个方面判断。

①是否降低了物流费用。

②是否减少了物流损失。

③是否加快了物流速度。

④是否发挥了各种物流方式的最优效果。

⑤是否有效衔接了干线运输和末端运输。

⑥是否不增加实际的物流中转次数。

⑦是否采用了先进的技术手段。

物流合理化的问题是配送要解决的大问题，也是衡量配送本身的重要标志。

### 11.4.3 配送合理化可采取的做法

国内外推行配送合理化，有一些可供借鉴的办法。

（1）推行一定综合程度的专业化配送

通过采用专业设备、设施及操作程序，取得较好的配送效果并降低配送过分综合化的复杂程度及难度，从而追求配送合理化。

（2）推行加工配送

通过加工与配送结合，充分利用本来应有的这次中转，而不增加新的中转求得配送合理化。同时，加工借助于配送，加工目的更明确与用户联系更紧密，避免了盲目性。这两者有机结合，投入不增加太多却可追求两个优势、两个效益，是配送合理化的重要经验。

(3) 推行共同配送

通过共同配送,可以以最近的路程、最低的配送成本完成配送,从而追求合理化。

(4) 实行送取结合

配送企业与用户建立稳定、密切的协作关系.配送企业不仅成了用户的供应代理人,而且承担用户储存据点,甚至成为产品代销人。在配送时,将用户所需的物资送到,再将该用户生产的产品用同一车运回,这种产品也成了配送中心的配送产品之一,或者作为代存代储,免去了生产企业的库存包袱。这种送取结合,使运力充分利用,也使配送企业功能有更大的发挥,从而追求合理化。

(5) 推行准时配送系统

准时配送是配送合理化的重要内容。配送做到了准时,用户才有资源把握,可以放心地实施低库存或零库存,可以有效地安排接货的人力、物力,以追求最高效率的工作。另外,保证供应能力,也取决于准时供应。从国外的经验看,准时供应配送系统是现在许多配送企业追求配送合理化的重要手段。

## 【本章小结】

配送是指在经济合理区域范围内,根据客户要求,对物品进行拣选、加工、包装、分割、组配等作业,并按时送达指定地点的物流活动。配送中心是指从事配送业务的物流场所或组织,应基本符合下列要求:主要为特定的客户服务;配送功能健全;辐射范围小;多品种、小批量、多批次、短周期;主要为末端客户提供配送服务。配送作业是按照用户的要求,把货物分拣出来,按时按量发送到指定地点的过程。从总体上讲,配送是由备货、理货和送货3个基本环节组成的。其中每个环节又包含若干项具体的、枝节性的活动。配送合理化需要推行一定综合程度的专业化配送,推行加工配送,推行共同配送,实行送取结合,以及推行准时配送系统。

## 【本章思考】

1. 配送有何意义与作用?
2. 配送中心有哪些功能?配送中心与物流中心有何区别与联系?
3. 配送的业务流程是怎样的?
4. 不合理配送有哪些表现形式?配送合理化可以采取哪些措施?

## 【案例讨论】

## 沃尔玛的配送体系

沃尔玛公司由美国零售业的传奇人物山姆·沃尔顿先生于1962年在阿肯色州成立，经过几十年的发展，沃尔玛公司已经成为美国最大的私人雇主和世界最大的连锁零售企业。目前沃尔玛在全球开设了6600多家商场，分布在全球14个国家，每周光临沃尔玛的顾客达2亿人次。沃尔玛是全球500强榜首企业。

1. 沃尔玛物流配送体系的运作

（1）注重与第三方物流公司形成合作伙伴关系。在美国本土，沃尔玛做自己的物流和配送，拥有自己的卡车运输车队，使用自己的后勤和物流方面的团队。但是在国际上的其他地方沃尔玛就只能求助于专门的物流服务提供商了，飞驰公司就是其中之一。飞驰公司是一家专门提供物流服务的公司，它在世界上的其他地方为沃尔玛提供物流方面的支持。飞驰成为了沃尔玛大家庭的一员，并百分之百献身于沃尔玛的事业，飞驰公司同沃尔玛是一种合作伙伴的关系，它们共同的目标就是努力做到最好。

（2）挑战"无缝点对点"物流系统。为顾客提供快速服务。在物流方面，沃尔玛尽可能降低成本。为了做到这一点，沃尔玛为自己提出了一些挑战。其中的一个挑战就是要建立一个"无缝点对点"的物流系统，能够为商店和顾客提供最快捷的服务。这种"无缝"的意思指的是，使整个供应链达到一种非常顺畅的链接。

（3）自动补发货系统。沃尔玛之所以能够取得成功，还有一个很重要的原因是因为沃尔玛有一个自动补发货系统。每一个商店都有这样的系统，包括在中国的商店。它使得沃尔玛在任何一个时间点都可以知道：目前某个商店中有多少货物，有多少货物正在运输过程中，有多少货物是在配送中心等。同时补发货系统也使沃尔玛可以了解某种货物上周卖了多少，去年卖了多少，而且可以预测将来的销售情况。

（4）零售链接系统。沃尔玛还有一个非常有效的系统，叫做零售链接系统，可以使供货商们直接进入到沃尔玛的系统。任何一个供货商都可以进入这个零售链接系统中来了解他们的产品卖得怎么样，昨天、今天、上一周、上个月和去年卖得怎么样，可以知道某种商品卖了多少，而且可以在24小时内就进行更新。供货商们可以在沃尔玛公司的任何一个店当中，及时了解到有关情况。

2. 沃尔玛配送体系的特色

（1）设立了运作高效的配送中心。从建立沃尔玛折扣百货公司之初，沃尔玛公司就意识到有效的商品配送是保证公司达到最大销售量和最低成本的存货周转及费用的核心。而唯一使公司获得可靠供货保证及提高效率的途径就是建立自己的配送中心，包括送货车队和仓库。配送中心的好处不仅使公司可以大量进货，而且可以要求供应商将商品集中送到配送中心，再由公司统一接收、检验、配货、送货。

（2）采用先进的配送作业方式。沃尔玛在配送作业时，大宗商品通常经铁路送达配送中心,再由公司卡车送达商店。每店每周收到 1～3 卡车货物,60% 的卡车在返回配送中心的途中又捎回沿途从供应商处购买的商品,这样的集中配送为公司节约了大量的资金。

(3) 实现配送中心自动化的运行及管理。沃尔玛配送中心的运行完全实现了自动化。每种商品都有条码,通过几十公里长的传送带传送商品,激光扫描器和电脑追踪每件商品的储存位置及运送情况,每天能处理 20 万箱的货物配送。沃尔玛具有完善的配送组织结构。公司为了更好地进行配送工作,非常注意从自己企业的配送组织上加以完善。其中一个重要的举措便是建立了自己的车队进行货物的配送,以保持灵活性和为一线商店提供最好的服务。这使沃尔玛享有极大竞争优势,其运输成本也总是低于竞争对手。

(资料来源:http://www.wal-martchina.com/ )

**分析与讨论**

1. 沃尔玛的配送过程是怎样的?
2. 试分析沃尔玛的配送特点。

**【拓展资源】**

1. 网上资源:中国物流与采购网站:http://www.chinawuliu.com.cn/;沃尔玛中国有限公司网站:http://www.wal-martchina.com/

2. 书籍:《配送中心规划与管理》,汪佑明,周兴建等编 /2014 年 / 经济科学出版社;《仓储与配送管理》,何庆斌编 /2015 年 / 复旦大学出版社

# 第 12 章　物流信息管理

**【学习要点】**
- 掌握物流信息和物流信息技术的含义
- 熟悉条形码技术的原理和应用
- 熟悉射频识别技术的原理和应用
- 熟悉销售时点系统的原理和应用
- 熟悉电子订货系统的原理和应用
- 了解物流管理信息系统的组成和应用

**【关键术语】**

信息（Information）；信息技术（Information Technology，IT）；物流信息（Logistics Information）；条形码技术（BC）；无线射频识别技术（RFID）；销售时点系统（POS）；电子订货系统（EOS）

**【案例导读】**

# 中储信息化解决方案

中国物资储运总公司（以下简称"中储"）是国有储运系统中最大的国有储运企业，是中国最大的以提供仓储、分销、加工、配送、国际货运代理、进出口贸易以及相关服务为主的综合物流企业之一。在全国中心城市和重要港口设有子公司以及控股上市公司78家，分布在全国20多个大中城市，总资产60亿元，占地面积1300万平方米，货场面积450万平方米，库房面积200万平方米，铁路专用线129条，长114公里，自备列车3列，起重设备900台，载重汽车400辆，年吞吐货物2500万吨，年平均库存量300万吨。

应仓储管理发展的需求，中储对其仓储业务进行信息系统的建设和改造，以中储的标准化储运业务流程规范为基础，提出了For-WMS仓储信息化解决方案。该系统通过为企业提供科学规范的业务管理、实时的生产监控调度、全面及时的统计分析、多层次的查询对账功能，包括网上查询在内的多渠道方便灵活的查询方式，新型的增值业务的管理功能，不仅满足了中储生产管理、经营决策的要求，而且有力地支持了中储开发新客户。

基于标准业务流程之上的仓储管理信息系统For-WMS，采用大集中方式实现中国物资储运总公司对全国性仓储业务的统一调控。通过先进的通信技术和计算机技术实时反映库存物资状况，使管理人员可以随时了解仓库管理情况。系统对库存物品的入库、出库、在库等各环节进行管理，实现对仓库作业的全面控制和管理。For-WMS在包含了一般仓库管理软件所拥有的功能外，另增加了针对库内加工、存储预警、储位分配优化、在库移动、组合包装分拣、补货策略等强大功能，For-WMS系统解决了企业运作过程生产管理监控、灵活分配岗位角色等实际问题，主要功能模块由仓储协调管理、资源管理、标准化管理、业务管理、统计查询等功能模块组成。

仓储协调控制模块。为了便于处理储运业务活动中的特殊情况，满足客户需要，提高仓容利用率，软件中对临时发货、以发代验、多卡并垛等具体情况都有相应的处理办法，在维护标准业务流程统一性的同时，又体现出一定的灵活性。仓储协调控制模块包括补货、储存预警、储位分配优化、在库移动组合、包装分拣。通过登录互联网，无论是单个仓库存货的货主会员，还是多个仓库存货的会员，以及集团客户，都可以得到满意的查询结果。用计算机对仓库业务进行管理，其中有一个很大的优势就是能很方便地对货物进行查询统计，可以节省大量的手工操作，提供一些手工无法实现的服务项目，使仓库工作人员从繁杂的手工统计工作中解放出来。软件中包含进库、出库、库存、仓容等信息内容，使得综合查询功能非常丰富。除可以满足中储自身管理和经营需要，以及广大客户对库存物品信息按照不同需求查询外，仓库生产调度随时能掌握现场作业信息，从而科学调度，合理安排机械、人力，指挥生产。

储运业务管理模块。储运业务管理包括收货（一般收货、中转收货）、发货（自提发货、代运发货、分割提货、指定发货、非指定发货、以发代验、临时发货、中转发货）、过户（不移位过户、移位过户）、并垛、移垛、退单、变更、挂失、冻结/解冻、存量下限、特殊业务申请/审批、盘点、清卡/盈亏报告、存档工作、临时代码管理（申请/审批、替换）等。根据运输方式和入库方式的不同，货物入库流程也不同：①接运员收货，一般用于火车专线到货，由接运员将货物卸到站台或货位上，然后由理货员对货物进行验收入库。②理货员收货，一般用于存货人将货物用汽车直接送达仓库，由理货员将货物直接卸到货位上，并同时对货物进行验收。根据企业的业务范围不同，For-WMS 解决方案将在基础功能基础上扩充相应子模块。

资源管理模块。分为仓库资料管理、合同管理、客户资料管理。在客户档案中被确定为集团客户或地区级客户，还包括分支机构管理功能，用来设置总公司、地区级、普通级客户之间的隶属关系。在软件设计中，充分考虑到合同的重要性，包括仓储合同、代运合同、中转合同、租赁合同、抵押合同。合同管理和客户资料管理可由合同管理员负责。

标准化管理。标准化管理的主要功能是在数据准备好之后，系统并行之前的初始数据的建立和录入工作，如在系统运行过程中基础数据发生了变化，也在此处进行修改。是系统正常运行，数据准确的基础。标准化管理主要包括对以下基础信息的管理：货物代码管理、货物临时代码管理、仓库仓容管理、仓库基本资料管理、初始码单录入。码单是动态表现仓储物品进出库变化的核心单据，在仓储管理工作中起着十分重要的作用。码单的电子化有助于实现理货员间的不定位发货工作制度，对提高劳动效率，保证24小时发货提供了条件。电子码单的另外一个突出作用是可以实现货主指定发货，一次结算，减少了客户过去一笔业务来回奔波的麻烦，也为开展电子商务和物流配送奠定了基础。

中储以 For-WMS 仓储管理系统为支撑，整合物流组织体系，重构仓储管理模式，有效地降低了运营成本，取得了明显的经济效益，良好的信息系统大大提高了服务水平。

（资料来源：http://www.db56.com.cn/）

## 12.1 物流信息概述

### 12.1.1 信息与信息技术

#### 12.1.1.1 信息

对于信息（Information）的含义，人们从不同的角度作出了多种描述："信息就是谈论的事情、新闻和知识"(《牛津辞典》)；"信息，就是在观察或研究过程中获得的数据、新闻和知识"(《韦氏字典》)；"信息是所观察事物的知识"(《广辞苑》)；"信息是通信系统传输和处理的对象，泛指消息和信号的具体内容和意义，通常需通过处理和分析来提取"(《辞海》1989年版)。尽管众说纷纭，但广义上可做如下概括：信息是能够通过文字、图像、声音、符号、数据等为人类获得的知识。然而，对信息的概念仅仅做这样的描述是远远不够的。那么，到底什么是信息呢？一般来说，信息是指与客观事物相联系，反映客观事物的运动状态，通过一定的物质载体被发出、传递和感受，对接受对象的思维产生影响并用来指导接受对象的行为的一种描述。从本质上说，信息是反映现实世界的运动、发展和变化状态及规律的信号与消息。

一般来说，信息由如下6大要素构成。

①信源。信源是指信息的主体，可以是各种客观存在。信息总是一定主体的信息，总要反映一定的客观存在，没有信源或者说无主体的信息是不存在的。不同的信源所具有的信息量、发出信息的能力和对信息的控制能力是不同的。掌握信息首先要了解信源，不了解信源就不可能掌握信息的内涵。

②语言符号。任何信息都是通过一定的语言符号来表达的。语言符号可分为自然语言和人工语言。自然语言是在客观事物之间长期交流和发展中形成的，以不同的形式和符号，按照某种客观存在的规则而构成的，包括人类的语言、表情、动植物和其他客观事物之间交流信息的形式等。人工语言是人类为了表达、交流、传递和理解信息的需要而创造出来的一些符号，如文字、各种符号、编码等。

③载体。信息必须附着在一定的物质之上，通过这个物质载体进行储存、加工、传递和反馈。

④信道。信道指信息在收发双方之间传递的通道。

⑤信宿。信宿是指信息的接收者。

⑥媒介。任何信息都离不开传递，不能传递就不能称之为信息。信息传递要通过一定的媒介，语言、载体、信道都属于信息传递的媒介形式。

#### 12.1.1.2 信息技术

信息技术（Information Technology，IT）是指在信息科学的基本原理和方法的指导下扩展人类信息功能的技术。一般来说，信息技术是以电子计算机技术和现代通信技术为主要手段实现信息的获取、加工、传递和利用等功能的技术总和。

信息技术有如下两个特征。

①信息技术具有技术的一般特征——技术性。具体表现为：方法的科学性，工具设备的先进性，技能的熟练性，经验的丰富性，作用过程的快捷性，功能的高效性等。

②信息技术具有区别于其他技术的特征——信息性。具体表现为：信息技术的服务主体是信息，核心功能是提高信息处理与利用的效率、效益。由信息的秉性决定信息技术还具有普遍性、客观性、相对性、动态性、共享性、可变换性等特性。

### 12.1.2 物流信息技术

#### 12.1.2.1 物流信息

根据《中华人民共和国国家标准·物流术语》（GB/t 18354）的定义，物流信息（Logistics Information）反映物流各种活动内容的知识、资料、图像、数据、文件的总称。

物流信息系统（Logistics Information System，LIS）与物流作业系统一样都是物流系统的子系统，是指由人员、设备和程序组成的、为后勤管理者执行计划、实施、控制等职能提供相关信息的交互系统。

#### 12.1.2.2 物流信息技术

物流信息技术（Logistics Information Technology）是实现物流信息化的一个重要环节。物流信息化是指物流企业运用现代信息技术对物流过程中产生的全部或部分信息进行采集、分类、传递、汇总、识别、跟踪、查询等一系列处理活动，以实现对货物流动过程的控制，从而降低成本、提高效益的管理活动。

物流信息技术包括条形码技术（BC）、无线射频识别技术（RFID）、销售时点系统（POS）和电子订货系统（EOS）等。

## 12.2 条形码技术

### 12.2.1 条形码技术概述

#### 12.2.1.1 条形码的含义

条形码是由一组按一定能够编码规则排列的条、空符号，用以表示一定的字符、数字及符号组成的信息。条形码系统是由条形码符号设计、制作及扫描阅读等组成的自动识别系统。条形码是由不同宽度的浅色和深色的部分（通常是条形）组成的图形，这些部分代表数字、字母或标点符号。由条与空代表的信息编码的方法被称作符号法。

一个完整的条形码的组成次序依次为：空白区（前）、起始字符、数据字符、校验字符（可选）和终止字符以及供人识读字符、空白区（后）组成，如图12-1所示。

空白区是指条形码左右两端外侧与空的反射率相同的限定区域，它能使阅读器进入准备阅读的状态，当两个条形码相距较近时，空白区有助于对它们加以区分。起始、终止符指位于条形码开始和结束的若干条与空，标志条形码的开始和结束，同时提供了码制识别信息和阅读方向的信息。数据符是指位于条形码中间的条、空结构，它包含条形码所表达的特定信息。构成条形码的基本单位是模块，模块是指条形码中最窄的条或空。

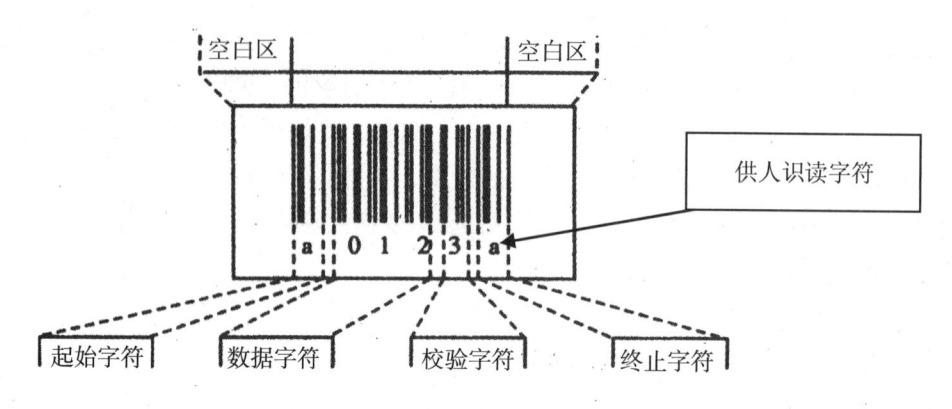

图 12-1　条形码符号的结构

#### 12.2.1.2 条形码的分类

（1）条形码按维数分类

条形码按维数分类可分为一维条形码、二维条形码和多维条形码。

一维条形码是由一个接一个的"条"和"空"排列组成的，条形码信息靠条和空的不同宽度和位置来传递，信息量的大小是由条形码的宽度和印刷的精度来决定的，条形码越宽，包括的条和空越多，信息量越大；条形码印刷的精度越高，单位长度内可以容纳的条和空越多，传递的信息量也就越大。这种条形码技术只能在一个方向上通过"条"与"空"的排列组合存储信息，所以叫它"一维条形码"。一维条形码按码制一般分为8类，UCP码、EAN码、交叉25码、39码、库德巴码、128码、93码和49码；按条形码长度分为定长与非定长；按排列方式分为连续与非连续条形码；从校验方式上可分为自校验与非自校验条形码；从应用方面则可分为商品条形码、储运条形码。

二维条形码依靠其庞大的信息携带量，能够把过去使用一维条形码时存储与后台数据库中的信息包含在条形码中，可以直接通过阅读条形码得到相应的信息，并且二维条形码还有错误修正技术及防伪功能，增加了数据的安全性。二维条形码作为一种新的信息存储和传递技术，从诞生之时就受到了国际社会的广泛关注。经过几年的努力，现已应用在国防、公共安全、交通运输、医疗保健、工业、商业、金融、海关及政府管理等多个领域。目前二维条形码主要有PDF417码（图12-2）、Code49码（图12-3）、Code16K码、Date Maxi码 Maxi Code码等，主要是分为堆积或层排式和棋牌或矩阵式两大类。

图 12-2　PDF417 码　　　　图 12-3　Code49 码

多维条形码进一步提高条符号的信息密度，是信息化建设的一个重要目标，也是研究单位的重要科研方向，所以许多科研机构开始对多维条形码进行研究。信息密度是描述条

形码符号的重要参数，即单位长度中可能编写的字母的个数，通常记作 n/cm，n 代表字母个数。影响信息密度的主要因素是条、空结构和窄元系的宽度。128 码和 93 码就是为提高密度而进行的成功尝试，分别于 1981 年和 1982 年投入使用。这两种条形码的符号密度均比 39 码高将近 30%。多维条形码的应用是未来商品贸易信息化的发展趋势。

（2）条形码按码数分类

条形码按码数分类有 8 种，主要有 EAN 码（图 12-4）、UPC 码、39 码（图 12-5）、库德巴码、交叉 25 码（图 12-6）、Code 128 码（图 12-7）、93 码和 49 码。

图 12-4　EAN-128 码

图 12-5　39 码

图 12-6　交叉 25 码

图 12-7　Code 128 码

除上述码制外，还有其他码制。例如，出现在 20 世纪 60 年代后期的 25 码，主要用于航空系统的机票的顺序编号；11 码出现于 1977 年，主要用于电子元器件标签；还有如矩阵 25 码、Nixdorf 码、Plessey 码等，其中 Nixdorf 码已经被 EAU 码取代，Plessey 码出现于 1971 年，主要用于图书馆。

12.2.1.3　条形码技术的特点

条形码技术对物流现代化、自动化、信息化都产生了巨大的影响。条形码是一种简易自动识别的符号，可利用相关自动化设备自动阅读，从而简化跟踪、监管、录入作业。因此，条形码识别技术是目前最普及的识别方法，无论制造业、商业或服务业，在商品制造、销售与运输过程中均能见到条形码技术识别系统的应用。在自动化的物流系统中，条形码识别技术更可以辅助物品装卸、分类、拣货、库存，使作业程序简单而且准确。具体来说，条形码的特殊优点是：

① 高速自动输入数据。以键盘方式输入 13 个数字，约需 6 秒。而接触式扫描器扫描条形码只需 1～2 秒，若用固定式扫描器，"瞬间"即可完成读取。

② 高读取率。读取率是指对条形码扫描的总次数中能够有效识读的百分比，这取决于包装纸、纸箱。标签纸的印刷精度及条形码扫描器的光学分辨力。

③ 低误读率。利用校验码可以使误读率控制在几十万分之一以内。

④ 非接触式读取。以手持式扫描器接触阅读条形码，省力化效果不明显。而使用非接

触式扫描器，能够读取输送带上迅速移动的物品上贴的条形码，叉车驾驶员可以读取高处或远处的货架或托盘上的条形码，这些能力在物流作业现场是非常有用的。

⑤容易操作。任何种类的条形码扫描器都很容易操作。

⑥设备投资抵。条形码扫描器可用 7 年以上，每年一两次的保养费也很低，而印制条形码标签的费用也很低，若在包装上直接印制条形码，几乎不增加任何费用。

⑦扫描条形码可以自动、迅速、正确地收集数据，目前在商品流通的很多领域都得以广泛应用。

流通业未来的需求趋势是多品种、小批量、多频率、及时性，若仍然依赖人工作业，就无法满足顾客需求，因为人无法持续、长时间地进行识别和寻找作业，作业效率与正确性会递减；而条形码自动识别系统最适合于物流作业的高速化、正确化、效率化的新需求。

#### 12.2.1.4 汉信码

"汉信码"是一项具有我国自主知识产权的国家标准，是中国物品编码中心取得的诸多科研成果之一。"汉信码"这个名称有两个含义：其一，"汉"代表中国，"汉信"即表示中国的信息，也表示汉字信息，"汉信码"就是标示中文信息性能最好的二维码；其二，"汉信码"是中国在二维码领域向世界发出的信息和声音，标志着中国开始走上国际条形码技术的主要舞台，开始具有自己的技术话语权，即"汉信码"。汉信码的技术特点如下。

①超强的汉字表示能力（支持 GB 18030 中规定的 160 万个汉字信息字符）。

②汉字编码效率高（采用 12 比特的压缩比率，每个符号可表示 12~2174 个汉字字符）。

③信息密度高（可以用来表示数字、英文字母、汉字、图像、声音、多媒体等一切可以二进制化的信息）。

④信息容量大（可以将照片、指纹、掌纹、签字、声音、文字等凡可数字化的信息进行编码）。

⑤支持加密技术（是第一种在码制中预留加密接口的条形码，它可以与各种加密算法和密码协议进行集成，因此具有极强的保密防伪性能）。

⑥抗污损和畸变能力强（可以被附着在常用的平面或桶装物品上，并且可以在缺失两个定位标的情况下进行识读）。

⑦修正错误能力强（依据世界先进的数学纠错理论，采用太空信息传输中常采用的 Reed-Solomon 纠错算法，使得汉信码的纠错能力可以达到 30%）。

⑧可供用户选择的纠错能力（汉信码提供四种纠错等级，使得用户可以根据自己的需要在 8%、15%、23% 和 30% 四种纠错等级上进行选择，从而具有高度的适应能力）。

⑨符号无成本（利用现有的点阵、激光、喷墨、热敏/热转印、制卡机等打印技术，即可在纸张、卡片、PVC，甚至金属表面上印出汉信码。由此所增加的费用仅是油墨的成本，可以真正称得上是一种"零成本"技术）。

⑩条形码符号的形状可变（支持 84 个版本，可以由用户自主进行选择，最小码仅有指甲大小），外形美观（考虑到人的视觉接受能力，在视觉感官上具有突出的特点）。

### 12.2.2 条形码识别技术原理

#### 12.2.2.1 条形码识读原理

条形码识读的基本工作原理为：有光源发出的光线经过光学系统照射到条形码符号上面，被反射回来的光经过光学系统成像在光电转换器上，产生电信号，信号经过电路放大后产生一个模拟电压，它与照射到条形码符号上被反射回来的光呈正比，再经过滤波、整形，形成与模拟信号对应的方波信号，再经译码器解释为计算机可以直接接收的数字信号。条形码识读系统如图 12-8 所示。

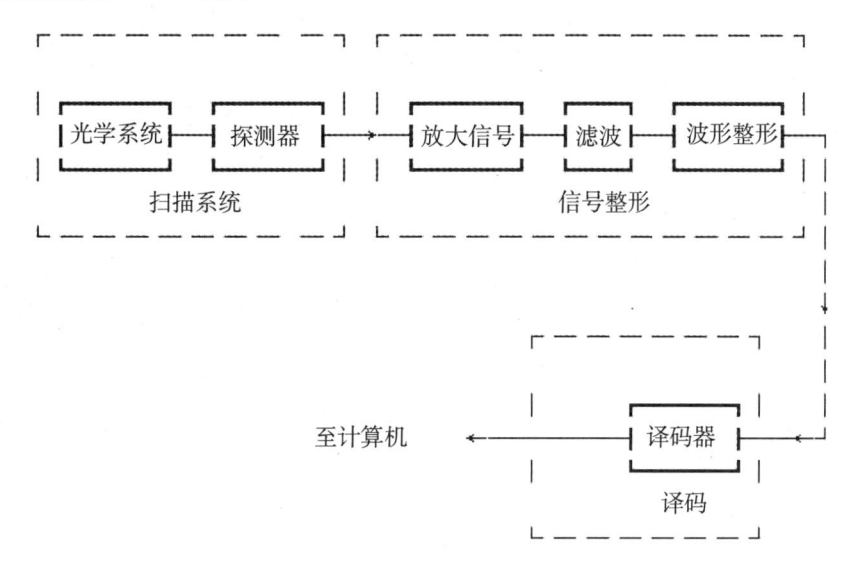

**图 12-8 条形码识读系统构成**

识读时，扫描器光源发出的光，经透镜聚焦形成扫描光点，以 45°角照射到条形码上。扫描光点的直径应等于或稍小于条形码符号中最小条或空的宽度。实际扫描光点的大小决定了分辨力，即可正确读入的最窄条宽度值。利用条形码经照射后产生的不同的反射率（也就是条和空的对比度）来对条形码进行识读。条空印刷对比度（Print Contrast Signal，即 PCS）是指条形码的条和空的反射率之差与空的反射率的比率，它是衡量条形码符号的光学指标之一。条形码 PCS 的计算公式如下：

$$PCS = \frac{R_L - R_D}{R_L} \times 100\%$$

式中：$R_L$ 为空的反射率；$R_D$ 为条的反射率。

条的反射率 $R_D$ 越低越好，空的反射率 $R_L$ 越高越好。条形码的 PCS 值越大，则表明条形码的光学特性越好，识读率就比较高。一般来说，当条形码 PCS 的值在 50%～98% 的范围之内时，就能够被条形码扫描设备正确识读。

#### 12.2.2.2 条形码识读设备

（1）条形码扫描器的分类

① CCD 扫描器和激光扫描器。CCD 扫描器（图 12-9）是利用电耦合（CCD）原理，对条形码印刷图案进行成像，然后再译码。其优势是无转轴电动机，使用寿命长、价格便宜。

图 12-9　CCD 80-SX 条形码扫描枪

激光扫描器（图 12-10）是利用激光二极管作为光源的单线式扫描式，它主要有转镜式和颤镜式两种。转镜式是采用高速电动机带动一个棱镜组旋转，使二极管发出的单点激光变成一线。颤镜式的制作成本低于转镜式，但这种原理的激光枪不易提高扫描速度，一般为每秒 33 次，最高可以达到每秒 100 次。

②手持式、小滚筒式、平台式条形码扫描器。手持式条形码扫描器（图 12-11）是 1987 年推出的技术形成的产品，外形很像超市收银员拿在手上使用的条形码扫描器。手持式条形码扫描器绝大多数采用 CIS 技术，光学分辨率为 200dpi，有黑白、灰度、彩色多种类型，其中彩色类型一般为 18 位彩色。也有个别高档产品采用 CCD 作为感光器件，可实现 32 位彩色，扫描效果更好。

图 12-10　BCSL-690 自动激光扫描器　　　　图 12-11　Motorola 手持扫描器

小滚筒式条码扫描器（图 12-12）是手持式条形码扫描器和平台式条形码扫描器的中间产品（这几年有新的出现，因为是内置供电且体积小被称为笔记本条形码扫描器）这种产品绝大多数采用 CIS 技术，光学分辨率为 300dpi，有彩色和灰度两种，彩色型号一般为 24 位彩色。也有极少数小滚筒式条形码扫描器采用 CCD 技术，扫描效果明显优于 CIS 技术的产品，但由于结构限制，体积一般明显大于 CIS 技术的产品。小滚筒式的设计是将条形码扫描器的镜头固定，移动要扫描的物件来扫描，操作时就像打印机那样，要扫描的物件必须穿过机器再送出。一次被扫描的物件不可以太厚。这种条形码扫描器最大的好处就是体积很小，缺点是使用起来有多种局限。例如，只能扫描薄薄的纸张，范围还不能超过条形码扫描器的大小。

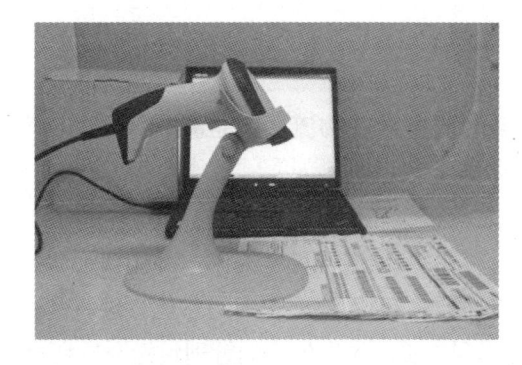

图 12-12　小滚筒式扫描器

平台式条形码扫描器（图 12-13）又称平板式条形码扫描器、台式条形码扫描器，目前在市面上大部分的条形码扫描器都属于平台式条形码扫描器，是现在扫描器中的主流。这类条形码扫描器光学分辨率为 300~8000dpi，色彩位数从 24~48 位，扫描幅面一般为 A4 纸或者 A3 纸。平台式的好处在于像使用复印机一样，只要把条形码扫描器的上盖打开，不管是书本、报纸、杂志、照片底片都可以放上去扫描，相当方便，而且扫描出来的效果也是所有常见类型条形码扫描器中最好的。

其他的扫描器还包括大幅面扫描用的大幅面条形码扫描器、笔式条形码扫描器、底片条形码扫描器、实物条形码扫描器，还有用于印刷排版领域的滚筒式条形码扫描器等。

（2）条形码扫描器的接口

条形码扫描器的常用接口类型有以下 3 种。

① SCSI（小型计算机标准接口）：此接口最大的链接设备数为 8 个，通常最大的传输速度是 40 兆比特 / 秒，速度较快，一般连接高速设备。SCSI 设备的安装较复杂，在 PC 上一般要另外加 SCSI 卡，容易产生硬件冲突，但是功能强大。

② EPP（增强型并行接口）：一种增强了的双向并行传输接口，最高传输速度为 105 兆比特 / 秒。优点是不需要在 PC 中加其他的卡，无限制连续数目（只要有足够的端口），设备的安装及使用容易。缺点是速度比 SCSI 慢。此接口因安装和使用简单方便，因而在对性能要求不高的中低端场合取代了 SCSI 接口。

图 12-13　Symbol 平台式插槽扫描器

③ USB（通用串行总线接口）：最多可连接 127 台外设，目前，USB1.1 标准的最高传输速度为 12 兆比特 / 秒，并且有一个辅通道用来传输低速数据。将来如果有了 USB2.0 标准的条形码扫描器速度可能扩展到 480 兆比特 / 秒。具有热插拔功能，即插即用。此接口的条形码扫描器随着 USB 标准在 Intel 的推动下确立和推广并逐步普及。

（3）条形码扫描器的分辨率

条形码扫描器的分辨率要从 3 个方面来确定：光学部分、硬件部分和软件部分。也就是说，条形码扫描器的分辨率等于其光学部件的分辨率加上自身通过硬件及软件进行处理分析所得到的分辨率。

### 12.2.3 条形码技术在物流中的应用

#### 12.2.3.1 货物入库

货物入库之前，应先做好以下准备工作。

首先，对仓库的库位进行科学编码，并用条形码符号加以标示，并在入库时采集货物所入的库位，同时导入管理系统。仓库的库位管理有利于在仓库或多品种仓库快速定位库存品所在的位置，有利于实现先进先出的管理目标及提高仓库作业的效率，从而降低仓管成本。

其次，对货物进行科学编码，根据不同的管理目标（例如要追踪单品，还是实现保质期/批次管理）并列印库存品条形码标签。在科学编码的基础上，入库前打印出货物条形码标签，粘贴在货物包装上，以便于以后数据的自动化采集。

最后，当指定货物被运送到仓库时，仓库管理人员按单验收货品，采用手持终端条形码数据采集器，可以快速、准确无误地完成收货数据采集。在收货时，操作人员按照单据内容，使用手持终端扫描或输入货品条形码及实收数量。数据保存到仓库管理系统，仓库人员或管理人员可以查询相关的收货数据。数据的上传与同步将采集的数据上传到物资管理系统中，自动更新系统中的数据。同时也可以将系统中更新以后的数据下载到手持终端中，以便在现场进行查询和调用。

条形码技术在入库中的应用流程如图12-14所示（以汉信码为例）。

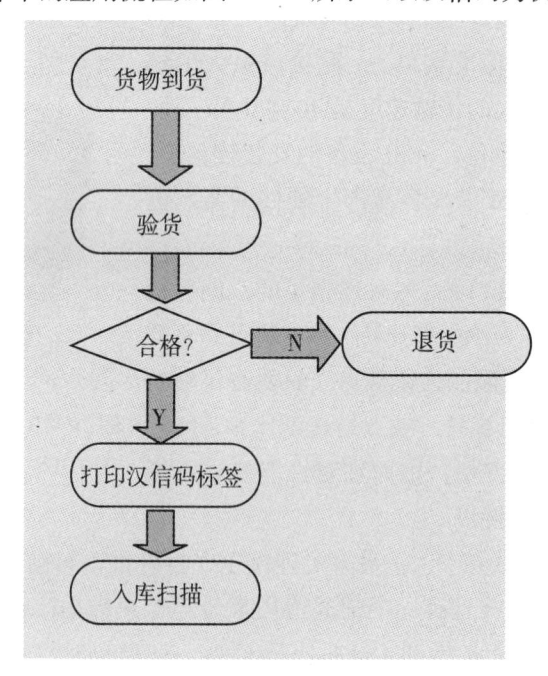

图 12-14 汉信码在入库中的应用流程

具体操作步骤如下。

①货物入库时，扫描不同货物的条形码，并将条形码相应的内容录入系统。这样通过条形码就会看到该货物的入库时间、单价、存放位置、供应商等相关信息。在货物的领用等流动环

节，只要扫入条形码，写入所需数量，其他信息都会自动载入。如果原包装商品没有条形码，要准备好内部条形码，货到后先将内部条形码标贴到没有原条形码的相应商品包装上。

②货物入库后按照其分类和属性将其安排到相应的库位上，用手持终端扫描要放置商品的条形码后再扫描一下货架上的位置条形码（或直接输入库位号），再输入相关信息，如单据号、捆包号、实际重量等，使得不同的条形码的物品与仓库位置相对应，提高盘货和取货的效率。

③所有货物摆放好后，将手持终端与计算机系统相连，将商品的到货和库存位置数据传送给计算机，完成最后的操作。

入库采用条形码技术的优势：
①无纸化的收货操作。
②检查货单和收货物品的差别，确保所收物品和数据的正确性。
③方便于保存相应数据上传回 PC 机上供更新和查询。
④快捷操作，提高工作效率。

#### 12.2.3.2 货物出库

仓储管理人员按单据的需要在指定的货位进行拣货，并将所发的物品送到公共发货区，使用数据采集终端扫描物品货位及物品条形码，输入实发物品数量（如果所发的物品与出库单号数理不相符时，终端自动显示及报警提示，避免错误操作），仓储管理人员可以查询相关发货数据。物品出库在手持终端上添加出库单，然后扫描物品条形码办理物品出库。物品消耗车间和班组利用手持终端将准备使用的物品进行消耗。仓储管理人员用移动手持终端先扫描物品条形码，同时将该物品的原货位条形码和现在的货位条形码进行扫描，该物品的货位信息就记录在系统中。

条形码技术在出库中的应用流程如图 12-15 所示（以汉信码为例）。

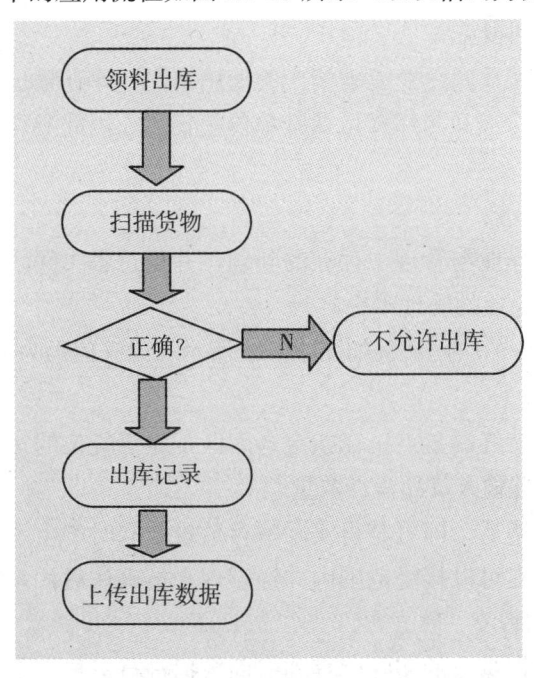

图 12-15　汉信码在出库中的应用流程

具体操作步骤如下：

①仓储管理人员根据提货单生成出库单，打印出库单时同时生成出库单号及其物品的条形码，打印后交给发货员。

②仓储管理人员把出库单数据下载到手持式扫描终端上，并将相对应物品的库存地址列出，方便直接取货，然后示意发货员按照订单发货。

③发货时，发货员先扫描准备发货的出库单号及其单据上商品条形码，可扫描多个出库单（代替数据下载）如果一次下载了多个出库单，先输入准备发货的出库单号，然后用手持终端扫描准备发货的物品条形码，如果不正确，给予提示报警信息。

④正确点货后，将物品装车运走，完成发货操作。

出库采用条形码技术的优势：

①通过手持终端验对能及时进行补码的发货操作。

②检查货单和发货物品的差别，确保所收物品和数据的正确性。

③方便于保存相应数据上传回 PC 机上供更新和查询。

④记录完成发货时间，便于统计员工的工作效率。

#### 12.2.3.3 盘点货物

盘点是定期或不定期地对仓库的物品进行清点，比较实际库存及数据同表单的差异，提高库存数据准确性。其目的在于：

（1）确定现存量

盘点可以确定现有库存商品的实际库存数量，并通过盈亏调整使库存账面数量与实际库存数量一致。由于多记、误记、漏记使库存资料记录不实；由于商品损坏、丢失、验收与出货时清点有误；由于盘点方法不当，产生误盘、重盘、漏盘等，因此，必须定期盘点确定库存数量，发现问题并查明原因及时调整。

（2）确认企业资产的损益

库存商品总金额直接反映企业流动资产的使用情况，库存量过高，流动资金的正常运转将受到威胁，而库存金额又与库存量及其单价呈正比，因此必须通过盘点才能准确地计算出企业的实际损益。

（3）核实商品管理成效

通过盘点可以发现作业与管理中存在的问题，并通过解决问题来改善作业流程和作业方式，提高人员素质和企业的管理水平。

条形码技术在盘点中的应用流程如图 12-16 所示（以汉信码为例）。

具体操作步骤如下。

①仓管人员使用手持终端盘点机在指定仓库区，对于货位的货品进行盘点：扫描货位条形码、货品条形码，并输入货品盘点数量。

②所有货品盘点完毕后，即可获得实际库存数量。同时产生系统库存与实际库存的差异报表。如果库存差异在可以接受范围内并经管理人员确认后，系统按盘点结果更新库存数据，否则需要复盘处理。

③盘点完毕后，根据盘点的实际库存和账面数据进行对比，形成盘亏盘盈表。根据盘

盈盘亏表，进行盘盈入库和盘亏出库，使账面数据和实物数据相符。

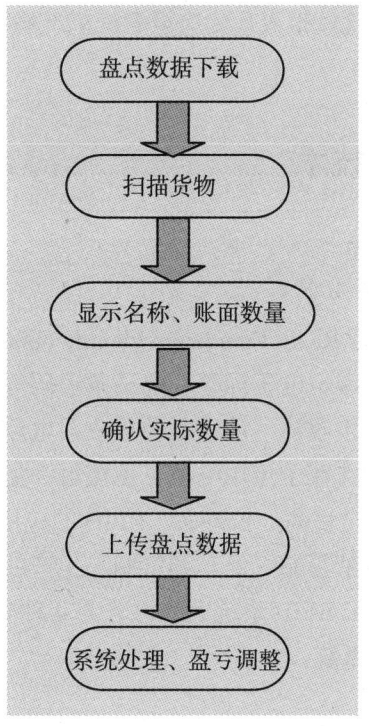

```
盘点数据下载
   ↓
扫描货物
   ↓
显示名称、账面数量
   ↓
确认实际数量
   ↓
上传盘点数据
   ↓
系统处理、盈亏调整
```

**图 12-16　汉信码在盘点中的应用流程**

应用条形码技术盘点货物的优势：

①无纸化的盘点操作。

②扫描货位条形码，快速检查货架上的货品库存信息。

③保证系统的库存与实际库存一致性。

④准确的库存数据，可增加库存的周转，降低运营成本；

#### 12.2.3.4　移库管理

仓库对实物按库位进行管理，系统提供移库管理功能，可实现库位间的相互移动，以达到各库位间商品信息的准确性，为保管员发货提供方便。企业可以根据所需的要求进行移库操作。

具体操作步骤如下。

①移库前，仓管员先确定要移库的货物，扫描相应的货物条形码，然后输入新的库位。

②移库时，工作人员将相应货物扫描以后点出，并将目的仓库输入到 PC 系统。

③移库后，仓管人员确定移库是否正确。如果不正确则要检查出错原因并做相应改正。

移库管理采用条形码技术的优势：

①数据可靠性强，近乎为零的出错率，保证扫描出的条形码正确，减少人为的输入错误。

②节约成本：无纸化的操作，减少纸张的开销。

③提高员工工作效率。

④有效的库存空间利用，降低营运成本。

⑤增加库存的准确率。
⑥各种当前和历史事务的统计报表,为决策者提供准确、有用的信息。

## 12.3 无线射频识别技术

### 12.3.1 射频识别技术概述

#### 12.3.1.1 无线射频识别技术的含义

无线射频识别技术 RFID 是 Radio Frequency Identification 的缩写,常称为感应式电子晶片或近接卡、感应卡、非接触卡、电子标签、电子条形码等。其原理为:由扫描器发射某一特定频率的无线电波能量给接收器,用以驱动接收器电路将内部的代码送出,此时扫描器便接收此代码。接收器的特殊在于免用电池、免接触、免刷卡,故不怕脏污,且晶片密码为世界唯一,无法复制,安全性高、长寿命。RFID 的应用非常广泛,目前典型应用有动物晶片、汽车晶片防盗器、门禁管制、停车场管制、生产线自动化、物料管理。不同的射频识别系统所实现的功能不同。RFID 系统大致可分为 4 种类型:EAS 系统、便携式数据采集系统、物流控制系统和定位系统。

(1) EAS 系统

EAS 系统(Electronic Article Surveillance)是一种设置在需要控制物品出入的门口的 RFID,在商店、图书馆、数据中心等地方被广泛使用,当未被授权的人从这些地方非法取走物品时,EAS 系统就会发出警告。在应用 EAS 系统时,须先在物品上粘贴 EAS 标签才可以取走。物品经过装有 EAS 系统能自动检测标签的活动性,发现活动性标签,EAS 系统就会发出警告。

(2) 便携式数据采集系统

便携式采集系统是使用带有 RFID 阅读器的手持式数据采集器,采集 RFID 标签上的数据。这种系统具有比较大的灵活性,适用于不易安装固定式 RFID 系统的应用环境。手持式阅读器(数据输入终端)可以在读取数据的同时,通过无线电波数据传输方式实时地向计算机系统传输数据,也可以暂时将数据存储在阅读器中,再一批一批地向主计算机系统传输数据。

(3) 物流控制系统

在物流控制系统中,固定布置的 RFID 阅读器分散布置在给定的区域,并且阅读器直接与数据管理信息系统相连,信号发射机是移动的,一般安装在移动的物体、人体上面。当物体、人体流经阅读器时,阅读器会自动扫描标签上的信息并把数据信息输入数据管理信息系统中进行存储、分析、处理,以达到控制物流的目的。

(4) 定位系统

定位系统用于自动化加工系统中的定位以及对车辆、轮船等进行运行定位支持。阅读器放置在移动的车辆、轮船上或者自动化流水线中移动的物料、半成品、成品上,信号发射机嵌入到操作环境的地表下面。信号发射机上存储有位置识别信息,阅读器一般通过无线的方式或者有线的方式连接到主信息管理系统。

12.3.1.2 无线射频识别技术的特点及优势

RFID 是一项易于操控，简单实用且特别适合用于自动化控制的灵活性的应用技术，识别工作无需人工干预，它既可支持只读工作模式也可支持读写工作模式，且无需接触或瞄准，可自由工作在各种恶劣环境中。短距离射频产品不怕油渍、灰尘污染等恶劣环境，可以替代条形码，例如用在工厂的流水线上跟踪物体。长距离射频产品多用于交通管理中，识别距离可达几十米，如自动收费或识别车辆身份等。其所具备的独特优越性是其他识别技术无法比拟的，主要体现在以下几个方面。

（1）读取方便快捷

数据的读取无需光源，甚至可以透过外包装来进行。有效识别距离更长，采用自带电池的主动标签时，有效识别距离可达到 30 米以上。

（2）识别速度快

标签一进入磁场，阅读器就可以及时读取其中的信息，而且能够同时处理多个标签，实现批量识别。

（3）数据容量大

数据容量最大的二维条形码 PDF417，最多也只能存储 2725 个数字，若包含字母，存储量则会更少，RFID 标签则可以根据客户的需要扩充到数 10 千字节。

（4）寿命长应用广

其无线电通信方式，使其可以应用于粉尘、油污等高污染环境和放射性环境，而且它的封闭式包装使得它的寿命大大超过印刷的条形码。

（5）标签数据可动态更改

利用编程器可以向电子标签里写入数据，从而赋予 RFID 标签交互式便携数据文件的功能，而且写入时间比打印条形码更短。

（6）更好的安全性

RFID 标签不仅可以嵌入或附着在不同形状、类型的产品上，而且可以为标签数据的读写设置密码保护，从而具有更高的安全性。

（7）动态实时通信

标签以每秒 50~100 次的频率与阅读器进行通信，所以只要 RFID 标签所附着的物体出现在解读器的有效识别范围内，就可以对其位置进行动态的追踪和监控。

### 12.3.2 射频识别技术原理

12.3.2.1 RFID 系统的组成

RFID 系统由 RFID 电子标签（Tag）、RFID 阅读器（Reader）和天线（Antenna）三个部分组成，如图 12-17 所示。

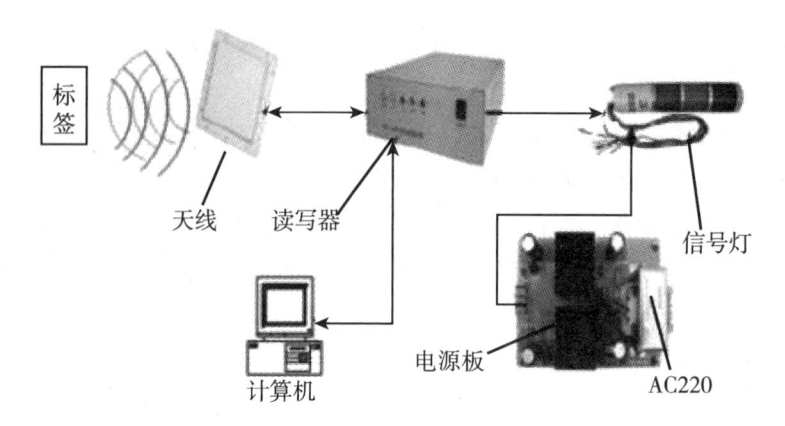

图 12-17　RFID 系统组成示意图

（1）RFID 电子标签

由耦合元件及芯片组成，每个标签具有唯一的电子编码，高容量电子标签有用户可写入的存储空间，附着在物体上标示目标对象。电子标签又称射频标签、应答器、数据载体。

（2）RFID 阅读器

读取（有时还可以写入）标签信息的设备，可设计为手持式或固定式。因为实际需求的原因，一般都带与计算机连接的接口。阅读器又称为读出装置、扫描器、读头、通信器、读写器（取决于电子标签是否可以无线改写数据）。

（3）天线

天线是一种以电磁波形式把无线电收发机的射频信号功率接收或辐射出去的装置，在标签和读取器间传递射频信号，分为标签天线和读写器天线两种。标签天线的目的是传输最大的能量进出标签芯片，发射时，把高频电流转换为电磁波；接收时，把电磁波转换为高频电流。读写器天线则用来为电子标签提供工作能量或唤醒有源电子标签。

根据实际需要，有的 RFID 系统还配有计算机应用软件系统。

12.3.2.2　RFID 硬件系统

RFID 系统中用到的硬件设备有：手持式读写器，固定式读写器，天线，电子标签等。

使用手持式读写器（图 12-18）在电子标签中写入货物编号数据。手持式读写器的写信息距离应不小于 50 厘米，通过 WiFi 方式与主机通信。

固定式读写器具有读取电子标签用户数据区的功能，与天线配合读取电子标签用户数据区的距离不小于 3 米，读写器由控制 PC 控制进行读写工作，可以通过 RJ45 网口和串行接口与控制 PC 通信。

（a）XCRF—500D 读写器　　　　　　（b）XCRF—804 读写器

图 12-18　RFID 读写器

天线（图12-19）采用线极化高增益天线，天线工作频段宽于905～928兆赫兹。天线频率范围：902～928兆赫兹；极化方式：圆极化；天线增益：7.15dBi；半功率波束宽度：大于120°；接头方式：N型接头；三防性能：防水、防酸、防霉菌；天线罩材料：PC工程塑料。

图12-19　RFID天线（XCRF-12D）

电子标签（图12-20）采用支持ISO 18000-6B空中协议标准的电子标签，电子标签具有64位全球唯一ID号码，并且具有216字节的用户数据区，用户数据区可以反复擦写超过100 000次。整个系统中RFID硬件支持ISO 18000-6B空中接口标准，此标准的优势是：协议成熟，读写距离远，标签中可以有很大的用户数据区空间。

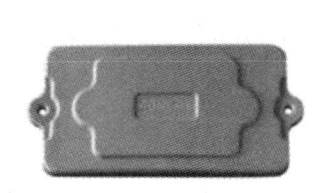

（a）XCTF-5015电子标签 　　　（b）XCTF-8100电子标签

图12-20　RFID电子标签

#### 12.3.2.3　射频识别原理

RFID的基本工作原理并不复杂：标签进入磁场后，接收解读器发出的射频信号，凭借感应电流所获得的能量发送出存储在芯片中的产品信息（Passive Tag，无源标签或被动标签），或者主动发送某一频率的信号（Active Tag，有源标签或主动标签）；解读器读取信息并解码后，送至中央信息系统进行有关的数据处理。其原理如图12-21所示。

RFID系统中阅读器通过天线发出电磁脉冲，收发器接收这些脉冲并发送已存储的信息到阅读器作为响应。实际上，这就是对存储器的数据进行非接触读、写或删除处理。从技术上来说，"智能标签"包含了包括具有RFID射频部分和一个超薄天线环路的RFID芯片的RFID电路，这个天线与一个塑料薄片一起嵌入到标签内。通常，在这个标签上还贴一个纸标签，在纸标签上可以清晰地印上一些重要信息。当前的智能标签一般为信用卡大小，对于小的货物还有4.5厘米×4.5厘米尺寸的标签，也有CD和DVD上用的直径为4.7厘米的圆形标签。

与条形码或磁条等其他ID技术相比较而言，收发器技术的优势在于阅读器和收发器之间的无线联接：读/写单元不需要与收发器之间的可视接触，因此可以完全集成到产品里面。这意味着收发器适合于恶劣的环境，收发器对潮湿、肮脏和机械影响不敏感。因此，收发器系统具有非常高的可靠性、数据获取快速，最后一点也是重要的一点就是节省劳力和纸张。

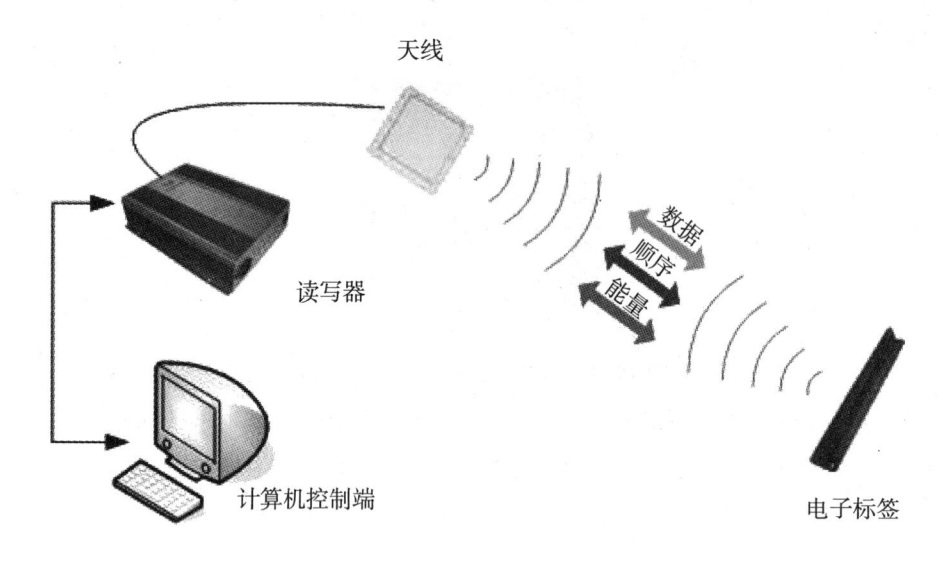

**图 12-21 RFID 系统的技术原理**

### 12.3.3 射频识别技术在物流中的应用

无线射频识别技术可以用来跟踪和管理几乎所有的物理对象，因此可在物流活动中发挥重要的作用。

#### 12.3.3.1 RFID 在仓储中的应用

（1）仓储库存和资产管理领域

因为电子标签具有读写与方向无关、不易损坏、远距离读取、多物品同时一起读取等特点，所以可以提高对出入库产品信息的记录采集速度的准确性，减少库存盘点时的人为失误率，提高存盘点的速度和准确性。

（2）产品跟踪领域

电子标签能够无接触地快速识别，在网络的支持下，可以实现对附有 RFID 标签物品的跟踪，并可以清楚地了解到物品的移动位置。如 Symbol 公司为香港国际机场和美国 McCarran 国际机场提供的行李跟踪系统和中国铁路列车监控系统。

（3）供应链自动管理领域

电子标签自动读写和网络中信息的方便传递功能将大大提高供应链的管理水平，通过这个过程降低库存，提高生产的有效性和效率，从而大大提高企业的核心竞争力。电子标签在零售商店中的应用包括从电子标签货架、出入库管理、自动结算等各个方面。

#### 12.3.3.2 RFID 应用的基本方法

（1）制作与安装库位标签

使用计算机和 RFID 读写器把库位编码等信息写入电子标签，该标签称为库位标签。每个库位安装库位标签，进行库房管理作业时，读取该标签编号，就可判定当前作业的位置是否正确。

（2）制作与粘贴货物标签

在货物入库时，给库存管理物品贴电子标签，该标签为货物标签（粘贴标签的物品应该是整托盘、整箱或大件货物）。在进行库房作业时，读取标签的编号，确定作业物品是否正确。为了节省运行成本，货物标签可重复使用。在货物出库时取下，送到入库处再重新使用。

（3）在仓库作业区建立无线网络。

所有作业数据实现实时传输。

（4）在出入仓库的门口安装 RFID 读写设备

当运输货物的叉车或 AGV 车进出仓库时，主动识别托盘或 AGV 车上的货物，完成出入库确认，并安装报警装置，警示错误或不当的出入库行为。

（5）自动盘点

利用安装识读器设备的 AGV 车，自动对库房进行盘点。

12.3.3.3 RFID 应用的作业流程

（1）入库作业

入库作业流程见图 12-22。主要步骤：

①检查实到货物与送货单是否一致。

②制作和粘贴货物标签。

③读取标签后，现场计算机自动分配库位。

④作业人员把货物送入指定库位（如有必要，修改库位标签）。

⑤把入库实况发送给现场计算机，更新库存数据。

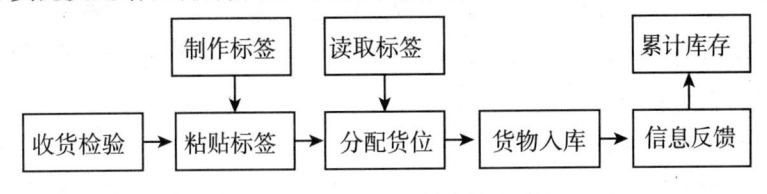

图 12-22 RFID 在入库中的应用流程

（2）出库作业

出库作业流程见图 12-23。主要步骤：

①下达出库计划。

②现场计算机编制出库指令。

③作业人员到达指定库位。

④从库位上取出指定货物，改写库位标签。

⑤货物运送到出口处，取下货物标签。

⑥把出库实况发送给现场计算机，更新库存数据。

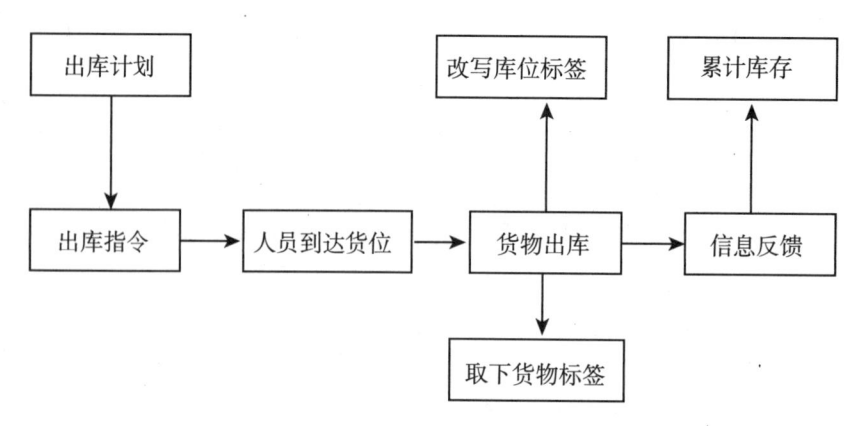

图 12-23　RFID 在出库中的应用流程

## 12.4　销售时点系统

### 12.4.1　销售时点系统概述

#### 12.4.1.1　销售时点系统的含义

销售时点系统（Point of Sale，POS）最早应用于零售业（图 12-24），以后逐渐扩展至其他金融、旅馆等服务性行业，利用 POS 信息的范围也从企业内部扩展到整个供应链。现代 POS 已不仅仅局限于电子收款技术，它要考虑将计算机网络、电子数据交换技术、条形码技术、电子监控技术、电子收款技术、电子信息处理技术、远程通信、电子广告、自动仓储配送技术、自动售货、备货技术等一系列科技手段融为一体，从而形成一个综合性的信息资源管理系统。

图 12-24　超市收银处的 POS

#### 12.4.1.2　销售时点系统的结构

POS 的结构主要依赖于计算机处理信息的体系结构，在商场管理系统中 POS 的基本结构可分为：单个收款机、收款机与微机相连构成 POS，以及收款机、微机与网络构成 POS。目前大多采用第三种类型的 POS 结构，它包括硬件和软件两大部分。

POS 的硬件部分主要包括收款机、扫描器、显示器、打印机、网络、微机与硬件平台等（图 12-25）。

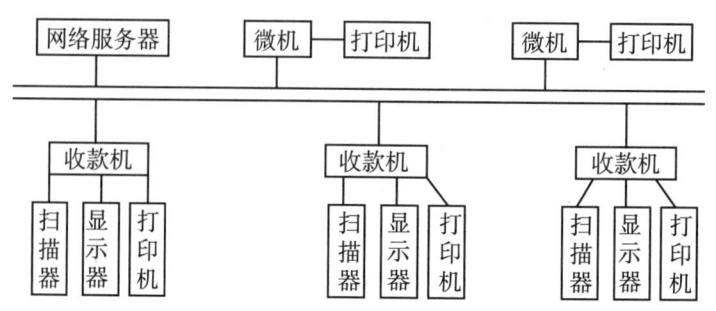

图 12-25　POS 的硬件结构

POS 的软件部分由前台的 POS 销售系统和后台的管理信息系统（MIS）组成。

前台 POS 是指通过自动读取设备（如收银机），在销售商品时直接读取商品销售信息（如商品名、单价、销售数量、销售时间、销售店铺、购买顾客等），实现前台销售业务的自动化，对商品交易进行实时服务和管理。并通过通信网络和计算机系统传送至后台，通过后台计算机系统（MIS）的计算、分析与汇总等掌握商品销售的各项信息，为企业管理者分析经营成果、制定经营方针提供依据，以提高经营效率的系统。

后台 MIS（Management Information System）又称管理信息系统。它负责整个商场进、销、调、存系统的管理以及财务管理、库存管理、考勤管理等。它可根据商品进货信息对厂商进行管理，又可根据前台 POS 提供的销售数据，控制进货数量，合理周转资金，还可分析统计各种销售报表，快速准确地计算成本与毛利，也可对售货员、收款员的业绩进行考核，是发放职工工资、分配奖金的客观依据。因此，商场现代化管理系统中前台 POS 与后台 MIS 是密切相关的，两者缺一不可。

#### 12.4.1.3 销售时点系统的特征

①单品管理、职工管理和顾客管理。零售业的单品管理是指对店铺陈列展示销售的商品以单个商品为单位进行销售跟踪和管理的方法。由于 POS 信息反映了单个商品的销售信息，因此 POS 的应用使高效率的单品管理成为可能。职工管理是指通过 POS 终端机上的计时器的记录，依据每个职工的出勤状况，销售状况（以月、周、日甚至时间段为单位）进行考核管理。顾客管理是指在顾客购买商品结账时，通过收银机自动读取零售商发行的顾客 ID 卡或顾客信用卡来把握每个顾客的购买品种和购买额，从而对顾客进行分类管理。

②自动读取销售时点的信息。在顾客购买商品结账时 POS 通过扫描器自动读取商品条形码标签或 OCR 标签上的信息，在销售商品的同时获得实时（Real Time）的销售信息是 POS 的最大特征。

③信息的集中管理。在各个 POS 终端机获得的销售时点信息以在线联结方式汇总到企业总部，与其他部门发送的有关信息一起由总部的信息系统加以集中并进行分析加工，如把握畅销商品以及新商品的销售倾向，对商品的销售量和销售价格、销售量和销售时间之间的相互关系进行分析，对商品店铺陈列方式、促销方式、促销时间、竞争商品的影响进行相关分析。

④连接供应链的有力工具。供应链与各方合作的主要领域之一是信息共享，而销售时点信息是企业经营中最重要的信息之一，通过它能及时把握顾客需要的信息，供应链的参与各方可以利用销售时点信息并结合其他的信息来制订企业的经营计划和市场营销计划。目前，领先的零售商正在与制造商共同开发一个整合的物流系统 CFAR（整合预测和库存补充系统，Collaboration Forecasting and Replenishment）。该系统不仅分享 POS 信息，而且可以进行市场预测，分享预测信息及 POS 信息。

### 12.4.2 销售时点系统在物流中的应用

以仓储式超市为例，POS 的运行步骤包括以下 5 步。

①店头销售商品都贴有表示该商品信息的条形码（Barcode）或 OCR 标签（Optical Character Recognition）。

②在顾客购买商品结账时，收银员使用扫描器自动读取商品条形码或 OCR 标签上的信息，通过店铺内的微型计算机确认商品的单价，计算顾客购买总金额等，同时返回收银机，打印出顾客购买清单和付款总金额。

③各个店铺的销售时点信息通过 VAN 以在线联结方式即时传送给总部或物流中心。

④在总部，物流中心和店铺利用销售时点信息来进行库存调整、配送管理、商品订货等作业。通过对销售时点信息进行加工分析来掌握消费者购买动向，找出畅销商品和滞销商品，以此为基础，进行商品品种配置、商品陈列、价格设置等方面的作业。

⑤在零售商与供应链的上游企业（批发商、生产厂商、物流作业等）结成协作伙伴关系（也称为战略联盟）的条件下，零售商利用 VAN 以在线联结的方式把销售时点信息即时传送给上游企业。这样上游企业可以利用销售现场的最及时准确的销售信息制订经营计划、进行决策。例如，生产厂家利用销售时点信息进行销售预测，掌握消费者购买动向，找出畅销商品和滞销商品，把销售时点信息（POS 信息）和订货信息（EOS 信息）进行比较分析来把握零售商的库存水平，以此为基础制订生产计划和零售商库存连续补充计划 CRP (Continuous Replenishment Program)。

## 12.5 电子订货系统

### 12.5.1 电子订货系统概述

#### 12.5.1.1 电子订货系统的含义

电子订货系统（Electronic Ordering System，EOS）是指将批发、零售商场所发生的订货数据输入计算机，即通过计算机通信网络连接的方式将资料传送至总公司、批发商、商品供货商或制造商处。因此，EOS 能处理从新商品资料的说明直到会计结算等所有商品交易过程中的作业，可以说 EOS 涵盖了整个物流。在寸土寸金的情况下，零售业已没有许多仓储空间用于存放货物，在要求供货商及时补足售出商品的数量且不能有缺货的前提下，更必须采用 EOS。EOS 因内涵了许多先进的管理手段，因此在国际上使用得非常广泛，并且越来越受到商业界的青睐。

#### 12.5.1.2 电子订货系统的特点

①商业企业内部计算机网络应用功能完善，能及时产生订货信息。

② POS 与 EOS 高度结合，产生高质量的信息。

③满足零售商和供应商之间的信息传递。

④通过网络传输信息订货。

⑤信息传递及时、准确。

⑥ EOS 是许多零售商和供应商之间的整体运作系统，而不是单个零售店和单个供应商之间的系统。

电子订货系统在零售商和供应商之间建立起了一条高速通道，使双方的信息及时得到沟通，使订货过程的周期大大缩短，既保障了商品的及时供应，又加速了资金的周转。

#### 12.5.1.3 电子订货系统的组成

EOS 包括：供应商，商品的制造者或供应者（生产商、批发商）；零售商，商品的销售者或需求者；网络，用于传输订货信息（订单、发货单、收货单、发票等）；计算机系统，用于产生和处理订货信息。

电子订货系统的组成如图 12-26 所示。

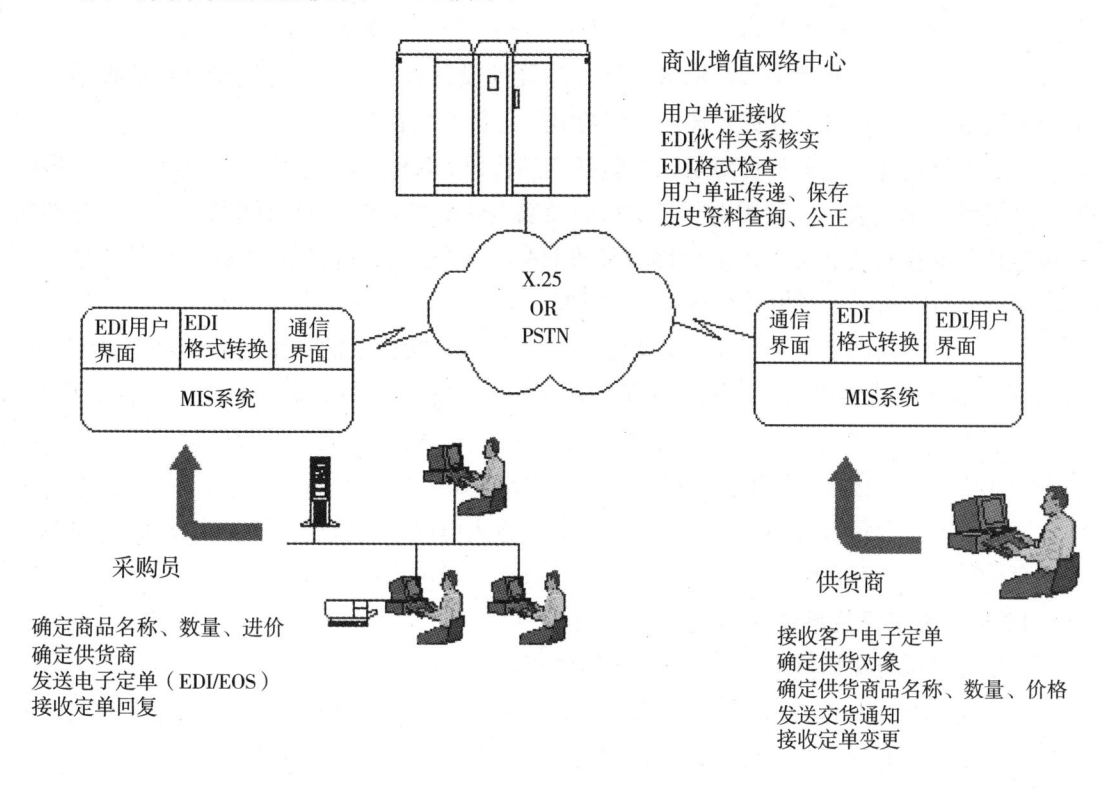

**图 12-26 电子订货系统的组成**

#### 12.5.1.4 电子订货系统的结构和配置

（1）结构

电子订货系统的构成内容包括：订货系统、通信网络系统和接单电脑系统。就门店而言，只要配备了订货终端机和货价卡（或订货簿），再配上电话和数据机，就可以说是一套完整的电子订货配置。就供应商来说，凡能接收门店通过数据机的订货信息，并可利用终端机设备系统直接作订单处理，打印出出货单和拣货单，就可以说已具备电子订货系统的功能。但就整个社会而言，标准的电子订货系统绝不是"一对一"的格局，即并非单个的零售店与单个的供应商组成的系统，而是"多对多"的整体运作，即许多零售店和许多供货商组成的大系统的整体运作方式。

（2）配置

第一，硬件设备配置。硬件设备一般由 3 个部分组成：

①电子订货终端机。其功能是将所需订货的商品和条形码及数量，以扫描和键入的方式，暂时储存在记忆体中。当订货作业完毕时，再将终端机与后台电脑连接，取出储存在记忆体中的订货资料，存入电脑主机。电子订货终端机与手持式扫描器的外形有些相似，

但功能却有很大差异，其主要区别是：电子订货终端机具有存储和运算等电脑的基本功能，而扫描器即只有阅读及解码功能。

②数据机。它是传递订货主与接单主电脑信息资料的主要通信装置，其功能是将电脑内的数据转换成线性脉冲资料，通过专有数据线路，将订货信息从门店传递给商品供方的数据机，供方以此为依据来发送商品。

③其他设备。如个人电脑、价格标签及店内码的印制设备等。

第二，确立电子订货方式。EOS 的运作除硬件设备外，还必须有记录订货情报的货架卡和订货簿，并确立电子订货方式。常用的电子订货方式有 3 种：

①电子订货簿。电子订货簿是记录包括商品代码/名称、供应商代号/名称、进/售价等商品资料的书面表示。利用电子订货簿订货就是由订货者携带订货簿及电子订货终端机直接地现场巡视缺货状况，再由订货簿寻找商品，对条形码进行扫描并输入订货数量，然后直接接上数据机，通过电话线传输订货信息。

②电子订货簿与货架卡并用。货架卡就是装设在货架槽上的一张商品信息记录卡，显示内容包括：中文名称、商品代码、条形码、售价、最高订量、最低订量、厂商名称等。利用货架卡订货，不需携带订货簿，而只要手持电子订货终端机，一边巡货一边订货，订货手续完成后再直接接上数据机将订货信息传输出去。

③低于安全存量订货法。即将每次进货数量输入电脑，销售时电脑会自动将库存扣减，当库存量低于安全存量时，会自动打印货单或直接传输出去。

### 12.5.2 电子订货系统在物流中的应用

电子订货系统在物流管理中的操作流程如下。

①在仓库终端利用条形码阅读器获取准备采购的商品条形码，并在终端机上输入订货资料，利用 EDI 传输到批发商的计算机中。

②批发商开出提货传票，并根据传票开出拣货单，实施拣货，然后根据送货传票进行商品发货。

③送货传票上的资料便成为零售商店的应付账款资料及批发商的应收账款资料，并传到应收账款的系统中去。

④仓库管理员对送到的货物进行检验后，就可以入库了。

使用电子订货系统时要注意：

①订货业务作业的标准化是有效利用 EOS 的前提条件。

②商品代码一般采用国家统一规定的标准，这是应用 EOS 的基础条件。

③订货商品目录账册的做成和更新。订货商品目录账册的设计和运用是 EOS 成功的重要保证。

④计算机以及订货信息输入和输出终端设备的添置是应用 EOS 的基础条件。

⑤在应用过程中需要制定 EOS 应用手册并协调部门间、企业间的经营活动。

应用电子订货系统的物流作业流程如图 12-27 所示。

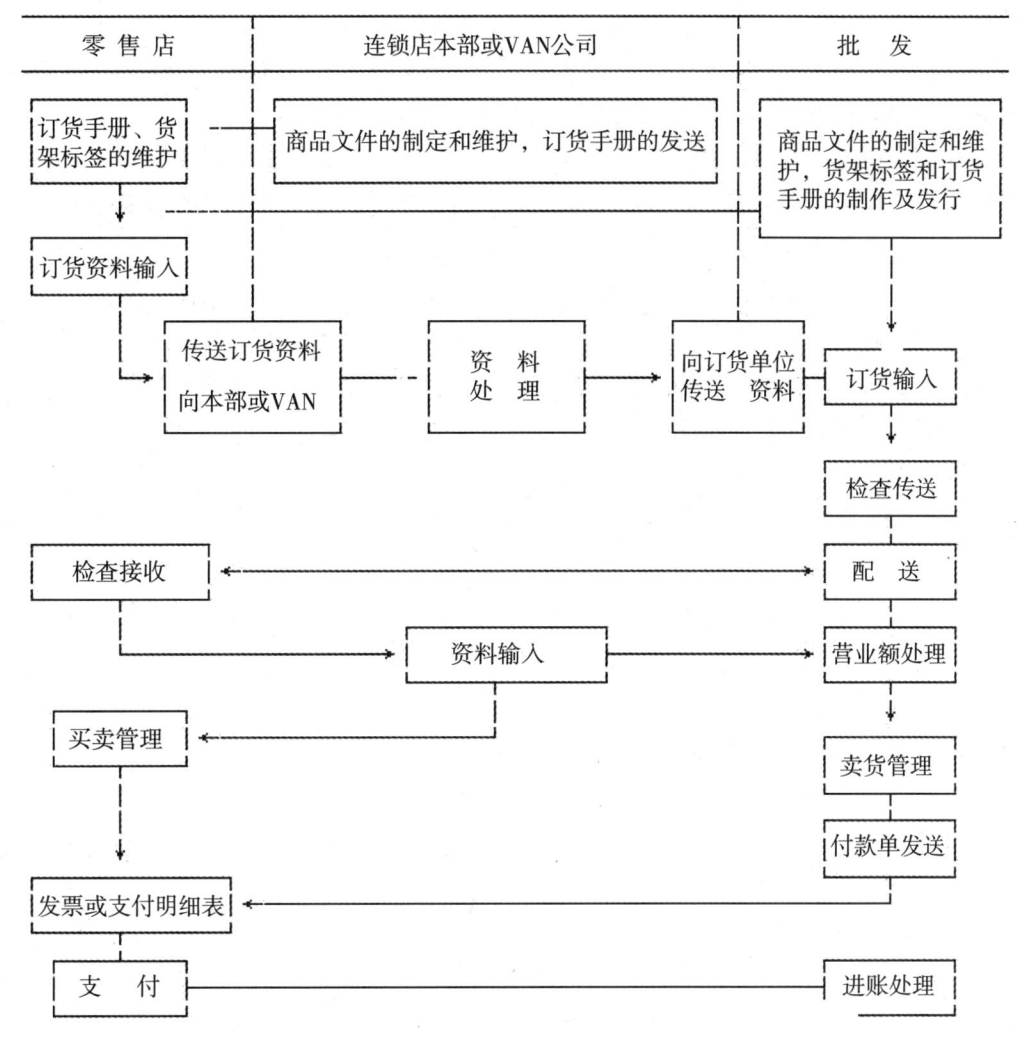

图 12-27 电子订货系统下的物流作业流程

（注：图中虚线为信息流）

## 12.6 物流信息系统

### 12.6.1 物流信息系统概述

#### 12.6.1.1 物流信息系统的含义

物流信息系统（Logistics Information System，MIS）是指由人员、设备和程序组成的、为物流管理者执行计划、实施、控制等职能提供信息的交互系统，它与物流作业系统一样都是物流系统的子系统。

所谓物流信息系统，实际上是物流管理软件和信息网络结合的产物，小到一个具体的物流管理软件，大到利用覆盖全球的互联网将所有相关的合作伙伴、供应链成员连接在一起提供物流信息服务的系统，都叫做物流信息系统。

对一个企业而言，物流信息系统不是独立存在的，而是企业信息系统的一部分，或者说是其中的子系统，即使对一个专门从事物流服务的企业也是如此。例如，一个企业的ERP系统，物流管理信息系统就是其中的一个子系统。

12.6.1.2 物流信息系统的结构

物流系统包括运输系统、储存保管系统、装卸搬运、流通加工系统、物流信息系统等方面，其中物流信息系统是高层次的活动，是物流系统中最重要的组成之一，涉及运作体制、标准化、电子化及自动化等方面的问题。由于现代计算机技术及网络技术的广泛应用，物流信息系统的发展有了一个坚实的基础，计算机技术、网络技术及相关的关系型数据库、条形码技术、EDI等技术的应用使得物流活动中的人工、重复劳动及错误发生率减少，效率增加，信息流转加速，使物流管理发生了巨大变化。

12.6.1.3 物流信息系统的分类

按物流信息系统的功能分类可分为事务处理信息系统、办公自动化系统、管理信息系统、决策支持系统、高层支持系统、企业间信息系统。

按管理决策的层次分类可分为物流作业管理系统、物流协调控制系统、物流决策支持系统。

按系统的应用对象分类可分为面向制造企业的物流管理信息系统、面向零售商、中间商、供应商的物流管理信息系统、面向物流企业的物流管理信息系统（3PLMIS)、面向第三方物流企业的物流信息系统。

按系统采用的技术分类可分为单机系统、内部网络系统、与合作伙伴及客户互联的系统。

### 12.6.2 物流信息系统的功能

物流信息系统的主要功能是进行物流信息的收集、存储、传输、加工整理、维护和输出，为物流管理者及其他组织管理人员提供战略、战术及运作决策的支持，以达到组织的战略竞优，提高物流运作的效率与效益。物流信息系统是物流系统的神经中枢，它作为整个物流系统的指挥和控制系统，可以分为多种子系统或者多种基本功能，如图12-28所示。通常，可以将其基本功能归纳为以下几个方面。

（1）数据收集

物流数据的收集首先是将数据通过收集子系统从系统内部或者外部收集到预处理系统中，并整理成为系统要求的格式和形式，然后再通过输入子系统输入到物流信息系统中。这一过程是其他功能发挥作用的前提和基础，如果一开始收集和输入的信息不完全或不正确，在接下来的过程中得到的结果就可能与实际情况完全相左，这将会导致严重的后果。因此，在衡量一个信息系统性能时，应注意它收集数据的完善性、准确性，以及校验能力和预防和抵抗破坏的能力等。

（2）信息存储

物流数据经过收集和输入阶段后，在其得到处理之前，必须在系统中存储下来。即使在处理之后，若信息还有利用价值，也要将其保存下来，以供以后使用。物流信息系统的存储功能就是要保证已得到的物流信息能够不丢失、不走样、不外泄、整理得当，随时可用。无论哪一种物流信息系统，在涉及信息的存储问题时，都要考虑到存储量、信息格式、存储方式、使用方式、存储时间、安全保密等问题。如果这些问题没有得到妥善的解决，信息系统是不可能投入使用的。

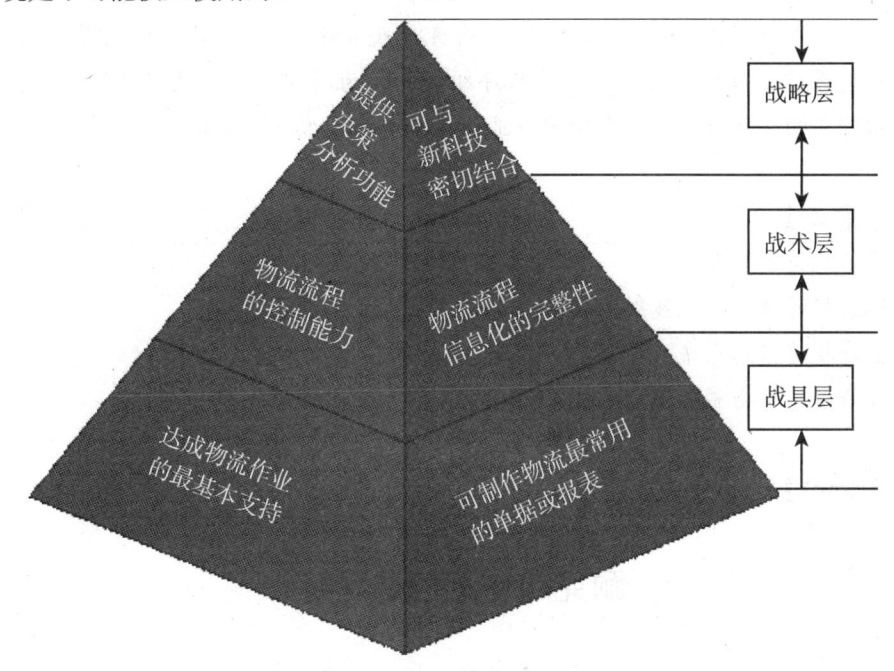

图 12-28　物流信息系统的功能结构

（3）信息传输

在物流系统中，物流信息一定要准确、及时地传输到各个职能环节，否则信息就会失去其使用价值了。这就需要物流信息系统具有克服空间障碍的功能。物流信息系统在实际运行前，必须要充分考虑所要传递的信息种类、数量、频率、可靠性要求等因素。只有这些因素符合物流系统的实际需要时，物流信息系统才是有实际使用价值的。

（4）信息处理

物流信息系统的最根本目的就是要将输入的数据加工处理成物流系统所需要的物流信息。数据和信息是有所不同的，数据是得到信息的基础，但数据往往不能直接利用，而信息是从数据加工得到，它可以直接利用。只有得到了具有实际使用价值的物流信息，物流信息系统的功能才算发挥。

（5）信息输出

信息的输出是物流信息系统的最后一项功能，也只有在实现了这个功能后，物流信息系统的任务才算完成。信息的输出必须采用便于人或计算机理解的形式，在输出形式上力求易读易懂，直观醒目。

以上 5 项功能是物流信息系统的基本功能，缺一不可。而且，只有 5 个过程都没有出错，最后得到的物流信息才具有实际使用价值，否则会造成严重后果。

## 【本章小结】

信息是能够通过文字、图像、声音、符号、数据等为人类获知的知识。物流信息是反映物流各种活动内容的知识、资料、图像、数据、文件的总称。物流信息技术包括条形码技术（BC）、无线射频识别技术（RFID）、销售时点系统（POS）和电子订货系统（EOS）等。物流信息系统是指由人员、设备和程序组成的，为物流管理者执行计划、实施、控制等职能提供信息的交互系统，它与物流作业系统一样都是物流系统的子系统。

## 【本章思考】

1. 物流信息技术有哪些？
2. 简述条形码技术、无线射频技术、电子订货系统的原理。
3. 什么是物流信息系统？
4. 物流信息系统由哪些部分组成？

## 【案例讨论】

# 耐克的物流信息系统

耐克中国物流中心（CLC）在江苏太仓启用后，成为其全球第七个、第二大物流中心。当耐克在大中国区的年销售额达到18.64亿美元，什么是它现在最优先和最重要的应该做的事？不是品牌，不是营销，而是一个能够高效管理库存和快速补货的强大的信息系统。

这个物流中心的建筑面积达20万平方米，拥有超过10万个货品托盘，年吞吐能力超过2.4亿个件次，同时可满足79个集装箱货车装卸货。更重要的是，耐克将借此缩短15%的交货时间——一件货品从门店下单到发货只需要数小时。这里就像是一个巨型的中央处理器。所有商品分拣和管理的基础都依赖于强大的数字化采集和处理能力。所有货品都嵌入了电子标签，并逐一扫描，工人们根据电子显示屏上的信息来分拣配送货品，其信息通过专门数据端口与耐克全球连接，每天都会有完整的共享数据反馈给相关部门。海量信息如此之多，以至于计算机所需要的编码数量几乎与全球最大的购物网站亚马逊一样多——这里是物流专家们把对数字和技术的热爱转化为成果的乐园。这座耐克在中国的第一家大型物流中心有两幢建筑，分别储存鞋类和服装类货品，两者之间通过传送带装置接驳。仓储区被分为整箱区和托盘区两大单元，散装托盘区分布其间。如果有大订单到来，整箱区即可直接配送；小订单补货则可以直接从托盘区内散装货品中抽取。根据配送分拣需求，服装配送楼层被分割为三层：顶层是拥有4.5万个设置了独立编码的货架区，二层则是两套自动分拣系统，一层为打包和装车配送区。

出人意料的是，拥有4.5万个独立编码的顶层货架区的编码其实并无规律可言，这主要是为了避免操作员因频繁操作会熟记下编码，从而产生误操作。取货操作员运用机器语音系统与计算机对话，核对存货信息——取货前自动控制系统会告知操作员取货区域，操作员到达后，通过麦克风和耳机先向电脑系统报告货架区编码以及取货数量进行确认。这套语音识别系统由耐克独立研发完成，它可以识别各国语言，甚至包括方言，系统会事先采集记录每一个操作员的音频信息。为以防万一，耐克另配备了一套应急装置，一旦语音识别系统发生故障，取货员可以用手持扫描设备救急，这也是货架编码的另一个用途。

同时，这些货架安放的角度按照人体工程学设计，最大限度地避免员工腰肌劳损。耐克规定，在货架充裕的情况下货品必须先存在中间层，方便员工取货。在货架最下端，底层货架与地板的间隙可以容纳临时扩充的货架，便于其在发货高峰期存放物料。

CLC三楼顶层的仓储区高达10多米，为了最大限度提高空间使用率、增加货品容纳量，耐克采用了窄巷道系统，货架之间的巷道宽度也被压缩到最低，与叉车的宽度相差无几。耐克在地板下方安装了用于叉车牵引的特殊磁力导线系统。这套智能引导系统可以令驾驶员在磁力线的自动引导下，以最精确的行车姿态进入取货巷道，完全避免任何碰撞。在自动引导取货时，叉车只能沿着磁导线的分布前后直来直往，而不会左右摇摆；取货小车装运完毕，关掉磁导线开关，货车方可左右拐弯。

CLC配送货品的一般流程是：接到订单，区分订单大小，仓储区取货。仓储区整箱订单货品通过传送带运至二楼分拣区，操作员和传送带会进行两次核对分拣；订单货品的余额件数由3楼操作员人工补货，自动分拣机验货、装箱后，再运至一楼进行扫描核对、装车及发运。

作业过程中，最关键的要素是精确。以服装分拣为例，当3楼仓储区的整箱货品通过传送装置送到2楼时，操作员会通过手持扫描设备进行标签扫描。所有货品标签的贴放位置和高度都有严格规定，以提高核对效率。核对无误后，在传送带送至1楼的过程中，沿途每隔数米均有扫描设备对包装箱条形码进行扫描，记录其位置信息。这些信息又与分布于物流中心各功能区的自动化分拣设备相连，使产品可以快速被传送至不同的操作区。一旦分拣有误，传动带会自动将错误货品甩出，进入特殊通道交由专人处理。

当货品经过层层校验，从分拣来到打包环节时，CLC的系统会自动打印一张货品标签单，清楚地标明货品编号和件数。电脑还能估算出货物体积，并提示操作员大概选用何种型号的包装箱最为合适。

装箱操作员除了核对货品件数和编码外，另一重要工作就是要把货品发货标签贴到规定位置，便于下一个环节的机器或人工再次抽查核对。在装车发货之前，仓储管理系统再次进行信息甄别，根据订单的时间配送要求，采用不同的交通工具和多级物流网络，确保产品高效、准确、及时以及最低成本送达。

发生火灾怎么办？CLC在设计之初就避免了这一切。这里一共安装了超过220个空气探测器，一旦失火，自动报警系统会响应，并打开喷水灭火系统。在仓储区之外，耐克还设立了"防火墙"，即便发生火灾，楼层只会朝着特定方向倒塌，保证另一个独立区域安然无恙。在两道墙壁中央，CLC专门设置了消防人员救援通道和避难走道，后者还有特制的正压送风系统，只会依照特定风道排放烟雾，不会伤害人身安全。

（资料来源：http://www.chinawuliu.com.cn/）

**分析与讨论**

1. 耐克的物流信息系统有什么样的作用？
2. 耐克的物流信息系统是如何支持仓储作业流程的？

**【拓展资源】**

1. 网上资源：大连市物流协会官网 http://www.db56.com.cn/；中国物流与采购网站：http://www.chinawuliu.com.cn/

2. 书籍：《物流信息系统》，黄有方编/2010年/高等教育出版社；《信息技术与物流管理》，彭扬，傅培华，陈杰编/2009年/中国物资出版社

# 第四篇 物流管理

# 第13章 采购管理

## 【学习要点】

- 熟悉供应链采购的模式和特点
- 了解供应链下准时采购的策略
- 熟悉供应商的选择、供应商绩效考核
- 了解供应商关系管理

## 【关键术语】

采购管理（Purchase Management）；电子采购（E-purchasing）；准时采购（Just in Time，JIT）；层次分析法（Analytical Hierarchy Process，AHP）；供应商关系管理（Supplier Relationship Management，SRM）

## 【案例导读】

## 伊利集团的电子采购模式

伊利集团作为食品快消企业,每天都在面对物流采购与供应的艰辛,同时,也在不断实践和挑战物流管理的创新。

1. 产品背后的物流管理难

伊利集团的产品分为液态奶、冷饮、奶粉、酸奶4大类,其产品流通绝大部分归属于冷链物流范畴,一方面,冷链物流管理是保证产品质量的关键,是消费者拿到产品前的重要环节;另一方面,作为衔接生产与销售的中间环节,物流管理,又是增强销售市场竞争力的原动力和后备力。因此,伊利在物流采购和供应管理方面的研究和投入一直是重点。

伊利物流供应有三大特点:一是货量大;二是运输方式多样化;三是运输覆盖区域广。伊利集团的物流规模使其具备了集中采购的优势,但同时也面临着如何对物流供应商进行集中管理和精细化管理的难题。

伊利集团旗下分液态奶事业部、冷饮事业部、酸奶事业部、奶粉事业部、原奶事业部共5大事业部,不同事业部对物流承运商的要求又有不同,比如液态奶事业部,由于奶制品对产品新鲜度、实用性和安全性要求极高,市场对产品的可追溯性要求也非常严格。对承运商的资源调配能力要求就会很高。再比如冷饮事业部,零下18摄氏度的低温条件是对承运商的最起码要求,对整个配送过程的恒温要求较高,这就需要具备高效的数据采集、跟踪管理和对物流供应商的评估管理能力。

而作为快速发展的伊利业务,其物流承运量的需求逐年递增;加之伊利集团对物流供应商的严格考评制度,每年会有大概15%的承运商因为各种原因被淘汰出局。因此物流供应商的开发寻源也是物流管理中一项非常艰巨的任务。

2. 电子采购助推高效物流管理

在伊利集团物流管理部、信息化部和一采通项目团队的通力协作下,伊利集团物流服务电子采购平台顺利上线运行(http://eps.yili.cn/),平台上线的第一项工作是要求现有物流供应商进行网上注册,实现集团对现有物流供应商的全面了解。

结合伊利集团的管理现状,项目团队设计了物流供应商服务能力的信息采集标准:第一是服务类型:包括公路运输服务、铁路运输服务、海洋运输服务、铁路包运输服务、仓储服务、装卸服务6大类;第二是承运能力:包括运输范围,车辆情况,道路运输许可证信息采集；第三是合作意向：包括意向与哪个事业部，哪个二级工厂进行合作等。

电子采购平台，实现了对物流供应商信息的全面梳理，伊利集团对合作的供应商有了系统化的了解，集团领导提出了寻找匹配伊利集团能力的战略供应商的要求，提出在物流采购上，要优选运输服务能力强、整合调度能力强的供应商。

伊利集团物流服务电子采购平台，相当于建设了一套基于互联网的物流信息服务沟通的高速路网，高速路网的一端是伊利集团的物流服务管理部门，另一端是众多的物流供应商。在物流电子采购平台上，形成了支撑伊利集团物流运输的实体运输网络。这在快消品行业、食品乳品行业、在中国的物流运输服务领域，都具有开创性的意义。

（资料来源：http://www.yili.com/）

## 13.1 采购模式和特点

### 13.1.1 采购管理概述

采购管理（Purchase Management）一般包括制定采购活动的管理、对采购人员的管理、采购资金的管理、运储的管理、采购评价和采购监控，还包括建立采购管理组织、采购管理机制、采购基础建设等。有效的采购管理可以为大多数企业的成功作出显著贡献。实践证明，要在销售环节取得一个百分点的利润率很难，但在采购环节则相对容易，获取利润的空间较大，所以采购可以成为企业利润的"摇篮"，也可能成为企业利润的"坟墓"。

采购是一个复杂的过程，目前还很难对它进行统一的定义，根据环境的不同它可以有不同的定义。狭义地说，采购是企业购买物品和服务的行为；广义地说，采购是一个企业取得货物和服务的过程。然而，采购的过程并不仅仅是各种活动的机械叠加，它是对一系列跨越组织边界活动的成功的实施。因此，对采购的定义可以是：用户为取得与自身需求相吻合的货物和服务而必须进行的所有活动。从20世纪初至今，采购管理不断地发展演变。

#### 13.1.1.1 采购管理的发展演变

采购职能引起人们的关注是在20世纪，但早在1900年之前，其独立性与重要性就受到了美国国内许多铁路企业的重视。第一本专门针对采购的书《铁路用品解决对策——采购与处置》1887年就已出版。在第一次世界大战之前，大多数企业基本上只把采购职能当做一种文书活动。20世纪50年代，采购职能所应用的技术更加先进，受过专门训练的人越来越多，采购职能在企业中所占的地位也日益提高。很多企业把首席采购官（Chief Purchasing Officer，CPO）提升到最高管理层。90年代后，企业已经清楚地认识到，要想成功地与国内和国际上的同行竞争，就必须有一个颇具效益和效率的采购部门。21世纪初的问题在于何种程度上的技术应用会改变采购与供应管理过程并发挥出策略性的运作功能。

采购管理的发展演变见表13-1。

表 13-1 采购管理的发展演变

| 时间 | 采购方法 | 要解决的问题 |
| --- | --- | --- |
| 20 世纪初至 50 年代中期 | 经济订购批量模型（EOQ） | 使订购成本与库存成本总和最低的采购数量 |
| 20 世纪 60 年代 | 物料需求计划（MRP） | 有效地解决了相关产品的采购问题 |
| 20 世纪 70—80 年代 | 准时采购（JIT） | 与供应商结成战略合作伙伴，实现零库存 |
| 20 世纪 90 年代—21 世纪初 | 电子采购（B2B） | 通过电子商务的方法简化采购流程 |

从采购管理的历史演变中可以看出：自 1915 年由美国学者哈里森提出经济订购批量模型到供应链管理的提出，采购管理经历了一次质的飞跃。概括而言，采购管理大致可以分为两个阶段：传统采购和供应链采购。

13.1.1.2 传统采购的定义

传统采购主要是针对在供应链管理提出之前的单个企业而言的。传统采购中，企业根据生产需要，首先由各需要单位在月末、季末或年末，编制需要采购物品的申请计划；然后由物资采购供应部门汇总成企业物品计划采购表，报经主管领导审批后，组织具体实施；最后，将所需物品采购回来后验收入库，组织供应，以满足企业生产的需要。传统采购存在市场信息不灵、库存量大、资金占用多、库存风险大的不足，经常可能出现供不应求，影响企业生产经营活动正常进行，或者库存积压、成本居高不下，影响企业的经济效益。

传统采购业务原理如图 13-1 所示。

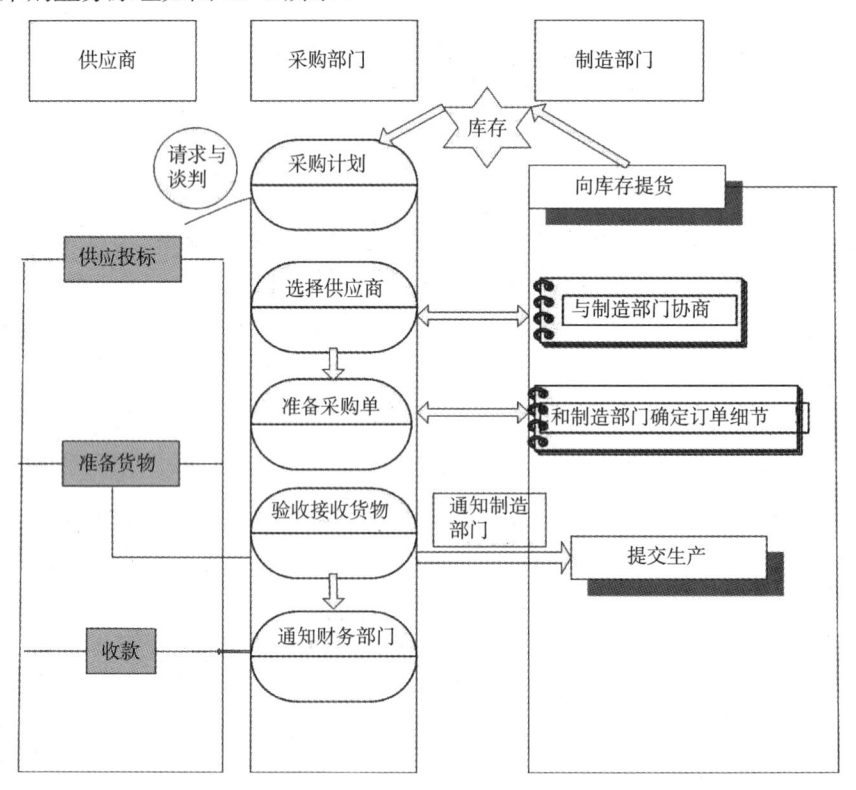

图 13-1 传统采购业务原理

#### 13.1.1.3 传统采购的特点

（1）物料采购与物料管理为一体

绝大多数企业行使采购管理的职能部门为供应部（科），也有企业将销售职能与采购职能并在一起，称为供销科。在这种模式下，其管理流程是：先由需求部门提出采购要求，然后由采购部门制订采购计划/订单、询价/处理报价、下发运输通知、检验入库、通知财务付款。该流程主要缺点是：物料管理、采购管理、供应商管理由一个职能部门来完成，缺乏必要的监督和控制机制。

（2）业务信息共享程度弱

由于大部分的采购操作和与供应商的谈判是通过电话来完成的，没有必要的文字记录，采购信息和供应商信息基本上由每个业务人员自己掌握，信息没有共享。其带来的影响是：业务的可追溯性弱，一旦出了问题，难以调查；同时采购任务的执行优劣在相当程度上取决于人，人员的岗位变动对业务的影响大。

（3）采购控制通常是事后控制

其实不仅是采购环节，许多企业对大部分业务环节基本上都是事后控制，无法在事前进行监控。虽然事后控制也能带来一定的效果，但是事前控制毕竟能够为企业减少许多不必要的损失，尤其是如果一个企业横跨多个区域，其事前控制的意义将更为明显。

随着供应链理论的提出，单个企业之间的竞争更多地向供应链之间的竞争转变，因而传统采购也开始向供应链采购转变。供应链采购可以在供应链管理领域进行运作性的、战术性的或战略性的改进，并以积极主动的战略方式提高供应链或价值链的效率和有效性。

### 13.1.2 供应链采购的特点

著名管理学家波特在他的价值链理论中发现了采购的战略重要性，采购包括了对新的供应商的资质认定、各种不同投入物资的采购和对供应商表现的监督，因而采购在供应链成员中起着重要的作用。

一般来说，供应链采购是指供应链上下游联盟性的节点企业之间的采购，即供应链上相邻上游企业向下游企业供应物品，供应企业将物品供应给需求企业。供应链采购与传统采购相比，物品供需关系没变，但由于供应链各个企业之间是一种合作伙伴关系，采购活动在一种非常友好的环境中进行，所以采购的理念、特点和操作都发生了很大的变化。

#### 13.1.2.1 供应链采购与传统采购的区别

在供应链管理环境下的采购模式和传统的采购模式有所不同，其主要区别如表13-2所示。

表13-2 供应链采购模式与传统采购模式的主要区别

|  | 供应链采购模式 | 传统采购模式 |
| --- | --- | --- |
| 供应商/买方关系 | 合作伙伴 | 相互对立 |
| 合作关系 | 长期 | 可变的 |
| 合同期限 | 长 | 短 |
| 采购数量 | 小批量、送货频率高 | 大批量、送货频率低 |
| 运输策略 | 多品种整车发送 | 单一品种整车发送 |

续表

|  | 供应链采购模式 | 传统采购模式 |
| --- | --- | --- |
| 质量问题 | 买方参与实时控制 | 事后把关 |
| 与供应商的信息沟通 | 借助网络 | 采购订单 |
| 供应商数量 | 少但合作关系好 | 越多越好 |
| 交货安排 | 每周或每天 | 每月 |
| 供应商地理分布 | 尽可能在地理位置上靠近 | 广大的区域 |
| 信息交流 | 快速、可靠、信息共享 | 一般要求、信息专有 |
| 协商内容 | 共同控制成本、质量 | 获得最低价格 |
| 供应商评价 | 强调价格 | 多标准并行考虑 |

### 13.1.2.2 供应链采购的特点

（1）为订单而采购

在传统的采购模式中，采购的目的就是为了补充库存。采购部门不了解企业的生产过程，也不了解生产的进度和产品需求变化，因此采购过程处于被动状态，采购部门制订的采购计划很难适应制造需求的变化。在供应链管理模式下，采购活动是以订单驱动的方式进行的，制造订单的产生是在用户需求订单的驱动下产生的，然后制造订单驱动采购订单，采购订单再驱动供应商。这种准时化的订单驱动模式，使供应链系统得以准时响应用户的需求，从而降低库存量，提高物流精确度，提高了效益。订单驱动方式的特点表现在：

①订货数量和次数的变化。采用订单式驱动方式，采购数量应根据订单要求来确定，减少了订货的次数，提高了采购效益，节约了采购成本。

②供应商与制造商建立战略合作伙伴关系，不再需要双方反复协商和讨论，交易成本降低。

③货物接收的变化。采购物资直接进入制造部门，不仅降低了库存，而且减少了采购部门的工作压力和不增加价值的过程，有利于实现供应链精细化作业。

④信息的有效性提高。在供应链中，供应商能共享制造部门的信息，提高了供应商的应变能力，减少信息失真。同时在采购过程中信息不断地得到反馈和修正，效率提高。

（2）外部资源管理

供应链采购向外部资源管理转变，就是将采购活动渗透到供应商的产品设计和产品质量控制过程中。由于外部环境的快速变动，以及企业对其核心竞争力的稳固，企业管理的重心不再局限于内部资源整合，而是强调与外部合作伙伴的资源整合，强调与供应链的伙伴合作来快速、有效地满足不断变化的顾客需求和应对日趋激烈的市场竞争。传统采购管理的不足之处，就是与供应商之间缺乏合作，与企业内部的其他部门缺乏准确快速的沟通，缺乏柔性和对外界的响应能力。实施外部资源管理也是实施精细化生产、零库存生产的要求。

（3）战略合作伙伴关系

由于与供应商的战略合作协议，采购方和供应商之间不再是一种简单的买卖关系，而是战略合作伙伴关系。战略合作伙伴关系的优越性主要表现在：

①采购效率提高。建立了战略合作伙伴关系的供应商和制造商之间的订货和供货主要

是一些标准的、常规化的货物。避免了一些没有增值作用的文书等的繁琐环节，减少了环节，提高了采购效率。

②库存成本减少。在传统的采购模式下，供应链的各级企业都无法共享库存信息，各级节点企业都独立地采用订货点技术进行库存决策，不可避免地产生需求信息的不对称现象，导致供应链的整体效率得不到提高；但在供应链管理模式下，通过双方的合作关系，供应与需求双方可以共享库存数据，减少了需求信息的失真现象。

③风险降低。供需双方通过战略合作伙伴关系，可以降低不可预测的需求变化带来的风险，如信用风险，产品质量风险等。

④组织障碍降低。战略性的合作伙伴关系消除了双方信息交流的组织障碍和信任问题，实现了信息的同步共享，为实现准时采购创造了条件。

⑤沟通程度加深。通过战略合作伙伴关系，双方可以为制订战略性的采购供应计划而共同协商。

（4）信息化的采购

供应链管理之所以区别于传统的管理而成为电子商务时代全新的概念，其中一个重要原因是它以信息技术为手段，以信息资源的集成为前提，实现了采购内部业务信息化和外部运作信息化。

（5）供应商的选择

传统采购模式中，供应商主要是通过价格竞争选择的，制造商和供应商是短暂的合作关系。供应链管理环境下，供应商的合作能力影响企业的长期利益。因此，选择供应商时，需要对供应商进行综合评估，不仅仅根据质量、价格等指标，更需要根据技术、创新等指标来选择。

13.1.2.3 供应链环境下采购的原则

（1）质量第一的原则

所采购的原材料、零部件等的质量、性能既能满足企业的使用要求，又能达到国内外产品市场竞争的质量水准，以采购原材料、零部件的质量性能保障企业产品的质量和性能。

（2）价格最优的原则

在保证质量性能的前提下，通过比价、限价、招标采购等方式确定价格最优惠的供应商，综合其他因素确定最优采购方案。

（3）程序科学原则

采购流程科学合理，能够体现增值服务的需要，又能进行采购行为实施相关监督的原则。

（4）信誉最佳的原则

通过信誉考察供应商，力争与信誉良好的供应商建立和保持长期稳定的合作关系。

（5）集中采购的原则

通过扩大采购规模和范围可获得采购规模经济和范围经济益处，从而争得采购战略优势。

13.1.2.4 供应链环境下的采购过程

（1）需求的确定或重新估计

采购一般是对新用户或老用户的需求作出反应。用户是指企业中的个人或部门。在某些情况下，已有的需求必须重新估计，因为它们可能发生了变化。在任何情况下，一旦需求被确认，采购过程就可以开始了。

（2）定义和评估用户的需求

一旦需求确定下来，必须以某种可以衡量的标准形式来表示。通过这些标准，采购人员可以把用户的需求告诉潜在的供应商。

（3）自制和外购决策

在决定如何满足需求之前，采购方应决定是由自己来制造产品或提供服务，还是通过购买来满足用户需求。

（4）确定采购的类型

采购的类型将决定采购过程所需的时间和复杂性。按时间和复杂程度采购可以分为三种类型：一是直接按过去的惯例采购；二是修正采购，需要对目前供应商或投入物作出决定；三是全新采购，由全新的用户需求引起的采购。

（5）进行市场分析

供应商可以处于一个完全竞争市场的情况下，或在一个寡头市场，或垄断市场的情况下。了解市场类型有助于采购专业人员决定市场供应商的数量、权力与依赖关系的平衡及哪种采购的方式最有效。

（6）确定所有可能的供应商

包括找出所有能满足用户需求的供应商。在全球化的环境下，找出所有的供应商具有挑战性，需要进行一定的研究。

（7）对所有可能的资源进行初步估计

当对用户需求进行定义和评估时，区分需求和期望是很重要的。产品或服务的需求，对用户很重要；而期望并不是十分重要，它是可以进行商谈的。初步估计将可能的供应商减少到可以满足用户需求的几家。

（8）剩余供应商的再评估

如果已有可能将供应商减少到能满足用户需求的几家，就有可能确定哪家供应商最能满足用户的要求或期望。如果采购项目既简单又标准，并有足够数量的潜在供应商，这些活动就可以通过竞争招标来实现。如果这些条件不存在，则必须进行更加详细的估计，使用工程测试或模拟最终的使用情况。

（9）选择供应商

供应商的选择也决定了买卖双方将建立的关系，决定了这些关系的"机构"将如何组成和执行。这一活动也决定了与未被选上的供应商之间的关系将如何维持。实际选取将依据依次讨论的数据来进行，如质量、可靠性、总价，等等。

（10）接受产品的发运和服务

这一活动随供应商进行满足用户需求的活动而发生。这项活动完成后，便产生了下一个活动所需的表现评价数据。

（11）进行购买后的表现评价

一旦服务完成或产品发运之后，应对供应商的工作进行评价，以确定其是否真正满足用户的需求，这也是"控制"的活动。如果供应商的工作不能满足用户的需求，必须确定发生这些偏差的原因，并进行适当的纠正。

供应链采购的一般过程如图13-2所示。

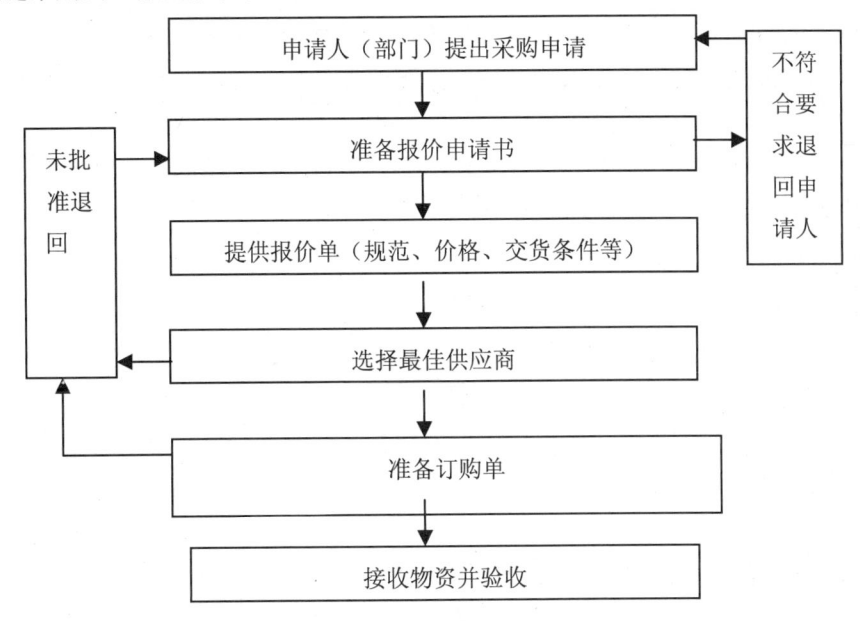

图 13-2 供应链采购的一般过程

### 13.1.3 供应链采购模式的选择

#### 13.1.3.1 供应链采购模式

（1）集中式采购

①集中式采购的特点。企业内部跨组织的采购流程重组和结构是集中式采购战略的显著特点。传统的采购组织结构正受到日益增长的顾客需求和不断变化的市场冲击，为提高采购职能的竞争力，企业内部催生出跨部门采购集中管理的需要，并加强内部采购和外部供应链的整合。

集中式采购管理并不等同于在企业总部设立采购中心。"集中"落实在管理理念上，而非固定在组织形式中。目前广泛采取的一种集权和分权并存的采购组织结构，充分发挥两者的优势，兼具灵活性和规模效应。另外，一些企业实施战略采购后，仍然选择部门内独立采购，而对关键的物资跨部门设立虚拟的采购核心小组，从而获得价格规模效应，同时加强了与供应商的战略合作伙伴关系。

②集中式采购的优势。成本优势是集中式采购为企业带来的最显著的竞争优势。集中式采购充分平衡企业内部和外部的优势，旨在降低供应链的总成本。该模式要求供应链上的更多成员参与到采购成本降低战略中，各环节共同合作，寻求降低成本的机会。采购成本包括：直接采购成本、物流配送成本和库存成本。大批量采购取得的经济规模效应能够降低直接采购成本；在物流配送成本方面，集中式采购模式使企业能够跨组织对物流网络进行有效的统一规划，且建立战略联盟后，部分物流费用由供应方承担；在库存成本方面，集中战略能够从全局出发，避免重复设置仓库的现象。同时，部分战略供应商提供供应商

管理库存（即 VMI），进一步降低了相应的物流成本。

战略优势是集中式采购的又一优势，能够最大限度地提升企业竞争力。一是在该模式的指导下，企业能够结合整体管理战略，综合考虑市场变化趋势和各部门采购资源，制订切实可行的采购目标和采购计划，充分体现了该模式基于订单管理的特性。二是对企业内所需集中采购，对关键物资优先采购，保证关键业务的稳定性。三是与供应商建立了战略合作伙伴关系，有利于消除供应市场的不稳定因素，进而保证企业运作的稳定性。部分企业还在供应链战略联盟的基础上合作开发新产品，缩短了新产品的研发周期，从而为企业赢得了战略竞争优势。

（2）电子采购

电子采购（E-purchasing）又称网上采购、在线采购，是以互联网等现代信息技术为手段，实现从寻找供应商、洽谈、签约到付款等业务网络化的采购活动，它通过信息技术来增强采购及日常采购的管理能力。英国皇家与采购供应学会（CIPS）对电子采购的定义是指商品和服务的电子购买过程，包括从认定采购需求直到支付采购货款的全部过程，也涵盖了延迟货款这一类活动，例如合同管理，供应商管理与开发等。

如何在采购周期过程中应用电子流程，以及这些电子流程如何影响采购的流程和关系？由 Helen Alder 设计的电子采购周期模型（图 13-3）被用来解释上述问题。注意图中的整个周期是"电子采购"，周期的右边是"电子供应源搜寻"，左边是"电子购置"。

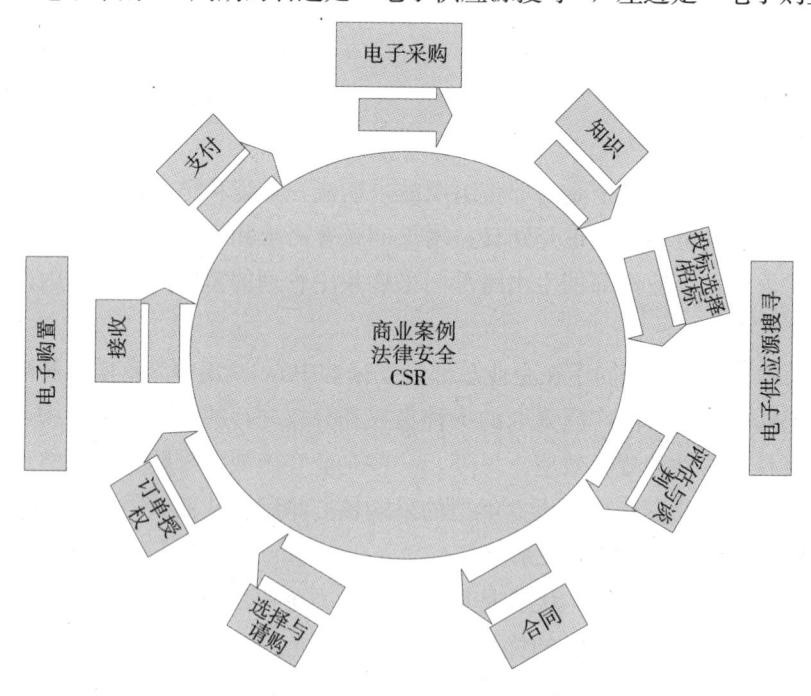

图 13-3 电子采购周期模型

（3）双赢采购

双赢采购中的双赢关系模式是一种竞争性合作的关系，它既不同于基于信任的伙伴关系，也不同于达尔文式的竞争关系。它强调在合作的供应商和生产商之间共同分享信息，通过合作和协商协调相互的行为，促使双方进行优化改进，形成双赢。

（4）JIT 采购

JIT 采购是 JIT 原理及生产方式在企业物资采购中的应用和反映。企业物资的 JIT 采购就是只在需要的时候，按需要的数量，采购企业生产所需要的合格的原材料和外购件。企业采购活动中有大量活动是不增加产品价值的，如订货，改装订货，点数等，JIT 采购的目的就是要消除这些浪费。

13.1.3.2 供应链采购的实施

以上介绍的 4 种采购模式，都是供应链管理环境下采购管理模式的创新探索，既有所区别又有共同之处，在 4 种战略的实施过程中都需要从以下几方面着手。

（1）建立跨部门跨企业的采购组织

长期以来，随着企业规模的扩大和专业门类的细化，企业内部各部门之间的壁垒越来越严重，特别是产品研发设计、采购部门、制造部门、供应商之间缺乏协调沟通，常常只是从本部门本企业的立场出发，精力集中于个别零部件的成本降低，而不是从整体出发加以考虑，导致成本居高不下，产品丧失竞争力。传统企业的采购职能往往由采购部门独立承担，但在采购绩效领先的组织中，采购职能往往通过跨部门跨企业的采购组织来担当。这种采购组织包括采购部门、制造、工程师、产品研发、财务、销售、IT 部门、供应商也可能参与其中。他们确定战略采购的优先重点和顺序，发展物品采购策略，并设计供应商选择与评价的衡量体系和相关因素。

（2）建立并维持与供应商建立长期合作伙伴关系

处理与供应商的关系是采购管理的一个重要方面。对于采购和供应双方来讲，都要考虑成本和利润、长期合作伙伴和短期买卖关系等问题。好的供应商最终会带来低成本、高质量的产品和服务。采购绩效领先的企业更注重建立与供应商的关系，从长期及帮助供应商成长角度去降低成本。采购绩效领先者，渐渐摒弃传统的拼命压价的采购方式，不再千方百计逼迫供应商让步，或寻找多个供应商并采取分而治之的方式，而是建立长期的合作供应关系。

（3）建立按订单采购系统

把客户的需求放在第一位，先确定需求，然后按需生产，减少产品过剩和缺货的风险。把供应商、生产商、分销商、物流商至最终用户，形成网链体系，从相互之间的输赢关系变成共赢关系。

（4）实施企业采购流程再造

对企业内外资源进行整合，流程进行优化，并根据需求及时修正与改进。要建立起采购整体效果的评价体系，并实现供应链各环节利益的合理分配。

虽然供应链管理环境在我国还不成熟，但是很多先进企业已经开始将供应链管理思想应用于企业管理实践。采购管理作为供应链上的重要环节也必须制定出适应供应链协同运作的战略理念，以促进供应链整体竞争力的持续提升。

## 13.2 准时采购策略

准时采购（即 JIT 采购）对于供应链管理思想的贯彻实施有重要的意义。供应链环境下的采购模式和传统的采购模式的最大不同之处在于采用订单驱动方式。订单驱动使供应和需求双方都围绕订单运作，这就有助于实现准时化、同步化运作。要实现同步化运作，采购方式就必须是并行的。当采购部门产生一个订单时，供应商即开始着手物品的准备工作。与此同时，采购部门把详细的采购单提供给供应商时，供应商就能很快地在所要求的时间内将物资交给用户。当用户需求发生改变时，制造订单又驱动采购订单发生改变，这样一种快速的改变过程，如果没有准时采购，供应链企业很难适应这种多变的市场需求。因此，准时采购增加了供应链的柔性和敏捷性。

综上所述，准时采购策略体现了供应链管理的协调性、同步性和集成性。供应链管理需要准时采购来保证供应链的整体同步化运作。

### 13.2.1 准时采购的特点

#### 13.2.1.1 准时采购与传统采购的区别

传统采购模式下，企业与供应商建立短期的买卖关系，采购人员往往以最低的价格选择供应商，接单的供应商通常以较长的交货期、质量状况不稳定的产品交付，买方为防止供应风险往往会选择多货源供应。准时采购与传统采购式相比，具有以下特征。

①单渠道采购。一方面，管理供应商比较方便；另一方面，有利于与供应商建立长期稳定的合作关系。

②综合考虑供应商。在选择供应商时，主要从顾客观念强、提供产品和服务到位、应变能力强、生产设备先进、有较强的信息财务能力等多方面综合考虑，从根本上保证采购质量。

③小批量采购。采购频率增加，运输成本上升；但降低了库存，根据测算，准时采购可以使原材料和外购件的库存降低 40%～85%。

④有效的信息交换。JIT 采购的供应商与制造商之间是战略合作伙伴关系，要求彼此间进行有效和及时有用的信息交换，满足顾客与市场的变化和个性化需要。

准时采购与传统采购的区别如表 13-3 所示。

表 13-3 准时采购与传统采购的比较

|  | 准时采购 | 传统采购 |
| --- | --- | --- |
| 供应商数目 | 少 | 多 |
| 供应商关系 | 稳固 | 松散 |
| 物料质量 | 稳定 | 不稳定 |
| 供应商评价 | 综合评价 | 单一评价 |
| 交货方式 | 由供应商安排 | 由采购商安排 |
| 信息交流 | 多 | 少 |
| 采购频率 | 综合评高 | 低 |

#### 13.2.1.2 准时采购的基本思想

准时采购的思想起源于 20 世纪五六十年代，日本丰田汽车公司为消除生产过程中各种浪费现象而推行的一种综合管理技术（JIT）。它的基本思想是：在恰当的时间、恰当的地点、以恰当的数量、恰当的质量提供恰当的物品。

准时采购与准时生产一样，它不但能够最好地满足用户需要，而且可以极大地消除库存、最大限度地满足消费，从而极大降低企业的采购成本和经营成本，提高企业的竞争力。采用这种模式可以减少整个供应链上的库存积压，缩短采购与供应提前期，削弱"牛鞭效应"的影响。要进行准时化生产必须有准时的供应，因此准时采购是准时生产管理模式的必然要求。

#### 13.2.1.3 准时采购的特点

（1）采用较少的供应商

传统采购模式一般是多头采购，供应商的数目相对较多。从理论上讲，采取单源供应比多头供应好，一方面，对供应商的管理比较方便，且可以使供应商获得内部规模效益和长期订货，从而使购买原材料和外购件的价格降低，有利于降低采购成本；另一方面，单源供应可以使制造商成为供应商的一个非常重要的客户，因而加强了制造商与供应商之间的相互依赖关系，有利于供需之间建立长期稳定的合作关系，质量上比较容易保证。但是，采取单源供应也有风险，比如供应商可能因意外原因中断交货。另外，采取单源供应，使企业不能得到竞争性的采购价格，会对供应商的依赖性过大等。

（2）采取小批量采购的策略

小批量采购是准时采购的一个基本特征。准时采购与传统采购模式的一个重要不同之处在于：由于准时生产需要减小批量，甚至实现"一个流生产"，因此，采购物资也应采用小批量的办法。

（3）对供应商选择的标准发生变化

由于准时采购采取单源供应，因而对供应商的合理选择就显得尤为重要。在选择供应商时，需要对供应商按照一定标准进行综合评价。这些标准应包括产品质量、交货期、价格、技术能力、应变能力、批量柔性、交货期与价格的均衡、价格与批量的均衡、地理位置等。与供应商建立了良好的合作关系后，很多工作可以简化以至消除，如订货、修改订货、点数统计、品质检验等，从而减少浪费，降低成本。

（4）对交货的准时性要求更加严格

准时采购的一个重要特点是要求交货准时，这是实施准时化生产的前提条件。交货准时取决于供应商的生产与运输条件。

（5）从根源上保障采购质量

实施准时采购后，企业的原材料和外购件的库存很少以至为零。准时采购就是要把质量责任返回给供应商，从根源上保证采购质量。

（6）对信息交流的需求加强

准时采购要求供应与需求双方信息高度共享，保证供应与需求信息的准确性和实时性。由于双方的战略合作关系，企业在生产计划、库存、质量等各方面的信息都可以及时进行交流，出现问题时能够及时处理。只有供需双方进行可靠而快速的双向信息交流，才能保证所需的原材料和外购件的准时按量供应。同时，充分的信息交换可以增强供应商的应变能力。

（7）可靠的送货和特定的包装要求

由于准时采购消除了原材料和外购件的缓冲库存，供应商交货的失误和送货的延迟必将导致企业生产线的停工待料。因此，可靠送货是实施准时采购的前提条件。而送货的可靠性常取决于供应商的生产能力和运输条件，一些不可预料的因素，如恶劣的气候条件、交通堵塞、运输工具故障等，都可能引起送货延迟。此外，准时采购对原材料和外购件的包装也提出了特定的要求。最理想的情况是，对每一种原材料和外购件，采用标准规格且可重复使用的容器包装，既可提高运输效率，又能保证交货的准确性。

### 13.2.2 准时采购的原则和方法

#### 13.2.2.1 准时采购的基本原则

在供应链管理模式下，准时采购工作的基本原则就是做到5个恰当：恰当的数量、恰当的质量和时间、恰当的地点、恰当的价格、恰当的来源。

①恰当的数量。在供应链管理模式下，采购活动是以订单方式驱动的。这种准时化的订单驱动模式，不仅降低了物流成本，也响应了用户需求。

②恰当的质量和时间。在供应链管理模式下，强调与供应商建立长期的战略合作伙伴关系，并参与供应商的产品质量控制过程。

③恰当的地点。在选择产品交货地点时，应考虑多方面的因素，如距离、运费等。

④恰当的价格。物资价格的确定是采购时的重要环节，要根据不同的货物和战略合作伙伴关系来考虑价格。

⑤恰当的来源。选择建立了战略合作伙伴关系的供应商为准时采购创造了条件和可能。

#### 13.2.2.2 准时采购的方法

从以上分析中我们看到，要实施准时采购，以下3点是十分重要的。

①准时采购成功的基石：选择最佳的供应商，并对供应商进行有效的管理。

②准时采购成功的钥匙：供应商与用户的紧密合作。

③准时采购成功的保证：卓有成效的采购过程质量控制。

如何有效地实施准时采购？下面的几点可以作为实施准时采购的参考。

（1）创建准时采购团队

世界一流企业的专业采购人员有三个责任：一是寻找货源；二是商定价格；三是发展与供应商的协作关系并不断改进。因此专业化的高素质采购队伍对实施准时采购至关重要。

（2）制订计划，确保准时采购有计划地实施

要制订详细的准时采购计划，落实如何减少供应商的数量、供应商的评价、向供应商发放签证等工作。在这个过程中，要与供应商一起商定准时采购的目标和有关措施，保持经常性的信息沟通。

（3）精选少数供应商、建立合作伙伴关系

选择供应商应从这几个方面考虑：产品质量、供货情况、应变能力、地理位置、企业规模、财务状况、技术能力、与其他供应商的可替代性等。

（4）进行试点工作

先从某种产品或某条生产线的试点开始，进行准时零部件或原材料的准时化供应试点。

在试点过程中,取得企业各个部门的支持十分重要。通过试点,总结经验,为正式的准时采购实施打下基础。

(5)搞好供应商的培训,确定共同目标

准时采购是供需双方共同的业务活动,单靠采购部门的努力是不够的,还需要供应商的配合,因此需要对供应商进行业务培训,制定共同的采购目标。

(6)向供应商颁发产品免检合格证书

准时采购与传统采购方式的不同之处在于买方不需要对采购产品进行比较多的检验手续,要做到这一点,需要供应商做到提供百分之百的合格产品。在建立了长期合作关系后,可由企业向供应商颁发产品免检合格证书,以简化流程,提高效率。

(7)实现准时化生产的交货方式

准时采购的最终目标是实现企业的生产准时化,为此,要实现从预测的交货方式向准时化适时交货方式的转变。

(8)继续改进,扩大成果

准时采购是一个不断完善和改进的过程,需要在实施过程中不断总结经验教训,从降低运输成本,提供交货的准确性,提高产品的质量,降低供应商库存等各个方面进行改进,不断提高准时采购的运作绩效。

### 13.2.3 供应链环境下的准时采购策略

#### 13.2.3.1 准时采购实施的条件

(1)非经济条件

①制造商与供应商建立互惠互利的战略合作伙伴关系。准时采购策略的推行,有赖于制造商与供应商之间建立起长期的互利合作新型关系,相互支持,共同获益。

②良好基础设施的建设。良好的运输和通信条件是实施准时采购策略的重要保证,企业间通用标准的基础设施建设,对准时采购的推行也至关重要。

③供应商的参与。准时采购不只是企业物资采购部门的事,也离不开供应商的积极参与,不仅体现在准时、按质量供应制造商所需的原材料和外购件上,而且体现在积极参与制造商的产品开发设计过程中。

④建立实施准时采购策略的组织。企业领导必须从战略高度来认识准时采购的意义,并建立相应的企业组织来保证采购策略的成功实施。这一组织的构成应有企业的物资采购部门、生产部门、质量部门、财务部门和产品设计部门等。

⑤信息化建设。准时采购是建立在有效信息交换的基础上的,信息技术的应用可以保证制造商与供应商之间的信息交换。

(2)经济条件

采供双方企业都是追求利润最大化的理性"经济人",它们开展合作建立伙伴关系前提是利润增加。假设合作前采供双方的利润分别是$(R_1, C_1)$,开展合作后采供双方的利润分别是$(R_2, C_2)$,必须满足的一个必要条件是$(R_2+C_2)-(R_1+C_1) \geqslant 0$,则双方能顺利合作有以下两种可能。

①在这种前提下双方的合作都是出于自愿的,而且大家都会努力地提高合作的水平,

因为合作给双方都带来了额外的利润。

②总利润增加，但是总有一方因合作后获取的利润减少而对合作持抵制态度。因此需要获利的一方向另一方提供适当的经济补偿以满足双方均获利的条件，这样双方的合作才能得以维持。

根据国内外的研究发现，通常获得额外利润的一方是实施准时采购的一方，因为它很好地控制了与库存相关的成本，提高了自己的生产效率。而供应方因为要满足准时制供应的需求，加大了对物流配送等相关方面的投入，因此它的成本会增加，成为利润减少的一方。所以在实施准时采购的初期，都是准时制的采购方以一定的方式补偿准时制的供应方。

13.2.3.2 准时采购实施的步骤

开展准时采购同其他工作一样，需遵循计划、实施、检查、总结提高的基本思路，具体包括以下步骤。

（1）创建准时采购团队

要成立两个团队：一个是专门处理供应商事务的团队，该团队负责认定和评估供应商的信誉、能力，或与供应商谈判签订准时制订货合同、向供应商发放免检签证等，同时要负责对供应商的培训和教育；另外一个团队专门负责消除采购中的浪费。这些团队中的人员应该对准时采购的方法有充分的了解和认识，必要时进行培训。

（2）分析现状、确定供应商

根据采购物品的分类，以价值量大、体积大的主要原材料及零部件为出发点，结合与供应商的关系和特点，优先选择伙伴型或优先型供应商进行准时采购的可行性分析，确定供应商。

（3）设定目标

针对供应商目前的供应状态，提出改进目标。改进目标包括缩短供应时间，增加供应频率，保持合适的原材料、在制品及成品的库存等。同时供应商也相应确认有关的配合人员的责任、行动完成时间等。改进目标应有时间要求。

（4）制订实施计划

采购计划要明确主要的行动点、行动负责人、完成时间、进度检查方法及时间、进度考核指标等。主要行动包括：

①将原来的固定订单改为开口订单，订单的订购量分为两部分：一部分是已确定的、供应商必须按时按量交货的部分；另一部分是可能因市场变化而增减的，供供应商准备原材料、安排生产计划参考的预测采购量。

②调整相应的运作程序及参数设置；在公司内相关人员之间要进行沟通、交流、统一认识、协调行动。

③确定相应人员的职责及任务分工等。

④在供应商方面，需要对供应商进行沟通、培训，使供应商接受准时采购的理念，确认本公司提出的改进目标。

（5）改进行动实施

改进行动实施的前提是供应原材料的质量改进和保障，同时为改善供应要考虑采用标准、循环使用的包装、周转材料及器具，以缩短送货的装卸、出入库时间。改进实施的主要环节是将原来的独立开具固定订单改成滚动下单，并将订单与预测结合起来。实施准时采购还应注意改进行政效率，充分利用电话、传真及电子邮件等手段进行信息传递以充分保证信息传递的及时性、准确性、可靠性。在开展准时采购的过程中，最重要的是要有纪律，要严格按确定的时间做该做的事情，同时要有合作意识与团队精神。只有采购、计划、仓管、运输、收验货、供应间等环节的密切配合，才能保证准时采购的顺利实施。

（6）绩效衡量

衡量准时采购实施绩效要定期检查进度，以绩效指标（目标的具体化指标）来控制实施过程。采购部门或准时采购实施改进小组要定期（如每月）对照计划检查各项行动的进展情况、各项工作指标、主要目标的完成情况，并用书面形式报告出来，对于未如期完成的部分应重新提出进一步的跟进行动，调整工作方法，必要时调整工作目标。

准时采购步骤如图 13-4 所示。

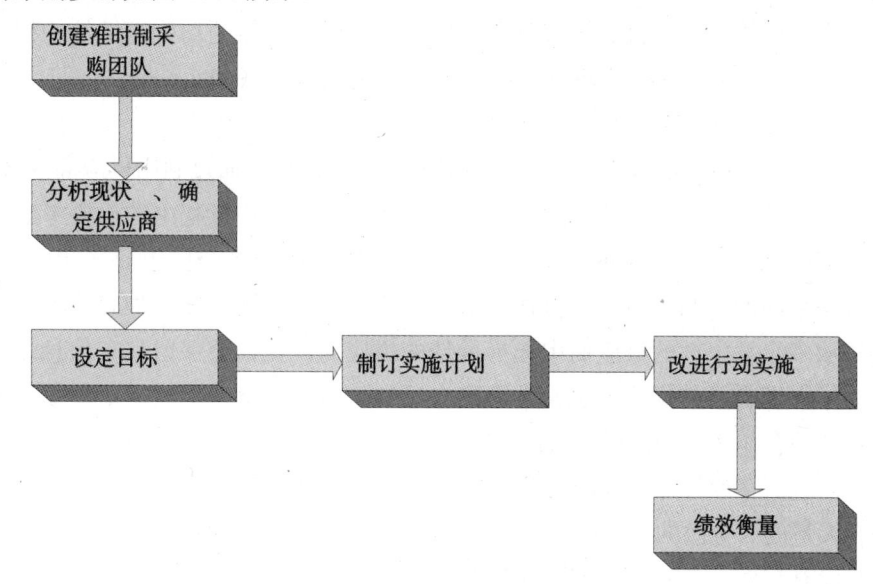

**图 13-4 准时采购的步骤**

13.2.3.3 准时采购带来的问题及其解决办法

（1）小批量采购带来的问题及其解决办法

小批量采购必然增加运输次数和运输成本，对供应商来说，这是很为难的事情，特别是供应商在国外等远距离的情形。解决这一问题的方法有四种：一是使供应商在地理位置上靠近制造商；二是供应商在制造商附近建立临时仓库，实质上，这只是将负担转嫁给了供应商，而未从根本上解决问题；三是由一个专门的承包运输商或第三方物流企业负责送货，按照事先达成的协议，搜集分布在不同地方的供应商的小批量物料，准时按量送到制造商的生产线上；四是让一个供应商负责供应多种原材料和外购件。

（2）采用单源供应带来的风险

单源供应带来的风险包括：供应商有可能因意外原因中断交货；单源供应使企业不能得到竞争性的采购价格，对供应商的依赖过大等。因此，必须与供应商建立长期互惠互利的新型合作伙伴关系。实际上，一些企业常采用统一原材料或外购件由两个供应商供货的方法，以其中一个供应商为主，另一个供应商为辅。许多企业也不是很愿意成为单一供应商。原因很简单，一方面供应商是具有独立性较强的商业竞争者，不愿意把自己的成本数据透露给用户；另一方面是供应商不愿意为用户储存产品。实施准时采购，需要减少库存，但库存成本原先是在用户一方，现在要转移给供应商。

## 13.3 供应商管理

### 13.3.1 供应商管理概述

供应链是围绕核心企业，通过对信息流、实物流和资金流的控制，从采购原材料开始，制成中间产品以及最终产品，最后由销售网络把产品送到消费者手中（商流过程），将供应商、制造商、分销商、零售商、直到最终用户连成一个整体的功能网链结构模式。供应链的发展，其中一个十分重要的环节就是供应商管理（Supplier Management）。

#### 13.3.1.1 传统的供应商管理

传统采购比较重视交易过程中供应商的价格比较，采购方通过利用供应商的多头竞争，从而选择价格最低的作为合作者。虽然质量、交货期也是采购过程中的重要考虑因素，但这些因素大多是通过事后把关的方法进行控制。采购部门与多个供应商之间要进行报价、询价、还价等来回的谈判，最后与价格最低的供应商签订合同。在这种采购模式下，采购方为了能够从多个竞争性的供应商中选择最佳的供应商，往往会保留私有信息；而供应商在竞争中为了保证自己的优势，也常常隐瞒自己的信息。这就造成供需双方信息不能有效地沟通，双方的合作是短期的或临时性的。

传统的供应商管理行为通常包括以下 5 种。

①拥有大量的、分散的供应商。
②几乎没有与供应商建立特定的关系。
③认为供应商之间是充分竞争的，是可以互相替代的。
④没有正式的供应商行为评估。
⑤以价格和质量为主要的选择标准，并更加突出价格因素。

将以上传统的供应商管理行为放在现在的供应链环境中就会很容易发现它的不足之处。

①企业与供应商只是短期的买卖关系。
②信息沟通不畅，企业与供应商的沟通仅限于采购部门与供应商的销售部门之间，而且信息的交流也仅限于订货、收货信息。
③供应商对用户采购部门的要求不能得到实时地响应。
④产品质量的控制只能进行事后把关，不能进行实时的控制。

上面这些因素造成了企业采购成本的居高不下，难以面对激烈的市场竞争形成规范、高效的采购管理。

#### 13.3.1.2 供应链环境下的供应商管理

在供应链环境下，制造商选择供应商不再是只考虑价格，而是更注重选择能在优质服务、技术革新、产品设计等方面进行良好合作的供应商。供应商管理的最终目的是为了更加有效地解决供求矛盾。为了实现这一目标，供应商管理的内容已经转为以下 8 种。

①与供应商建立战略合作伙伴关系。
②正式的供应商认证。
③关键供应商账户管理。
④制定正式的服务协议和行为规范。
⑤系统地评估和反馈供应商履约情况。
⑥与供应商同步双向沟通。
⑦理解供应商成本构成。
⑧与供应商一起优化供应链。

### 13.3.2 供应商的选择

#### 13.3.2.1 供应商选择的基本内容

供应商的选择和管理包括供应商资格认证、供应商绩效评估、与供应商战略合作伙伴关系的建立。对供应商绩效评估指标主要包括：产品质量、价格、供应能力、柔性、实力、售后服务、稳定性，根据资格认证和绩效评估结果选择供应商。

选择合适的对象（企业）作为供应链中的合作伙伴，是加强供应链管理中最重要的一个基础。如果企业选择合作伙伴不当，不仅会降低企业的利润，还会使企业失去与其他企业合作的机会，降低了企业的市场竞争力。在传统的采购模式中，企业偏好选择多家供应商，这样一方面有利于保证公司稳定的货源供应；另一方面，从供应商的相互竞争中企业可以获得更多的利益，例如可以把采购价格压得更低。然而，现代供应链战略倾向于精简和整合供应商，以价值链的分解和整合为基础建立相对稳定的战略利益同盟，这就需要逐渐减少供应商的数量，集中选择更有优势、更有效率的供应商。

#### 13.3.2.2 供应商选择的步骤

供应商选择过程被分为 4 个阶段：识别、评估、批复和监控。

①识别。包括列出有潜力的供应商的名单，采购者可以了解企业的采购数据库或目录。
②评估。包括供应商选择标准的确定以及收集可以评估和比较供应商的绩效信息，经常使用的标准包括质量、价格、配送的可靠性、潜力及财务状况等。
③批复。是确定在订单需要时，价格和其他条件有竞争力的而且可以接受订单的符合条件的供应商，批复单上所列的供应商的数目取决于要采购的项目的特点。
④监控。可以保证高水平的绩效，记分卡经常被用来确定一个供应商的等级。

供应链管理下供应商的选择与评估程序如图 13-5 所示。

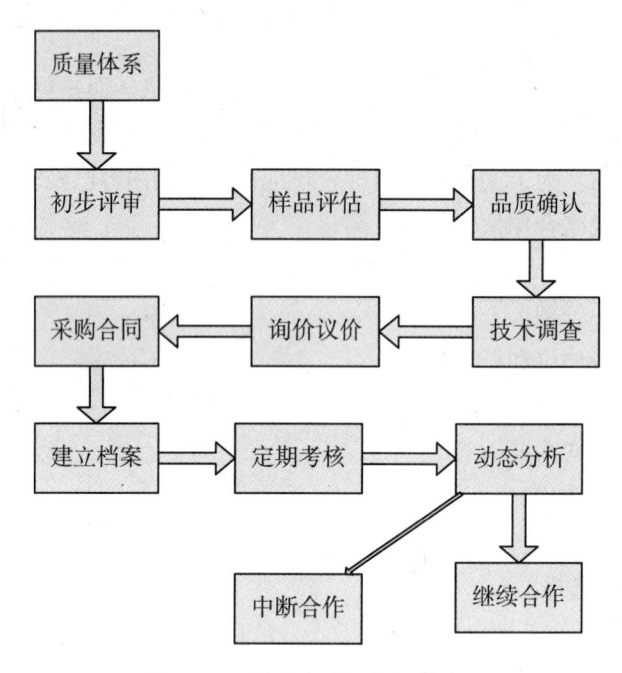

```
        ┌──────────┐
        │ 质量体系 │
        └────┬─────┘
             ↓
┌────────┐  ┌────────┐  ┌────────┐
│初步评审│→ │样品评估│→ │品质确认│
└────────┘  └────────┘  └───┬────┘
                            ↓
┌────────┐  ┌────────┐  ┌────────┐
│采购合同│← │询价议价│← │技术调查│
└───┬────┘  └────────┘  └────────┘
    ↓
┌────────┐  ┌────────┐  ┌────────┐
│建立档案│→ │定期考核│→ │动态分析│
└────────┘  └───┬────┘  └───┬────┘
                ↓            ↓
            ┌────────┐  ┌────────┐
            │中断合作│  │继续合作│
            └────────┘  └────────┘
```

图 13-5 供应商选择与评估流程

按照图 13-5 所示的流程对供应商进行选择和评估，第一步要对供应商的质量体系进行全面、深入、认真的调研。质量得到保证以后，第二步是进行初步评审。按照企业的发展状况，需要什么样的质量支撑，对质量体系进行初步评审；评审完成以后，对合格品可进行样品并评估。评估结果可能产生两种情况：一是若产品不合格，应中断合作；二是若产品合格，应进一步进行品质的确认。品质确认在实践操作中要特别注意封样制度，在封口上还可以实行签名制度。接下来要到供应商生产场地进行技术调研，调查样品是不是供应商生产出来的，其工艺是否可靠。在此基础上，就可以询价议价了。谈价格要有技巧。首先要了解市场的平均价格；然后要了解其成本组成，利润水平。价格谈好以后，就进入采购合同阶段。为了减少纠纷，合同一定要详尽，具体的合作过程、细节问题在合同里写得越清楚越好，最好有中文和英文两份合同。因为英文是一种解释性语言，能够把问题写得很清楚。合同签好以后，要建立档案，并进行专门的保管。ISO9000 的 1994 年版和 2000 年版都有严格的规定，档案要保存 5 年到 15 年。每年对供应商进行定期考核，每次考核的结果都应归档。

13.3.2.3 供应商选择的方法

供应商的选择是个多目标问题，可以从定性的角度考虑，也可以从定量的角度分析。所谓定性方法主要是根据以往的经验，凭借以前的合作关系来选择供应商，其对问题的分析比较周全；而定量方法是通过对选择过程中评价指标的数据进行分析来选择合适的供应商，对问题的分析比较准确可靠。

（1）定性方法

①直观判断法。直观判断法是根据征询和调查所得资料并结合企业的分析判断，对供应商进行评价的方法。

②招标法。通过招标法选择供应商，通常是由企业提出招标条件，各供应商进行竞标，然后由企业决标，最后与提出最优越条件的供应商签订合同。

③协商选择法。即由企业选出条件较为有利的几个供应商，同它们分别进行协商，再确定适当的供应商。

(2) 定量方法

一是层次分析法。

层次分析法（Analytical Hierarchy Process，简称 AHP 方法）是美国著名运筹学家匹兹堡大学教授 Satty 于 20 世纪 70 年代提出的。它可以把许多复杂问题分解成各种因素，并形成有序层次结构，然后通过两两比较的方法确定决策方案的相对重要性。这种方法的特点是：思路简单明了，它将决策者的思维过程条理化、数量化，便于计算，容易被人们所接受；所需要的定量数据较少，但能清楚分析问题的本质，包含的因素及其内在关系；可用于复杂的非结构化的问题，以及多目标、多准则、多时段等各种类型问题的决策分析，具有较广泛的实用性。

层次分析法的基本过程大体可以分为如下 6 个步骤。

①明确问题。即弄清问题的范围，所包含的因素，各因素之间的关系等，以便尽量掌握充分的信息。

②建立层次结构。在这一步骤中，要求将问题所含的因素进行分组，把每一组作为一个层次，按照最高层（目标层）、若干中间层（准则层）以及最低层（措施层）的形式排列起来。如果某一个元素与下一层的所有元素均有联系，则称这个元素与下一层次存在完全层次关系；如果某一个元素只与下一层的部分元素有联系，则称这个元素与下一层次存在不完全层次关系。层次之间可以建立子层次，子层次从属于主层次中的某一个元素，它的元素与下一层的元素有联系，但不形成独立层次。

③构造判断矩阵。这一个步骤是层次分析法的一个关键步骤。判断矩阵表示针对上一层次中的某个元素 $A_k$ 而言，评定该层次中各有关元素相对重要性的状况。$b_{ij}$ 表示对于 $A_k$ 而言，元素 $B_i$ 对 $B_j$ 的相对重要性的判断值。$b_{ij}$ 一般取 1，3，5，7，9 共 5 个等级标度，其意义为：1 表示 $B_i$ 与 $B_j$ 同等重要；3 表示 $B_i$ 较 $B_j$ 重要一点；5 表示 $B_i$ 较 $B_j$ 重要得多；7 表示 $B_i$ 较 $B_j$ 更重要；9 表示 $B_i$ 较 $B_j$ 极端重要。而 2，4，6，8 表示相邻判断的中值，当 5 个等级不够用时，可以使用这几个数值。

显然，对于任何判断矩阵都应满足：

$$\begin{cases} b_{ii} = 1 \\ b_{jj} = \dfrac{1}{b_{ji}} \end{cases} (i,j = 1,2,\cdots,n) \tag{13-1}$$

一般而言，判断矩阵的数值是数据资料、专家意见和分析者的认识加以平衡后给出的。判断矩阵质量的标准是矩阵中的判断是否具有一致性。如果判断矩阵存在以下关系：

$$b_{ij} = \dfrac{1ik}{bjk}(i,j,k = 1,2,\cdots,n) \tag{13-2}$$

则称它具有完全一致性。但是，因客观事物的复杂性和人们认识上的多样性，可能会产生片面性,因此要求每一个判断矩阵都有完全的一致性显然是不可能的,特别是因素多、规模大的问题更是如此。为了考察层次分析法得到的结果是否合理,需要对判断矩阵进行一致性检验。

④层次单排序。层次单排序的目的是对于上层次中的某个元素而言,确定本层次与之有联系的元素重要性次序的权重值。它是本层次所有元素对上一层次而言的重要性排序的基础。层次单排序的任务可以归结为计算判断矩阵的特征根和特征向量问题,即对于判断矩阵 $B$,计算满足公式(13-3)的特征根和特征向量。

$$BW = \lambda_{max} W \quad (13-3)$$

公式(13-3)中,$\lambda max$ 为 $B$ 的最大特征根,$W$ 为对应于 $\lambda max$ 的正规化特征向量,$W$ 的分量 $Wi$ 就是对应元素单排序的权重值。

通过前面的分析,当判断矩阵 $B$ 具有完全一致性时,$\lambda max=n$,其中 $n$ 为本层所具有的元素数量。但是,在一般情况下是不可能的。为了检验判断矩阵的一致性,需要计算它的一致性指标:

$$CI = \frac{\lambda_{max} - \nu}{\nu - 1} \quad (13-4)$$

公式(13-4)中,当 $CI=0$ 时,判断矩阵具有完全一致性;反之,$CI$ 值越大,则判断矩阵的一致性就越差。

为了检验判断矩阵是否具有令人满意的一致性,则需要将 $CI$ 与平均随机一致性指标 $RI$(表13-4)进行比较。一般而言,1阶或2阶判断矩阵总是具有完全一致性的。对于2阶以上的判断矩阵,其一致性指标 $CI$ 与同阶的平均随机一致性指标 $RI$ 之比,称为判断矩阵的随机一致性比例,记为 $CR$〔见公式(13-5)〕。一般的,当 $CR < 0.1$ 时,就认为判断矩阵具有令人满意的一致性;否则,当 $CR \geq 0.1$ 时,就需要调整判断矩阵,直到满意为止。

$$CR = \frac{CI}{RI} \quad (13-5)$$

表13-4 平均随机一致性指标 $RI$

| 阶数 | 1 | 2 | 3 | 4 | 5 | 6 | 7 | 8 | 9 | 10 | 11 | 12 | 13 | 14 | 15 |
|---|---|---|---|---|---|---|---|---|---|---|---|---|---|---|---|
| $RI$ | 0 | 0 | 0.58 | 0.90 | 1.12 | 1.24 | 1.32 | 1.41 | 1.45 | 1.49 | 1.52 | 1.54 | 1.56 | 1.58 | 1.59 |

⑤层次总排序。利用同一层次中所有层次单排序的结果,就可以计算针对上一层次而言的本层次所有元素的重要性权重值,这一过程就称为层次总排序。层次总排序需要从上到下逐层顺序进行。对于最高层,其层次单排序就是其总排序。

若上一层次所有元素 $A_1$,$A_2$,$\cdots$,$A_m$ 的层次总排序已经完成,得到的权重值分别为 $a_1$,$a_2$,$\cdots$,$a_m$,与 $a_j$ 对应的本层次元素 $B_1$,$B_2$,$\cdots$,$B_n$ 的层次单排序结果为 $[b_1^j, b_2^j, \cdots b_n^j]T$(这里,当 $B_i$ 与 $A_j$ 无联系时,$b_i^j=0$)。那么,得到的层次总排序见表13-5。

表 13-5　层次总排序表

| 层次 A<br>层次 B | $A_1$<br>$a_1$ | $A_2$<br>$a_2$ | … | $A_m$<br>$a_m$ | B 层次的总排序 |
|---|---|---|---|---|---|
| $B_1$ | $b_1^1$ | $b_1^2$ | … | $b_1^m$ | $\sum_{j=1}^{m} a_j b_1^j$ |
| $B_2$ | $b_2^1$ | $b_2^2$ | … | $b_2^m$ | $\sum_{j=1}^{m} a_j b_2^j$ |
| … | … | … | … | … | … |
| $B_n$ | $b_n^1$ | $b_n^2$ | … | $b_n^m$ | $\sum_{j=1}^{m} a_j b_n^j$ |

显然，

$$\sum_{i=1}^{n} \sum_{i=1}^{m} a_j b_i^j = 1 \tag{13-6}$$

即层次总排序为归一化的正规向量。

⑥一致性检验。为了评价层次总排序的计算结果的一致性，类似于层次单排序，也需要进行一致性检验。为此，需要分别计算下列指标：

$$CI = \sum_{j=1}^{m} a_j CI_j \tag{13-7}$$

$$RI = \sum_{j=1}^{m} a_j RI_j \tag{13-8}$$

$$CR = \frac{CI}{RI} \tag{13-9}$$

在公式（13-7）中，$CI$ 为层次总排序的一致性指标，$CI_j$ 为与 $A_j$ 对应的 B 层次中判断矩阵的一致性指标；在公式（13-8）中，$RI$ 为层次总排序的随机一致性指标，$RI_j$ 为与 $a_j$ 对应的 B 层次中判断矩阵的随机一致性指标；在公式（13-9）中，$CR$ 为层次总排序的随机一致性比例。

同样，当 $CR < 0.10$ 时，则认为层次总排序的计算结果具有令人满意的一致性；否则，就需要对本层次的各判断矩阵进行调整，从而使层次总排序具有令人满意的一致性。

在层次分析法中，最根本的计算任务是求解判断矩阵的最大特征根及其所对应的特征向量。这些问题当然可以用线性代数知识去求解，并且能够利用计算机求得任意高精度的结果。但事实上，在层次分析法中，判断矩阵的最大特征根及其对应的特征向量的计算，并不需要追求太高的精度。这是因为判断矩阵本身就是将定性问题定量化的结果，允许存在一定的误差范围。因此，可以选用方根法这种近似算法求解判断矩阵的最大特征根及其所对应的特征向量。

方根法的计算步骤如下。

第一步：计算判断矩阵每一行元素的乘积：

$$M_i = \prod_{j=1}^{n} bij(i=1,2,\ldots,n) \tag{13-10}$$

第二步：计算 $M_i$ 的 $n$ 次方根：

$$\overline{W}_i = \sqrt[n]{Mi}(i=1,2,\cdots,n) \tag{13-11}$$

第三步：将向量 $\overline{W} = [\overline{W}_1, \overline{W}_2 \cdots \overline{W}_n]^T$ 归一化：

$$Wi = \overline{W}_i / \sum_{i=1}^{n} \overline{W}_i (i=1,2,\cdots,n) \tag{13-12}$$

则 $W=[W_1, W_2, \cdots, W_n]T$ 即为所求的特征向量。

第四步：计算最大特征根：

$$\lambda_{\max} = \sum_{i=1}^{n} \frac{AW_i}{nW_i} \tag{13-13}$$

式（13-13）中，$AW_i$ 表示向量 $AW$ 的第 $i$ 个分量。

二是模糊综合评价法。

模糊性是在人类认识客观事物的活动中产生的，它表征的是人类对客观世界的认识过程中形成的客观关系和客观特征。模糊综合评价法就是以模糊数学为基础，应用模糊关系合成的原理，将边界不清，不易定量的因素定量化，对问题进行综合评价的一种方法。当评价对象选定以后，首先要对评价目标进行分析；然后对评价对象所涉及的影响因素进行科学、合理的分类和分层，建立可测性、完备性和可行性相结合的评价指标体系。由于各个单因素在总评定因素中所起的作用不同，因此要设定个评价指标在其评价向量中所占的权重比例。对于采集到的评语集合，还要确定各评定等级的值，即评定等级的隶属度，从而得到量化的评语论域。接下来要按照评价目标的要求选择恰当的模糊算子，建立模糊综合的运算公式，即评价的数学模型。然后就可以按照评价指标体系设计评语样本采集表，进行样本的采集和数据的处理，代入运算公式，得到评价结果。

模糊综合评价法具体的评价步骤如下：

设评价因素集合为 $U$，且设有 $m$ 个评价因素，则有 $U=(u_1, u_2, \cdots, u_m)$，式中，$U_i$ 为各评价因素。设评价因素的评语集合为 $V$，且有 $n$ 个评价等级，则评价等级构成评价集合：$V=(v_1, v_2, \cdots, v_n)$，则评价因素集合 $U$ 和评语集合 $V$ 之间的模糊关系可用评价矩阵 $R$ 来表示：

$$R = \begin{bmatrix} R_{11} & R_{12} & \ldots & R_{1m} \\ R_{21} & R_{22} & \ldots & R_{2m} \\ \cdots \\ R_{n1} & R_{n2} & \ldots & R_{nm} \end{bmatrix} \tag{13-14}$$

其中 $R_{ij}$ 表示对应于评价因素 $U_i$，该评价对象的第 $j$ 个评语。矩阵中的第 $i$ 行 $R_i=(R_1, R_2, \cdots, R_n)$ 则为第 $i$ 个评价因素 $U_i$ 的单因素评价，它是评语论域 $U$ 上的一个模糊子集，并有如下关系存在：

$$R_{ij}=U_r(U_i, V_j)(0 \leq R_{ij} \leq 1) \tag{13-15}$$

对于多因素评判,要考虑各因素在总评价中的影响程度,其影响程度的大小形成因素集 $U$ 上的一个模糊子集 $A$,$A=(a_1, a_2, \cdots, a_n)$。其中,$a_i$ 是 $U_i$ 对 $A$ 的隶属度。它是单因素 $U_i$ 在总评价中影响程度大小的度量,在一定程度上代表根据单因素 $U_i$ 评定等级的能力,可以是一种调整系数,也可以是普通权 $R_{ij}$ 系数。

当 $A$ 和 $R$ 已知时,作模糊变换进行评判:

$$(b_1, b_2, \cdots, b_n) = (a_1, a_2, \cdots, a_n)\begin{bmatrix} R_{11} & R_{12} & \cdots & R_{1m} \\ R_{21} & R_{22} & \cdots & R_{2m} \\ \cdots\cdots \\ R_{n1} & R_{n2} & \cdots & R_{nm} \end{bmatrix}$$

(13-16)

式(13-16)中:$B$ 为评价集 $V$ 上的等价模糊子集;$b_j$ 为等级 $V_i$ 对综合评判的等价模糊子集 $B$ 的隶属度。若要作出决策,按照最大隶属度原则,最大的 $b_i$ 所对应的等级 $V_i$ 作为综合评判的结果。

综合评判就是对受到多个因素制约的事物或对象作出一个总的评价,这是在日常生活和科研工作中经常遇到的问题。如产品质量评定、科技成果鉴定、某种作物种植适应性的评价等都属于综合评判问题。由于从多方面对事物进行评价难免带有模糊性和主观性,采用模糊数学的方法进行综合评判将使结果尽量客观,从而取得更好的实际效果。

### 13.3.3 供应商的绩效考核

绩效考核是指建立有效的评价指标体系,以正确反映企业供应链健康状况。对于供应链管理而言,供应商是管理与控制的关键环节。如果供应商管理出现问题,则下游的各环节将无法做到最优。因此,对于下游企业,如果将订单交给经过评估绩效好的供应商,产品在质量上能放心,同时也能争取到好的价格;而对于供应商而言,也可以从整条供应链的绩效考核中获得收益。

供应商绩效考核中有如下几个关键性的指标。

(1)采购成本控制

供应链主体企业在采购成本控制环节,首先应明确最终产品在市场中的定位,在比较同类型竞争性产品的基础上,确定最终产品的市场合理价位。在此基础上,逐级向上游反馈,对供应商的产品提出成本要求,可依此设定一个参数指标,对供应商进行评估和考核。

(2)及时供货

供应链主体企业根据顾客需求时间进行推算,通过逐级分解,计算出产品生产加工时间及原材料供应时间。因此在选择供应商时,就具有了一个可量化的考核指标,要求供应商必须按照供应链主体企业生产要求及时供应。

(3)产品质量合适

评价供应商产品的质量,不仅要从产品检验入手,而且要从供应商企业内部去考察。如企业内部质量检验系统的完善性,是否通过国际标准质量验证等。

(4)整体服务水平

供应商的整体服务水平是指供应商内部各作业环节,能够配合购买者的能力和态度。评价供应商整体服务水平的主要指标有:安装服务、培训服务、维修服务、技术服务等。

（5）信誉能力

企业要充分考虑到供应商履行合同规定的信誉能力。如处理订单的时间、是否具备自行研发产品的能力。

接下来，供应链组织需要选择一套绩效指标体系，既要对业务流程的关键绩效进行评估，以支持业务目标，同时还需要逐层细化绩效指标，对职能部门的绩效进行评估，包括交货可预测性、缺货力、订单周期等，其中供应链成本可进一步分解为物料成本、管理费用和期间费用。

### 13.3.4 供应商关系管理

#### 13.3.4.1 供应商关系管理的含义

供应商关系管理（Supplier Relationship Management，SRM），是企业供应链管理中的一个基本环节，它建立在对企业的供方以及与供应相关信息完整有效的管理与运用的基础上，对供应商的现状，历史，提供的产品或服务，沟通，信息交流，合作关系及相关的业务决策等进行全面的管理和支持。它实施于围绕供应链上资源获取的相关领域，通过与供应商建立长期紧密的业务关系、整合双方的资源和竞争优势来共同开拓市场，扩大市场需求与份额，降低产品前期的高额成本，实现供应链上的共赢。

著名咨询公司 Gartner 是这么定义供应商关系管理（SRM）的：供应商关系管理是用于建立商业规则的行为，以及企业为实现盈利而对于和不同重要性的产品/服务供应商进行沟通性的必要理解。美国 A.T.kheazr 公司对 463 位世界最大公司（销售额不少于 10 亿美元）的总裁进行了专题调查研究。研究结果表明，被采访的总裁最关心的重要因素之一就是与供应商发展增值关系，重视追求良好的采购，提高公司的成本竞争优势。他们希望供应商提供更低的价格，更大的价值，更多的更新，更好的质量，更强的责任心，更灵活的机制。该项研究成果还进一步表明，在向顾客传递价值的过程中供应商扮演的角色日益重要。

#### 13.3.4.2 供应商关系管理的组成部分

供应商关系管理是供应链体系中的重要部分，它包括如下四个组成部分。

（1）供应商目录管理

通过增加和删除供应商以及其对应的采购物品，录入和维护供应商基本信息，及时定义和细化企业采购范围，实现对企业供应商群体的动态管理。

（2）采购价格管理

制定和管理企业采购物品的价格体系，对采购价格的执行范围及方式进行规范和限制。

（3）采购合同管理

对企业物品、劳务等多种采购合同进行管理，对签订合同的执行现状进行跟踪，为采购管理提供准确和详细的统计信息进行分析，实现对合同履行的全程控制和管理。

（4）供应商评估

根据企业与供应商之间的商务交往，对供应商在一段时期内的供货质量、价格、可持续性的改进等各个方面进行综合、全面的统计和衡量，为企业选择供应商，进行采购交易提供量化的、准确的依据，提高采购质量和效率。

#### 13.3.4.3 供应商关系管理的基本功能

供应商关系管理具有策略性的设计、策略性的货源组织、供应计划和采购等功能，以帮助企业进行战略性的决策优化。

供应商关系管理主要是由供应商关系管理策略解决方案和供应商关系管理协同中枢组成。其中，供应商关系管理策略解决方案主要由策略性设计、策略性货源组织，协商/谈判以及购买组成；供应商关系管理协同中枢则由设计/采购/制造协同、供应协同和产品内容管理组成。

#### 13.3.4.4 供应商关系管理的模式

（1）有效地公布和实施环境目标

有效的管理起始于对组织目标和期望的清晰陈述，因此及时明确地公布企业的环境目标和要求非常重要，这些目标和要求为供应商的环境管理指明了方向。此外企业在实施供应商关系管理时应确保环境因素与价格和售后服务等因素受到同样的重视。

（2）建立信息交流与共享机制

交流是合作的基础，要建立战略合作伙伴关系首先要有合理的交流渠道和窗口，这些渠道包括供应商会议、实地考察等方式。除了供应链上的企业之外，交流的对象还应包括咨询公司和非政府组织等，他们可以从不同的角度为企业提供好的建议。此外供应链上的企业应增加其环境行为的透明度，建立信息和经验的共享机制，如建立互通的绿色数据库和网上交流平台等。

（3）合理的激励机制

要保持长期的合作伙伴关系，对供应商的激励是非常重要的。在激励机制的设计上，要体现公平、一致的原则。一方面顾客和供应商应分担与提升整个供应链环境性能的相关成本，分享因此而带来的收益；另一方面顾客对环境行为良好的供应商应给予增加进货量、价格优惠和媒体关注等奖励，以提高供应商的积极性。

（4）技术援助和培训

培训和技术支持是合作成功的重要保障。通常一些大型核心制造商的供应商是很多中小公司，这些小公司缺少足够的资源和能力来改进环境，因此对中小供应商提供技术和资金等方面的援助对提升整个供应链的环境水平非常重要。

（5）合作开发与改进

近年来随着功能经济思想的产生和生产者责任的延伸，供应商与其顾客之间的关系发生了改变：以前企业与其供应商之间以产品为中心的供求关系将逐渐被以服务为中心的供求关系所替代；以前供应商只关心向下游企业提供它们生产所需的原材料，而不管下游企业是否有能力用环保的方式去处置它们；现在上游供应商越来越关注其产品对下游产生的环境影响，并在环保方面与下游企业积极合作。此时产品的生态设计和环境改善不再只是制造商的事，而且成为制造商与供应商共同的责任。供应商参与下游企业的产品设计和工艺改进，下游企业协助上游供应商改进其产品和包装。

（6）定期审核

这是一种对供应商进行持续监督的方法，如果审核发现问题，企业可以在引发严重后果之前把它们提出来要求供应商限期改进或更换供应商。ISO14001 和 EMAS 等环境认证对于进行供应商评价和审核意义重大，它可以免除大部分甚至全部的检查监督工作，提高环境管理的效率，这对建立长期供应关系尤其重要。目前美国三大汽车公司均要求其主要供应商通过 ISO14001 认证。

### 【本章小结】

采购管理一般包括采购活动的管理、对采购人员的管理、采购资金的管理、运储的管理、采购评价和采购监控；还包括建立采购管理组织、采购管理机制、采购基础建设等。本章论述了供应链管理环境下采购的特点，以及供应链采购模式的选择，提出供应链采购模式和传统采购模式的不同之处，在于采用不同的订单驱动方式。订单驱动使供应和需求双方都围绕订单运作，也就有助于实现准时采购。供应链管理环境下的采购，要求企业之间只有通过合作，取长补短才能共同增强竞争力。在供应链管理环境下，制造商选择供应商不再是只考虑价格，而是更注重选择能在优质服务、技术革新、产品设计等方面进行良好合作的供应商。

### 【本章思考】

1. 供应链采购的模式有哪些？如何进行选择？
2. 供应链环境下的准时采购策略有哪些？
3. 选择供应商时应考虑的因素有哪些？

### 【案例讨论】

## 跨国公司的供应链采购创新

从某种意义上说，厂商的产品是供应商的产品的组合。产品的价值蕴含在它的各个组成部分的价值之中，如果组成部分的价值增加，产品的价值就自然得到增加，而且这种增加在大多数情况下要远远大于部分价值的增加。相同品牌的笔记本电脑，采用奔腾Ⅲ处理器和采用奔腾Ⅱ处理器要相差数千元，而处理器本身的差价仅有数百元。这说明供应商的技术创新能力对厂商产品的价值的影响有多么大。

厂商与供应商的关系可以看作是一个以厂商为中心的巨大网络，这个网络并不是由一个厂商完全占有，而是由多家同类厂商所共同占有。在这个以创新和速度决定企业生存的时代，可以说，谁善于使用供应商的创新能力，谁就在竞争的天平上掌握了一个重重的砝码。

美国通用汽车公司从 20 世纪 80 年代中期就开始与供应商联合进行汽车发动机的研发，有力地保证了该公司在美国市场上的主导地位；雅马哈公司甚至将非关键零配件的研发工作全部交给供应商去做。

供应商的技术创新一般有两种类型：一是为了降低成本、提高质量和生产效率而进行的改善生产流程、引入新的设备、优化生产工艺等活动；这类活动并不导致最终产品的改变，只是对生产的过程进行技术创新。二是为了增加产品的附加值，供应商对产品进行重新设计或发明创造，使产品的最终形态发生变化。这种变化直接导致产品性能的提高，使其更具有吸引力，价值更高。如应用于客户的产品，将直接导致客户产品附加值的提高。

增值创新的回报是巨大的。对于供应商来说，增值创新意味着获得竞争对手难以模仿的竞争优势，如果获得自主知识产权，这种优势将会扩大。而且，这种创新面对的是全部客户，而不是单一客户。瑞典的利乐公司就是进行这种创新活动的典范。该公司的专利技术——超高温灭菌技术和无菌纸包装技术——被全世界的食品、饮料公司广泛应用。该公司的技术优势被认为是不可模仿的。对于厂商来说，首先利用供应商的增值创新，同样会获得难以模仿的竞争优势。在欧洲和美国，IBM公司率先倡导使用人机界面更加友好的Linux操作系统，这一举动正在威胁微软在这一领域的领先地位。

增值创新需要通过供应商和厂商之间的某种机制才能够得到。跨国公司在同供应商的创新合作时有3种模式：交易型、服务型和伙伴型。

交易型：即直接采购供应商的技术成果或创新产品。这种合作最为简单，甚至在双方没有任何合作历史的情况下也可以进行。一般来说，进行这种交易不涉及企业之间其他方面的联系。该技术或创新产品的价值已经得到验证，风险较小。

服务型：供应商根据厂家的要求进行技术创新。这种合作一般建立在双方供货合同的基础上，技术创新作为增值服务，大多是在现有产品的基础上改变产品设计，核心并不复杂，风险较小。客户可以付费，也可以不付费。有些精明的供应商甚至主动向客户提供这种服务。跨国公司与国内企业的合作多属于这种类型。

伙伴型：供应商与厂家结成创新伙伴，双方的研究人员组成技术创新小组直至成立专门的研究机构进行深度合作，成果共享，风险共担。一般来说，双方具有长时间的合作历史和深厚的合作基础，技术的互补性很强，技术成果对双方都具有重要意义。相对来说，合作项目的风险较高。IBM公司和东大阿尔派之间的战略合作伙伴关系就是一个很好的伙伴型合作的例证。

（资料来源：http://chinawuliu.com.cn/）

**分析与讨论**

1. 如何进行供应商关系管理以实现增值创新？
2. 跨国企业常用的三种供应商关系模式各有何特点？

**【拓展资源】**

1. 网上资源：中国供应链管理网 http://www.bestscm.com/；中国物流招标网：http://www.clb.org.cn/；万联网资讯中心：http://info.10000link.com/

2. 书籍：《采购与供应链管理》，刘宝红/2015年/机械工业出版社；《采购过程控制》，李政/2010年/化学工业出版社

# 第 14 章 国际物流

**【学习要点】**

- 掌握国际物流的基本概念
- 熟悉国际物流的网络
- 掌握国际物流管理的内容

**【关键术语】**

国际物流（International Logistics）；国际物流网络；国际运输；国际邮政；国际快递

【案例导读】

## 索尼集团的国际物流管理

索尼集团全球物流公司通过不断革新物流经营模式，根据全球市场需求而不是根据索尼工厂的生产计划彻底重振全球物流网络渠道，千方百计紧缩存货，率先在美国物流市场积极推广，大胆开创和增设智能型多功能配送渠道，成绩卓著。

索尼集团公司拥有和经营目前分布于全世界的75家工厂和200多个全球性的销售网络。据国际物流专家估计，仅仅在电子产品方面，迄今索尼集团公司每年的全球集装箱货运量已经超过16万标准箱，是世界上规模比较大的生产厂商和发货人之一。为了充分发挥跨国经营的杠杆作用，扩大其在国际市场上的竞争能力，目前该集团物流公司正在与承运人及其代理展开全球性商谈，以便进一步改善物流供应链，提高索尼集团公司的经济效益。

索尼集团总公司要求索尼集团公司系统内的各家索尼集团公司必须切实做到：竭尽全力缩短从产品出厂到客户手中的过程和所用的时间，特别是要缩短跨国转运、多式联运和不同类型运输方式之间货物逗留的时间，保证"零逗留时间、零距离、零附加费用、零风险"物流服务全面到位，大力加强索尼集团公司和物流链服务供应方之间的合作关系和始终保持电子数字信息交换联系的畅通，最终确保索尼物流增收节支。

索尼公司认为，仓储成本过高对于物流十分不利，索尼物流在美国年均产生仓储费用就高达2000万美元，其中还没有包括昂贵的内陆公路和铁路运输费用、集装箱货物被盗窃所产生的货损货差赔偿费用、集装箱货物运输保险费用，减少物流仓储必然会减少物流成本，加快供应链运转速度和确保物流的安全操作。

在2001年至2003年之间，索尼物流公司在美国的仓储场所被削减一半以上，供应链存货量也被减少一半，从原来的15天存货储备改为6天半存货。其中包括把索尼物流公司设立在美国西海岸原来众多的仓库撤销，通过所谓交叉式站台集散服务和提高快速货递频率，从一个月仅仅送货一次改为一周几次的供应链模式，把仓储业务全部集中到在美国西海岸的洛杉矶港附近卡森专门建立的一座物流中心，该中心内的集装箱装卸设备非常先进，以此为中心，以点带面，用快件速递方式把集装箱货物向美国腹地发运，大约3天，从美国西海岸港口卸下的集装箱货物就可以抵达美国东海岸。

任何事物都是一分为二的。索尼物流公司把其在美国西海岸几乎全部物流业务集中在洛杉矶附近的卡森物流中心确实是有一定的风险，但是索尼公司认为这些风险在目前经营管理技术条件下是可以克服的，其最大的优势是减少管理层面，把原来错综复杂的物流业务集中到一个中心，不仅避免了不必要的财力、物力、人力等资源浪费，进一步减少物流基础设施的投资总额，而且提高了物流的效率和效益。迄今索尼公司在美国经营的物流配送所发生的成本是世界上最低廉的。

由于实施多国拼箱的方法，索尼公司把半箱货物的集装箱从某一个产地发往新加坡或者高雄，在那里把另外一种什么产品补充装入箱子，变成满箱货物的集装箱，然后继续运输，直至北美或者欧洲某目的港。这种物流方法的最大好处，首先是避免了等候时间，同时也大幅度缩短了通关时间。

目前，索尼集团公司又在世界各地组织"递送牛奶式"服务，进一步改善索尼公司在全球，特别是在亚洲地区的索尼产品运输质量。索尼物流分支公司围着供应方转，代表零部件供应商随时提供索尼工厂所需要的备件订单。牛奶递送式服务是一种日本人特有的快递服务，高效、快捷、库存量合理，特别受到要求数量不多、产品规格特别的客户的欢迎。

索尼新加坡公司在船舶或者航空货机开航前7天准备货物托运手续，由于采用若干出口优先规划，海运已经缩短到4天，空运缩短到1天。索尼物流公司所采用的零配件采购经营方式是独一无二的，即通过第三方经营人控制和实施索尼物流公司的供应链管理业务，所有的物流费用也是通过第三方经营人收取的。

一反常态，由外及里的索尼物流经营管理模式在最大限度内提高物流服务销售量的同时大幅度减少了索尼公司物流资源的浪费。例如，索尼物流公司在美国各地总共拥有9家零配件采购基地，其员工总数不过300人，同时索尼物流公司在美国各地拥有106家成品配送中心，其员工总数仅仅700人，员工人数少，却以少胜多，创造出令人瞩目的物流业绩。目前索尼美国公司在索尼中国公司的密切配合和支持下，在美国经营的零配件和成品物流年均收益达到27.6亿美元。

（资料来源：http://info.10000link.com/）

## 14.1 国际物流概述

### 14.1.1 国际物流的基本概念

根据《中华人民共和国国家标准·物流术语》（GB/T 18354—2006）的定义，国际物流（International Logistics）是指跨越不同国家或地区之间的物流活动。

广义的国际物流研究的范围包括国际贸易物流、非贸易物流、国际物流投资、国际物流合作、国际物流交流等领域。其中，国际贸易物流主要是指货物在国际间的合理流动；非贸易物流是指国际展览与展品物流、国际邮政物流等；国际物流合作是指不同国别的企业完成重大的国际经济技术项目的国际物流；国际物流投资是指不同国家物流企业共同投资建设国际物流企业；国际物流交流则主要是指物流科学、技术、教育、培训和管理方面的国际交流。

狭义的国际物流（International Logistics，IL）主要是指：当生产消费分别在两个或两个以上的国家（或地区）独立进行时，为了克服生产和消费之间的空间间隔和时间距离，对货物（商品）进行物流性移动的一项国际商品或交流活动，从而完成国际商品交易的最终目的，即实现卖方交付单证、货物和收取货物。

国际物流的实质是根据国际分工的原则，依照国际惯例，利用国际化的物流网络、物流设施和物流技术，实现货物在国际的流动与交换，以促进区域经济的发展与世界资源的优化配置。国际物流的总目标是为国际贸易和跨国经营服务，即选择最佳的方式与路径，以最低的费用和最小的风险，保质、保量、适时地将货物从某国的供方运到另一国的需方。如图14-1所示。

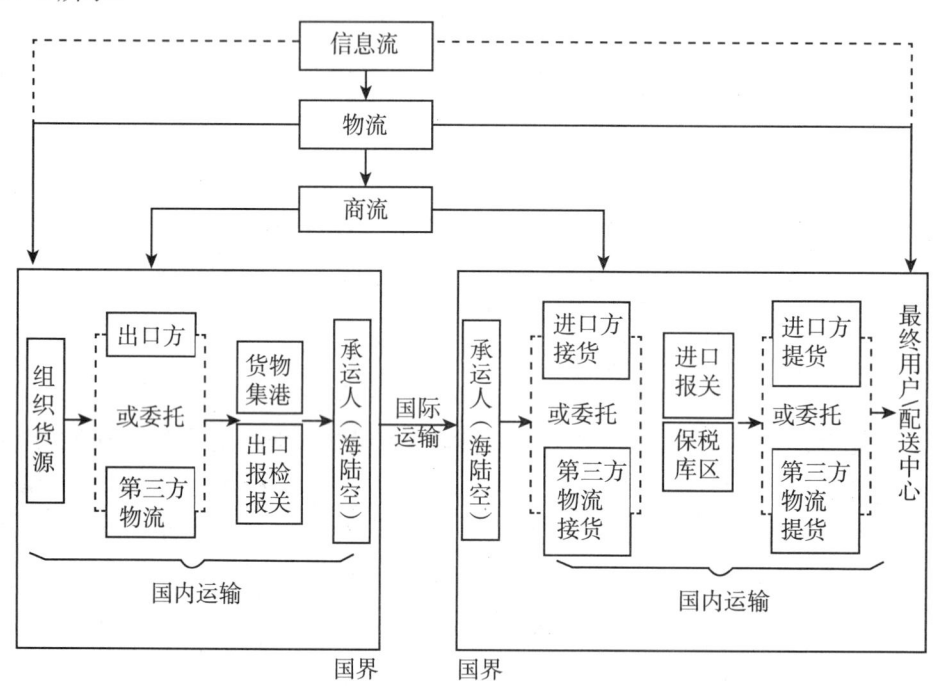

图14-1 国际物流业务运作流程

### 14.1.2 国际物流的发展历程

全球经济一体化进程的迅速发展和新兴市场的形成，迫使企业采用全球战略，以寻找他们的生产资源，越来越多的产品作为全球产品在世界范围销售。这些需求构成了国际物流发展的原动力，其中企业内部生产水平的降低是主要原因。同时，为参与世界性竞争，企业必须降低产品的成本（包括生产成本和销售成本），降低库存（包括仓储和运送过程中的库存），增加效益；企业要求准确及时的资讯，要求增加整个供应链流程的可观性。

随着现代科学技术的迅猛发展和经济全球化趋势的不断加强，现代国际物流作为一种先进的国际间贸易实现的组织形式和管理理念，已经被广泛认为是降低物耗、提高劳动生产率以外的第三方利润源泉的实现方式。国际物流越来越受到世界各国和企业的高度重视，国际物流活动也随着国际贸易和跨国经营的发展而不断发展，国际物流活动的发展历程如下。

第一阶段：从1950年到1980年。在这个过程中，物流的基础设施和技术得到了很快的发展，广泛运用电脑进行人员管理，主要表现为立体无人管理仓库，有一部分国家还建立了自己的物流标准系统等。但国际物流的发展趋势还没有得到各企业的高度重视。

第二阶段：从1980年到1990年。随着经济的发展和国际经济往来的频繁交易，物流国际化发展趋势开始成为世界性的共同问题。

第三阶段：从1991年初至今。这一阶段各国家都开始普遍性地接受国际物流的概念和重要性。全球贸易伙伴的不断增加带来了物流的国际化，它包括物流服务的国际化、物流运输的国际化、物流设施的国际化、货物技术的国际化、包装国际化和流通加工国际化等。国际间的物流合作的广泛开展，促进了世界经济的不断发展。人们已经形成共识：只有广泛开展国际物流合作，才能促进世界经济繁荣，物流无国界。

### 14.1.3 国际物流的特点

与国内物流相比，国际物流有以下几个特点。

（1）物流环境存在差异

国际物流的一个非常重要的特点是各国物流环境的差异，尤其是物流软环境的差异。不同国家的不同物流适用法律使国际物流的复杂性远高于一国的国内物流，甚至会阻断国际物流；不同国家不同经济和科技发展水平会造成国际物流处于不同科技条件的支撑下，甚至有些地区根本无法应用某些技术而迫使国际物流全系统水平下降；不同国家不同标准也造成国际间"接轨"的困难，因而使国际物流系统难以建立；不同国家的风俗人文也使国际物流受到很大局限。由于物流环境的差异就迫使一个国际物流系统需要在几个不同法律、人文、习俗、语言、科技、设施的环境下运行，无疑会大大增加物流的难度和系统的复杂性。

（2）物流系统的范围广

物流本身的功能要素和物流系统与外界的沟通就已是很复杂了，国际物流再在这个复杂系统上增加不同国家的要素，这不仅是地域的广阔和空间的广阔，而且所涉及的内外因素更多，所需的时间更长，广阔范围带来的直接后果是难度和复杂性增加，风险增大。当然，也正是因为如此，国际物流一旦融入现代化系统技术之后，其效益才比以前更显著。例如，开通某个"大陆桥"之后，国际物流速度会成倍提高，效益显著增加，就说明了这一点。

（3）国际物流必须有国际化信息系统的支持

国际化信息系统是国际物流，尤其是国际联运非常重要的支持手段。国际信息系统建立的难度，一是管理困难，二是投资巨大，再由于世界上有些地区物流信息水平较高，有些地区较低,所以会出现信息水平不均衡因而信息系统的建立更为困难。当前国际物流信息系统一个较好的建立办法是与各国海关的公共信息系统联机,以及时掌握有关各个港口、机场和联运线路、站场的实际状况,为供应或销售物流决策提供支持。国际物流是最早发展"电子数据交换(EDI)"的领域,以 EDI 为基础的国际物流将会对物流的国际化产生重大影响。

(4)国际物流的标准化要求较高

要使国际间物流畅通起来,统一标准是非常重要的,可以说,如果没有统一的标准,国际物流水平是提不高的。目前,美国、欧洲基本实现了物流工具和设施的统一标准,如托盘采用 1000 毫米×1200 毫米,集装箱的几种统一规格及条形码技术等。这样一来,大大降低了物流费用,降低了转运的难度。而不向这一标准靠拢的国家,必然在转运、换车底等许多方面要多耗费时间和费用,从而降低其国际竞争能力。在物流信息传递技术方面,欧洲各国不仅实现企业内部的标准化,而且实现了企业之间及欧洲统一市场的标准化,这就使欧洲各国之间的交流比其与亚洲、非洲等地区的交流更简单、更有效。

## 14.2 国际物流网络

### 14.2.1 国际物流网络的概念

国际物流网络可分为广义物流网络与狭义物流网络两种(图 14-2)。

广义物流网络是从宏观角度探讨,主要包括物流基础设施网络和物流信息网络。物流基础设施网络是指全球运输网络(包括全球海运网、全球航空网等),全国性运输网络(如全国性铁路网、全国性公路网、全国性航空网等)和地区性物流网络;物流信息网络是指伴随物流基础设施网络而相应传递各类信息的通信网络,如全球性物流信息网络、全国性物流信息网络和地区性信息网络等。

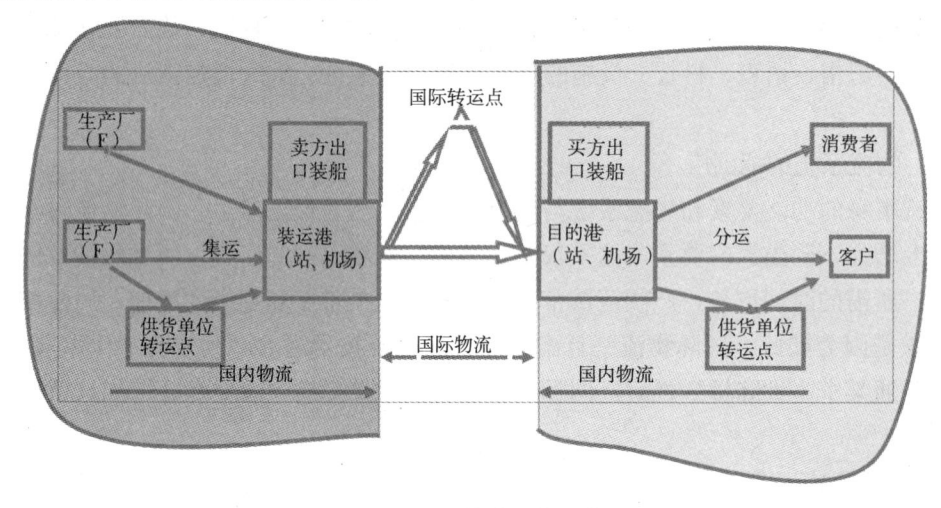

**图 14-2 国际物流网络示意图**

狭义物流网络,主要是指物流企业经营活动中所涉及的物流运输网络、物流信息网络、物流客户网络。物流运输网络是指由一个物流企业的物流节点、运输路线和运输工具等组成的运输网络；物流信息网络是指一个物流企业建立的有关用户需求信息、市场动态、企业内部业务处理等信息共享的网络；物流客户网络是指由物流企业所服务的对象组成的一个虚拟网络，用户越多，物流客户网络越大。

### 14.2.2 国际物流节点

#### 14.2.2.1 国际物流节点的定义

国际物流节点是指那些从事与国际物流相关活动的物流节点，如口岸、港口、中间商仓库、口岸仓库与国内外中转点及流通加工配送中心和保税区等。国际贸易商品或货物通过这些仓库和中心收入和发出，并在其中存放保管，来实现国际物流系统的时间效益，克服生产时间和消费时间上的分离，促进国际贸易系统的顺利运行。

整个国际物流过程是由多次的"运动—停顿"所组成的，与这种运动相对应，国际物流网络由执行运动使命的线路和执行停顿使命的节点两种基本元素组成。国际物流网络水平的高低、功能的强弱取决于网络中这两个基本元素的配置，因此，国际物流节点对优化整个国际物流网络起着重要的作用。从发展的角度来看，它除了执行一般物流的职能以外，越来越多地执行整合、指挥、调度、信息等神经中枢的职能，是整个国际物流网络的灵魂所在。

#### 14.2.2.2 国际物流节点的功能

国际物流节点通常采取以下5种手段衔接物流。

（1）衔接转换功能

国际物流通过转换运输方式，衔接不同运输手段。国际物流节点将各个物流线路连接成一个系统的网络，使得各个线路通过节点变得贯通一气，各条线路运送的货物在此中转到其他各条线路，这种作用称之为衔接作用。在实现衔接之后，通过节点，对海运、空运、陆运等不同运输方式以及不同路线上的不同运输批量实现有效的转换。这是国际物流节点的转换功能。

（2）储存储备功能

货物在国际物流节点停留，通过储存和储备来调节整个物流系统的运行。

（3）物流信息功能

国际物流节点是整个国际物流系统或与节点相接物流信息的传递、收集、处理、发送的集中地。

（4）物流管理功能

国际物流系统的管理和指挥机构往往集中设置在物流节点之中。整个物流系统运转的有序化和正常化，整个物流系统的效率和效益水平，在很大程度上都取决于物流节点管理职能实现的情况。

（5）物流系统优化功能

在国际物流节点，通过流通加工，满足个性化需求，做到"物尽其用"；通过集装处理，实现整个物流系统的"门到门"运输；运用配货等货物处理手段，辅之以物流信息的沟通，实现配送的准时供应等，所有这些运作都可以使整个国际物流系统获得优化。

#### 14.2.2.3 国际物流节点的分类

现代物流发展了若干类型的物流节点,在不同的国际物流系统中起着不同的作用,但目前尚无一个明确的分类意见,这主要有两个原因:其一是许多节点功能有同有异,用地有大有小,难以区分;其二是物流节点尚处于发展过程,其功能、结构等尚在探索,使分类难以明确化。在国际物流节点中,各个物流系统的目标不同以及节点在网络中的地位不同,节点的作用往往也不同。而不同物流功能的集合,以一种功能为主,就形成了不同的物流节点。物流节点根据其主要功能可以分为以下4类。如图14-3所示。

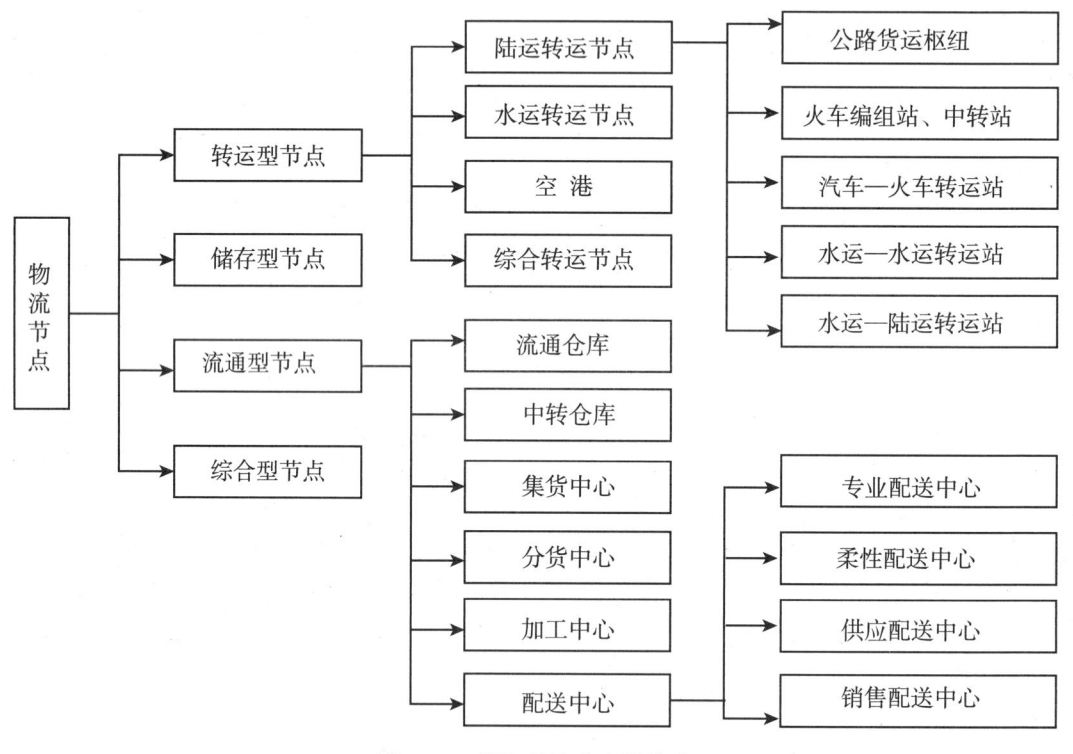

图14-3 国际物流节点的分类

（1）转运型节点

转运型节点是物流干线上的重要物流设施,是物流基础平台的主体设施之一。它是主要承担路线的衔接功能和不同运输方式转换功能的节点,是处于运输线上的节点。铁路运输线上的货运站、编组站、车站;公路运输线上的车站、货场或站等;空运路线上的机场、空港等;水运线上的港口、码头等;不同运输方式之间的转运站、口岸等都属于此类节点。通常来说,由于这种节点处于运输线上,又以转运为主,所以货物在此类节点停留的时间较短。

（2）储存型节点

储存型节点是以存放货物为主要功能的节点,国际货物在这种节点的停留时间较长。从国际物流的仓库网点或从物流供应链连接点来说,如果某个仓库处于某国际物流网络之中或某仓库是某供应链的连接点,那么这个仓库就是一个节点,或者说这个节点也就是一个仓库,两者具有相同的功能和作用。反之,如果某仓库不是供应链的连接点或不具有节点功能，则该仓库仅仅是仓库而不是节点。在国际物流系统中，营业仓库、储备仓库、中转仓库、口岸仓库、港口仓库等均可视为储存型节点，而不是一般的普通仓库。

（3）流通型节点

流通型节点是以组织国际货物在系统中运动为主要职能的节点。现代物流中的物流基地、流通仓库、流通中心均可视为流通型节点，而不是一般的普通仓库。

（4）综合型节点

综合型节点是指在国际物流系统中集中于一个节点中全面实现两种以上主要功能，并且在节点中并非独立完成各种功能，而是将若干功能有机结合于一体的集约节点，如国际物流中心就属于此类节点。国际物流中心是指国际物流活动中商品、物资等集散的场所。国际物流就大范围而言，某些小国家或地区可能成为物流中心，如中国香港、新加坡等就具有国际物流中心的地位；而自由贸易区、保税区、出口加工区等则具有一般意义上的物流中心的功能。就小范围而言，港口码头、保税仓库等也都可以成为物流中心。当前的国际物流中心多指政府部门和物流服务企业共同筹建的具有现代化仓库、先进分拨管理系统和计算机信息处理系统的外向型物流集散地。

综合型物流中心是为适应国际物流大量化和复杂化而产生的，它使国际物流更为精密准确。这种节点的合理化程度更高，是现代国际物流系统中节点发展的方向之一。

### 14.2.3 国际物流连线

国际物流连线实质上是国际物流流动的途径。它主要包括国际海运航线及海上通道国际航空线、国际铁路运输线与大陆桥、国际主要输油管道等。

14.2.3.1 各大洋上的主要航线

①太平洋航线。指连接太平洋西岸的亚洲、大洋洲与东岸的美洲之间的航线，包括远东—北美西海岸各港航线；远东—加勒比海、北美东海岸各港航线；远东—南美西海岸航线；远东—澳、新航线；澳、新—北美东西海岸航线。

②大西洋航线。指连接大西洋东岸的欧洲、西北欧—北美东海岸各港航线；西北欧、北美东岸—加勒比海各港航线；西北欧、北美东岸—地中海、苏伊士运河、东方航线；西北欧、地中海—南美东海岸航线；西北欧、北美大西洋岸—好望角、东方航线。

③印度洋航线。该航线可分为：波斯湾—好望角—西欧、北美航线；波斯湾—东南亚—日本航线；波斯湾—苏伊士运河—地中海—西欧航线。

14.2.3.2 国际集装箱运输的主要航线

目前，世界海运国际集装箱的主要航线有：远东—北美航线（也称为泛太平洋航线）；北美—欧洲、地中海航线（也称为跨大西洋航线）；欧洲、地中海—远东航线；远东—澳大利亚航线；澳洲、新西兰—北美航线；欧洲、地中海—西非、南非航线。

14.2.3.3 国际航空航线

①北大西洋航空线。本航线连接西欧、北美两大经济中心区，是当今世界最繁忙的航空线，主要往返于西欧的巴黎、伦敦、法兰克福和北美的纽约、芝加哥、蒙特利尔等机场。

②北太平洋航空线。本航线连接远东和北美两大经济中心区，是世界又一重要航空线，它由香港、东京和北京等重要国际机场，经过北太平洋上空到达北美西海岸的温哥华、西

雅图、旧金山、洛杉矶等重要国际机场，再接北美大陆其他航空中心。

③西欧—中东—远东航空线。本航线连接西欧各主要航空港和远东的香港、东京、汉城等重要机场，为西欧与远东两大经济中心区之间的往来航空线。

除以上 3 条最繁忙的国际航空线外，重要的航空线还有：北美—澳新航空线；西欧—东南亚—澳新航空线；远东—澳新航空线；北美—南美航空线；西欧—南美航空线。

世界各大洲主要国家的首都和重要城市都设有航空站。著名的国际航空站有：美国芝加哥哈尔机场、英国西斯罗机场、法国戴高乐机场、德国法兰克福机场、荷兰阿姆斯特丹西普霍尔机场、中国香港启德机场、新加坡樟宜机场等。它们都是当今现代化程度较高的大型国际货运空中枢纽。

#### 14.2.4 国际物流网络优化

要实现物流接口的无缝化对接，不仅对整个物流网络中的功能环节要素、流动实体要素、生产要素，还要对机制要素进行内部和外部连接，使物流系统成为一个无缝连接的整体。在实际物流作业中，经常运用到的无缝化对接方法主要有两种：一是实现物流功能环节无缝对接的直接换装；二是实现运输载体无缝对接的多式联运。

14.2.4.1 运输载体的无缝对接——多式联运

多式联运是一种以实现货物整体运输的最优化效益为目标的物流组织形式。它通常以集装箱为运输单元，将不同的运输方式无缝地对接在一起，构成连续的、综合的一体化货物运输。通过一次托运、一次计费、一份单证和一次保险，由各运输区段的物流承运人共同完成货物的全程运输，即将货物的全程运输作为一个完整的单一运输过程来实施。多式联运将不同的运输方式有机地组合在一起，实现了货物在载体之间的无缝对接，为第三方物流服务商和客户带来了很多好处，主要表现在以下几个方面。

①简化了托运、结算及理赔等相关物流手续，节省了人力、物力和相关物流资源。
②缩短了货物运输时间，减少了库存，降低了货损货差事故。
③提高了物流服务和物流管理水平，实现了物流资源利用的合理化。
④其他好处：对于客户而言，在国际物流中，采用多式联运可以尽快获得相关单证，从而使结汇时间提前，加速了资金的周转；对于第三方物流服务商而言，则拓展和延伸了自己的物流服务功能领域和地理范围。

14.2.4.2 各个物流功能环节的无缝对接——越库

随着信息技术的发展以及运输系统本身效率的提高，为减少安全库存和缩短提前期，许多企业正在或试图应用一项被称为 Cross Docking 的新配送技术，其中文名称为"越库"，也有翻译为"过载"，被定义为在物流的任何中间点（仓库或配送中心）只实现收发货的功能而消除货物储存与订单获取的功能。《中华人民共和国国家标准·物流术语》（GB/T18354—2006）中将"Cross Docking"翻译为"直接换装"，定义为"物品在物流环节中，不经过中间仓库或者站点，直接从一个交通工具换载到另一个运输工具的物流衔接方式"，可以看作配送系统中的准时制（JIT）策略，其典型操作结构如图 14-4 所示。

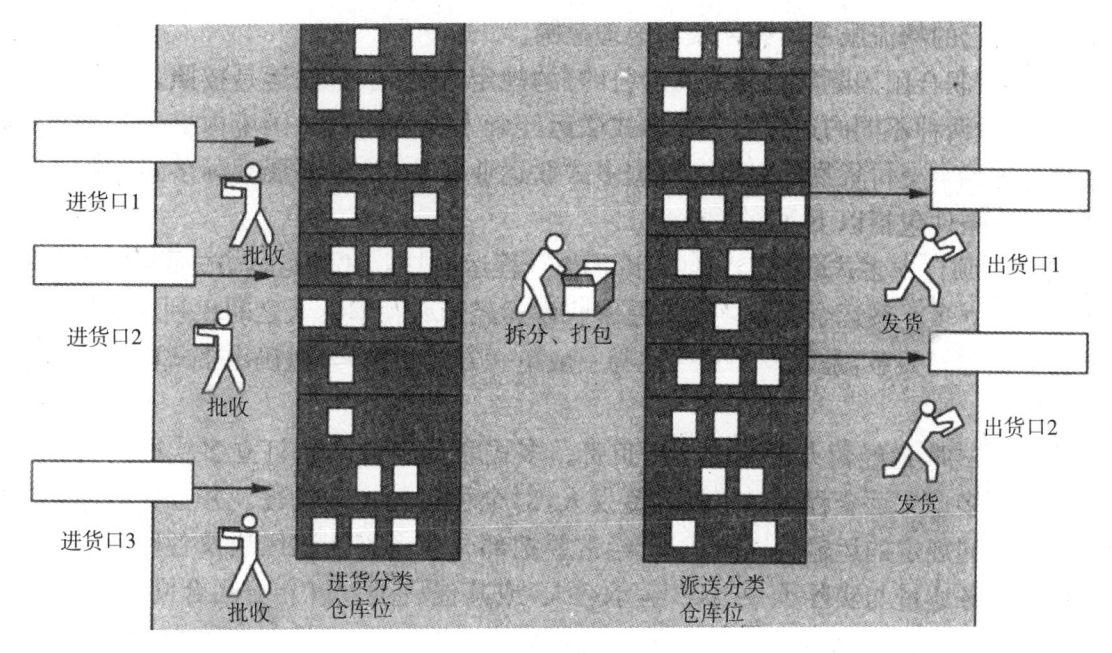

图 14-4　越库操作结构

产品在进货口被卸下后，经过简单分类等操作后就被直接装到等候在出货口的车辆上直接运送给零售商。用彼得·德鲁克的话说，仓库成为一个编组场所，而非一个保管场所。货物到达仓库后经过简单的交叉分装后，省去了仓储等其他内部操作，而直接将货物发送到供应链的下一个节点。在越库的运作中，货物是流经仓库或配送中心而不是储存起来。

总之，越库物流使得物流所关注的焦点从供应链转移到需求链上。例如，零售商或客户实现按照自己的补给需要向配送中心订货，配送中心汇总订货单进行集中订货。从产品的产地到产品的销售地，越库物流使得零售商或客户的供应链更加通畅。越库物流减少了中间环节多余的存货和相关作业，从而降低了直接成本。同时由于越库物流加速了货物的流动，既降低了货物的有形损耗率，也降低了货物的无形损耗率，进而降低了间接成本。越库物流在实现物流各个功能环节无缝对接的同时，也促进了客户与第三方物流服务商之间实时地通过网络进行信息沟通，提高了物流作业的效率。

## 14.3 国际物流管理

### 14.3.1 国际运输管理

#### 14.3.1.1 国际运输规划的内容

在许多企业都设有专门的运输经理负责运输业务。了解这一职位所负责的工作内容恰好可以说明运输规划工作的内涵。美国供应链管理专业协会（CSCMP）对运输经理工作职责的定义如下。

①指导提高自营、第三方和协议运输系统的效率。
②管理员工并确保各种运输的时效性。

③制订计划以确保有足够的储存、装卸和货物运输设备。

④负责制订日常计划，选择线路，制定预算以及承递运费收据和协议谈判。

⑤与国际货运代理商合作实现货物跨国流通和报关的一体化。

运输经理有许多职责，可归纳为：国际货物运输方式的选择、承运人的管理、路线制定和规划及国际货运的相关工作等。

制订运输规划要注意三个关键因素：时效性、一致性和可控性。时效性是指货物从出发地运到目的地的速度；一致性是指每次都能稳定地将货物在同一时间送达，这对库存有重要影响，良好的一致性能够降低对库存的需求；可控性指在运输前或运输过程中进行调节的能力。通信技术的发展使运输业发生了重大变革，使企业能够在运输过程中与运送人员保持实时联系，甚至可以变更线路。

14.3.1.2 国际运输规划决策的参与者

国际货物运输不仅涉及托运人、收货人和承运人，还要受到政府和公众的影响，他们之间的关系如图14-5所示。

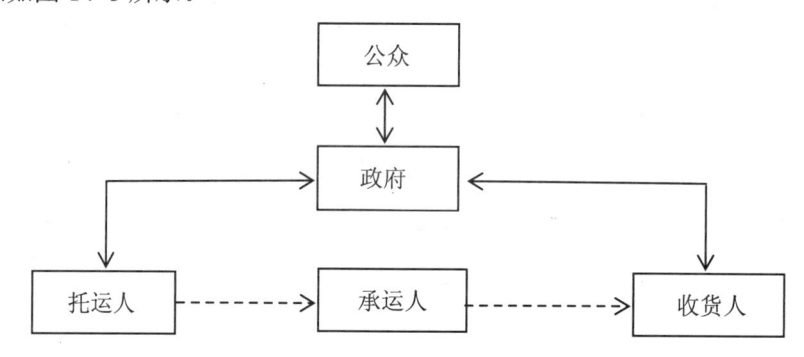

图14-5 托运人、收货人以及公众等之间的关系

（注：——→表示信息流　---→表示货物流）

（1）托运人和收货人的运输经理

在运输规划的过程中，运输经理必须考虑在成本与服务间进行取舍。托运人和收货人的运输经理的共同目的是在规定的时间内以最低的成本将货物从起始地转移到目的地。运输服务中应包括具体的提取货物和交付货物的时间、预计转移的时间、货物损失率以及精确和适时地交换装运信息和签发单证。

（2）承运人

承运人作为中间人，期望以最低的成本完成所需的运输任务，同时获得最大的运输收入。这种观念表明，承运人想要按托运人（或收货人）的运输经理愿意支付的最高费率收取运费，而使转移货物所需要的劳动、燃料和运输工具成本最低。要实现这一目标，承运人期望在提取和交付时间上有灵活性，以便能够将个别的装运整合成经济运输批量。

（3）政府

政府期望一种稳定而有效率的运输环境、以使经济能持续增长。运输能够将产品有效地转移到各国市场中去，并保证以合理的价格销售产品。而国际货物运输本身也是国际服务贸易的一种，能增加一国的外汇收入。因此各国政府通常都要对国际货物运输通过规章制度、政策等形式进行干预，如政府对承运人进入市场的资格、服务的市场或服务价格进行管制等。

（4）公众

公众关心运输的可达性、费用和效果及环境和安全上的标准。公众的意愿或要求会影响政府对运输规章制度等的制定和修改。

14.3.1.3 国际海洋运输

（1）国际海运的特点

国际海洋货物运输是国际贸易运输最传统的方式。据联合国世界海运组织《世界海运回顾》，世界上仍有超过 90%的国际贸易货物流量是通过国际海上运输来完成的。国际海运和国际空运是国际贸易物流的重要组成部分。海洋运输之所以被如此广泛运用，是因为与其他国际货物运输方式相比，它具有下列明显的优点。

①运量大。海洋运输的运载能力要远远高于陆路、航空运输。随着造船技术的不断提高，船舶的运载能力不断提高。一艘万吨轮船载重量相当于 200 节 50 吨载重量的火车车厢的运量。

②运费低。海洋运输利用天然形成的海洋航道，所支付的航道建设与维护费用很小，加之货运轮船向巨型化发展，每吨货物所担负的运输成本相对较小。1 吨货物的海洋运费仅相当于铁路运费的 1/5，公路汽车运费的 1/10 和航空运费的 1/25。

③通过能力强。地球上 70%的面积被水覆盖，海洋运输利用天然水路，不受道路和轨道的限制，通货能力比汽车和铁路等运输方式要大。如果政治、经济等贸易条件等发生了变化，还可以随时改选最有利的航线。

④适用于多种货物的运输。海洋运输可以适应多种货物运输的需要。现在有许多专门根据货物尺寸和载重等需要而设计的船舶，如杂货船、冷藏船、木材船、油轮、集装箱船、液装船、载驳船、天然气船和多用途船、散装货轮等。

⑤有利于增强国防后备力量。在特殊时期，船队往往被用来运送军事物资、武器弹药等。

当然，除了以上优点外，国际海洋运输也有一些不足之处：

首先，风险性较大。国际海洋运输的周期相对较长，受气候和自然条件影响较大，有时受海洋气候限制不能按时出航，延误了航期。因此，一定要为货物上保险以减少损失。

其次，国际海洋运输的速度较低，不利于一些易腐化变质的货物的运送。如要提高航速，则燃料消耗费用会大大增加。

（2）国际海运的运输方式

按照海洋运输船舶经营方式的不同，可分为班轮运输（Liner Transport）和租船运输（Shipping Charting）。

①班轮运输。班轮运输又称为定期船运输，是指船舶公司按照公布的船期表在特定的航线上，以既定的挂靠港顺序进行规则的、反复地航行和运输的一种船舶经营方式。它包括杂货班轮运输和集装箱班轮运输。班轮运输是随着工农业生产的发展在运量激增、货物品种增多的条件下，为适应货物自身价值高、批量小、收发货人多、市场性强以及送达速

度快的货物运输要求而产生和发展起来的。现在集装箱班轮运输已是国际物流业的主流业务。因此，在组织班轮运输时不仅对船舶的技术性能以及船员和设备有较高的要求，而且还需要有一套与之相适应的货运程序。班轮运输主要有以下特点。

一是"四固定"，即航线固定、港口固定、船期固定和费率的相对固定。每一条班轮航线的始发港和目的港、中间挂靠港、到达各港口时间以及运价都通过适当媒体对外公布，便于社会各界广泛利用。

二是班轮公司对货物的配载和装卸费用包含在运费内。班轮公司和托运人双方不计滞期费用和速遣费。班轮运输是根据班轮运价去向发货人收取运费的。班轮运费不仅包括货物从启运港至目的港的运输费用，还包括货物在启运港的装船费用和目的港的卸船费用。因此，货物在港口有关装卸的一切费用均应由船方负担，不再另行向贷方计收。贷方可根据班轮费率表事先核算运费和附加费用，从而能比较准确地进行比价和核算货物价格，来决定贸易是否应该成交。

三是手续简便，方便货主托运。班轮所承运的货物种类繁多，批量较小，而且来自于众多的托运人。作为承远人，班轮公司不可能临时与每个托运人签订运输合同，而只能按照约束提单的国际公约或有关国内法律，事先拟定有关承、托运双方的权利与义务的班轮提单。在货物被装船后，由船舶公司或其代理人签发提单。明确船、货双方的权利、义务与责任。避免以船方签发的提单条款为依据，并且受到统一的国际公约的制约。在货物被装船之前，承运人和货主之间不需要签订书面运输合同，而一般采取码头仓库交接货物，故为货主提供了更便利的条件。

四是班轮运输货物的品种、数量比较灵活，特别有利于一般杂货和小额贸易货物的运输。在国际贸易中，除大宗商品利用租船运输外，经常性零星货物、批次多、到港分散采购货物都可以利用班轮运输。因为班轮船舶在固定的航线上有规则地从事运输，即使是小批量货物，货主也能随时向班轮公司托运，而不需要将货物积攒成大批量时再交付运输，这样，货主能节省货物集中等待时间和仓储费用。

②租船运输。租船运输又称为定期船运输。它与班轮运输的方式不同，既没有固定的船舶班期，也没有固定的航线利挂靠港，而是按照货源的要求和货主对货物运输的要求安排船舶航线计划，是组织货物运输的相对于班轮运输的另一种船舶经营方式。租船运输的方式包括航次租船（Voyage Charter）、定期租船（Time Charter）和光船租船（Bare Boat Charter）三种方式。

航次租船又称为定程租船。它是由船舶所有人负责提供船舱的，在指定港口之间进行一个航次或数个航次承运指定货物的租船运输。定程租船就租贷方式的不同可分为单程租船（又称为准航次租船）、来回航次租船、连接航次租船和包运合同。

定期租船简称期租。它是船舶所有人将船舶出租给承租人，供其使用一定时期的租船运输。在租期内，出租人需保证船舶处于适航状态，并通过自己配备的船员承担船舶的驾驶和管理责任；承租人则需按期如数向出租人支付租金以取得船舶的使用权，并根据自己的需求来安排船舶营运的调度。定期租船中还有一种特殊的方式称为航次期租。这是一种航次租船和定期租船的混合方式，其租期以完成一个航次货运任务的时间为准，基本上与期租相同。

光船租船实际上也是定期租船的一种，与一般定期租船不同的是，船东不负责船员工作，租船人对这种方式也缺乏兴趣。因此，光船租船方式在租船市场上较少采用。

租船运输具有以下特点。

一是不定航线、不定船期、不定装卸港口和不定费率。租船运输中船舶的航线、航行时间、装载种类和装卸港口等是出租人根据承租人的不同需要，并结合租船市场上的各种因素而确定的。由于其航次和航线取决于租船市场上揽到的业务，因此，船舶的配备比班轮运输更为复杂。经营租船运输需要以丰富的管理经验对船舶进行妥善、合理的安排，使前后租船合同航次在时间和空间上紧密衔接，避免发生闲置或空放航次，导致经济效益降低。此外，租船运输不像班轮运输那样有固定的运价表，其租金率或运费率是双方在每一笔租船交易洽商时根据租船市场的行情决定的。世界的经济状况、船舶运力供求关系的变化、季节性气候条件的不同以及国际政治形势等都是影响运费或租金水平高低的主要因素。因此，合同双方在洽谈费率时，可以租船市场的近期行情为基础，并结合自己的谈判地位以及当时、当地具体的供求情况讨价还价，以达成双方均能接受的租金率或运费率。

二是租船运输适合运输大宗、低值货物。大宗货物如谷物、油类、矿石、煤炭、木材、砂糖、化肥、磷灰土及水泥等一般适合整船装运。这类货物本身的价值较低，运输量较大，对运输费用的承受能力也相对较低。班轮运输无法提供足够、适宜的舱位，也不可能以过低的运费来承运大宗货物。为了适应大宗货物的运输需求，各种专用船舶和多用船舶相继建成，并投入租船市场，如油船、散货船和矿砂船等。同时，船舶吨位也不断提高，通过"规模经营"降低运输成本，目前世界干货和石油的海运运量所占的比重均达到一半以上。由此可见，租船运输在大宗货物运输中起着十分重要的作用。

三是通过租船经纪人洽谈成交租船业务。租船运输与班轮运输的又一区别是：在班轮运输中由船务代理和货运代理为承运人和托运人促成运输合同；而在租船运输中一般由出租人和承租人分别委托船东经纪人和租船代理人洽谈租船业务。租船经纪人以佣金作为劳务报酬，依靠广博的专业知识、丰富的实务经验以及广泛的业务联系渠道，在国际航运市场上为出租人揽收合适的货源或为承租人提供合适的船舶。

租船合同条款由合同双方自由商定。租船运输实施首先需要船舶所有人（出租人）与承租人签订租船合同，在租船合同中除了规定船舶航线、载运货物种类及停靠港口外，还要明确双方应承担的责任、义务和享有的权利，合同的条款是双方权利与义务的依据。在租船市场，船、货的供求关系存在于世界范围之内，无人能垄断和控制世界船舶和货源的供应。从总体上看，合同双方无论就专业知识还是议价实力，都处于同等地位，因此，没有必要像班轮运输那样，通过制定国际公约或订立国内法去强制规定双方的责任和义务。租船合同的签订具有法律上认可的订约自由。换言之，合同双方完全可以凭借其谈判实力，在船舶合同中订立保护自己利益的条款。

#### 14.3.1.4 国际铁路运输

(1) 铁路运输的特点

铁路运输在狭义上通常是指一种以具有车轮的车辆沿铁路轨道运行，以达到运送旅客或货物为目的的陆上运输方式。而广义的铁路运输还包括磁悬浮列车、缆车、索道等并非使用车轮形式，但仍然沿特定轨道运行的运输方式，统称轨道运输或轨道交通。在国际货运中的地位仅次于海洋运输。

铁路运输是国家的经济大动脉，是物流运输方式的其中一种，与其他运输工具比较具有以下的特点。

①铁路运输的准确性和连续性强。铁路运输几乎不受气候影响，一年四季可以不分昼夜地进行定期的、有规律的、准确的运转。

②铁路运输速度比较快。铁路货运速度每昼夜可达几百公里，一般货车速度可达每小时 100 公里左右，远远高于海上运输。

③运输量比较大。铁路一列货物列车一般能运送 3000~5000 吨货物，远远高于航空运输和汽车运输。

④铁路运输成本较低。铁路运输费用仅为汽车运输费用的几分之一到十几分之一；运输耗油约是汽车运输的二十分之一。

⑤铁路运输安全可保证，风险远比海上运输小。

⑥初期投资大。铁路运输需要铺设轨道、建造桥梁和隧道，建路工程艰巨复杂；需要消耗大量钢材、木材；占用土地，其初期投资大大超过其他运输方式。

(2) 国际铁路运输的形式

国际铁路运输的形式为国际铁路联运。国际铁路联运是指由两个或两个以上不同国家铁路当局联合起来完成一票货物从出口国向进口国转移所进行的全程运输。它是使用一份统一的国际联运票据，由铁路部门以连带责任负责办理货物的全程运输，在由一国铁路向另一国铁路移交货物时无需发货人、收货人参加的运输方式。

国际铁路货物联运主要依据《国际铁路货物运送公约》和《国际铁路货物联运协定》（以下简称《国际货协》）为框架进行。《国际货协》是各参加国铁路和发、收货人办理货物联运必须遵守的基本文件，具体规定了货物运送条件、运送组织、运输费用计算核收办法，以及铁路与发、收货人之间权利与义务的问题。我国是《国际货协》的成员国。

《国际货协》规定，国际铁路货物联运的范围包括：在《国际货协》国家之间的铁路运输，《国际货协》成员国与非成员国间的运输，通过港口的货物运送。

(3) 国际铁路运输中的主要铁路干线

西伯利亚大铁路。东起海参崴，途经伯力、赤塔、伊尔库茨克、新西伯利亚、鄂木斯克、车里雅宾斯克、古比雪夫，止于莫斯科，全长 9300 多公里。以后又向远东延伸至纳霍德卡——东方港，该线东连朝鲜和中国，西接北欧、中欧、西欧各国，南由莫斯科往南可接伊朗。我国与俄罗斯等国家、东欧国家及伊朗之间的贸易，主要用此干线。

加拿大连接东西两大洋铁路。鲁珀特港—埃德蒙顿—温尼伯—魁北克（加拿大国家铁路）；温哥华—卡尔加里—温尼伯—散德贝—蒙特利尔—圣约翰—哈利法克斯（加拿大太平洋大铁路）。

美国连接东西两大洋铁路。西雅图—斯波坎—俾斯麦—圣保罗—芝加哥—底特律（北太平洋铁路）；洛杉矶—阿尔布开克—堪萨斯城—圣路易斯—辛辛那提—华盛顿—巴尔的摩（圣菲铁路）—洛杉矶—图森—帕索—休斯敦—新奥尔良（南太平洋铁路）；旧金山—奥格登—奥马哈—芝加哥—匹兹堡—费城—纽约（联合太平洋铁路）。

中东—欧洲铁路。从伊拉克的巴士拉，向西经巴格达、摩苏尔、叙利亚的穆斯林米亚、土耳其的阿达纳、科尼亚、厄斯基色希尔至博斯普鲁斯海峡东岸的于斯屈达尔。过博斯普鲁斯大桥至伊斯坦布尔，接巴尔干铁路，向西经索菲亚、贝尔格莱德、布达佩斯至维也纳，连接中、西欧铁路网。

14.3.1.5 国际航空运输

国际航空运输作为国际物流运输的方式之一，随着航空运输的发展，纺织品、鲜活食品等适于航空运输的日常生活用品使用航空货物运输的比例大大增加，总数量越来越多。航空货物运输已成为国际货运，特别是洲际货运的重要方式。

随着中国与国际经济交往的不断加深和外贸依存度的不断增加，作为世界工厂中国已经迅速融入世界产业链条，将越来越多地参与世界分工，与其他国家和地区的国际交往与贸易往来迅速增加。中国稳定的政治环境、快速发展的国民经济、丰富而廉价的劳动力和不断升级的国内消费市场都将吸引大量外资投入，这对我国的国际航空货运提出了更高的要求。

（1）国际航空运输的特点

国际航空货物运输即指一国的提供者向他国消费者提供航空飞行器运输货物并获取收入的活动。航空运输之所以随着世界经济发展得到快速的增长，是由它与其他运输方式相比具有不可比拟的优势决定的。航空货物运输包括以下特点。

①高速度和高科技。现代喷气式客机巡航速度为800～900公里/小时，比汽车、火车快5～10倍，比轮船快20～30倍，大大缩短了物流活动的时间。在快捷性方面的突出优势使得航空适宜运输时效性和季节性强的商品、贵重物品、精密仪器、电子产品和高科技产品、抢险和救急品等商品的运输。航空运输的主要工具是飞机，像通信导航气象、航行管制、机场建设等都涉及高科技领域。

②灵活。航空运输的一个明显优势就是不受地形、地貌、山川、河流的局限，只要有机场，有航空设施保证，即可开辟航线。对于自然灾害的紧急救援和其他运输方式物流不可到达的地方均可采用飞机空投方式，以满足特殊条件下特殊物流的要求。

③安全准确。现代喷气式民航飞机的飞行高度一般在1000米以上，不受低空气流的影响，飞行平稳，货物所受的振动、冲击小，小货舱与外界隔离，货舱的温度和湿度能得到适当的控制，因此很少产生货物损伤、被盗、变质等事故。同时，飞机的航班准确率高，货物可按时到达目的地，加上运送速度快，货物质量有保证，有利于巩固已有的市场和开拓新的市场。

④节省包装、保险、利息等费用。国际航空运输在空运过程中震荡性小，所以包装简单，包装成本较低，而且货物缺损率较低，因而保险盗用费用也相对较低。又由于国际航

空运输节约了大量的时间,因此,货物占用的资金能较快回收,由此带来的利息费用也会减少。另外,尽管国际航空运费一般较高,但由于空运比海运计算运费的起点低,因此在运送一些小件急需品和贵重物品上采用航空运输更为有利。

⑤航空货运联盟。组建跨行业、跨国家的联盟是拓展航空公司航线网络的一种较为经济的方法。这是因为任何一家航空企业的航线网络难以覆盖全球所有的地点。因此,航空公司之间必须在航线网络上做到优势互补。通过合作将所有联盟成员的货物运达世界各地,有效地运营国际航空运输。目前,世界上规模较大的航空货运联盟有天合联盟(Sky Team Alliance)和 WOW 联盟。

国际航空运输的主要缺点是受大气变化影响较大;机舱容量相对较小;运输成本高,不适于体积大、价值低的货物的运输。

(2)国际航空运输的经营方式

国际航空运输有班机运输(Scheduled Carrier)、集中箱运输和航空急件传送等方式。

①班机运输。班机运输是指定期开航的定始发站、到达站、途经站的航空运输。一般航空公司都使用客货混合型飞机,在搭载旅客的同时运送小批量货物。一些货源充足的大中型航空公司也在某些航线上开辟有全货机航班运输。由于班机有固定的航线,始发和停靠港,并定期开航,收发货人可以准确地掌握启运和到达时间,能够保证货物被安全迅速地运送到世界各地投入市场。

②包机运输。当货物批量较大航班机不能满足需要时,一般就采用包机运输。包机运输分为整机包机和部分包机。整机包机是指航空公司按照事先约定的条件和费率,将整架的飞机租给租机人,从一个或几个航空站装运货物至指定目的站的运输方式,它适合于运输大宗货物。部分包机是指由几家航空货运代理公司或发货人联合包租整架飞机,或者由包机公司把整架飞机的舱位分租给几家航空货运代理公司。部分包机适于 1 吨以上不足整机的货物运输,运费率较班机低,但运送时间较班机要长。

③包舱、包集装箱(板、棚)运输。包舱、包集装箱(板、棚)运输是指托运人根据所托运的货物,在一定时间内必须单独占用飞机货舱或集装箱、集装板、集装棚,而承运人需要采取专门措施给予保证的一种经营方式(不含正常运输中的集装箱、集装板、集装棚运输)。

### 14.3.2 国际仓储管理

#### 14.3.2.1 国际仓储的概念

国际物流业务中的仓库作为国际物流服务的节点,在国际物流系统中主要承担储存、保管、流通加工、增值服务等功能,是国际物流运作的重要环节。

仓储管理就是对仓库及仓库内的物资所进行的管理,是仓储机构为了充分利用所具有的仓储资源,提供高效的仓储服务所进行的计划、组织、控制和协调过程。具体来说,仓储管理包括仓储资源的获得、仓库管理、经营决策、商务管理、作业管理、仓储保管、安全管理、劳动人事管理、财务管理等一系列管理工作。

国际货物仓储及其管理就是对国际物流中形成的国际货物仓储和业务及其运作进行的管理,它是国际物流系统的支柱性功能要素。随着现代仓储业的发展和供应链管理的实施,国际仓储业的理念与业务范围在不断创新和扩展。

14.3.2.2 国际货物仓储在国际物流中的地位与作用

国际仓储的作用表现在以下 7 个方面。

（1）仓储能够提供运输的整合和配载

基于运输的费用随着运量的增大而减少的规模经济现象，尽可能大批量的运输是节省运费的有效手段。将连续不断产出的产品集中成大批量提交运输，或者将众多供货商所提供的产品整合成单一的一票运输等运输整合就需要通过仓储来进行。通过整合不仅实现了大批量提交运输，还可以通过货物的大小整合、轻重搭配，实现运输工具容积的充分利用。整合服务还可以由多个厂商合并使用，以减少仓储和运输成本。在运输整合中还可以对商品进行成组、托盘化等作业，使运输作业效率提高。运输服务商还可通过在仓储中整合众多小批量的托运货物，进行合并运输和运输配载，以便充分利用运输工具，降低物流成本。

（2）可以进行货物分拣和产品组合

对于通过整合运达消费地的产品，需要在仓库里根据流出去向、流出时间的不同进行分拣，分别配载到不同的运输工具，配送到不同的目的地或消费者。仓储中还可以使不同产地生产的系列产品在仓库整合成系列体系，向销售商供货。生产商对于众多的零配件，要把分散的供应商的供应品送到指定的仓库，在仓库进行虚拟配装组合，再送到生产线上进行装配。还包括将众多小批量的货物组合成大的运输单元，实现运输成本的降低。

（3）仓库提供了流通加工的场所

流通加工是将产品加工工序从生产环节转移到物流环节中进行的作业安排。由于仓库中物资处于停滞状态，适合于在仓储中进行流通加工，又不影响产品的流通速度，同时又能实现产品及时满足市场消费变化的需要和不同客户的需要。流通加工包括产品包装、贴标签、改型、上色、定量组装、成型等。虽然流通加工往往比在生产地加工成本更高，但能够及时满足销售、促进销售，还能降低整体物流成本。

（4）仓储可以平衡生产和保证供货

众多的产品具有季节性销售的特性，在销售高峰前才组织大批生产显然不仅不经济而且不可能。只有通过一定时间的持续经济生产，将产品通过仓储的方式储存，才能在销售旺季集中向市场供货，并通过仓储点的妥善分布来实现及时向所有市场供货。同样也有部分集中生产而常年销售的产品，也需要通过仓储的方式稳定地、持续地向市场供货。仓储可以说是物流的时间控制开关，通过仓储的时间调整，使物品按市场需求的节奏流动，满足生产与销售的平衡。对于一般商品、生产原材料等进行适量的安全储备是保证生产稳定进行和促进销售的重要手段，也是对抗偶发事件对物流产生破坏的重要应急手段，如交通堵塞、发生不可抗力、意外事故等。

（5）仓储可进行存货控制

除了大型的在现场装配的设备、建筑外，绝大多数通用产品的现代生产很难做到完全无存货，但存货就意味着资金运转停滞、成本增加、保管费用增加，并会产生耗损、浪费等风险。因此，存货控制以降低成本是物流管理的重要内容之一。存货控制就是对仓储中的商品存量进行控制的工作，并且是整个供应链的仓储存量控制。仓储存货控制包括存量控制、仓储点的安排、补充控制、出货安排等工作。

（6）仓储在国际物流成本中的比值高

仓储在国际物流成本中的比率非常高，占近三成到四成的比值。物流管理是为了系统地降低国际物流成本，从而降低产品的最终成本。物流成本表现在具体的操作过程之中，分为仓储成本、运输成本、作业成本、风险成本等。仓储成本不仅是物流成本的组成部分，也是整体上对物流成本实施管理的控制环节。产品在仓储中的组合、妥善配载和流通包装、成组等流通加工就是为了提高装卸效率，充分利用运输工具，从而降低运输成本。合理和准确的仓储会减少产品的换装、流动，减少作业次数，采取机械化和自动化的仓储作业，都有利于降低作业成本。优良的仓储管理，对产品实施有效的保管和养护，准确的数量控制，也会大大减少风险成本。

（7）仓储是国际物流增值服务功能的实现环节

优秀的物流管理不仅要做到满足产品销售、降低产品成本，更应该进行产品的增值服务，提高产品销售的收益。产品销售的增值主要来源于产品质量的提高、功能的扩展、及时性的时间价值、个性化服务的增值等。众多的国际物流增值服务在仓储环节进行，流通加工在仓储环节货物流动停顿时开展，通过加工提高产品的质量、改变功能、实现产品的个性化；通过仓储的时间控制，使生产节奏与消费节奏同步，实现物流管理的时间效用的价值；通过国际仓储的产品整合，开展消费个性化的服务；通过改换小包装实现定制化的产品等。

另外，仓储中的现货会使客户产生信任感，有利于交易的达成。近距离的仓储存货，对客户的服务更快、更及时。产品准时到达和合适的仓储充分表现了企业的管理水平，树立了企业效率高、管理先进的良好形象。

14.3.2.3 国际仓储的功能

国际仓储从传统的物资存储、流通中心发展到成为国际物流的节点，作为国际物流管理的核心环节而存在，并在国际物流中发挥着协调作用，同时还成为国际产品制造环节的延伸，其在国际物流中的功能还在不断扩展。

（1）储存功能

仓储的储存功能可以细化为保管、集中、拆装和混装等几个主要的方面。其中保管具有以调整供需为目的的调整时间和调整价格的双重功能。运输可以将货物集中起来，如果货物供应来源较多，建立货物集中地——仓库的方法就更经济一些，这样一方面可以将零星货物集中成较大批量的运输单位，扩大运输批量，从而降低总的运输成本；另一方面，在仓储期间进行拆装，根据客户的需要通过产品混装以小批量送到客户的手中，可以带来运输中的经济效益。因此，仓库作为进行拆装、混装的场所，可以将不同地点生产的货物通过大批量运输集中到一个地点，然后根据订单组合货物，再将混装后的货物运送给客户。

（2）装卸搬运功能

在同一地域范围内如仓库内部，装卸和搬运是不可缺少的功能。在国际物流作业过程中，从进货入库开始，即储存保管、拣货、流通加工、出库、卡车装载直到配送到客户，装卸搬运作业所占的比重非常高。装卸搬运活动在物流过程中是不断出现和反复进行的，每次装卸活动花费的时间长短各不相同，所以此项活动往往成为决定国际物流速度的关键。此外，在进行装卸搬运操作时，往往需要接触货物，它是在物流过程中造成货物破损、散失、损耗、混合等损失和差错的主要环节。因此，国际仓储的合理化应先从装卸搬运系统着手，装卸搬运系统是实现物流系统化或仓库效率化的关键因素之一。

（3）信息处理功能

信息处理功能与储存、搬运功能相伴相生，国际仓储（库）是国际物流信息系统的重要节点。管理者通过掌握及时和准确的信息有效地控制仓储活动。有关存货水平、产量水平（仓库流动的货物数量）、存货地点、进货和出货运输、客户数据、设施空间利用情况、人事等信息，对于仓储运作经营的成败至关重要。越来越多的国际仓储经营者依赖于运用电子数据交换、互联网以及条形码等技术来提高信息传送的速度和准确性。

（4）增值功能

除了经济利益和服务利益外，仓库还必须根据不同客户的特定需求提供增值服务，以保持其竞争能力。可以根据国际市场对产品消费的偏好，对产品进行流通加工，提高产品的附加值，以促进产品的销售，甚至增加收益。在通常情况下，产品往往是以散装形式或无标志形式装运到仓库里的，一旦收到顾客的订单，仓库经营者就要按照客户的要求对产品进行定制和发放。仓储的增值功能还可以通过提供仓单抵押业务来实现。仓单抵押是指仓储物流企业以其信誉与银行等金融机构合作，以仓单抵押等形式为客户提供融资服务，在获得收入的同时也为客户提供了增值服务。

（5）理货

理货（Tally）是指在货物交接过程中按照货物标志进行分拣、验残、计数、制单、编制记录，公正地、实事求是地分清港贸和港航之间数字和残损责任的一种专业性工作。涉外仓库是国际理货的一个重要场所。

**14.3.2.4 国际仓储业务运作流程**

国际仓储运作范围广泛、复杂性强，不仅担负着进出口商品保管、储存的任务，而且还承担着进出口货物的加工、挑选、理货、刷唛、组装和发运等一系列工作。在国际货物仓储活动中，仓储经营者与存货人之间是通过订立仓储合同确立双方之间的权利义务关系的，《中华人民共和国合同法》第385条规定，仓储合同有效成立后，在存货人交付仓储货物时，仓储经营者（保管人）应当给付仓单，并在仓单上签名或盖章。仓单是保管人在收到仓储货物时向存货人签发的表示收到一定数量的仓储物的有价证券，可以通过背书转让。仓单的主要内容包括存货人、仓储物的品种、数量、质量、包装、件数和标记，仓储物的损耗标准、储存场所、存放期间、仓储费、保险情况、填发人等。

国际仓储业务运作的基本流程如图14-6所示。

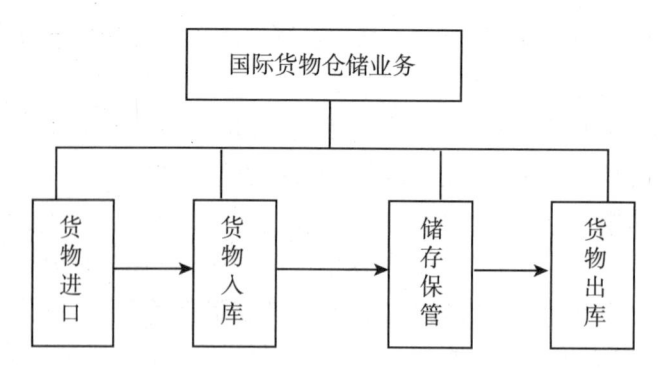

图 14-6 国际仓储业务运作的基本流程

### 14.3.3 国际物流服务管理

比较有代表性的国际物流服务形式有单一功能的物流服务（如国际船舶代理、国际货运代理等）和多功能的综合性物流服务（如国际第三方物流服务）。

#### 14.3.3.1 国际货运代理的性质

国际货运代理是指接受进出口货物收货人、发货人的委托，以委托人的名义或者以自己的名义，为委托人办理国际货物运输及相关业务并收取服务费用的行业。

从国际货运代理的基本性质看，它主要是接受委托人的委托，就有关货物运输、转运、仓储、保险，以及与货物运输有关的各种业务提供服务的一个机构。国际货运代理是一种进行承运工作的中间代理人，其本质就是"货物中间人"。国际货运代理作为"货物中间人"，既是发货人或收货人的代理，可以以代理的名义及时订舱，洽谈公平费率，于适当时候办理货物递交，也可以以委托人的名义与承运人结清运费，并向承运人提供有效的服务。国际货运代理的这种中间人性质在过去尤为突出。

然而，随着国际物流和多种运输形式的发展，国际货运代理的服务范围不断扩大，其在国际贸易和国际运输中的地位也越来越重要。在实践中，国际货运代理对其所从事的业务，正在越来越高的程度上承担着承运人的责任。这说明国际货运代理的角色已经发生了很大的变化。许多国际货运代理企业都拥有自己的运输工具，用来从事国际货运代理业务，包括签发多式联运提单，有的甚至还开展了物流业务，这实际上已具有承运人的特点。将来会有越来越多的国际货运代理通过建立自己的运输组织并以承运人身份承担责任的方式来谋求更广阔的业务发展。

目前，国际货运代理更注重在"产品"开发上集中财力、物力，如改善服务、开辟新航线、提供新的联运方式、开拓国际物流和增值服务等，以提高效益。

#### 14.3.3.2 国际货运代理的服务内容

国际货运代理的业务范围很广泛，主要是接受客户的委托，完成货物运输的某一个环节或与此有关的各个环节的任务。除非客户（发货人或收货人）想亲自参与各种运输过程和办理手续，否则，国际货运代理可以直接或通过其分支机构及其雇佣的某个机构为客户提供各种服务，也可以利用其在海外的代理提供服务。

国际货运代理在国际贸易运输方面具有广博的专业知识、丰富的实践经验和卓越的办事能力。他们熟悉各种运输方式、运输工具、运输路线、运输手续和各种不同的社会经济制度、法律规定、习惯做法等；精通国际货物运输中各个环节的各种业务，与国内外各有关机构如海关、商检、银行、保险、仓储、包装和各种承运人等有着广泛的联系，并在世界各地建有客户网和自己的分支机构，这使得他们在国际货物运输中起着其他人替代不了的作用。

国际货运代理的服务对象包括：发货人（出口商）、收货人（进口商）、海关、承运人、班轮公司、航空公司，在物流服务中还包括工商企业等。为此，国际货运代理要细分市场、识别客户需求，以便确定相应的服务内容。

在实务中，国际货运代理可根据不同的对象确定某项或若干项服务，根据客户的需求，结合自身实际，确定具体可涵盖的服务内容的深度和广度。

就出口方面而言，国际货运代理可提供的服务项目主要有：

①为出口商（发货人）选择运输路线、运输方式（海、陆、空、邮、多式联运）和适当的承运人，并争取优惠运价。

②为所选定的承远人揽货并办理订舱，如为集装箱运输办理订箱。

③从货主的存货地点提取货物送往指定的港、站。

④根据信用证条款和有关主管部门的规定编制各种有关的单证。

⑤根据货主的委托，办理订包、存仓、报检、保险及装箱理货等有关事宜。

⑥货物集港（或集站）后办理报关并进行监装（指装船或拼箱货物的装箱）。

⑦货物交承运人后，凭大副收据换取已经签署的正本海运提单，并交付发货人，如为集装箱运输，整箱交付承运人或拼箱交付货运站（CFS）后取得场站收据（D/R），凭此换取集装箱提单或多式联运提单。

⑧办理议付结汇（根据委托而定）。

⑨支付运费和其他费用。

⑩根据委托安排货物转运（转运是指从国内始发地将货物转运至出境地）。

⑪记录货物残缺或灭失情况（如发生灭失或残缺）。

⑫协助发货人向有关责任方索赔。

⑬与委托方进行结算。

⑭提供货运信息、资料和咨询服务等。

就进口方面而言，国际货运代理可提供的服务项目主要有：

①向收货人通报有关的货物情况。

②接受并核查有关的运输单据。

③货物到达目的港（地）后办理接货、装卸。如为集装箱运输拼箱货在货运站办理提货等事宜。

④办理报关、纳税、结关。

⑤向承运人支付运费（如属到付运费）。

⑥根据委托安排存仓或转运（指从进境地将货物转运至指运地）或分拨。

⑦向收货人交付货物并进行结算。

⑧必要时协助收货人向有关责任方办理索赔事宜。

14.3.3.3 国际船舶代理

国际航运船舶可能驶向世界许多港口。当船舶抵达一个港口之前，需要做很多准备工作，例如，办理船舶进港申报手续、安排引航和泊位、联系燃料和生活用品补给等。船舶到达港口后，仍然有许多事情要做。当船舶抵达的港口不在航运公司所在地时，航运公司无法亲自管理这些船舶、办理有关业务。对此，可通过两种途径解决：一是在船舶抵达的港口设立办事机构；二是委托当地专门为船舶营运提供服务的机构代办船舶在港的一切业务。

许多著名的大型航运公司都在世界重要港口设立办事机构，但是不论航运公司的实力多么雄厚，出于经济考虑，也不可能在所有可能挂靠的港口都设立办事机构。因此，委托当地代理人代办船舶在港的一切业务，已成为国际航运中普遍采用的最经济和最有效的做法。

所谓船舶代理，是指接受船舶所有人、船舶经营人、承租人或货主的委托，在授权范围内代表委托人办理在港船舶业务、提供有关服务或完成在港船舶其他经济法律活动的代理事宜。

船舶代理业属于国际航运服务业。船舶代理机构可以接受与船舶有关的任何人的委托，办理各种航运业务。设在各港口的船舶代理机构，对本港和本地区有关机构情况熟悉，了解本国法律、法规和习惯，长期从事代理工作，积累了丰富经验，因此，往往能比船方更有效地办理船舶在港的各项业务，节省船舶停港时间，加快船舶周转，提高船舶营运经济效益。

（1）船舶代理关系类型

船舶代理关系必须经过委托人授权和代理接受这一过程方能建立，即首先船舶公司或与抵港船舶有关的当事人提出代理要求，如果代理人同意，则船舶代理关系宣告建立。

在船舶到达国外港口之前，船舶公司通常要在船舶到达港为自己的船舶选定代办船舶在港业务的代理人，并与代理人签订协议，在指定的业务范围内授权代理人，与代理人建立代理关系。

根据船舶到达某一港口的频繁程度，船舶公司可以与代理人建立长期代理关系或航次代理关系。船方和代理人之间签订有长期代理协议称为长期代理；船方的委托和代理人的接受以每船一次为限，则称为航次代理。

长期代理（agency on long-term basis）。对于船舶经常到达的港口，船舶公司通过一次委托，与代理建立长期代理关系。这样，船舶代理长期为到港的属于委托公司的所有船舶提供服务。建立长期委托可以简化委托和财务结算手续，班轮运输航线上固定挂靠的港口，非常适合建立长期代理关系。

航次代理（agency on trip basis）。对于没有建立长期代理关系的船舶公司的船舶，每次到港前由船舶公司向代理逐船、逐航次办理委托，而建立委托关系。适合按航次委托代理的船舶一般是，承运 FOB 出口货物和 CIF 或 CFR 进口货物的国外派船，本国承租人为承运 FOB 进口货物和 CIF 或 CFR 出口货物而租用的外籍船舶，来港修理、船员就医或补给供应品的船舶。办理航次代理时，船舶公司必须在船舶抵港前，以书面形式向到达港口的代理提出委托，并在船舶抵港前一定时间内，将有关文件寄给船舶代理。经船舶代理审核，明确费用分担和结算，并向委托公司索汇备用金，则认为航次代理关系已建立。

（2）船舶代理业务

船舶代理业务范围很广，不仅原船舶公司自行办理业务可以委托船舶代理代办，而且一些应当由货主办理的与货运有关的业务也可以委托船舶代理办理。下面先介绍船舶在港期间的船舶代理的主要业务。

船舶进港手续。在我国，凡航行于国际航线的船舶，不论是外籍船还是本国船，在进、出港口前，船舶代理应事先联系边防检查站（移民机构）、检验检疫机构、港口海事机构和海关等口岸机构办理船舶进出港手续。我国遵循《便利国际海上运输公约》的原则，为船舶进出港制定相应的便利办理有关手续的规定。

①海关手续。海关是国家的进出关境监督管理机关。根据海关法和其他有关法律、法规规定，船舶应当在设有海关的港门进出境、停泊以及装卸货物、物品和上下人员，并接受海关监管。船舶代理应当在船舶到港和离港前 24 小时内通知海关，将船舶装卸货物、物品的时间事先报告海关。另外，根据各国有关缴纳船舶吨税的法规规定，凡从事国际贸易货物运输的外国籍船舶进入对外开放港口，必须按照船舶吨位按次或按月、季、年度缴纳船舶吨税。缴纳吨税时，须向海关提交吨税缴纳书，海关据以计算应收吨税后，将吨税收款单交船舶代理，船舶代理凭单向指定的银行缴纳吨税。

②检验检疫手续。检验检疫手续由设在口岸的出入境检验检疫局负责管理，检验检疫手续包括卫生检疫手续和动植物检疫手续两项。卫生检疫机构为防止传染病传入或传出，执行传染病监测和预防接种、卫生监督、卫生处理和进口食品检验等任务。船舶代理应当在船舶到达以前，尽早向卫生检验机关报告有关船名、同籍、预定到达检疫锚地的日期和时间、船员和旅客人数、货物种类等事项。为了防止因动植物的进出口而使病菌或害虫传入国内或向国外传播，各国都规定必须经过检疫才能办理进出口货物报关手续。对动植物的检疫包括对活动物和死动物及动物的骨、肉、皮、毛和容器的检疫，以及对植物、种子、生果实和它们的包装容器等的检疫。船舶代理应向动植物检疫机关报告船舶所载动植物、动植物产品或其他检疫物的具体名称、数量、装载港及其产地。

③边防检查手续。出入境边防检查站是国家设在对外开放口岸的出入境检查管理机关，执行维护国家主权、安全和社会秩序，便利出、入境的人员和交通运输工具的通行等任务。出入境的船舶抵达口岸时，必须接受边防检查，入境检查在最先抵达的口岸进行，出境检查在最后离开的口岸进行。特殊情况经主管部门批准可以在特许地点进行。船舶代理应当事先将出入境船舶抵达口岸的时间、停留地点和载运人员、货物情况向有关边防检查站报告，船舶抵达口岸时，船舶代理必须向有关边防检查站申报船员和旅客的名单。

海事监督手续。海事监督机构（海事局，港监）的主要职责是：贯彻执行国家有关水上交通安全和船舶防污法规，制定具体管理规定，并监督有关各方遵照执行；对船舶进行注册登记，签发船舶所有权证书和国籍证书；监督船舶的人员配备，签发海员证、船员适任证书等有关证书文件；审批外国籍船舶进入我国内水利港口的申请，对外国籍船舶实施检查和强制引航；监督船舶的技术状况、航行情况和安全装载情况；维护水上交通秩序，组织指挥海难搜救，调查处理船舶水上交通和船舶污染事故；对违反我国水上交通监督管理有关法律法规及规章的船舶，海事监督机构有权给予警告、罚款和令其停航、改航、返航或在一定时间内禁止其离港或停止作业；对有违反水上交通监督管理行为的船员及有关人员，可给予警告、扣留或吊销适任证书、罚款处罚等。

船舶代理应当在船舶预计抵达口岸 7 日前（航程不足 7 日的，在驶离上一个口岸时），填写《国际航行船舶进口岸申请书》，报请抵达口岸的海事局审批。拟进入长江水域的船舶，船舶代理应当在船舶预计经上海港区 7 日前（航程不足 7 日的，在驶离上一个口岸时），填写《国际航行船舶进口岸申请书》，报请抵达口岸的海事局审批。船舶经海事局审批准许其入境后，船方或其代理应及时通知海关、边防检查机关和检验检查机关。

船舶出港手续。船舶出港手续比船舶进口手续简便，除向海关、海事监督机构和港口当局提出出港申请，并向海关交验、缴纳吨税收据以外，货物装船完毕，还需编制出口货物清单（舱单），经船长签字后，向海关办理船舶出口报关。海关查验无问题，船舶可以起航出港。

### 14.3.4 国际货运保险

#### 14.3.4.1 保险的基本原则

保险的基本原则是投保人（被保险人）和保险人（保险公司）签订保险合同、履行各自义务，以及办理索赔和理赔工作所必须遵守的基本原则。与国际物流有密切关系的保险基本原则主要有可保利益原则、最大诚信原则、损失补偿原则、代位追偿权原则及近因原则。

（1）最大诚信原则

最大诚信原则作为海上货物运输保险合同的基本原则不仅贯穿于订立合同之前或之时，而且贯穿于履行合同的全过程。它不仅要求被保险人尽最大诚信，也要求保险人尽最大诚信。依据该原则，保险合同当事人均须分别履行以下有关义务。

①如实告知。是指被保险人应于订立合同之前将其所知道的一切重要情况告诉保险人。"重要情况"指被保险人知道或在通常业务中应当知道的有关影响保险人据以确定保险费率或者确定是否同意承保的情况。保险人知道或在通常业务中应当知道的情况，保险人没有询问的，被保险人无须告知。关于被保险人违反告知义务的后果，有两种：一是保险人有权解除合同，二是保险合同无效。

我国的规定是：在被保险人故意违反告知义务时，保险人有权解约，对解约前发生的损失不负赔偿责任，并且不退还保险费；在非故意（即过失）的情况下，保险人既可以解约，也可以要求相应增加保险费。若保险人解约的，对解约前发生的损失应负赔偿责任。但未告知的情况对保险事故的发生有严重影响的，保险人对解约前发生的损失不负赔偿责任，但需退还保险费。

②履行保证。保证是指被保险人允诺某项作为或不作为，或者满足某项条件，或者确定某项事实的存在或不存在。保证可分为明示保证和默示保证。明示保证是必须在保险合同或保险单的参考文件中载明的保证，如船名保证、开航日期保证等。被保险人如果违反

了明示保证,保险人可根据情况加收保险费而继续履行合同或解除合同。默示保证是不在合同中载明的,但已为合同双方所熟知的事实,订立合同时,双方均默认有关保证的存在,例如船舶适航保证等。被保险人违反默示保证,将使合同无法履行,保险人即可解除合同。

③依法经营。保险公司除须依法成立和接受行政部门的监督外,更重要的是必须严格依法经营。依法经营是保险公司遵守最大诚信原则的具体体现。

④明确说明。即指保险人应就其责任免除事项向被保险人明确说明。未明确说明的,该条款不产生效力。

(2) 近因原则

近因原则是确定保险人对保险标的损失是否负保险责任以及负何种保险责任的一条重要原则。保险中的近因指的是造成损失的最主要、最有效及最有影响的原因。近因不一定是指时间上或空间上最接近损失的原因。所以近因原则是指保险人只对承保风险与保险标的损失之间有直接因果关系的损失负赔偿责任,而对不是由保单承保风险造成的损失,不承担赔偿责任。它对保险理赔工作中的判定责任、履行义务和减少争议都具有重要意义。

例如,包装食品在运输中受海水浸湿,外包装受潮后导致食品发生霉变损失,该食品投保了水渍险。这时食品损失由两个原因造成:一个是承保范围内的海水浸湿,另一个是承保范围外的霉变。因为前者直接导致了后者,故前者是食品损失的近因,而它在承保范围内,故保险公司应该赔偿。

(3) 可保利益原则

可保利益原则是指投保人对保险标的具有的法律上承认的利益。投保人对保险标的应当具有投保利益。投保人对保险标的不具有保险利益的,保险合同无效。就货物保险运输而言,反映在运输货物上的利益,主要是货物本身的价值,但也包括与此相关联的费用,如运费、保险费、关税和预期利润等。当保险标的安全到达时,被保险人就受益;当保险标的遭受损失或灭失时,被保险人就受到损害或没有经济利益。被保险人必须对保险标的具有可保利益,其损失才能得到赔偿。在其他保险中,投保人或被保险人在合同生效时必须具有可保利益,但在海上货物运输保险合同中,则允许在保险合同订立时,被保险人可以不具有可保利益,但在货物出险时,被保险人必须具有可保利益才能获得赔偿。因为货运保险单是可以背书转让的,在保险合同订立时,保险单的最后持有者可能还没有取得对其所购货物的所有利益。

(4) 损失补偿原则

损失补偿原则指在保险事故发生而使被保险人遭受损失时,保险人必须在责任范围内对被保险人所遭受的实际损失进行补偿。但保险人的赔偿金额不得超过保险单上的保险金额或被保险人遭受到的实际损失,保险人的赔偿不应使被保险人因赔偿而获得额外的利益。损失补偿原则具体可以包括以下内容。

①及时赔偿。前提是被保险人及时通知保险人并提供全部证据和材料,否则,保险人可以不负赔偿责任。如果保险人未能在法定期限内履行赔付义务,除支付赔偿金外,还应当赔偿被保险人因此而受到的损失。

②全部赔偿。是指对被保险人因保险事故造成的损失的全部赔偿,不包括被保险人为

防止或减少损失而支付的必要的合理费用。

③赔偿实际损失。由于保险合同是一种补偿性合同，因此，被保险人获得的保险赔偿当然不得超过其实际损失。全部赔偿与赔偿实际损失虽然都以保险金额为限，但前者强调的是"不得少赔"，而后者则强调"不得多赔"。因为少赔和多赔的金额都是与赔偿原则不相吻合的。所以，保险人只有按全部赔偿和赔偿实际损失原则给予赔偿，才能真正使被保险人恢复到损失发生前的经济状况。因此，在不足金额保险的情况下，保险人按比例赔偿，在发生超额保险和重复保险的情况下，保险人只赔偿实际损失。

#### 14.3.4.2 国际海上货物运输保险

海洋运输货物保险简称海运保险，又称水险，是将与运输有关的财产（货物或船舶）、利益或责任作为保险标的的一种保险。

海上保险在性质上属于财产保险的范畴，是一种特殊形式的财产保险。海上保险像其他保险一样，首先表现为一种经济补偿关系，其次体现为一种法律关系，即通过订立海上保险合同，一方面被保险人必须向保险人提供一定对价（保险费）；另一方面保险人对被保险人将来可能遭受的海上风险、损失或责任给予补偿。海上运输货物保险的承保范围包括承保的风险、承保的损失和承保的费用。

海上保险主要就是以货物和船舶等作为保险标的，把货物和船舶在运输中可能遭受的风险、损失及费用作为保障范围的一种保险。然而，货物的性质、船舶的用途、运输线路及区域、海上自然条件等因素的不同，需要保险人提供的保险保障也不相同。为了适应被保险人在不同情况下的不同需要，各国保险组织或保险公司制定出承担不同责任的保险条款，并由此形成了不同的险别。因此，在保险业务中，风险、损失、费用和险别之间有着密切的联系，即风险是导致损失和费用的原出，特别是具体现定保险人对风险、损失或费用予以保障的责任范围。

海运风险包括海上风险与外来风险两类。海上风险一般包括自然灾害和意外事故两种，外来风险也可分为一般的外来原因造成的风险和特殊的外来原因造成的风险。海上损失是指被保险货物在海运过程中由于海上风险和外来风险所造成的损坏，又称为海损。根据国际保险市场的一般解释，凡在海陆连接的陆运过程中发生的损坏或灭失也属于损坏范围。就货物损失的程度而言，海损可分为全部损失和部分损失；就货物损失的性质而言，海损又可分为共同海损和单独海损。全部损失有实际全损和推定全损两种。前者是指货物全部灭失，或完全变质，或不可能归还被保险人；后者是指货物发生事故后，认为实际全损已不可避免或者为避免实际全损所需支付的费用与继续将货物运抵目的地的费用之和将超过保险价值。构成全部损失的有：保险标的物全部灭失；保险标的物已全部丧失无法复得；保险标的物已丧失商业价值或原有用途；船舶失踪达到一定期限，如半年无音讯，即视为全部损失。

构成推定全损的情况有：保险货物受损后，修理费用已超过货物修复后的价值；保险标的实际受损后，整理和续运到目的地的价值超过原标的货物价值；保险标的实际受损已无法避免或者受损后的施救费用将超过获救后的标的价值；保险标的遭受保险责任范围内的事故，使被保险人失去标的所有权，而为收回这一所有权所花的费用将超过收回标的物的价值。常见的部分损失及原因有部分灭失、短缺、破损、水湿、污染、腐烂、烧损等。

共同海损是指在海洋运输途中船舶、货物或其他财产遭遇共同危险，为了解决共同危险有意采取合理的救助措施所直接造成的特殊牺牲和支付的特殊费用。共同海损具有以下特点：危险必须是共同的，采取的措施是合理的；危险必须是真实存在的，不可避免的；牺牲必须是自动的和有意采取的行为，其费用是额外的；必须是属于非常情况下的损失。

单独海损是指仅涉及船舶或货物所有人单方面利益的损失，造成的原因是承保风险所直接导致的船、货损失，并且其损失一般由受损方自行承担。

海上费用指被保货物遇险时，为防止损失的扩大而采取抢救措施所支出的费用，包括施救费用和救助费用。施救费用是指由被保险人或其代表抢救货物的费用；救助费用是指由保险人和被保险人以外的第三者抢救货物的费用。

海上救助遵循"无效果、无报酬"原则，即救助人必须对财产救助成功才能以该获救财产价值的一定比例作为救助人的救助报酬。如无财产获救，救助人就无权取得报酬。救助报酬是以获救财产作为基础的，救助报酬不得超过获救财产额，否则救助就失去了意义。

海运货物保险的承保范围如图14-7所示。

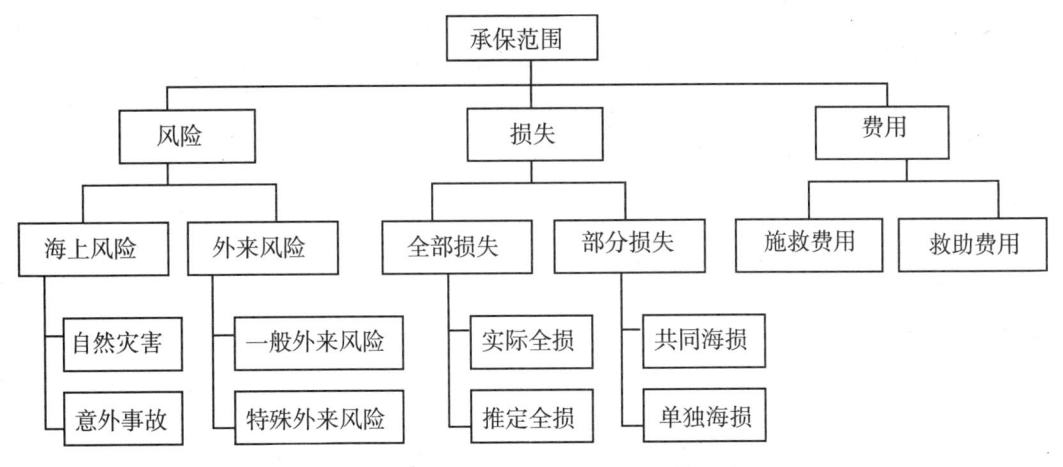

图14-7 海运货物保险的承保范围

14.3.4.3 国际航空运输货物保险

航空运输货物保险有两个基本险别：航空运输险和航空一切险，此外还有特殊附加险——航空运输货物战争险。

（1）航空运输险和航空一切险

航空运输险。它对承保货物在运输途中遭受雷击、火灾、爆炸，或由于飞机遭受恶劣天气或其他危难事故而被抛弃，或由于飞机遭受碰撞、倾覆、坠落或失踪等意外事故所造成的全部或部分损失负赔偿责任。

航空一切险。它除包括上述航空运输险的责任外，还负责由于一般外来原因所致的全部或部分损失。投保上述任何一种基本险别经过协商还可以加上附加险。

（2）航空运输货物保险责任期限

航空运输货物保险的责任起讫是"仓至仓"，即自被保货物运离保单上所载明的起运地仓库或储存处所开始至货物到达保单所载明的目的地收货人的最后仓库或储存处所为止。

如果未进仓,则以被保货物在最后卸载地卸离飞机后满 30 天为止;如果不卸离飞机,则以飞机到达目的地的当日午夜起满 15 天为止;如果在中途港转运,则以飞机到达转运地的当日午夜起满 15 天为止。

(3) 航空运输货物战争险

保险范围。它是航空运输货物险的一种附加险,只有在投保了航空运输险或航空一切险的基础上方可加保。加保航空运输货物战争险后,保险公司承担赔偿在航空运输途中由于战争、敌对行为或武装冲突以及各种常规武器和炸弹所造成的货物的损失,但不包括因使用原子或热核制造的武器所造成的损失。

责任期限。航空运输货物战争险的保险责任是自被保险货物装上保险单所载明的启运地的飞机时开始,直到卸离保险单所载明的目的地的飞机时为止。

## 【本章小结】

国际物流是指跨越不同国家或地区之间的物流活动。与国内物流相比,国际物流有以下几个特点:物流环境存在差异,物流系统的范围广,国际物流必须有国际化信息系统的支持,国际物流的标准化要求较高。国际物流网络可分为广义物流网络与狭义物流网络两种。国际物流管理的内容包括国际运输管理、国际仓储管理、国际物流服务管理和国际货物运输保险。

## 【本章思考】

1. 什么是国际物流?国际物流有何特点?
2. 国际物流网络由哪些部分组成?
3. 国际物流管理包含哪些内容?
4. 国际仓储有哪些功能?
5. 国际货运保险有哪些类型?

## 【案例讨论】

## 利丰集团的国际物流模式

利丰集团成立于 1906 年,总部设在香港特别行政区,是至今发展中国家最大的一家跨国贸易公司,年销售额为 20 亿美元。利丰并不把自己企业视为传统的贸易公司,而是视为向 350 家客户供货的供应链管理专家。这些客户都是分散的群体,包括纺织品零售商、家用电器公司。利丰集团从客户得到订货,然后从 37 个国家的 7000 家独立供货商中筛选,从中找出最合适的制造企业生产最质优价廉的产品。获得这一效果通常要求公司打破价值链条,让分布在不同国家的制造商进行分散生产,这依赖于劳动力成本、贸易壁垒程度和运输成本等要素。利丰集团再把整个过程协调起来,经营物流工作,负责将成品运送给客户。

著名的客户是美国的有限品牌公司，这是一家以美国为基地的大型服装零售连锁店。有限品牌公司把大量制衣和物流工作转包给利丰经营。利丰选取最基本的产品概念，研究市场以确定最合适的棉纱、染料和纽扣等，把这些集合于一体，制作出样品给有限品牌公司审验。一旦有限品牌公司确定了样板，它就会向利丰订货，比如10万套服装，并要求5周内送货。订货与要求供货之间间隔的时间很短。因为在时装业产品淘汰速度很快。

利丰手里握着订货单，把整个制造程序分解成不同的部分，根据能力和生产成本，分别交给不同的生产商。例如，利丰可能决定从韩国购买棉纱，而在中国台湾地区织布、染色。利丰安排棉纱从韩国运到中国台湾地区，日本有最好的拉锁和纽扣，但在中国生产。因此利丰找到日本最大的拉锁制造商吉田工业株式会社，从它的中国产家订购所需的拉锁。利丰为避免受到出口配额和劳动力成本的限制，最后决定成衣工序的最佳地点是泰国，因而所有货物都被运到泰国，另外，因为有限品牌公司要货很急，利丰会把订货量分散到泰国的5家工厂，订货5周后，这些服装将摆在有限品牌公司的货架上，都像从一家工厂做出来的一样，颜色一致，结果是成为标着"泰国制造"标签的全球性的产品。

利丰为了更好地服务客户，划分了许多以小的客户为中心的业务部门。一个业务部服务一群客户，如华纳兄弟和雨林咖啡公司。有一个部是为美国有限品牌公司服务的，另一个部门则是为美国的童装连锁店金宝贝服务的。当走进其中的一个部门，如金宝贝部门，会看到该部门的40位员工，每位员工都致力于满足金宝贝公司的需要。每张桌上的电脑都与金宝贝直接联网。员工的分工专业性很强，有设计、技术支持、机制运行、原材料采购、质量保证和运货。这些队伍间也可以采用直接的电子联系方式与利丰公司在世界各国的分支机构的员工进行沟通，金宝贝在一些国家如中国、印度尼西亚和菲律宾购买大宗货物。因而利丰使用信息系统经营管理、协调及控制全球分散的设计、生产和运货过程，以保障订货与收到货之间的间隔时间是最短的，整体成本也是最少的。

（资料来源：http://www.chinawuliu.com.cn/）

### 分析与讨论

1. 利丰的国际物流流程是怎样的？
2. 利丰的国际物流模式有何特点？

### 【拓展资源】

1. 网上资源：万联网资讯中心：http://info.10000link.com/；物流中国网：http://www.56zg.com/

2. 书籍：《国际物流》，杨长春/2012年/首都经济贸易大学出版社；《国际物流：国际贸易中的运作管理》，戴维（Pierre David），斯图尔特（Richard Stewart）著，王爱虎，乐泓译/2011年/清华大学出版社

# 第 15 章　供应链管理

**【学习要点】**
- 掌握供应链和供应链管理的概念
- 熟悉供应链管理的特点和作用
- 了解价值链管理
- 熟悉供应链物流管理

**【关键术语】**
供应链（Supply Chain）；供应链管理（Supply Chain Management）；价值链（Value Chain）；供应（Supply）；生产计划（Schedule Plan）；物流（Logistics）；需求（Demand）

## 【案例导读】

### 海尔集团的供应链管理

海尔集团从 1984 年开始创业，通过 20 年的艰苦奋斗，把一个濒临破产的集体小厂发展成为国内外知名的跨国公司。在这 30 余年里，很多企业都遇到这样那样的困难退出了历史舞台，海尔之所以发展得越来越好，应该说与它的供应链管理模式有着密不可分的关系。

海尔提出要注重供应链的管理，以优化供应链为中心，在全集团范围内对原业务流程进行了重新设计和再造，与国际化大公司全面接轨，强化了企业的市场应变能力，大大提升了海尔的市场快速反应能力和竞争能力，保证了企业的可持续发展。而且，在供应链管理方面，海尔财务公司也发挥了重要作用。海尔集团供应商中有许多为中小型企业，长期与海尔集团保持着稳定的供货关系。他们为了配合海尔的大量订单需要发展配套生产，但是从银行很难得到资金，就算能够融资成本也很高。这时海尔出现了一时的供应链断裂。为了解决供应商融资难、融资成本高的问题，海尔财务公司利用集团账面大额应付账款做质押为供应商提供融资。同时又丰富了海尔财务公司的业务，增加了财务公司的利润来源，而且还推动了集团的流程再造。在供应链金融延伸方面，海尔做得很出色，值得其他企业学习。

海尔在供应链管理上，并不是像一些企业那样纸上谈兵。它针对企业自身的情况，做到具体问题具体分析，而且还会随着周边环境的改变随时调整自己的供应链管理模式。

1. 供应链管理的关键是核心业务和竞争力

因为企业的资源有限，企业要想在各行各业中都获得竞争优势很困难，企业要想发展，必须集中资源在某个专长的领域即核心业务上。海尔之所以能够以自己为中心构建起高效的供应链，就在于它有着不可替代的核心竞争力，并且仰仗这种竞争力把上下游的企业串在一起，形成一个为顾客创造价值的有机链条。而供应链中的各个伙伴之所以愿意与海尔结成盟友，也正是看中了它不可替代的竞争力。海尔的核心竞争力，主要是在以海尔文化下所形成的市场开拓和技术创新能力。海尔在获取客户和用户资源上有着其他企业不可比拟的超常能力。

2. 强化创新能力

在核心业务冰箱领域上，海尔做到了"想出商品来"。亚洲第一代四星级电冰箱、中国第一代豪华型大冷冻电冰箱、中国第一代全封闭抽屉式冷冻电冰箱、中国第一台组合电冰箱都是海尔制造生产的，紧接着是中国第一台宽气候带电冰箱、中国第一代保湿无霜电冰箱、中国第一台全无氟电冰箱，每一个新品都创造了一个新的市场和新的消费群体。正是这种源源不断的新产品之流，保证了海尔经济效益的稳步增长。

3. 以供应链为基础的业务流程再造

海尔的业务流程再造是以供应链的核心管理思想为基础，以市场客户需求为纽带，以海尔企业文化和SBU管理模式为基础，以订单信息流为中心，带动物流和资金流的运行，实施"三个零"（服务零距离、资金零占用、质量零缺陷）为目标的流程再造。它通过供应链同步的速度和SST的强度，以市场效益工资激励员工，从而完成订单，构建企业的核心竞争力。

4. 注重供应链管理中的信息技术

由于物流技术和计算机管理的支持，海尔物流通过3个JIT，即JIT采购、JIT配送、JIT分拨物流来实现同步流程。这样的运行速度为海尔赢得了源源不断的订单。目前，海尔集团平均每天接到销售订单200多个，每个月平均接到6000多个销售订单，定制产品7000多个规格品种，需要采购的物料品种达15万种。由于所有的采购基于订单，采购周期减到3天；所有的生产基于订单，生产过程降到一周之内；所有的配送基于订单，产品一下线，中心城市在8小时内、辐射区域在24小时内、全国在4天之内即能送达。总起来，海尔完成客户订单的全过程仅为10天时间，一年资金回笼15次（1999年我国工业企业流动资本周转速度年均只为1.2次），呆滞物资降低73.8%，同时海尔的运输和储存空间的利用率也得到了提高。

（资料来源：http://www.haier.net/cn/）

## 15.1 供应链管理的产生

### 15.1.1 企业面临的经营环境

20世纪80年代中后期以后，国际化、动态化、网络化的全球竞争局面形成，客户需求的不确定性和瞬变性，以及商品由卖方市场向买方市场的转变使企业所面临的环境相对于以前发生了巨大的变化，具体可归纳为以下几点。

（1）技术进步越来越快

在计算机领域有一个人所共知的"摩尔定律"，它是英特尔公司创始人之一戈登·摩尔（Gordon Moore）于1965年在总结存储器芯片的增长规律时发现的。他发现"微芯片上集成的晶体管数目每 12 个月翻一番"。当然这种表述没有经过什么论证，只是一种现象的归纳。但是后来的发展却很好地验证了这一发现，使其享有了"定律"的荣誉，后来被表述为"集成电路的集成度每 18 个月翻一番"，或者说"三年翻两番"。这些表述并不完全一致，但是它表明半导体技术是按一个较高的指数规律发展的。就在摩尔定律提出 3 年后，英特尔公司诞生了。从它 1971 年推出第一片微处理器 Intel4004 至今，微处理器使用的晶体管数量的增长情况基本上符合摩尔定律。

新技术、新产品的不断涌现一方面使企业受到空前未有的压力；另一方面也使每个企业员工受到巨大的挑战。企业员工必须不断地学习新技术，否则他们将面临由于掌握的技能过时而遭淘汰的处境，企业的培训成本也大为增加。

（2）以高新技术为依托的竞争越来越激烈

高新技术的使用范围越来越广，全球高速因特网使所有的信息都极易获得；敏捷、开放的教育体系使越来越多的人能在更短的时间内掌握最新技术；面对一个机遇可以参与竞争的企业越来越多，从而大大加剧了国际竞争的激烈性。以计算机及其他高新技术为基础的新的生产技术在企业中的应用是 20 世纪的主要特色之一。例如，计算机辅助设计、计算机辅助制造、柔性制造系统、自动储存和拣出系统、自动条形码识别系统等，在世界各国尤其是工业发达国家的生产和服务中得到了广泛应用。

虽然高新技术的应用会带来许多竞争上的优势，但它的初始投资很高，增加了企业的资本负担和投资回报风险。

（3）产品研制开发的难度越来越大

越来越多的企业认识到新产品开发对企业创造收益的重要性，因此许多企业不惜工本予以投入，但是资金利用率和投入产出比却往往不尽如人意。原因之一是产品研制开发的难度越来越大，特别是那些大型、结构复杂、技术含量高的产品在研制中一般都需要各种先进的设计技术、制造技术、质量保证技术等，不仅涉及的学科多，而且大都是多学科交叉的产物，因此如何能成功地解决产品开发问题是摆在企业面前的头等大事。与产品研发难度增大相对应的是企业研发投入成本高，投资风险加大。

（4）全球性技术支持和售后服务

赢得用户信赖是企业保持长盛不衰的竞争力的最根本因素之一。赢得用户不仅要靠具有吸引力的产品质量，而且还要靠销售后的技术支持和服务。许多世界著名企业在全球拥有健全而有效的服务网就是最好的印证。

（5）用户的要求越来越苛刻

随着时代的发展、大众知识水平的提高和激烈竞争带给市场的产品越来越多、越来越好，用户的要求和期望也越来越高，消费者的价值观发生了显著变化，需求结构普遍向高层次发展。一是对产品的品种规格、花色品种、需求数量呈现多样化、个性化要求，而且这种多样化要求具有很高的不确定性；二是对产品的功能、质量和可靠性的要求日益提高，并且这种要求提高的标准又是以不同用户的满意程度为尺度的，产生了判断标准的不确定性；三是在满足个性化需求的同时，要求产品的价格要向大批量生产的那样低廉。制造商发现，最好的产品不是他们为用户设计的，而是他们和用户一起设计的。

### 15.1.2 供应链管理的发展过程

#### 15.1.2.1 20世纪80年代之前

计算机技术在20世纪60年代初开始应用于企业管理，它在信息处理方面的先进性可以促进企业管理规范化与管理效率。伴随着信息技术的发展，生产制造技术和运作管理发生了较大变化。这些变化对企业参与国际竞争的能力提出了更高的要求，传统的管理思想已不能满足新的竞争形势，以"纵向一体化"为特征的传统的企业经营管理模式受到挑战。在全球化市场的激烈竞争中，企业面对的是一个迅速变化且无法预测的买方市场。传统的生产与经营模式对迅速变化的市场响应越来越迟缓和被动，这些企业从不同角度开始对生产模式进行改造。例如，以日本企业为代表在全面质量管理（TQM）、准时制（JIT）等方面，作出了卓有成效的努力，提高了企业的国际竞争力。

随着生产模式的改进，计算机管理信息系统也从20世纪70年代开始迅速发展，改进企业管理手段和实现企业管理信息化已成为提升企业竞争力的重要措施。其中典型的系统开发项目有70年代就起步的物料需求计划（Material Requirement Planning，MRP）。随着以计算机技术为代表的信息技术的日新月异，相关企业管理系统的开发与应用得到了迅猛发展。

#### 15.1.2.2 20世纪80年代至90年代

自20世纪80年代起，美国已经意识到了必须夺回制造业方面的优势，才能保持在国际上竞争的领先地位，于是开始向日本学习，并总结出精益生产方式，但其效果不尽如人意。1991年美国国会提出要为国防部拟订一个较长期的制造技术规划，委托里海大学的文柯卡研究所编写了一份《21世纪制造企业战略》的报告。该报告的结论意见是：全球性的竞争使得市场变化加快，单个企业依靠自己的资源进行自我调整的速度赶不上市场变化的速度。为了解决这个影响企业生存和发展的世界性问题，报告提出了以虚拟企业或动态联盟为基础的敏捷制造模式，从而奠定了供应链管理的理论基础，并形成了一种新的基于供应链的企业联盟经营模式。从20世纪80年代后期开始，ISO9000系列质量认证使质量管理从质量保障、过程控制等企业管理内容，走向以质量认证形式，得到更广泛的市场认可，质量认证成为企业进入国际市场的通行证。

实际上从80年代后期开始，国际上已经有越来越多的企业开始采用虚拟企业或动态联盟的生产经营模式。采取这种生产模式的制造企业只需抓住核心产品的方向和市场，而将资源延伸到企业之外的其他地方，借助外部资源等方式快速对市场需求作出反应，避免了自己投资带来的周期长和风险大的问题，赢得产品在低成本、高质量、早进入市场等方面的竞争优势，初步形成了基于功能集成的"横向一体化"的思维方式。由此而产生的供应链管理是这种管理思想的一个典型代表，诸如敏捷制造（AM）、精益生产（LP）、柔性制造系统（FMS）以及计算机集成制造（CIMS）等方面的努力，到20世纪90年代现代化生产过程准时性、精益性和集成性等要求和实现水准也越来越高。

基于物料需求计划（MRP）发展起来的制造资源计划（Manufacturing Resource Planning，MRP II），在20世纪90年代形成企业资源计划（Enterprise Resource Planning，ERP）软件系统，在制造企业得到广泛应用，使得企业生产过程各环节的链接从物料供应、生产制造逐步扩充到整个企业中的各个部门，乃至企业外部资源的链接。

#### 15.1.2.3 20 世纪 90 年代以后

20 世纪 90 年代以后，现代企业面临的市场竞争是国际化的市场竞争，竞争的内涵已经从产量竞争、质量竞争、成本竞争发展到时间竞争，其内容无疑存在继承性、延续性，而且后者包容前者、后者以前者为基础，一步一个台阶，日益反映了市场竞争内容的深入和广泛。它不仅反映了管理学前沿理论研究与应用的广阔前景，而且更深层地反映了企业素质的锻造与提高，对企业生存与未来发展都产生着深刻的影响。20 世纪 80 年代所初步产生的第三方物流在 90 年代得到较大发展。与制造企业对应的配送需求计划（Distribution Requirements Planning，DRP）、配送资源计划（Distribution Resource Planning，DRP Ⅱ）和物流资源计划（Logistics Resource Planning，LSP）也已提出并投入实践。依托电子信息技术使得一个小企业能够在支持大企业物流管理过程中寻求生存与发展，而且在短短的几年里确实发展壮大起来。一些民营企业在很短的时间里建起了支持客户企业的供应链管理系统，而且确实提供了客户满意的服务；一些"三资"企业关注其核心业务，利用虚拟经营将非核心业务交给具有专长的公司经营，拓展中国市场。这些无不与企业管理体制改革、电子信息技术应用和现代管理理论支持有密切的关系，最终达到供应链企业共赢的效果。

随着管理学前沿理论的发展，生产计划、经营策略、战略管理研究与实践不断地深入，战略设计与实施变得非常流行，大量资源投入到各种类型战略的研究实施。几年的实践表明，许多企业确实降低了制造成本、提高了产品质量，但是它们发现要进一步提高利润和扩大市场占有率则在于有效地实施供应链管理。有资料表明，随着经济市场化、市场一体化和竞争国际化趋势的形成和发展，供应链环节储存和控制不仅影响到产品供应效率，而且影响到大部分产品的总成本，因此在供应链过程中提高效率、降低成本确实具有很大潜力。针对供应链管理中的问题，企业只靠自身力量单打独斗的方式参与市场竞争已远远不够了，因而依托供需关系结成的供应链企业联盟，已经成为影响企业竞争力的基础性因素。

进入 21 世纪，经过了十几年发展的供应链概念和思想逐步形成了一些理论、方法和相应的计算机管理软件系统，供应链管理在不断深入发展中，例如敏捷供应链管理（Agile Supply Chain Management，ASCM）等已经在研究实施中。

### 15.1.3 供应链管理的定义

根据《中华人民共和国国家标准·物流术语》（GB/T 18354—2006）的定义，供应链（Supply Chain）是指生产及流通过程中，涉及将产品或服务提供给最终用户活动的上游与下游组织所形成的网链结构。供应链是一个由生产设施和配送服务组成的网络，它包括原材料采购、生产制造、储存运输、配送销售等方面。供应链存在于各类企业中。生产型企业面临供应链问题，服务型企业同样也面临供应链问题。问题的难易复杂程度与行业特征和企业自身的特点紧密相关。供应链有时也等同于物流网络（Logistics Network），因为它们都涉及供应商、生产部门、库存部门和配送中心。准确地讲，供应链管理是一个比物流更宽更广的概念，因为物流强调货物的运输和管理，而供应链管理讨论企业从原材料获取到成品售给客户的整个过程。

根据《中华人民共和国国家标准·物流术语》（GB/T 18354—2006）的定义，供应链管理（Supply Chain Management）是指对供应链涉及的全部活动进行计划、组织、协调与控制。供应链管理就是要整合供应商、制造部门、库存部门和配送商等供应链上的诸多环节，减少供应链的成本，促进物流和信息流的交换，以求在正确的时间和地点，生产和配送适当数量的正确产品，提高企业的总体效益。举个简单的例子：一件产品，其原材料由供应商提供，运输到生产部门，在产品制成后，又被运输到配送中心，最终被卖给顾客。实际生活中的供应链往往涉及多种产品、多级生产和配送，并且往往处于不断的变化之中。

供应链管理通过整合多级环节来提高整体效益。每个环节都不是孤立存在的，仅仅试图提高单个环节的效益，可能与企业的整体利益南辕北辙。从原材料供应、产品生产、库存管理、配送中心的配送直到进店销售，每个环节都会对企业效益产生影响。这些环节之间存在错综复杂的关系，形成网络系统。同时这个系统也不是静止不变的，不但网络间传输的数据不断变化，而且网络的构成模式也在实时进行调整。

## 15.2 供应链管理原理

### 15.2.1 供应链的流程

虽然说供应链很早就有之，但是随着企业间分工的日益多样化及外包协作成为企业运营的普遍方式，现代供应链相比较以前要复杂和庞大得多（图 15-1）。

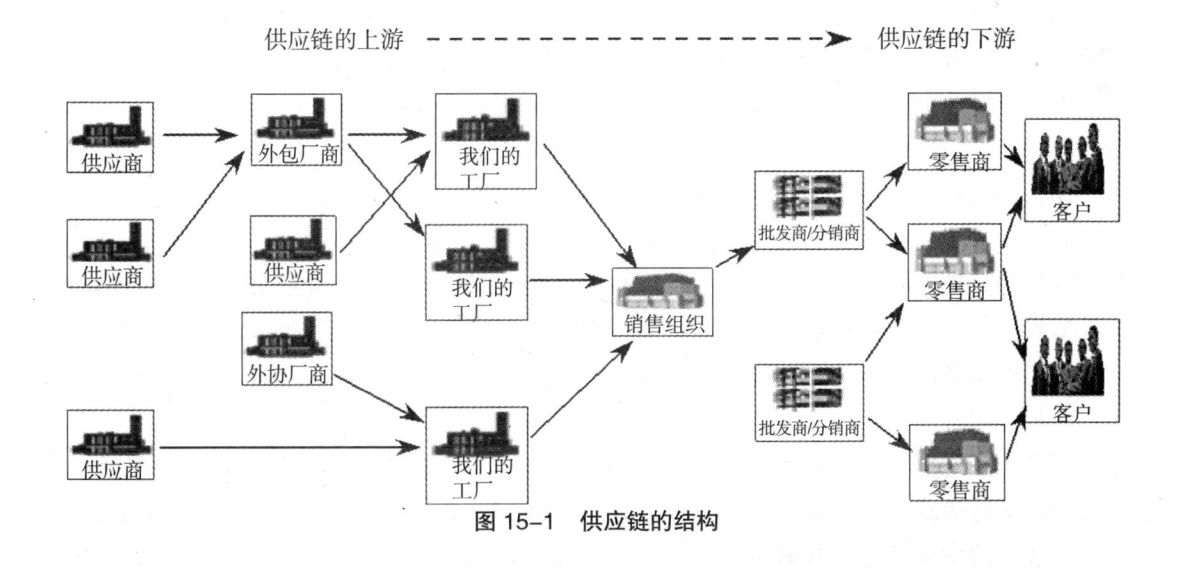

图 15-1 供应链的结构

早期的物流业务以运输、保管、包装、装卸为核心，随着社会经济的发展，其对象范围也在不断扩大。特别从产品、信息、现金这 3 个流程来看，我们可知道包含与这 3 个流程相关的诸多的事务、管理、计划的业务在内，事实上供应链业务正在扩展延伸至各种相关业务。在提高伴随着商业交易发生的作业效率的同时，企业还必须把握住某种产品的生产时机、生产量、流通渠道以及流通量。另外，还需注意怎样收集、灵活运用信息才能改善作业效率等具体问题。唯有如此，才能实现供应链的最终目标：让客户高兴而来，满意而归。

如图15-2所示，供应链上的各相关者之间存在着物流、商流、信息流、资金流这4个流程。

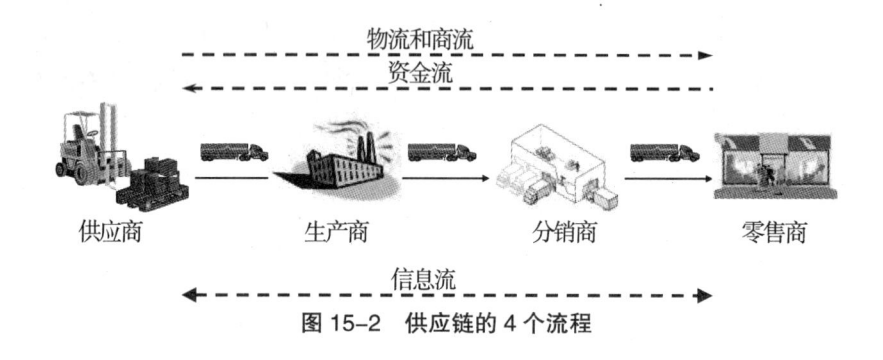

图 15-2 供应链的 4 个流程

首先，在商品（产品）生产出来直至被消费者购买的过程中，从供应商到制造商、批发商、零售商、消费者的供应链流向是由上至下的。我们将这种流程称为"物流"。

其次，伴随着商品的流动，供应链上的各相关者之间进行着进货和销售等多种多样的商业交易。我们称之为"商流"。

再次，交易的同时也交换着商品种类与数量、价格等交易信息。例如，零售商使用这些信息进行订货和到货的商品检验。另外，除交换商品交易信息外，还交换哪些是畅销商品等有关商品需求动态的信息。我们将这些活动称为"信息流"。

最后，商业交易必然伴随着资金的收付。供应链也要考虑这种被称为"资金流"的资金流动。

15.2.1.1 商流与物流的关系

商流和物流是从商品流通职能中引申和分解而来的。商流是指物品在流通中发生形态变化的过程，即由货币形态转化为商品形态，以及由商品形态转化为货币形态，随着买卖关系的发生，商品所有权发生转移的过程。物流是指物品物理移动的过程，即伴随着商流过程发生的从产品原料地、生产地至消费地的转移过程，两者在同一个流通过程中相伴发生，并相互依存。

尽管两者之间关系密切，但是它们各自具有不同的活动内容和规律。在现实生活中，进行商品交易活动的地点往往不是商品实物流动的最佳路线，如图15-3所示。商流是在A城市达成，但物流却是从B城市到C城市。如果商品交易过程和实物运动过程按同一路线进行，则可能出现迂回、倒流、重复或过远起始等不合理的现象，造成资源和运力的浪费。由于物流过程有其相对的独立性，所以有必要将物流从商品流通中分离出来，按其固有规律运行，从而提高物流活动的效率。

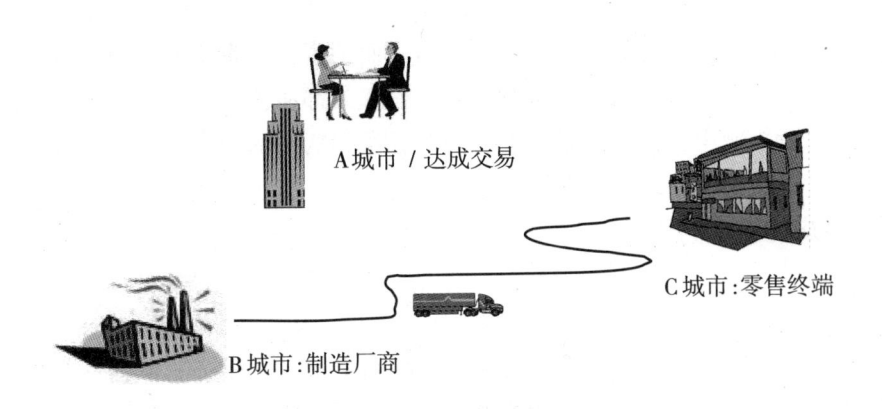

**图 15-3 供应链的商流与物流**

另外，从图 15-3 中我们也可以看出，商流和物流的运动方式也不同，商流一般要经过一定的经营环节进行业务活动，而物流则不受经营环节的限制，它可以按购销情况、交通运输条件以及运输方式，使商品尽可能由产地直达消费地或客户，以缩短物流路线、减少装卸次数、加快运输速度、降低物流费用。

15.2.1.2 商流、物流与信息流的关系

商流、物流与信息流之间的关系极为密切，"三流"互为前提，互相依存，具体表现为：

首先，信息流是由商流和物流引起并反映其变化的各种信息、情报、资料、指令等在传送中形成的经济活动，因此，信息是具有使用价值的，没有信息流，商流和物流就不能顺利地进行。

其次，信息流既制约着商流，又制约着物流，是为商流和物流提供预测和决策的依据。同时，信息流又将商流和物流相互沟通，完成商品流通的全过程。

最后，"三流"之间相辅相成，紧密联系，互相促进。因此，"三流"不仅有利于提高企业的经济效益，而且也有利于提高社会效益。

### 15.2.2 供应链管理的特点

现代物流把提高效率的重心放在公司内部的业务上，而供应链管理的理念是追求供应链整体效率化。与现存的现代物流相比，供应链管理理念有如下特点。

15.2.2.1 供应链整体最佳化

供应链管理将供应链上的业务和相关者视为一体，以整体最佳化为目标。而现存的现代物流强调的是部门内部、企业内部的最佳化，但是，这些部门最佳效果的总和，并不能视为整体最佳化。

15.2.2.2 企业间建立的相互协作关系

实现供应链整体最佳化，需要企业间的相互合作，这种企业间的协作关系就是"合作伙伴关系"。在合作伙伴关系中，企业间的关系是平等的。供应链管理正是在企业间的合作伙伴关系基础上，致力于提高为企业和消费者双方都带来利益的供应链效率。

15.2.2.3 站在消费者的立场考虑问题

基于合作伙伴关系考虑供应链整体最佳化时，各企业间不同利害关系就会显现出来。

例如，厂商大批量生产同种产品可提高生产效率，而销售商则希望分门别类地销售畅销产品，供应链管理则是站在消费者立场来判断、考虑双方都能盈利的方法。另外，在与最终消费者接触的消费领域中，供应链管理能将消费者实际购买的销售信息共享给供应链上游的相关环节，以提高其决策的准确性和效率。

### 15.2.3 供应链管理的作用

#### 15.2.3.1 削减库存总量

（1）通过低成本运营获利

在市场竞争激烈的情况下，企业有时很难提高销售量。这样对于企业而言，要想在销售额徘徊不前中提高获利能力，就只能靠降低成本。而降低成本并非是轻而易举之事。那么，怎样才能实现这一点呢？企业可以通过降低采购成本和减少经费支出的策略实现低成本运营。库存成本是一项很值得关注的成本。泡沫经济时代，存货意味着升值，为此，企业都尽量保有大量的库存，但是随着商品从卖方市场向买方市场转变，保持原有做法所产生的负面影响就会增大。库存多，仓储空间和管理人员等仓库管理成本必然要增加。而且不仅仅是这些库存管理费用，日积月累，商品还会出现贬值、变质直至变成废弃物的潜在危险。此外，库存还占用进货用的资金。所以从资金周转的角度看，也存在很大的问题。在贷款难的今天，企业应优先考虑降低库存和减少资金占用的策略。

（2）避免供给体制带来的库存增加

库存会导致成本的上升，企业为何还拥有大量库存呢？其原因之一是物流供给体制的问题。通常，零售商采购时都不会立刻付款，厂商一般给予一定额度的信用期限，比如收到货90天内付款等。这样，零售商为避免断货或小批量送货的麻烦，就会超量订货，而将由此带来的资金垫压、货物滞销等风险及损失就会转移给厂商。零售商订货时，如果无论订货量大小都能保证及时送货上门，就不会产生任何问题。可是，从供给能力上看，供货商（制造商、批发商）保证不了及时将商品送到店铺。因此，为了起到缓冲作用，流通各个阶段库存就会增加，最终造成大量的浪费。供应链管理能将流通各个阶段的库存控制在所需的最小额度，使供应链各环节库存总量远远少于以往的量。总之，实施供应链管理可削减库存管理成本，减少废弃物所造成的浪费。

#### 15.2.3.2 应对产品生命周期的缩短

适应急速变化的产品生命周期，也是供应链管理带来的效果之一。通常而言，产品由盛到衰遵循一定的规律，人们将产品的这种从诞生到衰退的过程称为产品的生命周期。消费者需求的个性化及市场由卖方向买方的转换，使产品的种类急剧增加，也使产品的生命周期缩短，畅销品很可能在几个月内变成滞销品。跟不上这种变化速度的企业必将面临销售额下降，即便是大企业也免不了出现经营赤字。什么是畅销的商品呢？发现它并非易事。制造商应不断地对产品推陈出新，试探消费者的反应，及时淘汰滞销品。

基于这种背景，制造商、零售商、批发商必须对市场更加敏感，否则就会陷入产品滞销而造成库存大量积压的困境。如能尽早掌握周期变化的信息，会避免出现盲目生产和不必要的库存的现象。因此，有效的办法是通过供应链管理，将零售端POS（商品销售时点）变化信息在供应链不同环节上实行充分的共享，从而使各环节能依据这些变化来及时调整生产和库存。

#### 15.2.3.3 提高商品周转率

（1）制订流通整体的商品计划

供应链管理可实现供应链上的各相关者信息共享。一旦各相关者能共享来自POS的"畅销品信息"，作为供货商的制造商、批发商就可以把握众多店铺的销售信息，据此获知哪种商品销路好，哪种商品销路不好，并进行需求预测。根据其预测，可制定增加生产与减少库存的计划。其结果会减少流通整体的库存，提高库存周转率，进而提高资金周转效率，改善资金流。也就是说，供应链管理能突破某一企业的框框，在整个供应链上制订商品计划。

（2）通过POS资料，把握畅销商品

通过POS数据把握销量最高的畅销品，迅速进货，可增加销售额。由于消费者需求的变化速度非常快，所以，根据此前的销售情况，把握消费者的最新动态，对消费者喜好的变化，迅速作出反应是非常重要的。这其中最为关键的是"排除滞销品"。任何一家店铺的面积都是有限的，陈列商品的货架空间也有限制。要陈列更多的新商品或畅销品，必须经常从陈列品中删除一些商品。零售业流传着一个著名的故事：就是纸尿布与啤酒的关系。一家超市连续几周发现，纸尿布与啤酒的销售有着极大的关系。啤酒畅销时，纸尿布的销量也比较好；反之，纸尿布销量增加时，啤酒的销量也会增加。经过分析，原来那些新爸爸在给婴儿买纸尿布的时候，一般会买一些啤酒。这样商家就把纸尿布和啤酒摆放在一起，结果这两者的销售出现了同等快速的增加。这样的商业信息不是靠人能够领悟出来的，它依靠的是商家强大的客户数据挖掘能力。只有信息化才能有这样的威力。

#### 15.2.3.4 提高客户满意度

（1）能够更好地理解客户需求

现代质量管理理论不仅要求企业满足客户的期望，而且要能超出客户的期望。通过供应链管理，可以强化企业与客户之间的相互沟通与信息交流，使企业更深刻地理解客户的愿望和要求，从而更好地满足客户需求。

（2）客户能够购买到价格更优惠的商品

客户能够以更低的价格购买到企业提供的产品。据统计，开发一个新客户的费用是吸引一个老客户的5倍，因而供应链管理的实施有利于企业留住老客户，从而使企业降低了交易成本。此外，实施供应链管理，企业可以通过信息交流和相互协作，来不断消除浪费、降低库存，使供应链终端产品的生产成本大大降低，从而使客户得到实惠。

#### 15.2.3.5 改善企业资金流

（1）改善资金流以应对资金不足

金融机构的贷款难，直接影响了中小企业的资金周转。在日常企业经营中，要留有充足的现金，以防关键时刻从金融机构无法得到贷款。实施供应链管理，可削减库存，进而降低存货资金。之所以这样说，是因为减少库存盘点，就等于降低这部分的采购资金。支付货款现金减少了，资金流得到了改善。甚至有人认为解决贷款难问题是供应链管理的首要目的。

## （2）资金流与库存关系密切

如今"资金流"一词备受关注。以前，损益表上显示盈利就是好事，实际上即使有隐瞒不良的债权或虚假掩盖处理也不为人所知。可是，资金流计算表作为保护投资者利益的一种文书，将如实公开这些情况。企业经营上的资金流，受库存多少的影响。减少库存，将有助于企业拥有充足的资金；反之，增加库存后，即使注入相应的资金对经营也无任何作用。但是，如果支出和销售额回收的时间差过大，通常资金流就会恶化（图15-4）。因此，尽量减少库存，有助于改善资金流，保持健康经营。提起资金流，通常大多数人认为其受设备折旧费的影响非常大，但现在，人们逐渐意识到库存过剩和应收账款所带来的影响，并且，减少这种"库存过剩"最有效的方法被认为是实施供应链管理。

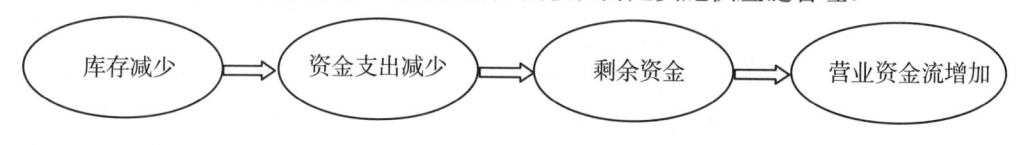

库存减少 ⇒ 资金支出减少 ⇒ 剩余资金 ⇒ 营业资金流增加

图15-4　库存与资金流的关系

### 15.2.4　价值链管理

#### 15.2.4.1 价值链的概念

价值链（Value Chain）管理是供应链管理的最新发展，把客户关系管理也纳入了其管理范畴，其管理的基本思想是以市场和客户需求为导向，以核心企业为龙头，以提高竞争力、市场占有率、客户满意度和获取最大利润为目标，以协同商务、协同竞争和多赢原则为运作模式，通过运用现代企业管理思想、方法和信息技术、网络技术和集成技术，达到对整个供应链上的信息流、物流、资金流、商流、价值流和工作流的有效规划和控制，从而将核心企业与客户、分销商、供应商、服务商连成一个完整的网链结构，形成一个极具竞争力的战略联盟。通过创建价值链，实现企业联盟成本领先、标新立异、目标集聚的竞争优势。价值链依靠终端市场的拉动和核心企业的推动双向力量才能实现。价值链的两个驱动力，一个是以客户为中心的拉动力；另一个是以核心企业为中心的推动力。

#### 15.2.4.2 价值链管理与传统供应链管理的区别

价值链摒除了传统供应链的许多不足，如缺乏合作、不稳定的供需关系；资源的利用度低；需求信息不能共享，扭曲现象严重；核心企业无法准确把握客户需求等，在管理思想和模式上予以了发展和优化。表15-1将传统供应链与价值链进行了比较。

表15-1　传统供应链与价值链的比较

| 专注领域 | 传统供应链 | 价值链 |
| --- | --- | --- |
| 管理范围 | 物流 | 物流+商流 |
| 管理核心 | 产品 | 客户 |
| 管理目标 | 双赢 | 多赢 |
| 决策信息来源 | 单一（订单、需求） | 多源化（订单、需求、市场、服务） |
| 成员关系 | 交易关系 | 伙伴关系 |
| 竞争优势 | 固定资产、成本 | 速度和知识 |

续表

| 专注领域 | 传统供应链 | 价值链 |
|---|---|---|
| 计划 | 企业内部人员和执行顺序 | 整个贸易社群、并行计划和执行 |
| 库存 | 单点，实物 | 全局，虚拟 |
| 工作环境 | 命令和控制 | 个性化、扁平化管理 |
| 变化周期 | 月、年 | 日、周 |

## 15.3 供应链物流管理

供应链物流管理涉及 4 个主要领域：供应（Supply）、生产计划（Schedule Plan）、物流（Logistics）、需求（Demand）。供应链管理与物流管理有着密切的联系，甚至有人认为供应链管理就是物流管理的延伸。供应链管理的研究最早是从物流管理开始的，物流一体化将物流视为获取最大内部战略优势的资源，而供应链管理则以物流运作的一体化为基础，来创建"虚拟组织"，它超越渠道界限，将所有的核心竞争能力联结在一起，以便使所有的供应渠道都来探求获得竞争优势的未知领域。以日本为例，其发展过程如表 15-2 所示。

表 15-2  日本供应链物流管理的发展

| | 物流 | 现代物流 | 供应链管理 |
|---|---|---|---|
| 时间 | 20 世纪 80 年代中期前 | 20 世纪 80 年代中期起 | 20 世纪 90 年代后半期起 |
| 对象 | 运输、保管、包装、装卸 | 生产、物流、销售 | 供货商、制造商、批发商、零售商、客户 |
| 管理范围 | 物流功能与成本 | 价值连锁的管理 | 供应链整体的管理 |
| 目的 | 提高物流部门内部效率 | 提高企业内的流通效率 | 提高供应链整体的效率 |
| 改善的视点 | 短期 | 短期与中期 | 中期与长期 |
| 手段与工具 | 物流部门内部的系统机械化、自动化 | 企业内部信息系统 POS、VAN、EDI 等 | 合作伙伴企业关系、ERP、SCM、软件、企业间信息系统 |
| 主题 | 效率化（专业化、分工化） | 成本＋服务多品种、小批量、多频度、定时物流 | 供应链的最佳化基于消费者视点的价值信息技术的灵活运用 |

（1）供应链管理是物流运作管理的扩展

供应链管理要求企业从仅仅关注物流活动优化，转变到关注优化所有的企业职能，包括需求管理、市场营销和销售，制造、财务和物流，将这些活动紧密地集成起来，以实现在产品设计、制造、分销、客户服务、成本管理以及增值服务等方面的重大突破。鉴于成本控制对市场的成功非常关键，物流绩效将逐渐根据整个企业的 JIT 和快速反应目标作出评估。这种内部的定位要求高层管理将企业的战略计划和组织结构的关注点放在物流的能力上。

（2）供应链管理是物流一体化管理的延伸

供应链管理将公司外部存在的竞争优势机会包含在内，关注外部集成和跨企业的业务职能，通过重塑它们与其代理商、客户和第三方联盟之间的关系，来寻求生产率的提高和竞争空间的扩大。通过信息技术和通信技术的应用，将整个供应链连接在一起，企业将视自己和他们的贸易伙伴为一个扩展企业，从而形成一种创造市场价值的全新方法。

（3）供应链管理是物流管理的新战略

供应链管理在运作方面关注传统的物流运作任务，如加速供应链库存的流动，与贸易伙伴一起优化内部职能，并提供一种在整个供应链上持续降低成本以提高生产效率的机制。然而供应链管理的关键要素在于它的战略方面。供应链管理扩展企业的外部定位和网络能力，将公司构造成一个变革性渠道联盟，以寻求在产品和服务方面的重大突破。

**【本章小结】**

供应链是指生产及流通过程中，涉及将产品或服务提供给最终用户活动的上游与下游组织所形成的网链结构。供应链管理是指对供应链涉及的全部活动进行计划、组织、协调与控制。现代物流把提高效率的重心放在公司内部的业务上，而供应链管理的理念是追求供应链整体效率化。供应链物流管理涉及4个主要领域：供应（Supply）、生产计划（Schedule Plan）、物流（Logistics）、需求（Demand）。供应链管理与物流管理有着密切的联系，供应链管理的研究最早是从物流管理开始的，物流一体化将物流视为获取最大内部战略优势的资源，而供应链管理则以物流运作的一体化为基础。

**【本章思考】**

1. 什么是供应链？什么是供应链管理？
2. 简述供应链的流程。
3. 供应链管理有何特点和作用？
4. 供应链物流管理的内容有哪些？

**【案例讨论】**

## 链尚网服装柔性供应链

链尚网要做的，是改变传统供应链的固有刚性，打造灵活敏捷的"柔性供应链"。这并不是一个新概念。事实上，在20世纪80年代就有声音在强调供应链的柔化，将其定义为"缓冲、适应、创新"。具体而言，就是通过合理分配工厂资源、减少每单产品量，使得产品生产和更新可以更加快速敏捷，以适应服装行业细分市场和"小而美"品牌发展的需要。

在服装供应链流程上，包括原材料采购、成衣制造、物流三大重要环节，其中又有设计师设计、成衣检测两个连接点。

链尚网的第一步,是通过切入面料交易来改进采购和设计环节。就像武林人士的对决,在面料销售中,也讲究江湖地位的匹配:一级面料商为一级品牌服务,二级面料商为二级品牌服务,仿单的生产者有仿单面料的供应商,淘宝小店也有淘宝级别的面料。而链尚网希望的是通过大数据的方式,实现买卖双方的更好匹配。

从买家角度来看,决定到底要用哪款面料的首先是设计师。在网络平台出现之前,设计师们要挑选面料必须在面积巨大的纺织城里跋涉,耗时耗力。出现面料电商后,仍然存在网上图片不清晰、搜索困难、不同卖家的样品需要分别寄送等复杂问题。链尚网的解决方式,除了提供全方位的面料图片,还在绍兴柯桥面料市场和广州中大纺织城两个全国最重要的面料重镇设点,打造自己的"链尚快递"。在买家下单后,负责收集纺织城内各个不同商家的面料再统一寄送,既方便又省时。

而对于卖家而言,在出口减少、整个行业处于下滑的背景下,面料交易本身利润已经下降到了 10% 以下,而实体档口的租金仍然居高不下,成本压力巨大,急需新的销售途径。链尚网给卖家提供的手机终端上,能够通过非常简单的方式锁定几个关键词发布面料的相关信息,从而推送给关注这些关键词的设计师。

不过,面料 B2B 的同类项目已有不少,链尚网的竞争力何在?面料最重要的三大元素,是新、快、准。新,就是面料的结构、组织、颜色、花型是否新;快,在于好的品牌必须第一个用新面料,后面的都是模仿者;准,就是匹配准确度。第四步才会涉及价格。一些竞争对手从价格角度去匹配,事实上脱离了面料行业本身的需求。

除此之外,长于行业资源的链尚网还通过与行业协会合作的方式,用"从高往低"的打法,首先拿下大型面料供应商的资源。每年交易额在四五亿元的面料厂商,全国大约不会超过 100 家,而链尚网上就已经有了近 30 家,比如达利丝绸。此外,他们还借助米兰世博会与意大利纺织协会签订了独家面料协议,完成的几笔国际面料交易单子里甚至还有百万级欧元的大单。不过,链尚网目前并不急于收取交易佣金,而是在发展面料的同时,继续往供应链的后端前进,尝试改造服装生产力。服装生产同样存在淡季和旺季,那么就可以通过工厂的实际情况,把资源打折或者加价出售,类似 uber 或者滴滴打车的"忙时加价",来满足服装商的不同需求。同时,链尚网还提供了第三方检测等后续服务。

链尚网是一个纺服业供应链的 B2B 平台,未来会将产品往深度发展,满足上下游的供应链需求,避免强有力的竞争对手。链尚网要做的是给服装行业提供支持,等到做好了,足够大了,就能越来越往下切,面料背后还有纱线,纱线又来自棉花,想象的空间很大。

(资料来源:http://www.lianshang.com/)

**分析与讨论**

1. 试分析链尚网的供应链构成。
2. 链尚网是如何实现柔性供应链的?

**【拓展资源】**

1. 网上资源：海尔集团官方网站：http://www.haier.net/cn/；链尚网网站：http://www.lianshang.com/

2. 书籍：《物流与供应链管理》，周伟华，吴晓波编/2011/浙江大学出版社；《供应链管理》，黎继子，杨卫丰编/2010年/机械工业出版社

# 第 16 章　物流园区

**【学习要点】**

- 了解和熟悉物流园区的概念、分类及功能
- 掌握物流园区规划与设计的原则
- 掌握物流园区选址的方法和模型
- 掌握物流园区建设与运作模式

**【关键术语】**

物流园区（Logistics Park）；建造经营转让（BOT，Build-operate-transfer）

**【案例导读】**

## 普洛斯物流园区发展模式

普洛斯西北物流园由在业界有"工业物流地产老大"之称的美国普洛斯公司投资兴建。普洛斯是在美国纽约证交所挂牌的上市公司，管理着超过120亿美元的资产。目前，普洛斯已与全球4000多家企业建立了良好的合作关系，其中世界1000强企业中近一半成为其客户，如宝洁、通用汽车、联合利华、惠普和全球四大物流公司等。据了解，作为一家全球化的物流公司，普洛斯在北美、欧洲、亚洲70多个市场上拥有、管理和在开发的仓储设施多达1700处。

普洛斯在中国的物流配送网络建设集中在渤海经济圈、长江三角洲和珠江三角洲等沿海地区。正如其在海外市场的运作一样，普洛斯将在每个枢纽城市开发3～4个物流园区。这些园区靠近机场、海港和高速公路，从而形成一个物流配送网络。现阶段，普洛斯正在上海和苏州地区开发一些物流园区。广州、深圳、天津、北京的园区开发则在计划之中。如此全球化的网络布局，使得普洛斯得以"一呼百应"，客户借助普洛斯的网络，可以让货物在全球自由流转，而不担心无处"落脚"。

普洛斯运营系统的成功因素之一就在于它能够提供强大物流配送服务网络涵盖物流设施的整个流程，包括策划、构建与管理。

全球化的网络并不是每个公司都能复制的，特别是国内的很多物流园区投资建设者还远远不具备普洛斯的规模与实力。普洛斯物流园区吸引客户的原因也不仅限于此，能够提供标准化物流设施是其成功因素之二。

所谓标准物流，即在市场调研、设计、施工和设施管理的基础上开发出的高质量、通用型物流仓储设施。标准化设施为不同的客户提供便捷、高性价比的物流配送设施。由于普洛斯所提供的标准化设施可以在很短的周期内能满足客户的需求，因而吸引了不少跨国公司。

物流企业在劝说生产制造企业将物流外包之时,物流园区也在劝说物流企业将其一部分业务外包。此时,物流园区就不单单是出租仓库了,如同物流企业要为客户提供更多增值服务,园区经营者也要为物流企业提供更多的服务。普洛斯在行业内开创了以"客户为中心"的运作方式,为客户提供整合的物流配送服务和解决方案。不仅如此,作为物流设施的长期业主,普洛斯还为客户提供新颖、灵活的租赁项目,以帮助客户应对诸如周期性变化、竞争性挑战等瞬息变化的环境。除了预建仓储设施以外,普洛斯还通过公司的物流设施发展团队提供定制的物流设施方案。这一团队的专业人士与客户合作,开发定制物流设施来满足客户的特别需求。同时,普洛斯也为跨国经营的厂商和分销商提供咨询服务,帮助他们设计或改善客户供应链程序。

(资料来源:http://www.chinawuliu.com.cn/)

## 16.1 物流园区概述

### 16.1.1 物流园区的形式及概念

物流园区(Logistics Park)的形式及概念起源于日本。20世纪60年代日本对全国的物流体系进行了规划,将全国分成8个物流区域,并在每个区域中建设物流设施,从而形成了物流团地,也就是我们现在所说的物流园区。其后,由于这种模式取得了极大的经济效益,因此迅速地传到欧洲。目前,由于各国建设物流园区的目的和思路不同,对于物流园区并没有一个统一的概念。

日本政府将物流团地(Distribution Park)表述为:有效综合物流资源,实行物流现代化作业,减少重复运输,实现设施共享,建立一体化、标准化的中心节点。日本建立物流团地的主要目的是为了缓解城市交通的巨大压力。

德国政府把物流园区称为货运村(Freight Village),认为其是一种拥有独立入驻企业,与交通设施相连接的物流经济区,是货运站和物流中心发展的高级阶段。与日本不同的是,德国建设货运村主要是为了经济和运输的平衡合理发展。德国对货运村的表述基本上反映了欧洲地区对物流园区的要求和理解。

根据《中华人民共和国国家标准·物流术语》(GB/T 18354—2006)的定义,物流园区是指为了实现物流设施集约化和物流运作共同化,或者出于城市物流设施空间布局合理化的目的而在城市周边等各区域,集中建设的物流设施群与众多物流业者在地域上的物理集结地。

目前,国内对物流园区的理解一般认为,物流园区是指在几种运输方式衔接地形成的物流节点活动的空间集聚体,是在政府规划指导下多种现代物流设施设备和多家物流组织机构在空间上集中布局的大型场所,是具有一定规模和多种服务功能的新型物流业务载体。它按照专业化、规模化的原则组织物流活动,园区内各经营主体通过共享相关基础设施和配套服务设施,发挥整体优势和互补优势,进而实现物流集聚的集约化、规模化效应,促进载体城市的可持续发展。

### 16.1.2 物流园区的分类

*16.1.2.1 按满足区域物流服务需求分类*

物流园区的功能大致涉及两大方面：一是经济中心城市（包括工业生产、商贸流通、港口等类型）的物流组织与管理基础功能；二是依托基础功能的物流服务功能。从满足区域物流服务需求的角度进行组合，形成以下4种类型的物流园区。

（1）区域物流组织型园区

其功能是满足所在区域的物流组织与管理需要，这种类型的物流园区也是能够为大多数人接受的物流园区。如港口物流园区、陆路口岸物流园区、综合物流园区等，均属于这种类型。

（2）商贸型物流园区

商贸物流园区在功能上主要是为所在区域或特定商品的贸易活动创造集中交易和区域运输、城市配送服务条件。商贸流通物流园区基本位于传统、优势商品集散地，对扩大交易规模和交易成本具有重要作用。

（3）运输枢纽型物流园区

物流园区作为物流相对集中的区域，从运输组织与服务的角度，可以实现规模化运输，反过来，进行规模化运输组织也就为物流组织与管理活动的集中创造了基础条件。因此，建设专门的运输枢纽型的物流园区，形成区域运输组织功能也是物流园区的重要类型之一。这些物流园区的主要功能是提供港口服务、水运、空运、铁路运输和公路运输的组织与服务。

（4）综合型物流园区

所谓综合型物流园区是物流园区兼具区域物流组织、商贸流通、运输枢纽和为工业生产企业进行配套等多种功能，但这种综合不一定是所有功能的综合，往往是上述诸多功能的不同组合。

*16.1.2.2 按物流园区的功能分类*

根据物流园区的功能，可以把物流园区分为以下6种类型。

（1）自用型物流园区

此类物流园区一般指满足自身生产、运输及供应等环节的需要，仅为本企业提供仓储、运输、转运、装卸、搬运、分装、包装、配送等服务的物流园区。

（2）定向服务型物流园区

此类物流园区一般为其所处区域范围内的工业园区、产业园区、企业相对聚集区或机场、海港等提供定向物流服务，其服务对象相对明确而稳定。

（3）陆路交通枢纽型物流园区

此类物流园区处于陆路交通枢纽位置，通常是货物的集散地，一般以提供货物的转运业务为主，园区相应地具备货物的仓储、装卸、搬运、包装、配送等功能。

（4）产业聚集型物流园区

此类物流园区功能定位明确，一般是行业聚集型物流园区，为其锁定的行业提供专业物流服务，如汽车物流园区、塑料物流园区等。

（5）功能提升型物流园区

此类物流园区的设立是顺应市场发展的需要，将原先已具备物流基本功能的片区赋予明确的功能定位，充分整合片区资源，在原有功能的基础上按现有定位对片区进行策略调整，变分散的、脱节的、成本较高的物流服务为系统的、顺畅的、成本低廉的全新体系，培育完整的物流园区综合服务系统。

（6）综合服务型物流园区

此类物流园区没有明确的功能定位，以提供基本的物流服务为存在基础，一般依据交通条件、周边企业、生活群落的不同而相应地有不同的服务定位，通常提供一些生产和生活用品及散杂货的中转、仓储、运输、配送、包装、流通加工、信息处理等。

上述两种分类方法有许多相通之处。第二种分类所述的产业聚集型物流园区与第一种分类所述的商贸型物流园区（更准确）相同，第二种分类的功能提升型物流园区与第一种分类的区域物流组织型园区相近。

16.1.2.3 按物流园区的地位作用分类

根据其地位、作用或者功能完备性，可将物流园区分为综合型物流园区和专业型物流园区。前者以现代化、多功能、社会化、大规模为主要特征，后者则以专业化、现代化为主要特征，如港口集装箱、保税、空港、钢铁基地、汽车生产基地等专业物流园区。其分类表示如图16-1所示。

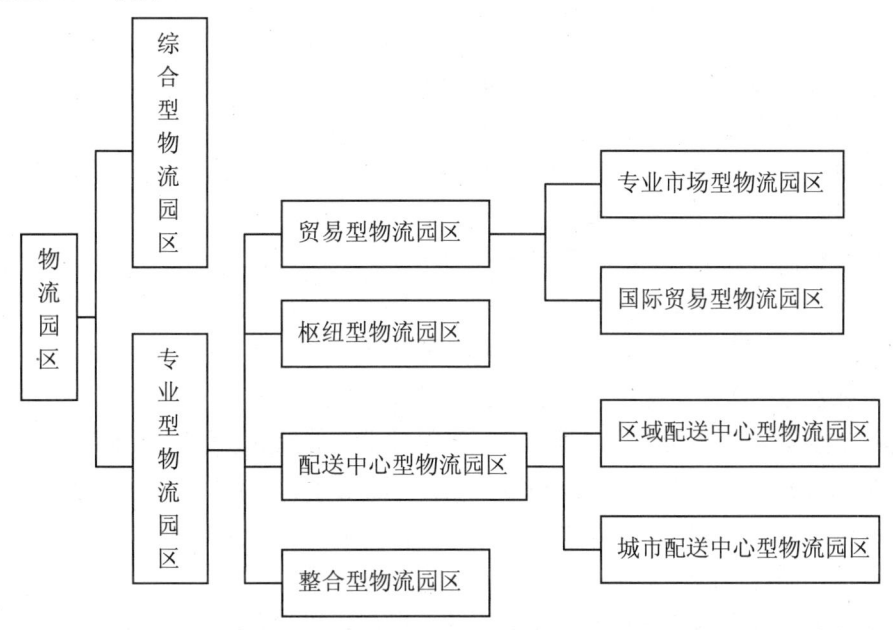

图 16-1 物流园区根据地位与作用分类

对于专业型物流园区，可以根据其专业性质的不同划分为以下几种。

（1）枢纽型物流园区

此类物流园区处于交通枢纽位置，通常是货物的集散地，一般以提供货物的转运业务为主，园区相应地具备货物的仓储、装卸、搬运、包装、配送等功能。

（2）贸易型物流园区

此类物流园区功能定位明确，一般是行业聚集型物流园区，为其锁定的行业提供专业或整合物流服务。贸易型物流园区在功能上主要是为所在区域或特定商品或行业的贸易活动创造集中交易和区域运输、城市配送服务条件。根据交易的性质，可以将贸易型物流园区划分为专业市场型物流园区和国际贸易型物流园区。

（3）配送中心型物流园区

这种物流园区是以向各个地区提供商品配送服务为存在基础的。根据园区地域辐射大小的不同，它可以分为两种：一种是区域性配送中心型物流园区，主要指多种运输方式骨干网交汇的中转枢纽，或跨区域长途运输和城市区域配送体系的转换枢纽；另一种是城市性配送中心型物流园区，由于它的存在与终端消费直接相关，因此也可以把它称作消费型物流园区。

（4）整合型物流园区

这种物流园区的功能是满足所在区域的物流组织与管理需要，其目的是整合地区内零散的物流活动以缓解物流给城市造成的压力并提高物流效率。此类物流园区的设立是顺应市场发展的需要，将原先已具备物流基本功能的片区赋予明确的功能定位，充分整合片区资源，在原有功能的基础上按现有定位对片区进行策略调整，变分散的、脱节的、成本较高的物流服务为系统的、顺畅的、成本低廉的全新体系，培育完整的物流园区综合服务系统。

### 16.1.3 物流园区的功能及主要作用

（1）物流园区的功能

物流园区的功能可分为宏观的经济功能和微观的业务功能。其中宏观的经济功能主要是指物流园区所具有的对物流过程和系统的优化，以及对经济发展的推动作用。例如，对社会资源的优化配置；对经济功能的开发和提升；对产业链的优化以及对区域经济的促进等。微观业务功能主要包括物流园区的传统物流功能、增值功能和辅助功能（图16-2）。

园区传统物流功能是物流活动通常所具有的功能，主要包括：

①运输功能。有竞争优势的物流园区是一个覆盖一定经济区域的网络，物流园区自身需要拥有或租赁一定的运输工具，利用其有利的运输方式，按客户要求组织运输，用合适的运输方式在规定的时间内将商品/货物运送至指定的地点。

②储存功能。客户往往需要通过储存环节保证市场分销活动的开展并降低库存占有的资金，园区需要拥有一定的储存设施以发挥其集中储存能力。因此物流园区应根据实际物流需求，相应的建设普通仓库、专用仓库、标准仓库甚至自动化立体仓库，并配备高效率的分拣、传送、储存、拣选设备。

③装卸搬运功能。为了加快商品流通速度，提高装卸搬运效率，减少作业过程中商品破损率，园区一般应配备专业化的装卸、提升、运送、码垛等装卸搬运机械。

④包装功能。在一般意义上，包装是指为运输、配送和销售服务而在物品之外添加或更换包装物的活动。而物流园区的包装功能主要是对销售包装进行组合、拼配、加固、以形成适于物流配送或满足客户要求的组合包装单元。

⑤流通加工功能。为了方便生产或销售，物流园区常常与固定的制造商或分销商进行

长期合作，为其完成一些基本的加工作业，如贴标签、制作并粘贴条形码、产品分类、产品组合等。此外，随着市场需求差异化的不断增强，物流园区的该项功能日益延伸并愈发的重要，如在生产资料需求相对集中的地方对原材料进行深加工（如钢板裁剪加工、粮食的精深加工等）。

⑥信息处理功能。物流过程中的信息处理，主要是通过运用计算机及其配套管理系统，对物流信息进行收集、整理、分析与加工，如订货信息处理、库存信息处理等。通过该功能，园区可掌握物流作业的详细情况，并向客户提供充分的交易信息、仓储信息、运输信息、市场信息等信息。

从一些发达国家的物流园区具体运作情况来看，物流园区一般还具有下面的物流增值功能。

①结算功能。此功能是物流功能的延伸，包括物流费用的结算以及在人事代理和配送的情况下替货主向收货人结算账款等。

②需求预测功能。根据货物进货出货的流通信息，物流园区可以对该货物在未来一段时间内的市场需求进行预测，为客户的生产活动提供相应的参考。

③物流教育与培训。该功能主要是指向业主提供物流教育与培训，有利于提高业主的物流管理水平，乃至确立物流作业标准等。此外，根据需要，可以在园区内设置海关、"三检"、工商、税收、保险等相关机构；可以为相关客户提供住宿、餐饮、邮政、汽车维修、购物、娱乐等配套服务，即物流园区的辅助功能。

④物流系统设计咨询功能。物流园区可以作为物流专家，为客户进行物流系统和供应链的设计与管理，以及对供应商、分销商等的评价与选择。该功能要求物流园区具备较高的综合素质，但同时也是提升园区竞争力的一项增值服务。

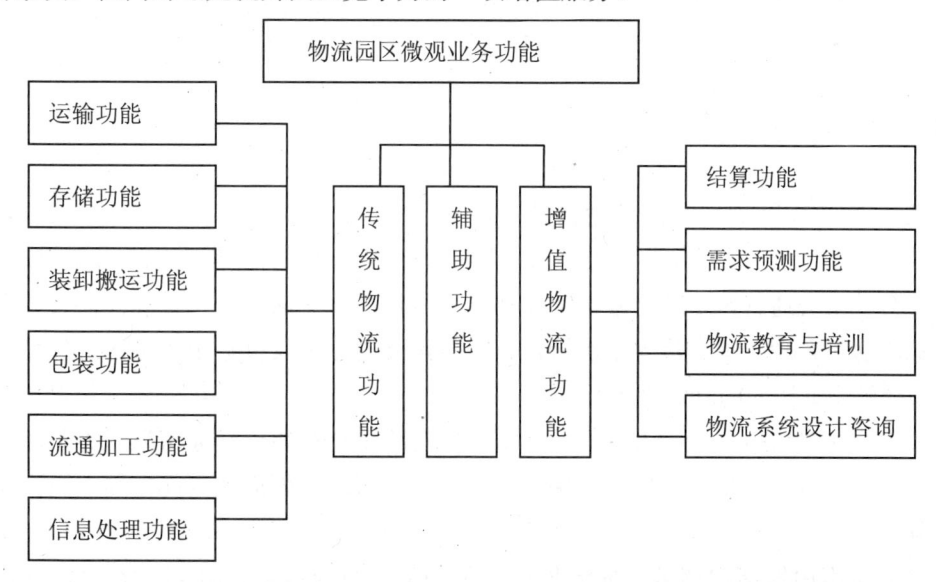

图 16-2　物流园区微观业务功能

作为物流活动相对集中的区域，物流园区在外在形态上有相似之处，但由于区位条件、区域经济状况等的差异，园区的功能也各不相同。一个物流园区不可能同时具备所有的功能，应在综合考虑各种因素的基础上，确定其核心功能和辅助功能。

（2）物流园区的主要作用

①集约作用。主要表现在：量的集约，将过去许多个货站、场集约在一处；货物处理的集约，表现在将过去多处进行分散的货物处理，集约在一处；技术的集约，表现在物流园区中采用类似生产流程式的流程和大规模处理设备；管理的集约，可以利用现代化手段进行有效的组织和管理。

②有效衔接作用。主要表现在实现了公路、铁路、航空、港口等不同运输形式的有效衔接。

③对联合运输的支撑作用。主要表现在对已经应用的集装、散装等联合运输形式，通过物流园区使这种联合运输形式获得更大的发展。

④对联合运输的扩展作用。受过去条件的限制，联合运输仅只在集装系统等领域才获得了稳固的发展，其他散杂和分散接运的货物很难进入联合运输的领域。采用物流园区之后，可以通过物流园区之间的干线运输和与之衔接的配送、集货运输使联合运输的对象大为扩展。

⑤提高物流水平的作用。主要表现在缩短了物流时间，提高了物流速度，减少了多次搬运、装卸、储存环节，提高了准时服务水平，减少了物流损失，降低了物流费用。

⑥改善城市环境的作用。主要表现在减少了线路、货站、货场、相关设施在城市内的占地，减少了车辆出行次数，集中进行车辆出行前的清洁处理，从而起到减少噪声、尾气、货物对城市环境的污染。

⑦解决企业后顾之忧的作用。主要表现在降低企业物流成本从而促进企业经济的发展，以及完善物流系统在保证供给、降低库存从而解决企业后顾之忧方面的作用。

## 16.2 物流园区规划及设计

### 16.2.1 物流园区规划及设计的目的及意义

总结国内外物流园区规划建设的经验，物流园区规划及设计一般有以下几个目的。

①改善城市交通管理，减轻物流对城市交通的压力。交通问题是世界任何大城市都难以避免的。通过合理布局与建立物流园区，将货运交通尽量安排在市中心区之外是国内外不少城市缓解交通压力的有效措施。

②减少物流对城市环境的种种不利影响。物流除了会对城市交通带来压力和产生噪声污染外，物流中心本身也会对城市环境造成一些不利影响，因而在空间布局上受到规划的限制和制约。

③促进城市用地结构调整、完善城市功能布局。物流园区的规划，不仅要为物流企业的发展提供良好场所，也要为城市用地结构的调整和城市功能布局的完善创造有利条件。

④推进资源整合、提高物流经营的规模效益。组织建设物流园区，可将多个物流企业集中在一起，发挥整体优势和规模优势，实现物流企业的专业化和互补性，同时这些企业

还可共享一些基础设施和配套服务设施，降低运营成本和费用支出，获得规模效益。

⑤满足仓库建设的大型化发展趋势的要求。随着仓库作业自动化、机械化和管理水平的提高，仓库单体体积建设有一个朝着大型化方向发展的趋势。而在城市中心地区，大面积的可用于大型仓库建设的土地越来越少，必然迫使其向城市中心以外地区寻找新的发展空间。这就从一定程度上导致了集中布局的物流园区的出现。

⑥为物流企业发展提供有利的发展空间。按照规划先行原则，为物流企业发展提供或准备一定的合理空间就显得十分必要。从满足物流企业发展的角度来说，物流园区的规划应该满足三个方面的要求：一是给物流提供必要的停歇中转空间；二是减少物流在空间上的不合理流动；三是保证物流供应的顺畅和反应的快捷。

⑦优化城市生态环境、满足可持续发展要求。通过园区规划建设减少线路、货站、货场等相关设施在城市内的占地，避免对城市景观的破坏，并将分散的物流企业和仓储设施等集中起来，促进物流园区废弃物的集中处理，降低对城市环境的破坏或影响，尽量满足城市可持续发展的要求，是物流园区规划建设的基本目的之一。

⑧满足市场需求、推进物流产业发展。经济的快速发展对物流市场的现实需求和潜在需求巨大，特别是全方位、高质量、全过程、系统化的物流服务需求将不断增长。规划建设物流园区旨在构建物流产业发展的高地，为物流企业营造一个良好的发展环境，使其尽快成为物流企业的集聚区和示范区，向全社会提供高水平、符合国际管理和运行方式的物流服务，进而全面推动物流产业的快速发展。

物流园区投资规模大，资金回收期长，但是却具有良好的社会效益、经济效益和环境效益。经济效益表现为促进城市乃至以城市为中心的区域经济的发展，环境效益表现为改善城市环境，促进城市可持续发展。因而做好物流园区的规划至关重要，这主要体现在以下3个方面。

①有利于在战略层面对物流园区和城市区域经济发展进行经济分析，避免过分夸大城市经济的实力，并对物流园区的建设规模和运营发展产生误导。

②物流园区规划可以更优化地整合现有的城市物流资源，并从多角度、多方面进行综合评价分析，从而提高物流园区实施、运营、发展的可行性。

③物流园区规划可以有效结合城市发展规划，使城市功能区更加明确，从而形成城市商务区、生活区、生产区、物流区等特色功能区，使得城市生态环境、投资环境更趋合理化。

### 16.2.2 物流园区规划及设计的主要内容

从规划及设计内容上看，物流园区规划属于物流系统规划中物流节点子系统规划的一部分。物流园区规划及设计的主要内容包括物流园区布局规划、物流园区工程设计规划和物流园区的投资运营规划三大部分。其中，物流园区工程设计规划主要包括物流园区施工总体设计和详细设计、建设项目实施序列计划、经济评价等内容。物流园区的投资运营规划主要包括物流园区建设资金筹措规划、物流园区经营管理方式与机构设置、物流园区各作业系统分析与设计等内容。如图 16-3 所示。

```
物流园区规划 ─┬─ 物流园区布局规划
              │
              ├─ 物流园区工程设计规划 ─┬─ 物流园区施工总体设计和详细设计
              │                        ├─ 建设项目实施序列计划
              │                        └─ 经济评价
              │
              └─ 物流园区的投资运营规划 ─┬─ 物流园区建设资金筹措规划
                                        ├─ 物流园区经营管理方式与机构设置
                                        └─ 物流园区各作业系统分析与设计
```

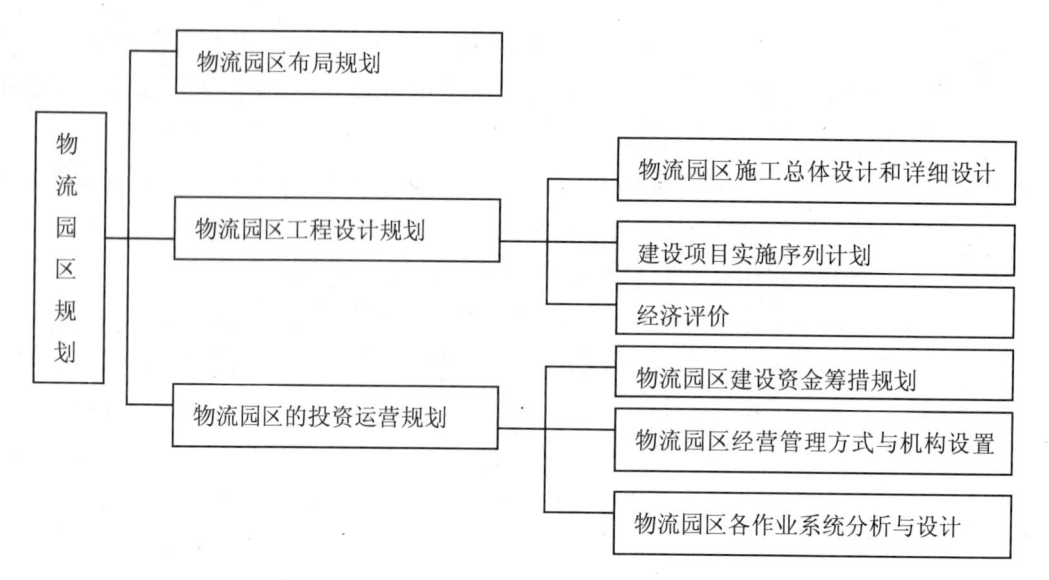

图 16-3 物流园区规划及设计的主要内容

物流园区规划及设计必须首先考虑该物流园区能提供的物流服务及在该物流园区运作的物流企业的服务要求，其次还要考虑与这些企业的信息对接及信息共享问题。不同城市或地域的物流园区，根据其周边经济、地理、交通运输、产品结构等宏观环境的不同，拟定战略规划时也会各有侧重。

### 16.2.3 物流园区规划及设计的原则

物流园区规划及设计是一项庞大复杂的系统工程，这是由物流管理技术应用和服务运作的复杂性与系统性所决定的。因此，在制定物流园区建设规划时，应遵循一系列基本原则。

（1）经济合理性原则

能否吸引物流企业是决定物流园区规划成败的关键，物流园区要为物流企业发展提供有利空间。在物流园区选址和确定用地规模时，必须以物流现状分析和预测为依据，按服务空间范围的大小，综合考虑影响物流企业布局的各种因素，选择最佳地点，确定最佳规模。

（2）环境合理性原则

缓解城市交通压力、减轻物流对环境的不利影响是物流园区规划的主要目的，也是"以人为本"规划思想的直接体现。使占地规模较大、噪声污染严重、对周围景观具有破坏性的配送中心尽量远离交通拥挤、人口密集和人类活动比较集中的城市中心区，为人们创造良好工作生活环境，这是物流园区产生的直接原因，也是城市可持续发展的必然要求。

（3）市场化运作原则

物流园区的运作以市场为导向，以企业为主体，在物流园区的功能开发建设、企业的进驻和资源整合等方面，都要依靠园区优良的基础设施、先进的物流功能、健康的生活环境和周到有效的企业服务来吸引物流企业和投资者共同参与，真正使物流园区成为物流企业公平、公开和公正地竞争经营的舞台。

（4）高起点现代化原则

规划现代物流园区必须瞄准世界物流发展的先进水平，以现代化物流技术为指导，坚持高起点现代化。物流园区必须以市场为导向，以物流信息管理系统的建设为重点，以第三方物流企业为主体，成为现代物流技术的研发、应用或转化的孵化基地。

（5）柔性化原则

针对我国目前现代物流产业发展还不够完善，人们的认识还不够深入的情况下，现代物流园区的规划应采取柔性规划，突出规划中持续改进机制的确定，确立规划的阶段性目标，建立规划实施过程中的阶段性程度，以保证规划的最终实现。

（6）风险预防原则

由于现代物流园区的建设投资大、周期长、效应长、建设风险大，因而需要合理的风险评估报告，通过定性、定量结合的风险评估方法建立一套科学的投资决策机制和项目风险评估机制，提高规划的可行性，并起到风险预防的作用。

（7）协调统一性原则

物流园区的规划和布局应该从城市整体发展的角度来统筹考虑，并结合规划选址的用地条件来确定园区的具体位置。因此，物流园区应由规划部门统一规划，以便与城市总体规划、土地利用总体规划及其他有关规划相协调，符合城市物流用地空间的统一布局和统筹安排，满足城市地域合理分工与协作的要求。

（8）可持续发展原则

可持续发展是指经济、社会、生态三者的协调持续发展，是指导经济社会建设的时代原则。物流园区的规划建设在经济上应顺应时代潮流和市场经济的特征，为经济提供良好的运行环境；从对社会的作用来看，物流园区应创造更多的社会价值，为人们生活提供更多的便利；从环境方面来看，物流园区应以绿色物流的发展模式进行规划，发展回收物流和废弃物流。

### 16.2.4 物流园区规划及设计流程

物流园区规划及设计应是一个动态的运作过程，即经过不断的信息反馈和修正，利用定性定量结合的方法，充分考虑各方因素，最终作出方案。如图16-4所示。

（1）社会经济分析与物流预测

通过广泛收集区域城市内物流相关行业的基础资料，结合社会经济发展总体规划，分析现阶段物流各相关行业的经济特点，预测各物流功能要素未来发展状况，并按照对物流处理过程的特性（运输、配送、仓储、流通加工过程的共性和个性）分类，从不同角度把握物流的发展趋势和分布特点

（2）功能设计与战略定位

根据城市或经济区域物流现状及未来发展趋势的预测分析结果，结合具体进入园区的企业及服务对象企业对物流服务的客观需求，设计物流园区的具体功能，划分物流园区内部不同功能分区；根据功能设计的内容和要求，研究物流园区发展战略定位、园区业务经营定位，从而明确园区的经营模式和平台建设等。

（3）初步预算

通过对未来发展预测中不同特性物流量的分解，结合功能设计要求，根据有关国家和行业标准采用定量方法初步计算物流园区建设所需的资金、主要功能区划分、可实施的延伸服务和附加服务、使用面积和建筑面积等。

（4）方案设计

在根据功能设计的基础上结合初步预算的结果，为物流园区正常运转设计合理的内部工艺流程；然后在工艺流程的指导下合理布局各功能区域的基本位置、建筑工程方案及作业空间布置等。

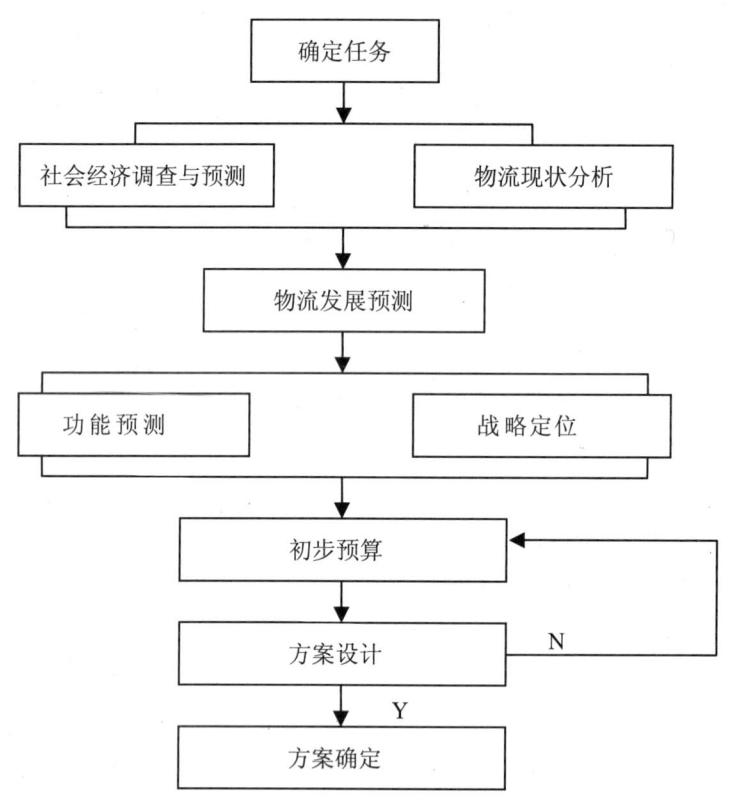

图 16-4　物流园区规划及设计流程

## 16.3　物流园区建设与运作模式

### 16.3.1　物流园区布局

物流园区布局是指各个物流园区及其有关设施设备在空间的位置安排。物流园区布局是物流园区形成发展过程中一个重要的方面，它既将地域空间作为自己活动的舞台，也对地域空间的特性提出专门的要求。物流园区的发展对空间有选择性，不是任何地方都可以发展某种物流园区，特定地域空间的各种软硬环境往往成为物流园区能否发展的外部条件。只有当物流园区对空间的特殊要求与特定空间所提供的软硬环境相适应时，物流园区布局才是理想的状态，才能促进物流系统和地区经济的健康发展。

16.3.1.1 物流园区布局的基本原则

随着国民经济的发展，社会物流量的不断增长，要求相应的物流园区及网点与之相适应。进行物流园区的建设，必须有一个总体规划，就是从空间和时间上，对物流园区的建设，改建和扩建进行全面系统的规划。规划得合理与否对物流园区的设计、施工与应用，对其作业质量、安全、作业效率和保证供应，对节省投资和运营费用等，都会产生直接和深远的影响。

（1）与城市总体规划相适应

物流园区的选址必须与城市的总体规划相适应，因为在城市总体规划中已经确定了城市范围内的用地的总体规划。

（2）城市边缘地带，靠近货物转运枢纽

物流园区的用地规模通常很大，考虑地价因素，以及对于环境和城市交通的负面影响，因而通常布局在城市边缘地带。例如，上海市的几大物流园区都布局在郊区外环附近。此外，在选址时应当尽量紧临港口、机场、铁路编组站，周围有高速公路网，园区内最好与两种以上运输方式相连。这样即保证有充足的物流需求，又能解决好在这些枢纽内的货物转运问题。

（3）靠近交通主干道出入口，对外交通便捷

物流园区内必然有大量货物集散，靠近交通便捷的干道进出口便成为支配物流园区布局的主要考虑因素之一。

（4）利用现有的基础设施，周围有足够的发展空间

为了减少成本，避免重复建设，应优先考虑将现有仓储区、货场改建为适应现代物流业发展的物流园区。物流业的发展与当地的产业结构、工业布局密切相关。物流园区的选址要为相关的工业企业发展留有余地。

16.3.1.2 物流园区布局规划的模型方法

目前物流园区布局规划模型主要侧重在对设施选址研究分析方面，并且由单一设施选址发展到多个设施联合选址的模型分析。

用于物流园区布局规划研究的定量模型，应涉及三大方面：影响因子、时间和空间。三者共同纳入模型之中可以构成一个三维定量模型，既可以对因子的作用强度、因子数量和因子间的关系进行分析解释，又可以对时序变化和空间变化进行监测分析和研究。以三者为核心构造的模型之间的关系如图16-5所示。

16.3.1.3 物流园区布局同物流园区规划的关系

物流园区布局规划是物流系统规划的重要组成部分，是进行物流园区系统规划的前提和基础。物流园区运作必须依托于一个城市及其所在的区域物流网络系统，而物流系统规划是在区域社会经济发展规划、城市总体规划以及土地利用规划等上层规划基础上进行的专门行业规划。通过分析可以归纳出物流园区布局规划在各级规划中的地位关系，如图16-6所示。

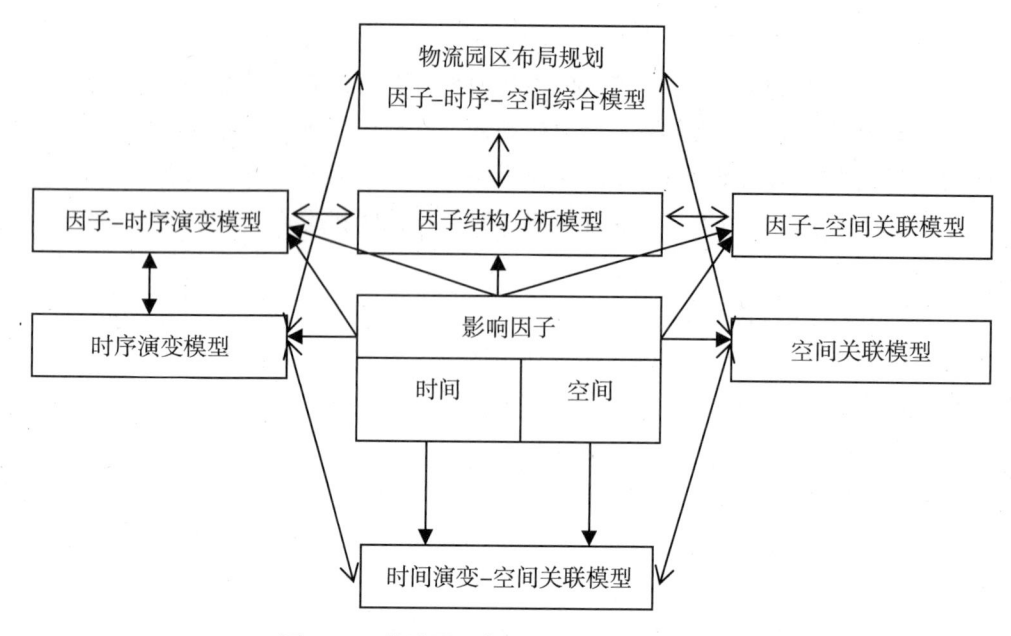

图 16-5 物流园区布局规划模型体系示意图

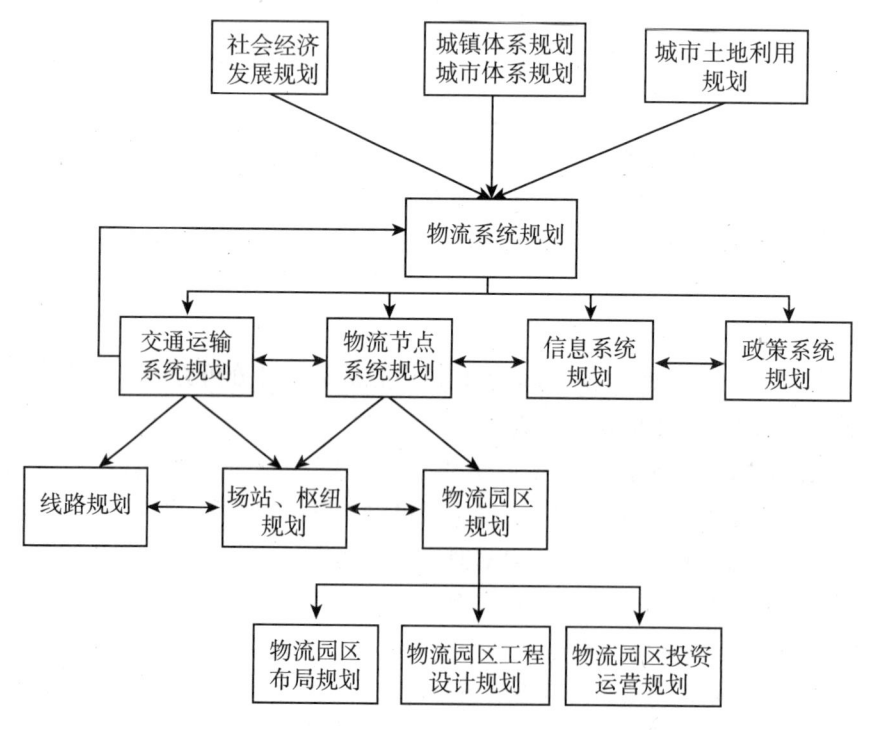

图 16-6 物流园区布局规划层次地位示意图

### 16.3.2 物流园区的开发建设模式

根据国内外与物流园区功能相同或相当的物流基础设施开发建设的经验，各国物流园区的开发建设一般离不开政府和物流企业这两大主体，它们将在物流园区的开发和建设中各尽所职，各取所需。因而物流园区在开发建设模式上主要也可分为两大类：一类以政府为主导的自上而下模式,比如经济开发区模式,工业地产商模式;另一类以物流企业为主的自下而上模式,还有在结合两大类模式基础上发展的综合运作模式。

(1) 经济开发区模式

物流园区的经济开发区模式,是政府将物流园区作为一个类似于目前的工业开发区、经济开发区或高新技术开发区的项目进行有组织的开发和建设。它是在政府特定的开发规划、政策和设立专门的开发部门的组织下进行的经济开发项目。由于物流园区具有物流组织管理功能和经济发展功能双重特性,因此,建立在经济开发区模式基础之上的物流园区建设项目,实际上就是在新的经济发展背景下的全新的经济开发区项目,而且以现代物流的发展特点、趋势和在经济发展中的地位和作用,物流园区无疑是构筑高效率和转变经济增长方式与增长质量的新的经济发展体系的重要组成部分。

(2) 工业地产商模式

物流园区开发的工业地产商模式,是指将物流园区作为工业地产项目,通过政府给予开发者适应工业项目开发的适宜的土地政策、税收政策和优惠的市政配套等相关政策,由工业地产商主持进行物流园区的道路、仓库和其他物流基础设施及基础性装备的建设和投资,然后以租赁、转让或合资、合作经营的方式进行物流园区相关设施的经营和管理。工业地产商开发模式的理论基础是物流园区的开发建设目的在于建立良好的物流运作与管理环境,为工业、商业以及物流经营企业创造提高物流效率和降低物流成本的条件。物流园区建设自身不是为了赢利,而是一种社会效益的体现,城市及政府的收益来自于整体经济规模的扩大和经济效率与效益的提高。

(3) 主体企业引导模式

从市场经济发展的角度,从利用市场进行物流资源和产业资源合理有效配置的角度,通过利用物流技术进行企业经营和企业供应链管理中具有优势的企业,由其率先在园区的开发和发展,并在宏观政策的合理引导下,逐步实现物流产业的聚集和依托物流环境进行发展的工业、商业企业的引进,达到物流园区开发和建设的目的,这就是主体企业引导下的物流园区开发模式。

(4) 综合运作模式

由于物流园区项目一般具有较大的建设规模和涉及经营范围较广的特点,既要求在土地、税收等政策上的有力支持,也需要在投资方面能跟上开发建设的步伐,还要求具备园区经营运作能力的保证,因此,单纯采用一种开发模式,往往很难达到使园区建设能顺利推进的目的,必须对经济开发区模式、工业地产商模式、主体企业引导模式等进行综合运用。

(5) BOT 模式

BOT 全文为 Build(建造)Operate(经营)Transfer(转让),结合我国现阶段的物流发展实际情况,从减少政府投资和促进物流企业自主经营的角度出发,可以考虑 BOT 模式,将物流园区所有权和经营权彻底分离,即政府授权给与园区开发者适宜的优惠政策(比如优惠的土地和财政税收政策),在给与一定的运营年限基础上,吸引投资者进行物流园区的道路、仓库和其他物流基础设施设备的建设和投资,随后由投资者寻找并授权物流专业运营商作为园区经营者,由运营商负责整个园区的招商、融资、运营服务及日常管理工作,运营期满后由开发者收回。物流园区 BOT 运营管理模式运作流程如图 16-7 所示。

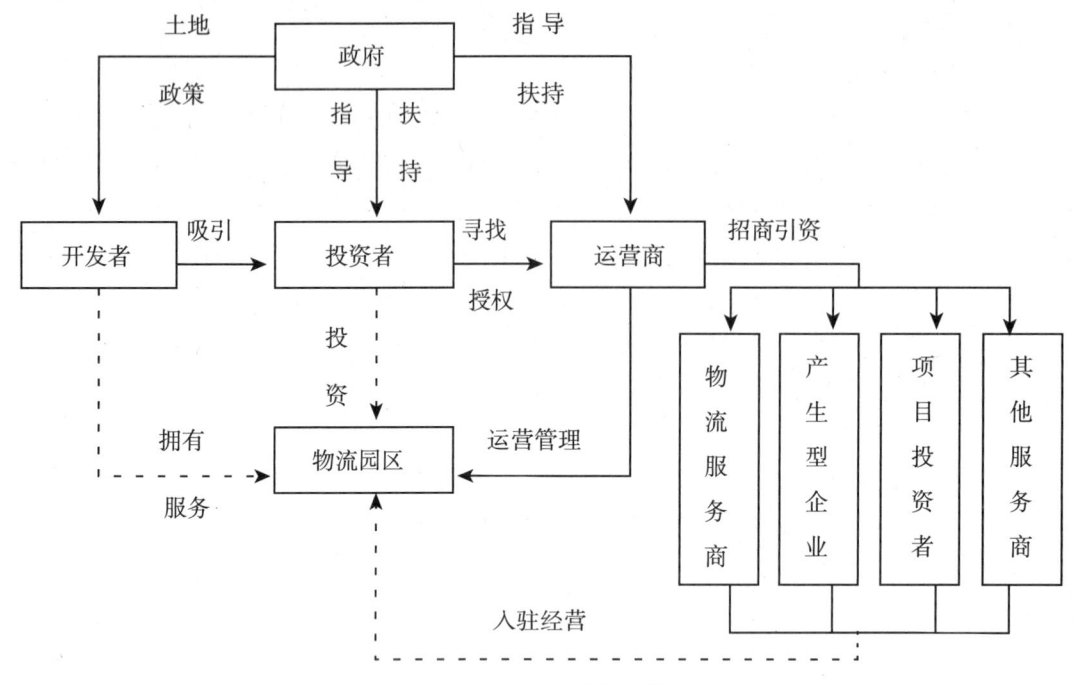

图 16-7 物流园区 BOT 运营管理模式运作流程

### 16.3.3 物流园区运作及赢利模式

物流园区是一项大型的基础设施建设，一般投资较大，涉及范围较广，且具有公益性特征，因此其建设与运营的成功与否直接影响到城市（或地区）物流系统的形成与发展。目前在我国物流园区还没有什么统一的运营模式，各物流园区经营者也大多在摸索中经营。这里在对比分析国外物流园区运作模式的基础上，对我国物流园区的开发建设模式、运营管理模式及盈利模式进行了研究并分析了政府与物流园区建设的关系。

由于物流园区的发展历史要比物流发展历史短许多，而且在物流较为发达的国家，物流园区在规模和建设模式上均有自己的特点，对正处于物流发展起步阶段的我国物流业具有积极的借鉴意义。在这些国家中，以日本和德国的物流园区最具代表性。在国外物流园区建设中，一般都有政府参与。但因各国国情不同，政府在园区建设中的角色不尽相同，各国在物流园区建设模式上也存在一些差别，表 16-1 列出了德国与日本物流园区运作模式的比较。

表 16-1 德国与日本物流园区运作模式比较

| 国别 | 德国 | 日本 |
| --- | --- | --- |
| 建设模式 | 联邦政府统筹规划、州政府扶植建设、企业自主经营 | 政府统一规划集资、行业协会组织集资、企业自主经营 |
| 资金来源 | 以各级政府直接出资为主，信用贷款和企业投资为补充 | 政府低息贷款、土地的买卖差价 |
| 园区管理机构 | 公益组织管理和有限公司管理两种方式（以后者为主） | 园区企业组成联合会（组织）进行管理 |

续表

| 国别 | 德国 | 日本 |
|---|---|---|
| 代表园区 | 不来梅物流园区 | 东京和平岛、葛西、板桥和足立四大物流基地 |

物流园区成功的标志是通过园区运作，园区经济总量得到较大的提升，园区开发商和园区内企业经济效益得到较大提高，园区的建设改善了当地的投资环境并因此吸引了更多的外地投资者来本地发展，产生了较大的社会效益。因此，物流园区规划必须处理好三个层面的利益：政府收益（社会效益）、园区开发商的收益和园区内企业的收益，研究好物流园区的赢利模式。赢利模式主要指收入来源及利润形成途径。物流园区的赢利模式包括三个方面：一是政府的赢利模式，即通过经济总量增加、税收增加、就业扩大等来取得经济与社会效益；二是开发商的赢利模式，即通过园区土地增值、物业增值、土地与物业转让或出租收入、配套服务等来取得经济效益；三是入驻企业的赢利模式，即通过交易收入、仓储收入、配送收入、信息中介收入、加工收入等来取得经济效益。作为一个成功的物流园区规划就是要使三方面都有赢利，从而达到共赢。

根据国外物流园区的发展经验，其投资回报期大约为15年。造成回报期长的主要原因是物流园区项目投资大，投资回报缓慢。在我国，由于地价相对低廉，同时物流园区大多利用了原来的仓储设施存量，因此，理论上来说，其赢利前景应该更为看好。结合物流园区开发建设模式，由于投资主体的不同，有的物流园区以政府为主，有的物流园区以企业为主，以及物流园区功能定位方面上的不同，各园区投资者有着不同的赢利能力，回报率也不一样。本节仅从开发商的赢利模式对物流园区的赢利模式进行概括性分析。总的来说，物流园区的赢利主要来自5个方面，即土地增值回报、设施设备出租收入、服务费用收入、项目投资收益及其他收益。如图16-8所示。

（1）土地增值回报

对于物流园区投资者与运营商来说，均将从土地增值中获得巨大收益。投资者从政府手中以低价获得土地，进行初期基础设施和市政配套设施建设后，地价将会有一定的升值，而在物流园区正式运营后，还将随着物流企业的入驻有大幅上涨。对于运营商来说，随着物流园区土地的增值将能带动提高其土地、仓库、房屋等的出租收入。

（2）设施设备出租收入

根据物流园区投资者对基础设施设备投资开发的情况，园区投资者与运营商可按一定的比例对出租收入进行分配。

①仓库租赁费用。运营商将园区内所修建的大型现代化仓储设施租给一些第三方物流企业、生产型企业等，从中收取租金。这是出租收入的主要来源之一。

②设备租赁费用。将园区内一些主要的交通设施，如铁路专用线；物流设备，如装卸、运输设备等租给园区内的企业使用，收取租金。

③房屋租赁费用。包括园区办公大楼及用作各种其他用途的房屋租金。

④停车场收费。物流园区凭借强大的信息功能，吸引众多运输企业入驻，利用园区内

修建的现代化停车场，可以收取一定的停车费用。

⑤其他管理费用，包括物业管理费等其他费用。

```
物流园区赢利模式
├── 土地增值回报
├── 设施设备出租收入
│   ├── 设备租赁费用
│   ├── 房屋租赁费用
│   ├── 停车场收费
│   └── 其他管理费用
├── 服务费用收入
│   ├── 信息服务费用
│   ├── 培训服务费用
│   ├── 融资中介费用
│   └── 其他服务费用
├── 项目投资收益
└── 其他收益
    ├── 增值扩股
    └── 上市
```

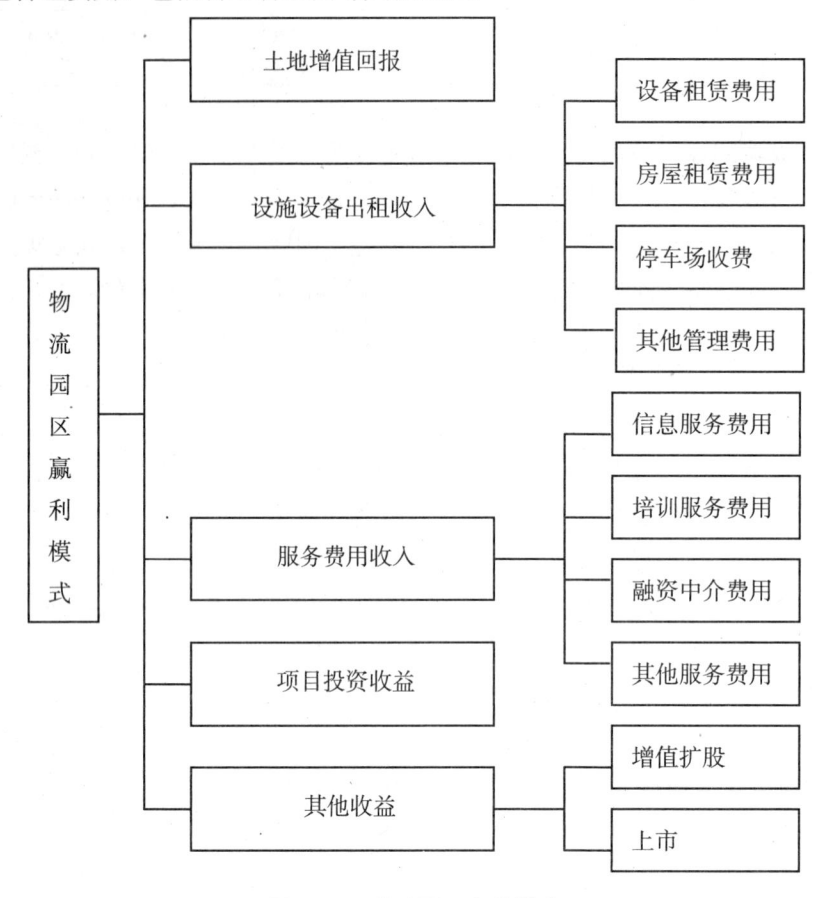

图 16-8　物流园区赢利模式

（3）服务费用收入

①信息服务费用。物流园区可以搭建信息平台，从提供信息服务中赢利，比较典型的方式有两种：一是提供车辆配载信息，帮助用户提高车辆的满载率和降低成本，并从节约的成本中按比例收取一定的服务费；二是提供商品供求信息，可以为园区内的商户服务，从本地和周边地市配送他们所需要的各种商品，以降低他们的经营成本；同时可以专门为社会上大的商场、批发市场和广大客户服务，为他们从全国各地集中配送他们所需要的各种商品。在收费方式上可以采取按成交额提取一定比例的中介费的方式。

②培训服务费用。利用物流园区运作的成功经验及相关的物流发展资讯优势，开展物流人才培训业务，从中收取培训费用。

③融资中介费用。园区运营商通过介绍投资进驻园区项目，从中收取中介费用。

④其他服务费用。包括技术服务、系统设计、专家咨询等向入驻企业提供的公共设施和服务所收取的费用。

（4）项目投资收益

对于园区投资者来说，还可以对看好的物流项目，如加工项目、配送业务等进行投资，从中获取收益。

(5) 其他收益

园区运营商还可以通过增资扩股、优质项目上市等方式获取收益。

### 【本章小结】

物流园区是指在几种运输方式衔接地形成的物流节点活动的空间集聚体，是在政府规划指导下多种现代物流设施设备和多家物流组织机构在空间上集中布局的大型场所，是具有一定规模和多种服务功能的新型物流业务载体。物流园区经济效益表现为促进城市乃至以城市为中心的区域经济的发展，环境效益表现为改善城市环境，促进城市可持续发展。物流园区规划及设计的主要内容包括物流园区布局规划、物流园区工程设计规划和物流园区的投资运营规划三大部分。物流园区在开发建设模式上主要分为两大类：一类是以政府为主导的自上而下模式，另一类是以物流企业为主的自下而上模式。物流园区的赢利模式包括三个方面：一是政府的赢利模式，二是开发商的赢利模式，三是入驻企业的赢利模式。

### 【本章思考】

1. 物流园区的主要功能和作用有哪些？
2. 物流园区规划与设计的原则有哪些？
3. 物流园区的开发模式有哪些？
4. 试比较日本和德国的物流园区运作模式。

### 【案例讨论】

## 互联网+物流园区创新模式

在实体经济运行低迷的情况下，国内物流产业正承担着越来越重要的"毛细血管作用"，物流企业创新突围、抱团发展的趋势为业界关注。近日召开的第十届深圳国际物流与交通运输博览会上，乾龙物流集团与宝供物流集团达成战略合作，以"互联网+物流园区"的运营方式创新各自领域，联手打造社会物流资源O2O交易平台。

当前，我国经济呈现出了新常态，而物流业正处于产业地位的提升期、现代物流服务体系的形成期和物流强国的建设期。物流业只有适应经济发展的"新常态"，通过创新经营模式、加快产业升级，才能取得应有的产业地位。乾龙物流和宝供物流及时把握住"互联网+"、"跨境电商"、"跨界融合"等新兴产业所带来的发展生机，为企业发展注入新元素新动力，也为物流传统产业带来提升和突破。

1. 乾龙物流园区的创新突破

乾龙物流集团是华南城控股有限公司旗下全资综合性现代物流企业，依托华南城布局全国，以现代互联网信息技术为核心和引擎，采用"互联网（天网）+物流园区（地网）"的运营模式建设和运营全国联网的"电商物流信息产业园"（自建+代管），打造涵盖"乾龙物流信息交易平台、乾龙电商云仓、城市集中配送、货运市场、物流总部大厦、电商与物流人才培训"等领域的"物流园区生态系统",致力于打造覆盖全国县级网络的电商物流服务平台,成为我国卓越的电商物流信息产业园区资产运营管理服务商。

乾龙物流园区以供应链管理服务和社会物流运营企业为重点服务和合作对象,整合链上的加工、仓储、运输、贸易、信息、金融服务等多类企业,打造全国物流服务平台和全国互联互通的信息交互平台;以物流园区为线下实体和运营载体,形成园区产业集群生态圈,聚集区域物流资源,实现电商产品的加工、运输、仓储、仓单质押、资金结算、担保等众多服务在园区的汇集,极大提升物流产业的效率和效益,促进全社会物流产业的转型升级,对社会经济发展将会有明显的促进作用。

2. 宝供第三方物流的创新突破

宝供物流为了应对我国新常态及市场新趋势,制定了"四轮驱动、两翼腾飞"的新发展战略,并同时推出针对"公路快运及物流资源交易"两个平台——宝供快运、一站网。

"宝供快运"将在原有第三方的运输资源基础上整合社会公路运输资源,以"加盟+授权经纪人+合作商+直营"的方式布局渠道及运作网络,打造全国网络平台和高效的运营体系,计划在全国设立7个管理大区,300多个分拨平台,2400个集配中心,形成对全国无缝覆盖的运作网络。

"一站网"物流资源交易平台则是为了解决我国整个物流行业物流成本高、交易链过长、运输过程不透明、司机揽货难、货主找车难、"黄牛"监管难等问题。"一站网"基于移动互联网,让物流供需双方减少交易环节、实现海量智能组合。它以平台式建设来准确收录、把握货主、车主需求,并为货主提供有针对性的解决方案,以解决目前运作无序、信息高度碎片化的局面,同时也改变整车物流中个体承运的种种矛盾。

3. 物流园区实现"百园互联"

乾龙物流与宝供物流的战略合作,将会给整个物流行业带来格局性改变。随着乾龙物流全国"百园互联计划"的实施以及与宝供物流的合作,使乾龙物流互联互通的园区在不久的将来快速增加至100个以上。同时宝供物流以服务世界500强的标准来服务以华南城商户为代表的专业市场的商贸客户群,给园区的客户带来专业化的物流服务保障。

双方的合作从线上的发布到交易的完成形成一个闭环,获取真实有效的物流交易数据,从传统的物流、商流、信息流、资金流四流合一突破至物流、商流、信息流、资金流、数据流五流合一。整个交易的过程中形成更加清晰、准确的大数据,为以后园区商家的定制化服务以及更加深入的商业模式的打造奠定基础。在今后的物流园区,不只是简单的生态系统,而将是更加立体化的蜂巢式生态体系。

乾龙物流与宝供物流的合作将催生货运平台进一步扩大交易流量,预计宝供物流全年可投放500亿吨货运量在平台交易。未来1~2年内,乾龙物流亦会在全国增加约200万平方米的物流基础设施。面对如此庞大的客户群,宝供物流准备30亿元资金额度授信服务园区内的物流企业,助力物流企业快速发展。

4. 乾龙物流完成8大城市枢纽布局

深圳特区报讯(记者沈勇)作为华南城重要的实体支撑,乾龙物流集团近年除在深圳实现稳健经营之外，更跟随华南城模式向全国布局的脚步，在南宁、南昌、合肥、郑州、西安、哈尔滨、重庆等城市实现成功布局，建成立足全国，辐射亚洲的物流网络。

南宁乾龙电商物流信息产业园区一期建筑面积约10万平方米，现有园区内建设有货运信息交易中心、货运代理市场、仓库区，为客户提供车货信息交易平台服务、供应链金融服务、仓储配送分拣流通加工及货运代理，成为连接西南地区云南、四川、广西等地的货运物流分拨中心、仓储中心和信息交易中心。为促进广西、云南等地乃至东盟各国产品输出，提高西南物流效率带来革命性的变化，为贯彻落实国家"一路一带"战略作出了贡献。

南昌乾龙电商物流信息产业园区地处九龙湖及红角洲交汇处，毗邻江西省委省政府新址，位于新城政治核心区中。项目一期占地面积320亩，二期占地面积1000亩，计划总投资额15亿元人民币，包含公共仓储区、物流货运市场、物流信息交易中心、大型停车场、餐饮配套及综合服务区。

西安乾龙电商物流信息产业园区坐落于西安市国际港务区，项目规划总建筑面积15万平方米，园区主要功能区域分为公共仓库、货运市场、宿舍餐厅等，规划停车位200个，动态停车800辆次以上。西安乾龙电商物流信息产业园区立足西安，配送网络遍布西北区域，运输线路覆盖全国，力争成为功能最全面、配套设施最完善、信息化最专业的综合物流中心。

哈尔滨乾龙电商物流信息产业园区坐落于哈尔滨市"哈东现代物流产业带"，是省市规划重点项目，一期占地面积16.4万平方米，总规划占地面积100万平方米。项目辐射范围以哈尔滨为中心，覆盖黑龙江省内县级网络，逐步扩展至东北地区，深度影响俄罗斯、朝鲜半岛等东北亚地区，构建全新的欧亚物流大陆桥。

郑州乾龙电商物流信息产业园区地处郑州新郑市G107连接线以南、中华路以北，规划占地面积1100亩，一期建设面积550亩，总投资5亿元。园区规划建设物流总部大厦、公共仓储群、大型货运中心、货运信息交易中心、供应链金融中心、司机公寓、大型停车场、餐饮维修、配套商住等。公司以优化社会资源整合、完善平台服务功能为发展目标，致力于提升园区智能化运营能力，打造综合性智能物流园。

合肥乾龙物流园区位于肥西县国际大道与华六路东南侧，项目整体规划占地面积1500亩，建筑面积超100万平方米，总投资约30亿元。其中一期工程项目，占地面积307.2亩，建筑面积51万平方米，项目总投资7.6亿元。园区内建有货运信息交易中心、货运代理市场、公共仓储群、大型停车场、物流总部大厦、司机公寓及商业配套等。

重庆乾龙电商物流信息产业园区拟引进全国干线运输公司和物流配送企业50家，信息商户300家，有效整合社会车源约5万辆；项目建成后将会积极拉动渝北区乃至整个重庆市配套服务业的快速发展，有助于渝北区打造区域性物流中心，成为重庆市城际、城市物流配送中心，确立西南地区的供应链物流和金融物流中心地位，完善地方产业链服务集群功能。

（资料来源：http://www.chinawuliu.com.cn/）

**分析与讨论**

1. "互联网+"环境下的物流园区有什么特点？
2. 试解析互联网+物流园区创新模式。

### 【拓展资源】

1. 网上资源：中华物流网：http://www.zhwlw.com.cn；锦程物流网：http://www.jctrans.com/

2. 书籍：《中国物流园区发展报告》，中国物流学会，中国物流与采购联合会编/2015/中国财富出版社；《物流园区：规划·开发·运营》，王宏新编/2014/清华大学出版社

# 参考文献

[1] 何明珂. 物流系统论 [M]. 北京：高等教育出版社，2009.
[2] 周兴建. 物流案例分析与方案设计 [M]. 北京：电子工业出版社，2013.
[3] 曹磊，陈灿，郭勤贵. 互联网+：跨界与融合 [M]. 北京：机械工业出版社，2015.
[4] 马化腾，张晓峰，杜军. 互联网+：国家战略行动路线图 [M]. 北京：中信出版社，2015.
[5] Ronald H. Ballou 著. 企业物流管理：供应链的规划组织和控制 [M]. 王晓东，胡瑞娟译. 北京：机械工业出版社，2006.
[6] 浦震寰. 企业物流管理 [M]. 大连：大连理工大学出版社，2012.
[7] 骆温平. 第三方物流 [M]. 北京：高等教育出版社，2012.
[8] 钱芝网，孙海涛. 第三方物流运营实务 [M]. 北京：电子工业出版社，2011.
[9] 毛光烈. 第四方物流理论与实践 [M]. 北京：科学出版社，2010.
[10] 姚建明. 第四方物流整合供应链资源研究 [M]. 北京：中国人民大学出版社，2013.
[11] 卢立新. 包装材料学 [M]. 北京：印刷工业出版社，2011.
[12] 彭国勋，宋宝丰. 物流运输包装设计 [M]. 北京：印刷工业出版社，2012.
[13] 王成林. 装卸搬运技术 [M]. 北京：中国财富出版社，2012.
[14] 杨秀茹. 装卸与搬运作业 [M]. 北京：机械工业出版社，2015.
[15] 周兴建. 现代仓储管理与实务 [M]. 北京：北京大学出版社，2012.
[16] 真虹. 物流企业仓储管理与实务 [M]. 北京：中国物资出版社，2007.
[17] Bardi E. J. 著. 运输管理 [M]. 刘南译. 北京：机械工业出版社，2009.
[18] 刘北林. 流通加工技术 [M]. 北京：中国物资出版社，2004.
[19] 关善勇. 流通加工与配送实务 [M]. 北京：北京师范大学出版社，2011.
[20] 汪佑明. 配送中心规划与管理 [M]. 北京：经济科学出版社，2014.
[21] 何庆斌. 仓储与配送管理 [M]. 上海：复旦大学出版社，2015.
[22] 黄有方. 物流信息系统 [M]. 北京：高等教育出版社，2010.
[23] 彭扬，傅培华，陈杰. 信息技术与物流管理 [M]. 北京：中国物资出版社，2009.
[24] 刘宝红. 采购与供应链管理 [M]. 北京：机械工业出版社，2015.
[25] 李政. 采购过程控制 [M]. 北京：化学工业出版社，2010.
[26] 杨长春. 国际物流 [M]. 北京：首都经济贸易大学出版社，2012.
[27] Pierre David, Richard Stewart 著. 国际物流：国际贸易中的运作管理 [M]. 王爱虎，乐泓译. 北京：清华大学出版社，2011.

[28] 周伟华，吴晓波. 物流与供应链管理 [M]. 杭州：浙江大学出版社，2011.

[29] 黎继子，杨卫丰. 供应链管理 [M]. 北京：机械工业出版社，2010.

[30] 中国物流学会，中国物流与采购联合会. 中国物流园区发展报告 [M]. 北京：中国财富出版社，2015.

[31] 王宏新. 物流园区：规划·开发·运营 [M]. 北京：清华大学出版社，2014.

[32] 邵正宇，周兴建. 物流系统规划与设计 [M]. 北京：清华大学出版社，2014.

# 附录一 《中华人民共和国国家标准·物流术语》

## GB/T18354—2006

## 1. 范围

本标准确定了物流活动中的物流基础术语、物流作业服务术语、物流技术与设施设备术语、物流信息术语、物流管理术语、国际物流术语及其定义。

本标准适用于物流及相关领域的信息处理和信息交换，亦适用于相关的法规、文件。

## 2. 规范性引用文件

下列标准所包含的条文，通过在本标准中引用而构成为本标准的条文。本标准出版时，所示版本均为有效。所有标准都会被修订，使用本标准的各方应探讨使用下列标准最新版本的可能性。

GB/T 1992—1985 集装箱名词术语（neq ISO 830：1981）

GB/T 4122.1—1996 包装术语基础

GB 8226—1987 公路运输术语

GB 12904—2003 商品条码

GB/T 12905—2000 条码术语

GB/T 13562—1992 联运术语

GB/T 15624.1—2003 服务标准化工作指南 第一部分 总则

GB/T 16828—1997 位置码

GB/T 16986—2003 EAN、UCC 系统应用标识符

GB/T 17271—1998 集装箱运输术语

GB/T 18041—2000 民用航空货物运输术语

GB/T 18127—2000 物流单元的编制与符号标记

GB/T 18768—2002 数码仓库应用系统规范

GB/T 18769—2003 大宗商品电子交易规范

GB/T 19251—2003 贸易项目的编码与符号表示导则

## 3. 物流基础术语

### 3.1 物品 goods

货物，经济与社会活动中实体流动的物质资料。

### 3.2 物流 logistics

物品从供应地向接收地的实体流动过程。根据实际需要，将运输、储存、装卸、搬运、包装、流通加工、配送、信息处理等基本功能实施有机结合。

### 3.3 物流活动 logistics activity

物流过程中的运输、储存、装卸、搬运、包装、流通加工、配送等功能的具体运作。

### 3.4 物流管理 logistics management

为以合适的物流成本达到用户满意的服务水平，对正向及反向的物流过程及相关信息进行的计划、组织、协调与控制。

### 3.5 供应链 supply chain

生产及流通过程中，涉及将产品或服务提供给最终用户活动的上游与下游组织所形成的网链结构。

### 3.6 供应链管理 supply chain management

对供应链涉及的全部活动进行计划、组织、协调与控制。

### 3.7 物流服务 logistics service

为满足客户需求所实施的一系列物流活动产生的结果。

### 3.8 一体化物流服务 integrated logistics service

根据客户需求对物流项目进行全过程、多功能的服务。

### 3.9 第三方物流 third party logistics（TPL）

独立于供需双方为客户提供专项或全面的物流系统设计或系统运营的物流服务模式。

### 3.10 物流设施 logistics facilities

具备物流相关功能和提供物流服务的场所。

### 3.11 物流中心 logistics center

从事物流活动且具有完善信息网络的场所或组织。应基本符合下列要求：a) 主要面向社会提供公共物流服务；b) 物流功能健全；c) 集聚辐射范围大；d) 储存、吞吐能力强；e) 对下游配送中心客户提供物流服务。

### 3.12 区域物流中心 regional logistics center

全国物流网络上的节点。以大中型城市为中心，服务于区域经济发展需要，将区域内外的物品从供应地向接收地进行有效实体流动的公共物流设施。

### 3.13 配送 distribution

在经济合理区域范围内，根据客户要求，对物品进行拣选、加工、包装、分割、组配等作业，并按时送达指定地点的物流活动。

### 3.14 配送中心 distribution center

从事配送业务且具有完善信息网络的场所或组织，应基本符合下列要求：a) 主要为特定客户或末端客户提供服务；b) 配送功能健全；c) 辐射范围小；d) 多品种、小批量、多批次、短周期。

### 3.15 物流园区 logistics park

为了实现物流设施集约化和物流运作共同化，或者出于城市物流设施空间布局合理化的目的而在城市周边等各区域，集中建设的物流设施群与众多物流业者在地域上的物理集结地。

### 3.16 物流企业 logistics enterprise

从事运输（含运输代理、货运快递）或仓储等业务，并能够按照客户物流需求对运输、储存、装卸、搬运、包装、流通加工、配送等进行组织和管理，具有与自身业务相适应的信息管理系统，实行独立核算、独立承担民事责任的经济组织。

### 3.17 物流模数 logistics modulus
物流设施与设备的尺寸基准。

### 3.18 物流技术 logistics technology
物流活动中所采用的自然科学与社会科学方面的理论、方法，以及设施、设备、装置与工艺的总称。

### 3.19 物流成本 logistics cost
物流活动中所消耗的物化劳动和活劳动的货币表现。

### 3.20 物流网络 logistics network
物流过程中相互联系的组织、设施与信息的集合。

### 3.21 物流信息 logistics information
反映物流各种活动内容的知识、资料、图像、数据、文件的总称。

### 3.22 物流单证 logistics documents
物流过程中使用的单据、票据、凭证等的总称。

### 3.23 物流联盟 logistics alliance
两个或两个以上的经济组织为实现特定的物流目标而采取的长期联合与合作。

### 3.24 企业物流 enterprise logistics
生产和流通企业在经营活动中所发生的物流活动。

### 3.25 供应物流 supply logistics
提供原材料、零部件或其他物料时所发生的物流活动。

### 3.26 生产物流 production logistics
企业生产过程发生的涉及原材料、在制品、半成品、产成品等所进行的物流活动。

### 3.27 销售物流 distribution logistics
企业在出售商品过程中所发生的物流活动。

### 3.28 军事物流 military logistics
用于满足平时、战时军事行动物资需求的物流活动。

### 3.29 国际物流 international logistics
跨越不同国家或地区之间的物流活动。

### 3.30 精益物流 lean logistics
消除物流过程中的无效和不增值作业，用尽量少的投入满足客户需求，实现客户的最大价值，并获得高效率、高效益的物流。

### 3.31 逆向物流 reverse logistics
反向物流，供应链下游向上游的运动所引发的物流活动。

### 3.32 废弃物物流 waste material logistics
将经济活动或人民生活中失去原有使用价值的物品，根据实际需要进行收集、分类、加工、包装、搬运、储存等，并分送到专门处理场所的物流活动。

**3.33 军地物流一体化 integration of military logistics and civil logistics**

对军队物流与地方物流进行有效的动员和整合，实现军地物流的高度统一、相互融合和协调发展。

**3.34 全资产可见性 total asset visibility**

实时掌控供应链上人员、物资、装备的位置、数量和状况等信息的能力。

**3.35 配送式保障 distribution-mode support**

在军事物资全资产可见性的基础上，根据精确预测的部队用户需求，采取从军事物资供应起点直达部队用户的供应方法，通过灵活调配物流资源，在需要的时间和地点将军事物资主动配送给作战部队。

**3.36 应急物流 emergency logistics**

针对可能出现的突发事件已做好预案，并在事件发生时能够迅速付诸实施的物流活动。

## 4. 物流作业服务术语

**4.1 托运人 consigner**

货物托付承运人按照合同约定的时间运送到指定地点，向承运人支付相应报酬的一方当事人。

**4.2 托运 consignment**

托运人与承运人签订货物运输合同，最终完成货物运输活动的过程。

**4.3 承运人 carrier**

本人或者委托他人以本人名义与托运人订立货物运输合同的人。

**4.4 承运 carriage**

承运人接受托运人的委托，提供货物运输服务，并承担双方所签订的货物运输合同中载明的责任。

**4.5 运输 transportation**

用专用运输设备将物品从一地点向另一地点运送。其中包括集货、分配、搬运、中转、装入、卸下、分散等一系列操作。[GB/T 4122.1—1996，定义 4.4]

**4.6 门到门运输服务 door to door service**

承运人在托运人指定的地点接货，运抵收货人指定地点的一种运输服务方式。

**4.7 直达运输 through transportation**

物品由发运地到接收地，中途不需要中转的运输。

**4.8 中转运输 transfer transportation**

物品由发运地到接收地，中途经过至少一次落地并换装的运输。

**4.9 甩挂运输 drop and pull transport**

用牵引车拖带挂车至目的地，将挂车甩下后，牵引另一挂车继续作业的运输。

**4.10 整车运输 truck-load transportation**

按整车办理承托手续、组织运送和计费的货物运输。

## 附录一

### 4.11 零担运输 less-than-truck-load transportation
按零散货物办理承托手续、组织运送和计费的货物运输。

### 4.12 联合运输 joint transport
一次委托，由两个或两个以上运输企业协同将一批货物运送到目的地的活动。

### 4.13 多式联运 multimodal transport
联运经营者受托运人、收货人或旅客的委托，为委托人实现两种以上运输方式（含两种）或两程以上（含两程）运输的衔接，以及提供相关运输物流辅助服务的活动。

### 4.14 仓储 warehousing
利用仓库及相关设施设备进行物品的入库、储存、出库的活动。

### 4.15 储存 storing
保护、管理、储藏物品。[GB/T 4122.1—1996，定义 4.2]

### 4.16 库存 stock
储存作为今后按预定的目的使用而处于闲置或非生产状态的物品。广义的库存还包括处于制造加工状态和运输状态的物品。

### 4.17 存货成本 inventory cost
因存货而发生的各种费用的总和，由物品购入成本、订货成本、库存持有成本等构成。

### 4.18 保管 storage
对物品进行储存，并对其进行物理性管理的活动。

### 4.19 仓单 warehouse receipt
保管人（仓库）在与存货人签订仓储保管合同的基础上，对存货人所交付的仓储物品进行验收之后出具的物权凭证。

### 4.20 仓单质押融资 warehouse receipt loan
出质人以保管人的仓单为质物，向质权人出具的申请贷款的业务，保管人对仓单的真实性和唯一性负责，是物流企业参与下的权利质押业务。

### 4.21 存货质押融资 inventory financing
需要融资的企业（即借方），将其拥有的存货作为质物，向资金提供企业（即贷方）出质，同时将质物转交给具有合法保管存货资格的物流企业（中介方）进行保管，以获得贷方贷款的业务活动，是物流企业参与下的动产质押业务。

### 4.22 融通仓 financing warehouse
以周边中小企业为主要服务对象，以流动商品仓储为基础，涵盖中小企业信用整合与再造、实物配送、电子商务与传统商业的综合性服务平台。

### 4.23 仓储费用 warehousing fee
存货人委托保管人保管货物时，保管人收取存货人的服务费用，包括保管和装卸等各项费用；或企业内部仓储活动所发生的保管费、装卸费以及管理费等各项费用。

### 4.24 货垛 goods stack
为便于保管和装卸、运输，按一定要求被分类堆放在一起的一批物品。

### 4.25 堆码 stacking

将物品整齐、规则地摆放成货垛的作业。

### 4.26 拣选 order picking
按订单或出库单的要求，从储存场所拣出物品，并码放在指定场所的作业。

### 4.27 物品分类 sorting
按照物品的种类、流向、客户类别等对货物进行分组，并集中码放到指定场所或容器内的作业。

### 4.28 集货 goods consolidation
将分散的或小批量的物品集中起来，以便进行运输、配送的作业。

### 4.29 共同配送 joint distribution
由多个企业联合组织实施的配送活动。

### 4.30 装卸 loading and unloading
物品在指定地点以人力或机械实施垂直位移的作业。

### 4.31 搬运 handling carrying
在同一场所内，对物品进行以水平移动为主的作业。

### 4.32 包装 packaging
为在流通过程中保护产品、方便储运、促进销售，按一定技术方法而采用的容器、材料及辅助物等的总体名称。也指为了达到上述目的而采用容器、材料和辅助物的过程中施加一定技术方法等的操作活动。[GB/T 4122.1—1996，定义 2.1]

### 4.33 销售包装 sales package
直接接触商品并随商品进入零售店和消费者直接见面的包装。

### 4.34 运输包装 transport package
以满足运输、仓储要求为主要目的的包装。

### 4.35 流通加工 distribution processing
物品在从生产地到使用地的过程中，根据需要施加包装、分割、计量、分拣、刷标志、拴标签、组装等作业的总称。

### 4.36 检验 inspection
根据合同或标准，对标的物的品质、数量、规格、包装等进行检查、验证的总称。

### 4.37 增值物流服务 value-added logistics service
在完成物流基本功能的基础上，根据客户需求提供的各种延伸业务活动。

### 4.38 定制物流 customized logistics
根据用户的特定要求而为其专门设计的物流服务模式。

### 4.39 快递 courier，速递 express，特快专递 express-delivery
承运人将物品从发件人所在地通过承运人自身或代理的网络送达收件人手中的一种快速服务方式。

### 4.40 物流客户服务 logistics customer service
工商企业为支持其核心产品销售而向客户提供的物流服务。

### 4.41 物流服务质量 logistics service quality

用精度、时间、费用、顾客满意度等来表示的物流服务的品质。

### 4.42 物品储备 goods reserves
为应对突发公共事件和国家宏观调控的需要，对物品进行的储存。可分为当年储备、长期储备、战略储备。

### 4.43 订单满足率 fulfillment rate
衡量缺货程度及其影响的指标，用实际交货数量与订单需求数量的比率表示。

### 4.44 缺货率 stock-out rate
缺货次数与客户订货次数的比率。

### 4.45 货损率 cargo damages rate
交货时损失的物品量与应交付的物品总量的比率。

### 4.46 商品完好率 rate of the goods in good condition
交货时完好的物品量与应交付物品总量的比率。

### 4.47 基本运价 freight unit price
按照规定的车辆、道路、营运方式、货物、箱型等运输条件，所确定的货物和集装箱运输的计价基准，是运价的计价尺度。

### 4.48 理货 tally
在货物储存、装卸过程中，对货物的分票、计数、清理残损、制作有关单证和交接的作业。

### 4.49 组配 assembly
采用科学的方法进行货物装载。

### 4.50 订货周期 order cycle time
从客户发出订单到客户收到货物的时间。

### 4.51 库存周期 inventory cycle time
在一定范围内，库存物品从入库到出库的平均时间。

## 5. 物流技术与设施设备术语

### 5.1 集装单元 palletized unit
经过专门器具盛放或捆扎处理的，便于装卸、搬运、储存、运输的标准规格的单元货件物品。

### 5.2 集装单元器具 palletized unit implements
承载物品的一种载体，可把各种物品组成一个便于储运的基础单元。

### 5.3 集装化 containerization
用集装单元器具或采用捆扎方法，把物品组成集装单元的物流作业方式。

### 5.4 散装化 in bulk
用专门机械、器具、设备对未包装的散状物品进行装卸、搬运、储存、运输的物流作业方式。

### 5.5 集装箱 container

一种运输设备，应满足下列要求：

a）具有足够的强度，可长期反复使用；

b）适于一种或多种运输方式运送，途中转运时，箱内货物不需换装；

c）具有快速装卸和搬运的装置，特别便于从一种运输方式转移到另一种运输方式；

d）便于货物装满和卸空；

e）具有 1 立方米及以上的容积。

集装箱这一术语不包括车辆和一般包装。[GB/T 1992—1985，定义 1.1]

### 5.6 标准箱 twenty-feet equivalent unit（TEU）

以 20 英尺集装箱作为换算单位。

### 5.7 特种货物集装箱 specific cargo container

用以装运特种物品的集装箱总称。[GB/T 4122.1—1996，定义 2.2.2]

### 5.8 集装袋 flexible freight bags

柔性集装箱，一种集装单元器具，配以起重机或叉车，就可以实现集装单元化运输，适用于装运大宗散状粉粒物料。

### 5.9 周转箱 carton

用于存放物品，可重复、周转使用的器具。

### 5.10 自备箱 shipper's own container

托运人购置、制造或租用的符合标准的集装箱，印有托运人的标记，由托运人负责管理、维修。

### 5.11 托盘 pallet

用于集装、堆放、搬运和运输的放置作为单元负荷货物和制物的水平平台装置。[GB/T 4122.1—1996，定义 4.27]

### 5.12 集装运输 containerized transport

使用集装单元器具或利用捆扎方法，把裸装物品、散状物品、体积较小的成件物品，组合成为一定规格的集装单元进行的运输方式。

### 5.13 托盘运输 pallet transport

将物品以一定数量组合码放在托盘上，装入运输工具运送物品的方式。

### 5.14 单元装卸 unit loading & unloading

用托盘、容器或包装物将小件或散装物品集成一定质量或体积的组合件，以便利用机械进行作业的装卸方式。

### 5.15 托盘包装 palletizing

以托盘为承载物，将物品堆码在托盘上，通过捆扎、裹包、胶粘等方法加以固定，形成一个搬运单元，以便用机械设备搬运的包装技术。

### 5.16 四号定位 four number location

用库房号、货架号、货架层次号和货格号表明物品储存位置定位方法。

### 5.17 零库存技术 zero-inventory technology

在生产与流通领域按照准时制组织物品供应，使整个过程库存最小化的技术总称。

5.18 分拣输送系统 sorting & picking system

采用机械设备与自动控制技术实现物品分类、输送和存取的系统。

5.19 自动补货 automatic replenishment

基于计算机信息技术，快捷、准确地获取客户销售点的需求信息，预测未来商品需求，并据此持续补充库存的一种技术。

5.20 直接换装 cross docking

越库配送，物品在物流环节中，不经过中间仓库或站点，直接从一个运输工具换载到另一个运输工具的物流衔接方式。

5.21 冷链 cold chain

根据物品特性，为保持货物的品质而采用的从生产到消费的过程中始终处于低温状态的物流网络。

5.22 交通枢纽 traffic hub

在一种或多种运输方式的干线交叉与衔接处，共同为办理旅客与物品中转、发送、到达所建设的多种运输设施的综合体。

5.23 集装箱货运站 container freight station（CFS）

拼箱货物拆箱、装箱、办理交接的场所。

5.24 集装箱码头 container terminal

专供停靠集装箱船、装卸集装箱用的码头。[GB/T 17271—1998，定义 3.1.2.2]

5.25 基本港口 base port

指定班轮公司的船一般要定期挂靠，设备条件比较好，货载多而稳定并且不限制货量的港口。其货物一般为直达运输，无需中途转船；若船方决定中途转船则不得向船方加收转船附加费或直航附加费。

5.26 全集装箱船 full container ship

舱内设有固定式或活动式的格栅结构，舱盖上和甲板上设置固定集装箱的系紧装置，便于集装箱作业及定位的船舶。[GB/T 17271—1998，定义 3.1.1.1]

5.27 公路集装箱中转站 inland container depot

具有集装箱中转运输与门到门运输和集装箱货物的拆箱、装箱、仓储和接取、送达、装卸、堆存的场所。[GB/T 17271—1998，定义 3.1.3.9]

5.28 铁路集装箱堆场 railway container yard

进行集装箱承运、交付、装卸、堆存、装拆箱、门到门作业，组织集装箱专列等作业的场所。

5.29 专用线 special railway line

在铁路常规经营线网以外，而又与铁路营业网相衔接的各类企业或仓库或向铁路部门租用的铁路。

5.30 自营仓库 private warehouse

由企业或各类组织自营自管，为自身提供储存服务的仓库。

5.31 公共仓库 public warehouse

面向社会提供物品储存服务，并收取费用的仓库。

### 5.32 自动化立体仓库 automatic storage and retrieval system（AS/RS）

立体仓库，自动存储取货系统，由高层货架、巷道堆垛起重机（有轨堆垛机）、入出库输送机系统、自动化控制系统、计算机仓库管理系统及其周边设备组成，可对集装单元物品实现自动化存取和控制的仓库。

### 5.33 交割仓库 transaction warehouse

经专业交易机构核准、委托，为交易双方提供货物储存和交付服务的仓库。

### 5.34 控湿储存区 humidity controlled space

仓库内配有湿度调制设备，使内部湿度可调的库房区域。

### 5.35 冷藏区 chill space

仓库内温度保持在 0～10℃ 范围的区域。

### 5.36 冷冻区 freeze space

仓库内温度保持在 0℃ 以下的区域。

### 5.37 收货区 receiving space

对仓储物品入库前进行核查、检验的作业区域。

### 5.38 理货区 tallying space

在物品储存、装卸过程中，对其进行分类、整理、捆扎、集装、计数和清理残损等作业的区域。

### 5.39 叉车 fork lift truck

具有各种叉具，能够对物品进行升降和移动以及装卸作业的搬运车辆。

### 5.40 叉车属具 attachments of fork lift trucks

为扩大叉车对特定物品的作业而附加或替代原有货叉的装置。

### 5.41 称量装置 load weighing devices

针对起重、运输、装卸、包装、配送以及生产过程中的物料实施重量检测的设备。

### 5.42 货架 rack

用立柱、隔板或横梁等组成的立体储存物品的设施。

### 5.43 重力式货架 live pallet rack

一种密集存储单元物品的货架系统。在货架每层的通道上，都安装有一定坡度的、带有轨道的导轨，入库的单元物品在重力的作用下，由入库端流向出库端。

### 5.44 移动式货架 mobile rack

在底部安装有行走轮使其可在地面轨道上移动的货架。

### 5.45 驶入式货架 drive-in rack

可供叉车（或带货叉的无人搬运车）驶入并存取单元托盘物品的货架。

### 5.46 码垛机器人 robot palletizer

能自动识别物品，将其整齐地、自动地码（或拆）在托盘上的机器人。

### 5.47 起重机械 hoisting machinery

一种以间歇作业方式对物品进行起升、下降和水平移动的搬运机械。

5.48 牵引车 tow tractor
用以牵引一组无动力台车的搬运车辆。

5.49 升降台 lift table（LT）
能垂直升降和水平移动货物或集装单元器具的专用设备。

5.50 手动液压升降平台车 scissor lift table
采用手压或脚踏为动力,通过液压驱动使载重平台作升降运动的手推平台车。

5.51 输送机 conveyors
按照规定路线连续地或间歇地运送散装物品和成件物品的搬运机械。

5.52 箱式车 box car
具有全封闭的箱式车身的货运车辆。

5.53 自动导引车 automatic guided vehicle（AGV）
具有自动导引装置,能够沿设定的路径行驶,在车体上具有编程和停车选择装置、安全保护装置以及各种物品移载功能的搬运车辆。

5.54 站台登车桥 dock levelers
当货车底板平面与货场站台平面有高度差时,为使手推车辆、叉车无障碍地进入车厢内的装置。

## 6. 物流信息术语

6.1 物流信息编码 logistics information coding
将物流信息用一种易于被电子计算机或人识别的符号体系表示出来的过程。

6.2 货物编码 goods coding
按货物分类规则以简明的文字、符号或数字表示物品的名称、类别及其他属性并进行有序排列的一种方法。

6.3 条码 bar code
由一组规则排列的条、空及其对应字符组成的标记,用以表示一定的信息。

6.4 二维码 two-dimensional bar code
在二维方向上都表示信息的条码符号。

6.5 贸易项目 trade item
从原材料直至最终用户可具有预先定义特征的任意一项产品或服务,对于这些产品和服务,在供应链过程中有获取预先定义信息的需求,并且可以在任意一点进行定价、订购或开具发票。[GB/T19251—2003,定义3.1]

6.6 物流单元 logistics unit
供应链管理中运输或仓储的一个包装单元。[GB/T18127—2000,定义3.1]

6.7 物流标签 logistics label
表示物流单元相关信息的各种质地的信息载体。

6.8 商品标识代码 identification code for commodity
由国际物品编码协会（EAN）和统一代码委员会（UCC）规定的、用于标识商品的一组数字，包括 EAN/UCC-13、EAN/UCC-8 和 UCC-12 代码。

### 6.9 全国产品与服务统一代码 national product code（NPC）

全国产品与服务统一代码由 13 位数字本体代码和 1 位数字校验码组成，是产品和服务在其生命周期内拥有的一个唯一不变的代码标识。注：国家标准《全国产品与服务统一代码编制规则》GB 18937—2003 规定了全国产品与服务统一代码的使用范围、代码结构及其表现形式。

### 6.10 产品电子代码 electronic product code（EPC）

开放的、全球性的编码标准体系，由标头、管理者代码、对象分类和序列号组成，是每个产品的唯一性代码。注：标头标识 EPC 的长度、结构和版本，管理者代码标识某个公司实体，对象分类码标识某种产品类别，序列号标识某个具体产品。

### 6.11 产品电子代码系统 EPC system

在计算机互联网和无线通信等技术基础上，利用 EPC 标签、射频识读器、中间件、对象名解析、信息服务和应用系统等技术构造的一个实物信息互联系统。注：EPC 标签为含有电子产品代码（EPC）的电子装置；中间件为管理 EPC 识读过程并与相关应用或服务交换识读结果等信息的程序；对象名解析为解析给定的 EPC 并获得指向含有对应产品信息数据库位置的程序；信息服务为按照不同的应用服务要求，查询（或写入）产品信息，并把查询结果按要求组织后送回应用服务的程序。

### 6.12 全球位置码 global location number（GLN）

运用 EAN.UCC 系统，对法律实体、功能实体和物理实体进行位置准确、唯一标识的代码。

### 6.13 全球贸易项目标识代码 global trade item number（GTIN）

在世界范围内贸易项目的唯一标识代码，其结构为 14 位数字。

### 6.14 应用标识符 application identifier（AI）

EAN.UCC 系统中，标识数据含义与格式的字符。[GB/T16986—2003，定义 3.1]

### 6.15 系列货运包装箱代码 serial shipping container code（SSCC）

EAN.UCC 系统中，对物流单元进行唯一标识的代码。

### 6.16 单个资产标识代码 global individual asset identifier（GIAI）

EAN.UCC 系统中，用于一个特定厂商的财产部分的单个实体的唯一标识的代码。

### 6.17 可回收资产标识代码 global returnable asset identifier（GRAI）

EAN.UCC 系统中，用于标识通常用于运输或储存货物并能重复使用的实体的代码。

### 6.18 自动识别与数据采集 automatic identification and data capture（AIDC）

对字符、影像、条码、声音等记录数据的载体进行机器识别，自动获取被识别物品的相关信息，并提供给后台的计算机处理系统来完成相关后续处理的一种技术。

### 6.19 条码自动识别技术 bar code automatic identification technology

运用条码进行自动数据采集的技术，主要包括编码技术、符号表示技术、识读技术、生成与印制技术和应用系统设计等。

### 6.20 条码系统 bar code system

由条码符号设计、制作及扫描识读组成的系统。

**6.21 条码标签 bar code tag**
印有条码符号的信息载体。

**6.22 条码识读器 bar code reader**
识读条码符号的设备。

**6.23 条码打印机 bar code printer**
能制作一种供机器识别的光学形式符号文件的打印机，它的印刷有严格的技术要求和检测规范。

**6.24 射频识别 radio frequency identification（RFID）**
通过射频信号识别目标对象并获取相关数据信息的一种非接触式的自动识别技术。

**6.25 射频识别系统 radio frequency identification system**
由射频标签、识读器、计算机网络和应用程序及数据库组成的自动识别和数据采集系统。

**6.26 射频标签 radio frequency tag**
安装在被识别对象上，存储被识别对象的相关信息的电子装置。

**6.27 射频识读器 RFID reader**
射频识别系统中一种固定式或便携式自动识别与数据采集设备。

**6.28 电子数据交换 electronic data interchange（EDI）**
采用标准化的格式，利用计算机网络进行业务数据的传输和处理。

**6.29 电子通关 electronic clearance**
对符合特定条件的报关单证，海关采用处理电子单证数据的方法，利用计算机完成单证审核、征收税费、放行等海关作业的通关方式。

**6.30 电子认证 electronic authentication**
采用电子技术检验用户合法性的操作。其主要内容有以下三个方面：
a）保证自报姓名的个人和法人的合法性的本人确认；
b）保证个人或企业间收发信息在通信的途中和到达后不被改变的信息认证；
c）数字签名。

**6.31 电子报表 e-report**
用网络进行提交、传送、存储和管理的数字化报表。

**6.32 电子采购 e-procurement**
利用计算机网络和通信技术与供应商建立联系，并完成获得某种特定产品或服务的活动。

**6.33 电子商务 e-commerce（EC）**
以电子形式进行的商务活动，它在供应商、消费者、政府机构和其他业务伙伴之间通过任意电子方式实现标准化的业务信息的共享，以管理和执行商业、行政和消费活动中的交易。

**6.34 地理信息系统 geographical information system（GIS）**

由计算机软硬件环境、地理空间数据、系统维护和使用人员四部分组成的空间信息系统，可对整个或部分地球表层（包括大气层）空间中有关地理分布数据进行采集、存储、管理、运算、分析显示和描述。

### 6.35 全球定位系统 global positioning system（GPS）
由一组卫星组成的、24小时提供高精度的全球范围的定位和导航信息的系统。

### 6.36 智能运输系统 intelligent transportation system（ITS）
综合利用信息技术、数据通信传输技术、电子控制技术以及计算机处理技术对传统的运输系统进行改造而形成的新型运输系统。

### 6.37 货物跟踪系统 goods-tracked system
利用自动识别、全球定位系统、地理信息系统、通信等技术，获取货物动态信息的技术系统。

### 6.38 仓库管理系统 warehouse management system（WMS）
为提高仓储作业和仓储管理活动的效率，对仓库实施全面管理的计算机信息系统。

### 6.39 销售时点系统 point of sale（POS）
利用光学式自动读取设备，按照商品的最小类别读取实时销售信息以及采购、配送等阶段发生的各种信息，并通过通信网络将其传送给计算机系统进行加工、处理和传送，以便使各部门可以根据各自的目的有效地利用上述信息的系统。

### 6.40 电子订货系统 electronic order system（EOS）
不同组织间利用通信网络和终端设备进行订货作业与订货信息交换的系统。

### 6.41 物流信息技术 logistics information technology
物流各环节中应用的信息技术，包括计算机、网络、信息分类编码、自动识别、电子数据交换、全球定位系统、地理信息系统等技术。

### 6.42 物流管理信息系统 logistics management information system
由计算机软硬件、网络通信设备及其他办公设备组成的，在物流作业、管理、决策方面对相关信息进行收集、存储、处理、输出和维护的人机交互系统。

### 6.43 物流公共信息平台 logistics information platforms
基于计算机通信网络技术，提供物流设备、技术、信息等资源共享服务的信息平台。

### 6.44 物流系统仿真 logistics system simulation
借助计算机仿真技术，对物流系统建模并进行实验，得到各种动态活动及其过程的瞬间仿效记录，进而研究物流系统性能的方法。

## 7. 物流管理术语

### 7.1 仓库布局 warehouse layout
在一定区域或库区内，对仓库的数量、规模、地理位置和仓库设施、道路等各要素进行科学规划和总体设计。

### 7.2 ABC分类管理 ABC classification
将库存物品按品种和占用资金的多少分为特别重要的库存（A类）、一般重要的库存

（B类）和不重要的库存（C类）三个等级，然后针对不同等级分别进行控制。

### 7.3 安全库存 safety stock
保险库存，用于应对不确定性因素（如大量突发性订货、交货期突然延期等）而准备的缓冲库存。

### 7.4 经常库存 cycle stock
为满足日常需要而设立的库存。

### 7.5 仓储管理 inventory management
对仓储设施布局和设计以及仓储作业所进行的计划、组织、协调与控制。

### 7.6 存货控制 inventory control
在保障供应的前提下，使库存物品的数量合理所进行的有效管理的技术经济措施。

### 7.7 供应商管理库存 vendor managed inventory（VMI）
按照双方达成的协议，由供应链的上游企业根据下游企业的物料需求计划、销售信息和库存量，主动对下游企业的库存进行管理和控制的供应链库存管理方式。

### 7.8 定量订货制 fixed-quantity system（FQS）
当库存量下降到预定的库存数量（订货点）时，按经济订货批量为标准进行订货的一种库存管理方式。

### 7.9 定期订货制 fixed-interval system（FIS）
按预先确定的订货间隔期进行订货的一种库存管理方式。

### 7.10 经济订货批量 economic order quantity（EOQ）
通过平衡采购进货成本和保管仓储成本核算，以实现总库存成本最低的最佳订货批量。

### 7.11 连续补货计划 continuous replenishment program（CRP）
利用及时准确的销售时点信息确定已销售的商品数量，根据零售商或批发商的库存信息和预先规定的库存补充程序确定发货补充数量和配送时间的计划方法。

### 7.12 联合库存管理 joint managed inventory（JMI）
供应链成员企业共同制订库存计划，并实施库存控制的供应链库存管理方式。

### 7.13 物流成本管理 logistics cost control
对物流活动发生的相关费用进行的计划、协调与控制。

### 7.14 物流战略管理 logistics strategy management
通过物流战略设计、战略实施、战略评价与控制等环节，调节物流资源、组织结构等最终实现物流系统宗旨和战略目标的一系列动态过程的总和。

### 7.15 物流资源计划 logistics resource planning（LRP）
以物流为手段，打破生产与流通界限，集成制造资源计划、能力资源计划、配送资源计划以及功能计划而形成的资源优化配置方法。

### 7.16 供应商关系管理 supplier relationships management（SRM）
一种致力于实现与供应商建立和维持长久、紧密合作伙伴关系，旨在改善企业与供应商之间关系的管理模式。

### 7.17 客户关系管理 customer relationships management（CRM）

一种致力于实现与客户建立和维持长久、紧密合作伙伴关系，旨在改善企业与客户之间关系的管理模式。

### 7.18 准时制物流 just-in-time logistics
与准时制管理模式相适应的物流管理方式。

### 7.19 有效客户反应 efficient customer response（ECR）
以满足顾客要求和最大限度降低物流过程费用为原则，能及时作出准确反应，使提供的物品供应或服务流程最佳化的一种供应链管理策略。

### 7.20 快速反应 quick response（QR）
供应链成员企业之间建立战略合作伙伴关系，利用 EDI 等信息技术进行信息交换与信息共享，用高频率小批量配送方式补货，以实现缩短交货周期，减少库存，提高顾客服务水平和企业竞争力为目的的一种供应链管理策略。

### 7.21 物料需求计划 material requirements planning（MRP）
制造企业内的物料计划管理模式。根据产品结构各层次物品的从属和数量关系，以每个物品为计划对象，以完工日期为时间基准倒排计划，按提前期长短区别各个物品下达计划时间的先后顺序。

### 7.22 制造资源计划 manufacturing resource planning（MRP II）
在 MRP 的基础上，增加营销、财务和采购功能，对企业制造资源和生产经营各环节实行合理有效的计划、组织、协调与控制，达到既能连续均衡生产，又能最大限度地降低各种物品的库存量，进而提高企业经济效益的管理方法。

### 7.23 配送需求计划 distribution requirements planning（DRP）
一种既保证有效地满足市场需求，又使得物流资源配置费用最省的计划方法，是 MRP 原理与方法在物品配送中的运用。

### 7.24 配送资源计划 distribution resource planning（DRP II）
在 DRP 的基础上提高配送各环节的物流能力，达到系统优化运行目的的企业内物品配送计划管理方法。

### 7.25 企业资源计划 enterprise resource planning（ERP）
在 MRP II 的基础上，通过前馈的物流和反馈的信息流、资金流，把客户需求与企业内部的生产经营活动以及供应商的资源整合在一起，体现完全按用户需求进行经营管理的一种全新的管理方法。

### 7.26 协同计划、预测与补货 collaborative planning，forecasting and replenishment（CPFR）
应用一系列的信息处理技术和模型技术，提供覆盖整个供应链的合作过程，通过共同管理业务过程和共享信息来改善零售商与供应商之间的计划协调性，提高预测精度，最终达到以提高供应链效率、减少库存和提高客户满意程度为目的的供应链库存管理策略。

### 7.27 物流外包 logistics outsourcing
企业为了获得比单纯利用内部资源更多的竞争优势，将其部分或全部物流业务交由合作企业完成。

### 7.28 延迟策略 postponement strategy
为了降低供应链的整体风险，减少错误生产或不准确的库存安排，有效地满足客户个性化的需求，将最后的生产环节或物流环节推迟到客户提供订单以后进行的一种经营战略。

### 7.29 物流流程重组 logistics process reengineering
从顾客需求出发，通过物流活动各要素的有机组合，对物流管理和作业流程进行优化设计。

### 7.30 物流总成本分析 total cost analysis
判别物流各环节中系统变量之间的关系，在特定的客户服务水平下使物流总成本最小化的物流管理方法。

### 7.31 物流作业成本法 logistics activity-based costing
以特定物流活动成本为核算对象，通过成本动因来确认和计算作业量，进而以作业量为基础分配间接费用的物流成本管理方法。

### 7.32 效益背反 trade off
一种活动的高成本，会因另一种物流活动成本的降低或效益的提高而抵消的相互作用关系。

### 7.33 社会物流总额 total value of social logistics goods
一定时期内，社会物流的物品的价值总额。即进入社会物流领域的农产品、工业品、再生资源品、进口物品、单位（组织）与居民物品价值额的总和。

### 7.34 社会物流总费用 total social logistics costs
一定时期内，国民经济各方面用于社会物流活动的各项费用支出。包括支付给社会物流活动各环节的费用、应承担的物品在社会物流期间发生的损耗、社会物流活动中因资金占用而应承担的利息支出和发生的管理费用等。

## 8. 国际物流术语

### 8.1 国际多式联运 international multimodal transport
按照多式联运合同，以至少两种不同的运输方式，由多式联运经营人将货物从一国境内的接管地点运至另一国境内指定交付地点的货物运输。

### 8.2 国际航空货物运输 international airline transport
货物的出发地、约定的经停地和目的地之一不在同一国境内的航空运输。

### 8.3 国际铁路联运 international through railway transport
使用一份统一的国际铁路联运票据，由跨国铁路承运人办理两国或两国以上铁路的全程运输，并承担运输责任的一种连贯运输方式。

### 8.4 班轮运输 liner transport
在固定的航线上，以既定的港口顺序，按照事先公布的船期表航行的水上运输经营方式。

### 8.5 租船运输 shipping by chartering
货主或其代理人租赁其他人的船舶、将货物送达到目的地的水上运输经营方式。

### 8.6 大陆桥运输 land bridge transport
用横贯大陆的铁路或公路作为中间桥梁，将大陆两端的海洋运输连接起来的连贯运输方式。

### 8.7 转关运输 tran-customs transportation
进出口货物在海关监管下，从一个海关运至另一个海关办理海关手续的行为。

### 8.8 报关 customs declaration
进出境运输工具的负责人、进出境货物的所有人、进出口货物的收发货人或其代理人向海关办理运输工具、货物、物品进出境手续的全过程。

### 8.9 报关行 customs broker
专门代办进出境报关业务的企业。

### 8.10 不可抗力 force majeure
人力不能抗拒也无法预防的事故。有由自然因素引起的，如水灾、旱灾、暴雨、地震等；也有由社会因素引起的，如罢工、战争、政府禁令等。

### 8.11 保税货物 bonded goods
经海关批准未办理纳税手续进境，在境内储存、加工、装配后复运出境的货物。

### 8.12 海关监管货物 cargo under custom's supervision
进出口货物，过境、转运、通运货物，特定减免税货物，以及暂时进出口货物、保税货物和其他尚未办结海关手续的进出境货物。

### 8.13 拼箱货 less than container load（LCL）
一个集装箱装入多个托运人或多个收货人的货物。[GB/T 17271—1998，定义 3.2.4.3]

### 8.14 整箱货 full container load（FCL）
一个集装箱装满一个托运人同时也是一个收货人的货物。[GB/T 17271—1998，定义 3.2.4.2]

### 8.15 通运货物 through goods
由境外启运，经船舶或航空器载运入境后，仍由原载运工具继续运往境外的货物。

### 8.16 转运货物 transit cargo
由境外启运，到我国境内设关地点换装运输工具后，不通过我国境内陆路运输，再继续运往境外的货物。

### 8.17 过境货物 transit goods
由境外启运、通过境内的陆路运输继续运往境外的货物。

### 8.18 到货价格 delivered price
货物交付时点的现行市价，其中含包装费、保险费、运送费等。

### 8.19 出口退税 drawback
国家为帮助出口企业降低成本，增强出口产品在国际市场上的竞争力，鼓励出口创汇，而实行的由国内税务机关退还出口商品国内税的措施。

### 8.20 海关估价 customs ratable price
一国海关为征收关税，根据统一的价格准则，确定某一进口（出口）货物价格的过程。

### 8.21 等级标签 grade labeling
在产品的包装上用以说明产品品质级别的标志。

### 8.22 等级费率 class rate
将全部货物划分为若干个等级，按照不同的航线分别为每一个等级制定一个基本运价的费率。归属于同一等级的货物，均按该等级费率计收运费。

### 8.23 船务代理 shipping agency
接受船舶所有人（船公司）、船舶经营人、承租人或货主的委托，在授权范围内代表委托人办理与在港船舶有关的业务、提供有关的服务或进行与在港船舶有关的其他法律行为的经济组织。

### 8.24 国际货运代理 international freight forwarding agent
接受进出口货物收货人、发货人的委托，以委托人或自己的名义，为委托人办理国际货物运输及相关业务，并收取劳务报酬的经济组织。

### 8.25 航空货运代理 airfreight forwarding agent
以货主的委托代理人身份办理有关货物的航空运输手续的服务方式。

### 8.26 无船承运人 non-vessel operating common carrier（NVOCC）
不拥有运输工具，但以承运人身份发布运价，接受托运人的委托，签发提单或其他运输单证，收取运费，并通过与有船承运人签订运输合同，承担承运人责任，完成国际海上货物运输的经营者。

### 8.27 索赔 claim for damages
承托双方中受经济损失方向责任方提出赔偿经济损失的要求。

### 8.28 理赔 settlement of claim
承托双方中责任方对受经济损失方提出的经济赔偿要求的处理。

### 8.29 国际货物运输保险 international transportation cargo insurance
以运输过程中的各种货物作为保险标的，投保人（或称被保险人）向承保人（或称保险人）按一定金额投保一定的险别，并缴纳保险费，取得保险单据，承保人负责对投保货物在运输过程中遭受投保险别责任范围内的损失，按投保金额及损失程度给予保险单据持有人经济上的补偿。

### 8.30 原产地证明 certificate of origin
出口国（地区）根据原产地规则和有关要求签发的，明确指出该证中所列货物原产于某一特定国家（地区）的书面文件。

### 8.31 进出口商品检验 import and export commodity inspection
对进出口商品的种类、品质、数量、重量、包装、标志、装运条件、产地、残损及是否符合安全、卫生要求等进行法定检验、公证鉴定和监督管理。

### 8.32 清关 clearance
结关，报关单位已经在海关办理完毕进出口货物通关所必需的所有手续，完全履行了法律规定的与进出口有关的义务，包括纳税、提交许可证件及其他单证等，进口货物可以进入国内市场自由流通，出口货物可以运出境外。

### 8.33 滞报金 fee for delayed declaration

进口货物的收货人或其他代理人超过海关规定的申报期限，未向海关申报，由海关依法征收的一定数额的款项。

### 8.34 装运港船上交货 free on board（FOB）

卖方在合同规定的装运期内，在指定装运港将货物交至买方指定的船上，并负担货物在指定装运港越过船舷为止的一切费用和风险。

### 8.35 成本加运费 cost and freight（CFR）

卖方负责租船订舱，在合同规定的装运期内将货物交至运往指定目的港的船上，并负担货物在装运港越过船舷为止的一切费用和风险。

### 8.36 成本加保险费加运费 cost, insurance and freight（CIF）

卖方负责租船订舱，办理货运保险，在合同规定的装运期内在装运港将货物交至运往指定目的港的船上，并负担货物在装运港越过船舷为止的一切费用和风险。

### 8.37 进料加工 processing with imported materials

有关经营单位或企业用外汇进口部分原材料、零部件、元器件、包装物料、辅助材料（简称料件），加工成成品或半成品后销往国外的一种贸易方式。

### 8.38 来料加工 processing with supplied materials

由外商免费提供全部或部分原料、辅料、零配件、元器件、配套件和包装物料，委托我方加工单位按外商的要求进行加工装配，成品交外商销售，我方按合同规定收取工缴费的一种贸易方式。

### 8.39 保税仓库 boned warehouse

经海关批准设立的专门存放保税货物及其他未办结海关手续货物的仓库。

### 8.40 保税工厂 bonded factory

经海关批准专门生产出口产品的保税加工装配企业。

### 8.41 保税区 bonded area

在境内的港口或邻近港口、国际机场等地区建立的在区内进行加工、贸易、仓储和展览由海关监管的特殊区域。

### 8.42 A型保税物流中心 bonded logistics center of A type

经海关批准，由中国境内企业法人经营、专门从事保税仓储物流业务的海关监管场所。

### 8.43 B型保税物流中心 bonded logistics center of B type

经海关批准，由中国境内一家企业法人经营，多家企业进入并从事保税仓储物流业务的海关集中监管场所。

### 8.44 出口监管仓库 export supervised warehouse

经海关批准设立，对已办结海关出口手续的货物进行储存、保税物流配送、提供流通性增值服务的海关专用监管仓库。

### 8.45 出口加工区 export processing zone

经国务院批准设立从事产品外销加工贸易并由海关封闭式监管的特殊区域。

### 8.46 定牌包装 packing of nominated brand

买方要求在出口商品包装上使用买方指定的品牌名称或商标的做法。

### 8.47 中性包装 neutral packing
在出口商品及其内外包装上都不注明生产国别的包装。

### 8.48 海运提单 bill of lading（B/L）
用以证明海上货物运输合同和货物已经由承运人接收或者装船，以及承运人保证据以交付货物的单证。

# 附录二 《物流业调整和振兴规划》

## 国务院关于印发物流业调整和振兴规划的通知

国发〔2009〕8号

各省、自治区、直辖市人民政府,国务院各部委、各直属机构:

现将《物流业调整和振兴规划》(以下简称《规划》)印发给你们,请结合本地区、本部门实际,认真贯彻执行。

当前,国际金融危机对我国实体经济造成了较大冲击,物流业作为重要的服务产业,也受到较为严重的影响。制定实施物流业调整和振兴规划,不仅是促进物流业自身平稳较快发展和产业调整升级的需要,也是服务和支撑其他产业的调整与发展、扩大消费和吸收就业的需要,对于促进产业结构调整、转变经济发展方式和增强国民经济竞争力具有重要意义。

各地区、各部门要把思想和行动统一到党中央、国务院的决策部署上来,以邓小平理论和"三个代表"重要思想为指导,深入贯彻落实科学发展观,进一步增强大局意识、责任意识,加强领导,密切配合,切实按照《规划》要求,做好统筹协调、改革体制、完善政策、企业重组、优化布局、工程建设等各项工作,确保《规划》目标的实现,促进物流业健康发展。

各地区要按照《规划》确定的目标、任务和政策措施,结合当地实际抓紧制定具体工作方案,切实抓好组织实施,确保取得实效。国务院各有关部门要根据《规划》明确的任务分工和工作要求,做到责任到位、措施到位,加强调查研究,尽快制定和完善各项配套政策措施,切实加强对《规划》实施的指导和支持。

国务院
二〇〇九年三月十日

## 物流业调整和振兴规划

物流业是融合运输业、仓储业、货代业和信息业等的复合型服务产业，是国民经济的重要组成部分，涉及领域广，吸纳就业人数多，促进生产、拉动消费作用大，在促进产业结构调整、转变经济发展方式和增强国民经济竞争力等方面发挥着重要作用。

为应对国际金融危机的影响，落实党中央、国务院保增长、扩内需、调结构的总体要求，促进物流业平稳较快发展，培育新的经济增长点，特制定本规划，作为物流产业综合性应对措施的行动方案。规划期为2009—2011年。

一、发展现状与面临的形势

（一）发展现状

进入新世纪以来，我国物流业总体规模快速增长，服务水平显著提高，发展的环境和条件不断改善，为进一步加快发展奠定了坚实基础。

1. 物流业规模快速增长。2008年，全国社会物流总额达89.9万亿元，比2000年增长4.2倍，年均增长23%；物流业实现增加值2.0万亿元，比2000年增长1.9倍，年均增长14%。2008年，物流业增加值占全部服务业增加值的比重为16.5%，占GDP的比重为6.6%。

2. 物流业发展水平显著提高。一些制造企业、商贸企业开始采用现代物流管理理念、方法和技术，实施流程再造和服务外包；传统运输、仓储、货代企业实行功能整合和服务延伸，加快向现代物流企业转型；一批新型的物流企业迅速成长，形成了多种所有制、多种服务模式、多层次的物流企业群体。全社会物流总费用与GDP的比率，由2000年的19.4%下降到2008年的18.3%，物流费用成本呈下降趋势，促进了经济运行质量的提高。

3. 物流基础设施条件逐步完善。交通设施规模迅速扩大，为物流业发展提供了良好的设施条件。截至2008年年底，全国铁路营业里程8.0万公里，高速公路通车里程6.03万公里，港口泊位3.64万个，其中沿海万吨级以上泊位1167个，拥有民用机场160个。物流园区建设开始起步，仓储、配送设施现代化水平不断提高，一批区域性物流中心正在形成。物流技术设备加快更新换代，物流信息化建设有了突破性进展。

4. 物流业发展环境明显好转。国家"十一五"规划纲要明确提出"大力发展现代物流业"，中央和地方政府相继建立了推进现代物流业发展的综合协调机制，出台了支持现代物流业发展的规划和政策。物流统计核算和标准化工作，以及人才培养和技术创新等行业基础性工作取得明显成效。

但是，我国物流业的总体水平仍然偏低，还存在一些突出问题。一是全社会物流运行效率偏低，社会物流总费用与GDP的比率高出发达国家1倍左右；二是社会化物流需求不足和专业化物流供给能力不足的问题同时存在，"大而全"、"小而全"的企业物流运作模式还相当普遍；三是物流基础设施能力不足，尚未建立布局合理、衔接顺畅、能力充分、高效便捷的综合交通运输体系，物流园区、物流技术装备等能力有待加强；四是地方封锁和行业垄断对资源整合和一体化运作形成障碍，物流市场还不够规范；五是物流技术、人才培养和物流标准还不能完全满足需要，物流服务的组织化和集约化程度不高。

2008年下半年以来，随着国际金融危机对我国实体经济的影响逐步加深，物流业作为重要的服务产业也受到了严重冲击。物流市场需求急剧萎缩，运输和仓储等收费价格及利润大幅度下跌，一大批中小物流企业经营出现困难，提供运输、仓储等单一服务的传统物流企业受到严重冲击。整体来看，国际金融危机不但造成物流产业自身发展的剧烈波动，而且对其他产业的物流服务供给也产生了不利影响。

（二）面临的形势

应该看到，实施物流业的调整和振兴、实现传统物流业向现代物流业的转变，不仅是物流业自身结构调整和产业升级的需要，也是整个国民经济发展的必然要求。

1. 调整和振兴物流业是应对国际金融危机的迫切需要。一是要解决当前物流企业面临的困难，需要加快企业重组步伐，做强做大，提高产业集中度和抗风险能力，保持产业的平稳发展；二是物流业自身需要转变发展模式，向以信息技术和供应链管理为核心的现代物流业发展，通过提供低成本、高效率、多样化、专业化的物流服务，适应复杂多变的市场环境，提高自身竞争力；三是物流业对其他产业的调整具有服务和支撑作用，发展第三方物流可以促进制造业和商贸业优化内部分工、专注核心业务、降低物流费用，提高这些产业的竞争力，增强其应对国际金融危机的能力。

2. 调整和振兴物流业是适应经济全球化趋势的客观要求。一是随着经济全球化的发展和我国融入世界经济的步伐加快，全球采购、全球生产和全球销售的发展模式要求加快发展现代物流业，优化资源配置，提高市场响应速度和产品供给时效，降低企业物流成本，增强国民经济的竞争力；二是为了适应国际产业分工的变化，要求加快发展现代物流业，完善物流服务体系，改善投资环境，抓住国际产业向我国转移的机遇，吸引国际投资，促进我国制造业和高技术产业的发展；三是随着全球服务贸易的迅猛发展，要求加快发展现代物流业，培育国内现代物流服务企业，提高物流服务能力，应对日益激烈的全球物流企业竞争。

3. 调整和振兴物流业是国民经济持续快速发展的必要保证。根据全面建设小康社会的新要求，我国经济规模将进一步扩大，居民消费水平将进一步提高，货物运输量、社会商品零售额、对外贸易额等将大幅度增长，农产品、工业品、能源、原材料和进出口商品的流通规模将显著增加，对全社会物流服务能力和物流效率提出了更高的要求。同时，中西部地区要求改善物流条件，缩小与东部地区的物流成本差距，承接东部沿海地区产业梯度转移，促进区域间协调和可持续发展。

4. 调整和振兴物流业是贯彻落实科学发展观和构建社会主义和谐社会的重要举措。调整和振兴物流业，有利于加快商品流通和资金周转，降低社会物流成本，优化资源配置，提高国民经济的运行质量；有利于提高服务业比重，优化产业结构，促进经济发展方式的转变；有利于增加城乡就业岗位，扩大社会就业；有利于提高运输效率，降低能源消耗和废气排放，缓解交通拥堵，实现经济和社会的协调发展；有利于促进国内外、城乡和地区间商品流通，满足人民群众对多样化、高质量的物流服务需求，扩大居民消费；有利于国家救灾应急、处理突发性事件，保障经济稳定和社会安全。

## 二、指导思想、原则和目标

### （一）指导思想

以邓小平理论和"三个代表"重要思想为指导，深入贯彻落实科学发展观，按照保增长、扩内需、调结构的总体部署，以应对国际金融危机对我国经济的影响为切入点，以改革开放为动力，以先进技术为支撑，以物流一体化和信息化为主线，积极营造有利于物流业发展的政策环境，加快发展现代物流业，建立现代物流服务体系，以物流服务促进其他产业发展，为全面建设小康社会提供坚实的物流体系保障。

### （二）基本原则

1. 立足应对危机，着眼长远发展。既要应对国际金融危机，解决当前物流业发展面临的突出问题，保先进生产力，保重点骨干企业，促进企业平稳发展；又要从产业长远发展的角度出发，解决制约物流产业振兴的体制、政策和设施瓶颈，促进产业升级，提高产业竞争力。

2. 市场配置资源，政府营造环境。充分发挥市场配置资源的作用，调动企业的积极性，从满足物流需求的实际出发，注重投资的经济效益。政府要为物流业的发展营造良好的政策环境，扶持重要的物流基础设施项目建设。

3. 加强规划指导，注重协调联动。统筹国内与国际、全国与区域、城市与农村物流协调发展，做好地区之间、行业之间和部门之间物流基础设施建设与发展的协调和衔接，走市场化、专业化、社会化的发展道路，合理布局重大项目。各地区要从本地区经济发展的实际出发，因地制宜，统筹规划，科学引导物流业的发展，防止盲目攀比和重复建设。

4. 打破分割封锁，整合现有资源。改革现行物流业相关行业管理体制，打破部门间和地区间的分割和封锁，创造公平的竞争环境，促进物流服务的社会化和资源利用的市场化，优先整合和利用现有物流资源，提高物流设施的利用率。

5. 建立技术标准，推进一体化运作。按照现代物流理念，加快技术标准体系建设，综合集成仓储、运输、货代、包装、装卸、搬运、流通加工、配送、信息处理等多种功能，推进物流一体化运作，提高物流效率。

6. 创新服务方式，坚持科学发展。以满足生产者和消费者不断增长的物流需求为出发点，不断创新物流服务方式，提升服务水平。积极推进物流服务的信息化、现代化、合理化和企业社会责任建设，坚持最严格的节约用地制度，注重节约能源，保护环境，减少废气污染和交通拥堵，保证交通安全，实现经济和社会可持续协调发展。

### （三）规划目标

力争在2009年改善物流企业经营困难的状况，保持产业的稳定发展。到2011年，培育一批具有国际竞争力的大型综合物流企业集团，初步建立起布局合理、技术先进、节能环保、便捷高效、安全有序并具有一定国际竞争力的现代物流服务体系，物流服务能力进一步增强；物流的社会化、专业化水平明显提高，第三方物流的比重有所增加，物流业规模进一步扩大，物流业增加值年均递增10%以上；物流整体运行效率显著提高，全社会物流总费用与GDP的比率比目前的水平有所下降。

## 三、主要任务

### （一）积极扩大物流市场需求

进一步推广现代物流管理，努力扩大物流市场需求。运用供应链管理与现代物流理念、技术与方法，实施采购、生产、销售和物品回收物流的一体化运作。鼓励生产企业改造物流流程，提高对市场的响应速度，降低库存，加速周转。合理布局城乡商业设施，完善流通网络，积极发展连锁经营、物流配送和电子商务等现代流通方式，促进流通企业的现代化。在农村广泛应用现代物流管理技术，发展农产品从产地到销地的直销和配送，以及农资和农村日用消费品的统一配送。

### （二）大力推进物流服务的社会化和专业化

鼓励生产和商贸企业按照分工协作的原则，剥离或外包物流功能，整合物流资源，促进企业内部物流社会化。推动物流企业与生产、商贸企业互动发展，促进供应链各环节有机结合。鼓励现有运输、仓储、货代、联运、快递企业的功能整合和服务延伸，加快向现代物流企业转型。积极发展多式联运、集装箱、特种货物、厢式货车运输以及重点物资的散装运输等现代运输方式，加强各种运输方式运输企业的相互协调，建立高效、安全、低成本的运输系统。加强运输与物流服务的融合，为物流一体化运作与管理提供条件。鼓励邮政企业深化改革，做大做强快递物流业务。大力发展第三方物流，提高企业的竞争力。

### （三）加快物流企业兼并重组

鼓励中小物流企业加强信息沟通，创新物流服务模式，加强资源整合，满足多样性的物流需要。加大国家对物流企业兼并重组的政策支持力度，缓解当前物流企业面临的困难，鼓励物流企业通过参股、控股、兼并、联合、合资、合作等多种形式进行资产重组，培育一批服务水平高、国际竞争力强的大型现代物流企业。

### （四）推动重点领域物流发展

加强石油、煤炭、重要矿产品及相关产品物流设施建设，建立石油、煤炭、重要矿产品物流体系。加快发展粮食、棉花现代物流，推广散粮运输和棉花大包运输。加强农产品质量标准体系建设，发展农产品冷链物流。完善农资和农村日用消费品连锁经营网络，建立农村物流体系。发展城市统一配送，提高食品、食盐、烟草和出版物等的物流配送效率。实行医药集中采购和统一配送，推动医药物流发展。加强对化学危险品物流的跟踪与监控，规范化学危险品物流的安全管理。推动汽车和零配件物流发展，建立科学合理的汽车综合物流服务体系。鼓励企业加快发展产品与包装物回收物流和废弃物流，促进资源节约与循环利用。鼓励和支持物流业节能减排，发展绿色物流。发挥邮政现有的网络优势，大力发展邮政物流，加快建立快递物流体系，方便生产生活。加强应急物流体系建设，提高应对战争、灾害、重大疫情等突发性事件的能力。

### （五）加快国际物流和保税物流发展

加强主要港口、国际海运陆运集装箱中转站、多功能国际货运站、国际机场等物流节点的多式联运物流设施建设，加快发展铁海联运，提高国际货物的中转能力，加快发展适应国际中转、国际采购、国际配送、国际转口贸易业务要求的国际物流，逐步建成一批适应国际贸易发展需要的大型国际物流港，并不断增强其配套功能。在有效监管的前提下，各有关部门要简化审批手续，优化口岸通关作业流程，实行申办手续电子化和"一站式"服务，提高通关效率。充分发挥口岸联络协调机制的作用，加快"电子口岸"建设，积极推进大通关信息资源整合。统筹规划、合理布局，积极推进海关特殊监管区域整合发展和保税监管场所建设，建立既适应跨国公司全球化运作又适应加工制造业多元化发展需求的新型保税物流监管体系。积极促进口岸物流向内地物流节点城市顺畅延伸，促进内地现代物流业的发展。

（六）优化物流业发展的区域布局

根据市场需求、产业布局、商品流向、资源环境、交通条件、区域规划等因素，重点发展九大物流区域，建设十大物流通道和一批物流节点城市，优化物流业的区域布局。

九大物流区域分布为：以北京、天津为中心的华北物流区域，以沈阳、大连为中心的东北物流区域，以青岛为中心的山东半岛物流区域，以上海、南京、宁波为中心的长江三角洲物流区域，以厦门为中心的东南沿海物流区域，以广州、深圳为中心的珠江三角洲物流区域，以武汉、郑州为中心的中部物流区域，以西安、兰州、乌鲁木齐为中心的西北物流区域，以重庆、成都、南宁为中心的西南物流区域。十大物流通道为：东北地区与关内地区物流通道，东部地区南北物流通道，中部地区南北物流通道，东部沿海与西北地区物流通道，东部沿海与西南地区物流通道，西北与西南地区物流通道，西南地区出海物流通道，长江与运河物流通道，煤炭物流通道，进出口物流通道。

要打破行政区划的界限，按照经济区划和物流业发展的客观规律，促进物流区域发展。积极推进和加深不同地区之间物流领域的合作，引导物流资源的跨区域整合，逐步形成区域一体化的物流服务格局。长江三角洲、珠江三角洲物流区域和华北、山东半岛、东北、东南沿海物流区域，要加强技术自主创新，加快发展制造业物流、国际物流和商贸物流，培育一批具有国际竞争力的现代物流企业，在全国率先做强。中部物流区域要充分发挥中部地区承东启西、贯通南北的区位优势，加快培育第三方物流企业，提升物流产业发展水平，形成与东部物流区域的有机衔接。西北、西南物流区域要加快改革步伐，进一步推广现代物流管理理念和技术，按照本区域承接产业转移和发挥资源优势的需要，加快物流基础设施建设，改善区域物流环境，缩小与东中部地区差距。

物流节点城市分为全国性物流节点城市、区域性物流节点城市和地区性物流节点城市。全国性和区域性物流节点城市由国家确定，地区性物流节点城市由地方确定。全国性物流节点城市包括：北京、天津、沈阳、大连、青岛、济南、上海、南京、宁波、杭州、厦门、广州、深圳、郑州、武汉、重庆、成都、南宁、西安、兰州、乌鲁木齐共21个城市。区域性物流节点城市包括：哈尔滨、长春、包头、呼和浩特、石家庄、唐山、太原、合肥、福州、南昌、长沙、昆明、贵阳、海口、西宁、银川、拉萨共17个城市。物流节点城市要根据本地的产业特点、发展水平、设施状况、市场需求、功能定位等，完善城市物流设施，加强物流园区规划布局，有针对性地建设货运服务型、生产服务型、商业服务型、国际贸易服务型和综合服务型的物流园区，优化城市交通、生态环境，促进产业集聚，努力提高城市的物流服务水平，带动周边所辐射区域物流业的发展，形成全国性、区域性和地区性物流中心和三级物流节点城市网络，促进大中小城市物流业的协调发展。

（七）加强物流基础设施建设的衔接与协调

按照全国货物的主要流向及物流发展的需要，依据《综合交通网中长期发展规划》、《中长期铁路网规划》、《国家高速公路网规划》、《全国沿海港口布局规划》、《全国内河航道与港口布局规划》及《全国民用机场布局规划》，加强交通运输设施建设，完善综合运输网络布局，促进各种运输方式的衔接和配套，提高资源使用效率和物流运行效率。发展多式联运，加强集疏运体系建设，使铁路、港口码头、机场及公路实现"无缝对接"，着力提高物流设施的系统性、兼容性。充分发挥市场机制的作用，整合现有运输、仓储等物流基础设施，加快盘活存量资产，通过资源的整合、功能的拓展和服务的提升，满足物流组织与管理服务的需要。加强新建铁路、港口、公路和机场转运设施的统一规划和建设，合理布局物流园区，完善中转联运设施，防止产生新的分割和不衔接。加强仓储设施建设，在大中城市周边和制造业基地附近合理规划、改造和建设一批现代化的配送中心。

（八）提高物流信息化水平

积极推进企业物流管理信息化，促进信息技术的广泛应用。尽快制订物流信息技术标准和信息资源标准，建立物流信息采集、处理和服务的交换共享机制。加快行业物流公共信息平台建设，建立全国性公路运输信息网络和航空货运公共信息系统，以及其他运输与服务方式的信息网络。推动区域物流信息平台建设，鼓励城市间物流平台的信息共享。加快构建商务、金融、税务、海关、邮政、检验检疫、交通运输、铁路运输、航空运输和工商管理等政府部门的物流管理与服务公共信息平台，扶持一批物流信息服务企业成长。

（九）完善物流标准化体系

根据物流标准编制规划，加快制订、修订物流通用基础类、物流技术类、物流信息类、物流管理类、物流服务类等标准，完善物流标准化体系。密切关注国际发展趋势，加强重大基础标准研究。要对标准制订实施改革，加强物流标准工作的协调配合，充分发挥企业在制订物流标准中的主体作用。加快物流管理、技术和服务标准的推广，鼓励企业和有关方面采用标准化的物流计量、货物分类、物品标识、物流装备设施、工具器具、信息系统和作业流程等，提高物流的标准化程度。

（十）加强物流新技术的开发和应用

大力推广集装技术和单元化装载技术，推行托盘化单元装载运输方式，大力发展大吨位厢式货车和甩挂运输组织方式，推广网络化运输。完善并推广物品编码体系，广泛应用条形码、智能标签、无线射频识别（RFID）等自动识别、标识技术以及电子数据交换技术（EDI），发展可视化技术、货物跟踪技术和货物快速分拣技术，加大对RFID和移动物流信息服务技术、标准的研发和应用的投入。积极开发和利用全球定位系统（GNSS）、地理信息系统（GIS）、道路交通信息通信系统（VICS）、不停车自动交费系统（ETC）、智能交通系统（ITS）等运输领域新技术，加强物流信息系统安全体系研究。加强物流技术装备的研发与生产，鼓励企业采用仓储运输、装卸搬运、分拣包装、条码印刷等专用物流技术装备。

## 四、重点工程

### （一）多式联运、转运设施工程

依托已有的港口、铁路和公路货站、机场等交通运输设施，选择重点地区和综合交通枢纽，建设一批集装箱多式联运中转设施和连接两种以上运输方式的转运设施，提高铁路集装箱运输能力，重点解决港口与铁路、铁路与公路、民用航空与地面交通等枢纽不衔接以及各种交通枢纽相互分离带来的货物在运输过程中多次搬倒、拆装等问题，促进物流基础设施协调配套运行，实现多种运输方式"无缝衔接"，提高运输效率。

### （二）物流园区工程

在重要物流节点城市、制造业基地和综合交通枢纽，在土地利用总体规划、城市总体规划确定的城镇建设用地范围内，按照符合城市发展规划、城乡规划的要求，充分利用已有运输场站、仓储基地等基础设施，统筹规划建设一批以布局集中、用地节约、产业集聚、功能集成、经营集约为特征的物流园区，完善专业化物流组织服务，实现长途运输与短途运输的合理衔接，优化城市配送，提高物流运作的规模效益，节约土地占用，缓解城市交通压力。物流园区建设要严格按规划进行，充分发挥铁路运输优势，综合利用已有、规划和在建的物流基础设施，完善配套设施，防止盲目投资和重复建设。

### （三）城市配送工程

鼓励企业应用现代物流管理技术，适应电子商务和连锁经营发展的需要，在大中城市发展面向流通企业和消费者的社会化共同配送，促进流通的现代化，扩大居民消费。加快建设城市物流配送项目，鼓励专业运输企业开展城市配送，提高城市配送的专业化水平，解决城市快递、配送车辆进城通行、停靠和装卸作业问题，完善城市物流配送网络。

### （四）大宗商品和农村物流工程

加快煤炭物流通道建设，以山西、内蒙古、陕西煤炭外运为重点，形成若干个煤电路港一体化工程，完善煤炭物流系统。加强油气码头和运输管网建设，提高油气物流能力。加强重要矿产品港口物流设施建设，改善大型装备物流设施条件。加快粮食现代物流设施建设，建设跨省粮食物流通道和重要物流节点。加大投资力度，加快建设"北粮南运"和"西煤东运"工程。加强城乡统筹，推进农村物流工程。进一步加强农副产品批发市场建设，完善鲜活农产品储藏、加工、运输和配送等冷链物流设施，提高鲜活农产品冷藏运输比例，支持发展农资和农村消费品物流配送中心。

### （五）制造业与物流业联动发展工程

加强对制造业物流分离外包的指导和促进，支持制造企业改造现有业务流程，促进物流业务分离外包，提高核心竞争力。培育一批适应现代制造业物流需求的第三方物流企业，提升物流业为制造业服务的能力和水平。制定鼓励制造业与物流业联动发展的相关政策，组织实施一批制造业与物流业联动发展的示范工程和重点项目，促进现代制造业与物流业有机融合、联动发展。

### （六）物流标准和技术推广工程

加快对现有仓储、转运设施和运输工具的标准化改造，鼓励企业采用标准化的物流设施和设备，实现物流设施、设备的标准化。推广实施托盘系列国家标准，鼓励企业采用标准化托盘，支持专业化企业在全国建设托盘共用系统，开展托盘的租赁回收业务，实现托盘标准化、社会化运作。鼓励企业采用集装单元、射频识别、货物跟踪、自动分拣、立体仓库、配送中心信息系统、冷链等物流新技术，提高物流运作管理水平。实施物流标准化服务示范工程，选择大型物流企业、物流园区开展物流标准化试点工作并逐步推广。

（七）物流公共信息平台工程

加快建设有利于信息资源共享的行业和区域物流公共信息平台项目，重点建设电子口岸、综合运输信息平台、物流资源交易平台和大宗商品交易平台。鼓励企业开展信息发布和信息系统外包等服务业务，建设面向中小企业的物流信息服务平台。

（八）物流科技攻关工程

加强物流新技术的自主研发，重点支持货物跟踪定位、智能交通、物流管理软件、移动物流信息服务等关键技术攻关，提高物流技术的自主创新能力。适应物流业与互联网融合发展的趋势，启动物联网的前瞻性研究工作。加快先进物流设备的研制，提高物流装备的现代化水平。

（九）应急物流工程

建立应急生产、流通、运输和物流企业信息系统，以便在突发事件发生时能够紧急调用。建立多层次的政府应急物资储备体系，保证应急调控的需要。加强应急物流设施设备建设，提高应急反应能力。选择和培育一批具有应急能力的物流企业，建立应急物流体系。

五、政策措施

（一）加强组织和协调

现代物流业是新型服务业，涉及面广。要加强对现代物流业发展的组织和协调，在相关部门各司其职、各负其责的基础上，发挥由发展改革委牵头、有关部门参加的全国现代物流工作部际联席会议的作用，研究协调现代物流业发展的有关重大问题和政策。各省、自治区、直辖市政府也要建立相应的协调机制，加强对地方现代物流业发展有关问题的研究和协调。

（二）改革物流管理体制

继续深化铁路、公路、水运、民航、邮政、货代等领域的体制改革，按照精简、统一、高效的原则和决策、执行、监督相协调的要求，建立政企分开、决策科学、权责对等、分工合理、执行顺畅、监督有力的物流综合管理体系，完善政府的公共服务职能，进一步规范运输、货代等行业的管理，促进物流服务的规范化、市场化和国际化。改革仓储企业经营体制，推进仓储设施和业务的社会化。打破行业垄断，消除地区封锁，依法制止和查处滥用行政权力阻碍或限制跨地区、跨行业物流服务的行为，逐步建立统一开放、竞争有序的全国物流服务市场，促进物流资源的规范、公平、有序和高效流动。加强监管，规范物流市场秩序，强化物流环节质量安全管理。进一步完善对物流企业的交通安全监管机制，督促企业定期对车辆技术状况、驾驶人资质进行检查，从源头上消除安全隐患，落实企业的安全生产主体责任。

（三）完善物流政策法规体系

在贯彻落实好现有推动现代物流业发展有关政策的基础上，进一步研究制定促进现代物流业发展的有关政策。加大政策支持力度，抓紧解决影响当前物流业发展的土地、税收、收费、融资和交通管理等方面的问题。引导和鼓励物流企业加强管理创新，完善公司治理结构，实施兼并重组，尽快做强做大。针对当前产业发展中出现的新情况和新问题，研究制定系统的物流产业政策。清理有关物流的行政法规，加强对物流领域的立法研究，完善物流的法律法规体系，促进物流业健康发展。

（四）制订落实专项规划

有关部门要制订专项规划，积极引导和推动重点领域和区域物流业的发展。发展改革委会同有关部门制订煤炭、粮食、农产品冷链、物流园区、应急物流等专项规划，商务部会同供销总社等有关部门制订商贸物流专项规划，国家标准委会同有关部门制订物流标准专项规划。物流业发展的重点地区，各级地方政府也要制订本地区物流业规划，指导本地区物流业的发展。

（五）多渠道增加对物流业的投入

物流业的发展，主要依靠企业自身的投入。要加快发展民营物流企业，扩大对外开放步伐，多渠道增加对物流业的投入。对列入国家和地方规划的物流基础设施建设项目，鼓励其通过银行贷款、股票上市、发行债券、增资扩股、企业兼并、中外合资等途径筹集建设资金。银行业金融机构要积极给予信贷支持。对涉及全国性、区域性重大物流基础设施项目，中央和地方政府可根据项目情况和财力状况适当安排中央和地方预算内建设投资，以投资补助、资本金注入或贷款贴息等方式给予支持，由企业进行市场化运作。

（六）完善物流统计指标体系

进一步完善物流业统计调查制度和信息管理制度，建立科学的物流业统计调查方法和指标体系。加强物流统计基础工作，开展物流统计理论和方法研究。认真贯彻实施社会物流统计核算与报表制度。积极推动地方物流统计工作，充分发挥行业组织的作用和力量，促进物流业统计信息交流，建立健全共享机制，提高统计数据的准确性和及时性。

（七）继续推进物流业对外开放和国际合作

充分利用世界贸易组织、自由贸易区和区域经济合作机制等平台，与有关国家和地区相互进一步开放与物流相关的分销、运输、仓储、货代等领域，特别是加强与日韩、东盟和中亚国家的双边和区域物流合作，开展物流方面的政策协调和技术合作，推动物流业"引进来"和"走出去"。加强国内物流企业同国际先进物流企业的合资、合作与交流，引进和吸收国外促进现代物流发展的先进经验和管理方法，提高物流业的全球化与区域化程度。加强国际物流"软环境"建设，包括鼓励运用国际惯例、推动与国际贸易规则及货代物流规则接轨、统一单证、加强风险控制和风险转移体系建设等。建立产业安全保障机制，完善物流业外资并购安全审查制度。

（八）加快物流人才培养

要采取多种形式，加快物流人才的培养。加强物流人才需求预测和调查，制订科学的培养目标和规划，发展多层次教育体系和在职人员培训体系。利用社会资源，鼓励企业与大学、科研机构合作，编写精品教材，提高实际操作能力，强化职业技能教育，开展物流领域的职业资质培训与认证工作。加强与国外物流教育与培训机构的联合与合作。

（九）发挥行业社团组织的作用

物流业社团组织应履行行业服务、自律、协调的职能，发挥在物流规划制订、政策建议、规范市场行为、统计与信息、技术合作、人才培训、咨询服务等方面的中介作用，成为政府与企业联系的桥梁和纽带。

六、规划实施

国务院各有关部门要按照《规划》的工作分工，加强沟通协商，密切配合，尽快制定和完善各项配套政策措施，明确政策措施的实施范围和进度，并加强指导和监督，确保实现物流业调整和振兴目标。有关部门要适时开展《规划》的后评价工作，及时提出评价意见。

各地区要按照《规划》确定的目标、任务和政策措施，结合当地实际抓紧制订具体工作方案，细化落实，确保取得实效。各省、自治区、直辖市要将具体工作方案和实施过程中出现的新情况、新问题及时报送发展改革委和交通运输、商务等有关部门。

# 附录三 《物流业发展中长期规划（2014—2020年）》

## 国务院关于印发物流业发展中长期规划（2014—2020年）的通知

国发〔2014〕42号

各省、自治区、直辖市人民政府，国务院各部委、各直属机构：

现将《物流业发展中长期规划（2014—2020年）》印发给你们，请认真贯彻执行。

国务院
2014年9月12日

## 物流业发展中长期规划（2014—2020年）

物流业是融合运输、仓储、货代、信息等产业的复合型服务业，是支撑国民经济发展的基础性、战略性产业。加快发展现代物流业，对于促进产业结构调整、转变发展方式、提高国民经济竞争力和建设生态文明具有重要意义。为促进物流业健康发展，根据党的十八大、十八届三中全会精神和《中华人民共和国国民经济和社会发展第十二个五年规划纲要》、《服务业发展"十二五"规划》等，制定本规划。规划期为2014—2020年。

一、发展现状与面临的形势

（一）发展现状

"十一五"特别是国务院印发《物流业调整和振兴规划》以来，我国物流业保持较快增长，服务能力显著提升，基础设施条件和政策环境明显改善，现代产业体系初步形成，物流业已成为国民经济的重要组成部分。

产业规模快速增长。全国社会物流总额2013年达到197.8万亿元，比2005年增长3.1倍，按可比价格计算，年均增长11.5%。物流业增加值2013年达到3.9万亿元，比2005年增长2.2倍，年均增长11.1%，物流业增加值占国内生产总值的比重由2005年的6.6%提高到2013年的6.8%，占服务业增加值的比重达到14.8%。物流业吸纳就业人数快速增加，从业人员从2005年的1780万人增长到2013年的2890万人，年均增长6.2%。

服务能力显著提升。物流企业资产重组和资源整合步伐进一步加快，形成了一批所有制多元化、服务网络化和管理现代化的物流企业。传统运输业、仓储业加速向现代物流业转型，制造业物流、商贸物流、电子商务物流和国际物流等领域专业化、社会化服务能力显著增强，服务水平不断提升，现代物流服务体系初步建立。

技术装备条件明显改善。信息技术广泛应用，大多数物流企业建立了管理信息系统，物流信息平台建设快速推进。物联网、云计算等现代信息技术开始应用，装卸搬运、分拣包装、加工配送等专用物流装备和智能标签、跟踪追溯、路径优化等技术迅速推广。

基础设施网络日趋完善。截至2013年年底，全国铁路营业里程10.3万公里，其中高速铁路1.1万公里；全国公路总里程达到435.6万公里，其中高速公路10.45万公里；内河航道通航里程12.59万公里，其中三级及以上高等级航道1.02万公里；全国港口拥有万吨级及以上泊位2001个，其中沿海港口1607个、内河港口394个；全国民用运输机场193个。2012年全国营业性库房面积约13亿平方米，各种类型的物流园区754个。

发展环境不断优化。"十二五"规划纲要明确提出"大力发展现代物流业"。国务院印发《物流业调整和振兴规划》，并制定出台了促进物流业健康发展的政策措施。有关部门和地方政府出台了一系列专项规划和配套措施。社会物流统计制度日趋完善，标准化工作有序推进，人才培养工作进一步加强，物流科技、学术理论研究及产学研合作不断深入。

总体上看，我国物流业已步入转型升级的新阶段。但是，物流业发展总体水平还不高，发展方式比较粗放。主要表现为：一是物流成本高、效率低。2013年全社会物流总费用与国内生产总值的比率高达18%，高于发达国家水平1倍左右，也显著高于巴西、印度等发展中国家的水平。二是条块分割严重，阻碍物流业发展的体制机制障碍仍未打破。企业自营物流比重高，物流企业规模小，先进技术难以推广，物流标准难以统一，迂回运输、资源浪费的问题突出。三是基础设施相对滞后，不能满足现代物流发展的要求。现代化仓储、多式联运转运等设施仍显不足，布局合理、功能完善的物流园区体系尚未建立，高效、顺畅、便捷的综合交通运输网络尚不健全，物流基础设施之间不衔接、不配套问题比较突出。四是政策法规体系还不够完善，市场秩序不够规范。已经出台的一些政策措施有待进一步落实，一些地方针对物流企业的乱收费、乱罚款问题突出。信用体系建设滞后，物流业从业人员整体素质有待进一步提升。

（二）面临的形势

当前，经济全球化趋势深入发展，网络信息技术革命带动新技术、新业态不断涌现，物流业发展面临的机遇与挑战并存。伴随全面深化改革，工业化、信息化、新型城镇化和农业现代化进程持续推进，产业结构调整和居民消费升级步伐不断加快，我国物流业发展空间越来越广阔。

物流需求快速增长。农业现代化对大宗农产品物流和鲜活农产品冷链物流的需求不断增长。新型工业化要求加快建立规模化、现代化的制造业物流服务体系。居民消费升级以及新型城镇化步伐加快，迫切需要建立更加完善、便捷、高效、安全的消费品物流配送体系。此外，电子商务、网络消费等新兴业态快速发展，快递物流等需求也将继续快速增长。

新技术、新管理不断出现。信息技术和供应链管理不断发展并在物流业得到广泛运用，为广大生产流通企业提供了越来越低成本、高效率、多样化、精益化的物流服务，推动制造业专注核心业务和商贸业优化内部分工，以新技术、新管理为核心的现代物流体系日益形成。随着城乡居民消费能力的增强和消费方式的逐步转变，全社会物流服务能力和效率持续提升，物流成本进一步降低、流通效率明显提高，物流业市场竞争加剧。

资源环境约束日益加强。随着社会物流规模的快速扩大、能源消耗和环境污染形势的加重、城市交通压力的加大，传统的物流运作模式已难以为继。按照建设生态文明的要求，必须加快运用先进运营管理理念，不断提高信息化、标准化和自动化水平，促进一体化运作和网络化经营，大力发展绿色物流，推动节能减排，切实降低能耗、减少排放、缓解交通压力。

国际竞争日趋激烈。随着国际产业转移步伐不断加快和服务贸易快速发展，全球采购、全球生产和全球销售的物流发展模式正在日益形成，迫切要求我国形成一批深入参与国际分工、具有国际竞争力的跨国物流企业，畅通与主要贸易伙伴、周边国家便捷高效的国际物流大通道，形成具有全球影响力的国际物流中心，以应对日益激烈的全球物流企业竞争。

二、总体要求

（一）指导思想

以邓小平理论、"三个代表"重要思想、科学发展观为指导，深入贯彻党的十八大和十八届二中、三中全会精神，全面落实党中央、国务院各项决策部署，按照加快转变发展方式、建设生态文明的要求，适应信息技术发展的新趋势，以提高物流效率、降低物流成本、减轻资源和环境压力为重点，以市场为导向，以改革开放为动力，以先进技术为支撑，积极营造有利于现代物流业发展的政策环境，着力建立和完善现代物流服务体系，加快提升物流业发展水平，促进产业结构调整和经济提质增效升级，增强国民经济竞争力，为全面建成小康社会提供物流服务保障。

（二）主要原则

**市场运作，政府引导。**使市场在资源配置中起决定性作用和更好发挥政府作用，强化企业的市场主体地位，积极发挥政府在战略、规划、政策、标准等方面的引导作用。

**优化结构，提升水平。**加快传统物流业转型升级，建立和完善社会化、专业化的物流服务体系，大力发展第三方物流。形成一批具有较强竞争力的现代物流企业，扭转"小、散、弱"的发展格局，提升产业规模和发展水平。

**创新驱动，协同发展。**加快关键技术装备的研发应用，提升物流业信息化和智能化水平，创新运作管理模式，提高供应链管理和物流服务水平，形成物流业与制造业、商贸业、金融业协同发展的新优势。

**节能减排，绿色环保。**鼓励采用节能环保的技术、装备，提高物流运作的组织化、网络化水平，降低物流业的总体能耗和污染物排放水平。

**完善标准，提高效率。**推动物流业技术标准体系建设，加强一体化运作，实现物流作业各环节、各种物流设施设备以及物流信息的衔接配套，促进物流服务体系高效运转。

**深化改革，整合资源。**深化物流业管理体制改革，进一步简政放权，打破行业、部门和地区分割，反对垄断和不正当竞争，统筹城市和乡村、国际和国内物流体系建设，建立有利于资源整合和优化配置的体制机制。

（三）发展目标

到2020年，基本建立布局合理、技术先进、便捷高效、绿色环保、安全有序的现代物流服务体系。

物流的社会化、专业化水平进一步提升。物流业增加值年均增长8%左右，物流业增加值占国内生产总值的比重达到7.5%左右。第三方物流比重明显提高。新的物流装备、技术广泛应用。

物流企业竞争力显著增强。一体化运作、网络化经营能力进一步提高,信息化和供应链管理水平明显提升,形成一批具有国际竞争力的大型综合物流企业集团和物流服务品牌。

物流基础设施及运作方式衔接更加顺畅。物流园区网络体系布局更加合理,多式联运、甩挂运输、共同配送等现代物流运作方式保持较快发展,物流集聚发展的效益进一步显现。

物流整体运行效率显著提高。全社会物流总费用与国内生产总值的比率由2013年的18%下降到16%左右,物流业对国民经济的支撑和保障能力进一步增强。

### 三、发展重点

#### (一)着力降低物流成本

打破条块分割和地区封锁,减少行政干预,清理和废除妨碍全国统一市场和公平竞争的各种规定和做法,建立统一开放、竞争有序的全国物流服务市场。进一步优化通行环境,加强和规范收费公路管理,保障车辆便捷高效通行,积极采取有力措施,切实加大对公路乱收费、乱罚款的清理整顿力度,减少不必要的收费点,全面推进全国主要高速公路不停车收费系统建设。加快推进联通国内、国际主要经济区域的物流通道建设,大力发展多式联运,努力形成京沪、京广、欧亚大陆桥、中欧铁路大通道、长江黄金水道等若干条货畅其流、经济便捷的跨区域物流大通道。

#### (二)着力提升物流企业规模化、集约化水平

鼓励物流企业通过参股控股、兼并重组、协作联盟等方式做大做强,形成一批技术水平先进、主营业务突出、核心竞争力强的大型现代物流企业集团,通过规模化经营提高物流服务的一体化、网络化水平,形成大小物流企业共同发展的良好态势。鼓励运输、仓储等传统物流企业向上下游延伸服务,推进物流业与其他产业互动融合,协同发展。鼓励物流企业与制造企业深化战略合作,建立与新型工业化发展相适应的制造业物流服务体系,形成一批具有全球采购、全球配送能力的供应链服务商。鼓励商贸物流企业提高配送的规模化和协同化水平,加快电子商务物流发展,建立快速便捷的城乡配送物流体系。支持快递业整合资源,与民航、铁路、公路等运输行业联动发展,加快形成一批具有国际竞争力的大型快递企业,构建覆盖城乡的快递物流服务体系。支持航空货运企业兼并重组、做强做大,提高物流综合服务能力。充分发挥邮政的网络、信息和服务优势,深入推动邮政与电子商务企业的战略合作,发展电商小包等新型邮政业务。进一步完善邮政基础设施网络,鼓励各地邮政企业因地制宜地发展农村邮政物流服务,推动农资下乡和农产品进城。

#### (三)着力加强物流基础设施网络建设

推进综合交通运输体系建设,合理规划布局物流基础设施,完善综合运输通道和交通枢纽节点布局,构建便捷、高效的物流基础设施网络,促进多种运输方式顺畅衔接和高效中转,提升物流体系综合能力。优化航空货运网络布局,加快国内航空货运转运中心、连接国际重要航空货运中心的大型货运枢纽建设。推进"港站一体化",实现铁路货运站与港口码头无缝衔接。完善物流转运设施,提高货物换装的便捷性和兼容性。加快煤炭外运、"北粮南运"、粮食仓储等重要基础设施建设,解决突出的运输"卡脖子"问题。加强物流园区规划布局,进一步明确功能定位,整合和规范现有园区,节约、集约用地,提高资源利用效率和管理水平。在大中城市和制造业基地周边加强现代化配送中心规划,在城市社

区和村镇布局建设共同配送末端网点，优化城市商业区和大型社区物流基础设施的布局建设，形成层级合理、规模适当、需求匹配的物流仓储配送网络。进一步完善应急物流基础设施，积极有效应对突发自然灾害、公共卫生事件以及重大安全事故。

四、主要任务

（一）大力提升物流社会化、专业化水平

鼓励制造企业分离外包物流业务，促进企业内部物流需求社会化。优化制造业、商贸业集聚区物流资源配置，构建中小微企业公共物流服务平台，提供社会化物流服务。着力发展第三方物流，引导传统仓储、运输、国际货代、快递等企业采用现代物流管理理念和技术装备，提高服务能力；支持从制造企业内部剥离出来的物流企业发挥专业化、精益化服务优势，积极为社会提供公共物流服务。鼓励物流企业功能整合和业务创新，不断提升专业化服务水平，积极发展定制化物流服务，满足日益增长的个性化物流需求。进一步优化物流组织模式，积极发展共同配送、统一配送，提高多式联运比重。

（二）进一步加强物流信息化建设

加强北斗导航、物联网、云计算、大数据、移动互联等先进信息技术在物流领域的应用。加快企业物流信息系统建设，发挥核心物流企业整合能力，打通物流信息链，实现物流信息全程可追踪。加快物流公共信息平台建设，积极推进全社会物流信息资源的开发利用，支持运输配载、跟踪追溯、库存监控等有实际需求、具备可持续发展前景的物流信息平台发展，鼓励各类平台创新运营服务模式。进一步推进交通运输物流公共信息平台发展，整合铁路、公路、水路、民航、邮政、海关、检验检疫等信息资源，促进物流信息与公共服务信息有效对接，鼓励区域间和行业内的物流平台信息共享，实现互联互通。

（三）推进物流技术装备现代化

加强物流核心技术和装备研发，推动关键技术装备产业化，鼓励物流企业采用先进适用技术和装备。加快食品冷链、医药、烟草、机械、汽车、干散货、危险化学品等专业物流装备的研发，提升物流装备的专业化水平。积极发展标准化、厢式化、专业化的公路货运车辆，逐步淘汰栏板式货车。推广铁路重载运输技术装备，积极发展铁路特种、专用货车以及高铁快件等运输技术装备，加强物流安全检测技术与装备的研发和推广应用。吸收引进国际先进物流技术，提高物流技术自主创新能力。

（四）加强物流标准化建设

加紧编制并组织实施物流标准中长期规划，完善物流标准体系。按照重点突出、结构合理、层次分明、科学适用、基本满足发展需要的要求，完善国家物流标准体系框架，加强通用基础类、公共类、服务类及专业类物流标准的制定工作，形成一批对全国物流业发展和服务水平提升有重大促进作用的物流标准。注重物流标准与其他产业标准以及国际物流标准的衔接，科学划分推荐性和强制性物流标准，加大物流标准的实施力度，努力提升物流服务、物流枢纽、物流设施设备的标准化运作水平。调动企业在标准制修订工作中的积极性，推进重点物流企业参与专业领域物流技术标准和管理标准的制定和标准化试点工作。加强物流标准的培训宣传和推广应用。

（五）推进区域物流协调发展

落实国家区域发展整体战略和产业布局调整优化的要求，继续发挥全国性物流节点城市和区域性物流节点城市的辐射带动作用，推动区域物流协调发展。按照建设丝绸之路经济带、海上丝绸之路、长江经济带等重大战略规划要求，加快推进重点物流区域和联通国际国内的物流通道建设，重点打造面向中亚、南亚、西亚的战略物流枢纽及面向东盟的陆海联运、江海联运节点和重要航空港，建立省际和跨国合作机制，促进物流基础设施互联互通和信息资源共享。东部地区要适应居民消费加快升级、制造业转型、内外贸一体化的趋势，进一步提升商贸物流、制造业物流和国际物流的服务能力，探索国际国内物流一体化运作模式。按照推动京津冀协同发展、环渤海区域合作和发展等要求，加快商贸物流业一体化进程。中部地区要发挥承东启西、贯通南北的区位优势，加强与沿海、沿边地区合作，加快陆港、航空口岸建设，构建服务于产业转移、资源输送和南北区域合作的物流通道和枢纽。西部地区要结合推进丝绸之路经济带建设，打造物流通道，改善区域物流条件，积极发展具有特色优势的农产品、矿产品等大宗商品物流产业。东北地区要加快构建东北亚沿边物流带，形成面向俄罗斯、连接东北亚及欧洲的物流大通道，重点推进制造业物流和粮食等大宗资源型商品物流发展。物流节点城市是区域物流发展的重要枢纽，要根据产业特点、发展水平、设施状况、市场需求、功能定位等，加强物流基础设施的规划布局，改善产业发展环境。

（六）积极推动国际物流发展

加强枢纽港口、机场、铁路、公路等各类口岸物流基础设施建设。以重点开发开放试验区为先导，结合发展边境贸易，加强与周边国家和地区的跨境物流体系和走廊建设，加快物流基础设施互联互通，形成一批国际货运枢纽，增强进出口货物集散能力。加强境内外口岸、内陆与沿海、沿边口岸的战略合作，推动海关特殊监管区域、国际陆港、口岸等协调发展，提高国际物流便利化水平。建立口岸物流联检联动机制，进一步提高通关效率。积极构建服务于全球贸易和营销网络、跨境电子商务的物流支撑体系，为国内企业"走出去"和开展全球业务提供物流服务保障。支持优势物流企业加强联合，构建国际物流服务网络，打造具有国际竞争力的跨国物流企业。

（七）大力发展绿色物流

优化运输结构，合理配置各类运输方式，提高铁路和水路运输比重，促进节能减排。大力发展甩挂运输、共同配送、统一配送等先进的物流组织模式，提高储运工具的信息化水平，减少返空、迂回运输。鼓励采用低能耗、低排放运输工具和节能型绿色仓储设施，推广集装单元化技术。借鉴国际先进经验，完善能耗和排放监测、检测认证制度，加快建立绿色物流评估标准和认证体系。加强危险品水运管理，最大限度减少环境事故。鼓励包装重复使用和回收再利用，提高托盘等标准化器具和包装物的循环利用水平，构建低环境负荷的循环物流系统。大力发展回收物流，鼓励生产者、再生资源回收利用企业联合开展废旧产品回收。推广应用铁路散堆装货物运输抑尘技术。

## 五、重点工程

### （一）多式联运工程

加快多式联运设施建设，构建能力匹配的集疏运通道，配备现代化的中转设施，建立多式联运信息平台。完善港口的铁路、公路集疏运设施，提升临港铁路场站和港站后方通道能力。推进铁路专用线建设，发挥铁路集装箱中心站作用，推进内陆城市和港口的集装箱场站建设。构建与铁路、机场和公路货运站能力匹配的公路集疏运网络系统。发展海铁联运、铁水联运、公铁联运、陆空联运，加快推进大宗散货水铁联运、集装箱多式联运，积极发展干支直达和江海直达等船舶运输组织方式，探索构建以半挂车为标准荷载单元的铁路驮背运输、水路滚装运输等多式联运体系。

### （二）物流园区工程

在严格符合土地利用总体规划、城市总体规划的前提下，按照节约、集约用地的原则，在重要的物流节点城市加快整合与合理布局物流园区，推进物流园区水、电、路、通讯设施和多式联运设施建设，加快现代化立体仓库和信息平台建设，完善周边公路、铁路配套，推广使用甩挂运输等先进运输方式和智能化管理技术，完善物流园区管理体制，提升管理和服务水平。结合区位特点和物流需求，发展货运枢纽型、生产服务型、商贸服务型、口岸服务型和综合服务型物流园区，以及农产品、农资、钢铁、煤炭、汽车、医药、出版物、冷链、危险货物运输、快递等专业类物流园区，发挥物流园区的示范带动作用。

### （三）农产品物流工程

加大粮食仓储设施建设和维修改造力度，满足粮食收储需要。引进先进粮食仓储设备和技术，切实改善粮食仓储条件。积极推进粮食现代物流设施建设，发展粮食储、运、装、卸"四散化"和多式联运，开通从东北入关的铁路散粮列车和散粮集装箱班列，加强粮食产区的收纳和发放设施、南方销区的铁路和港口散粮接卸设施建设，解决"北粮南运"运输"卡脖子"问题。推进棉花运输装卸机械化、仓储现代化、管理信息化，加强主要产销区的物流节点及铁路专用线建设，支持企业开展纺织配棉配送服务。加强"南糖北运"及产地的运输、仓储等物流设施建设。加强鲜活农产品冷链物流设施建设，支持"南菜北运"和大宗鲜活农产品产地预冷、初加工、冷藏保鲜、冷链运输等设施设备建设，形成重点品种农产品物流集散中心，提升批发市场等重要节点的冷链设施水平，完善冷链物流网络。

### （四）制造业物流与供应链管理工程

支持建设与制造业企业紧密配套、有效衔接的仓储配送设施和物流信息平台，鼓励各类产业聚集区域和功能区配套建设公共外仓，引进第三方物流企业。鼓励传统运输、仓储企业向供应链上下游延伸服务，建设第三方供应链管理平台，为制造业企业提供供应链计划、采购物流、入厂物流、交付物流、回收物流、供应链金融以及信息追溯等集成服务。加快发展具有供应链设计、咨询管理能力的专业物流企业，着力提升面向制造业企业的供应链管理服务水平。

### （五）资源型产品物流工程

依托煤炭、石油、铁矿石等重要产品的生产基地和市场，加快资源型产品物流集散中心和物流通道建设。推进晋陕蒙（西）宁甘、内蒙古东部、新疆等煤炭外运重点通道建设，重点建设环渤海等大型煤炭储配基地和重点煤炭物流节点。统筹油气进口运输通道和国内储运体系建设，加快跨区域、与周边国家和地区紧密连接的油气运输通道建设，加强油气码头建设，鼓励发展油船、液化天然气船，加强铁矿石等重要矿产品港口（口岸）物流设施建设。

（六）城乡物流配送工程

加快完善城乡配送网络体系，统筹规划、合理布局物流园区、配送中心、末端配送网点等三级配送节点，搭建城市配送公共服务平台，积极推进县、乡、村消费品和农资配送网络体系建设。进一步发挥邮政及供销合作社的网络和服务优势，加强农村邮政网点、村邮站、"三农"服务站等邮政终端设施建设，促进农村地区商品的双向流通。推进城市绿色货运配送体系建设，完善城市配送车辆标准和通行管控措施，鼓励节能环保车辆在城市配送中的推广应用。加快现代物流示范城市的配送体系发展，建设服务连锁经营企业和网络销售企业的跨区域配送中心。发展智能物流基础设施，支持农村、社区、学校的物流快递公共取送点建设。鼓励交通、邮政、商贸、供销、出版物销售等开展联盟合作，整合利用现有物流资源，进一步完善存储、转运、停靠、卸货等基础设施，加强服务网络建设，提高共同配送能力。

（七）电子商务物流工程

适应电子商务快速发展需求，编制全国电子商务物流发展规划，结合国家电子商务示范城市、示范基地、物流园区、商业设施等建设，整合配送资源，构建电子商务物流服务平台和配送网络。建成一批区域性仓储配送基地，吸引制造商、电商、快递和零担物流公司、第三方服务公司入驻，提高物流配送效率和专业化服务水平。探索利用高铁资源，发展高铁快件运输。结合推进跨境贸易电子商务试点，完善一批快递转运中心。

（八）物流标准化工程

重点推进物流技术、信息、服务、运输、货代、仓储、粮食等农产品及加工食品、医药、汽车、家电、电子商务、邮政（含快递）、冷链、应急等物流标准的制修订工作，积极着手开展钢铁、机械、煤炭、铁矿石、石油石化、建材、棉花等大宗产品物流标准的研究制订工作。支持仓储和转运设施、运输工具、停靠和卸货站点的标准化建设和改造，制定公路货运标准化电子货单，推广托盘、集装箱、集装袋等标准化设施设备，建立全国托盘共用体系，推进管理软件接口标准化，全面推广甩挂运输试点经验。开展物流服务认证试点工作，推进物流领域检验检测体系建设，支持物流企业开展质量、环境和职业健康安全管理体系认证。

（九）物流信息平台工程

整合现有物流信息服务平台资源，形成跨行业和区域的智能物流信息公共服务平台。加强综合运输信息、物流资源交易、电子口岸和大宗商品交易等平台建设，促进各类平台之间的互联互通和信息共享。鼓励龙头物流企业搭建面向中小物流企业的物流信息服务平台，促进货源、车源和物流服务等信息的高效匹配，有效降低货车空驶率。以统一物品编码体系为依托，建设衔接企业、消费者与政府部门的第三方公共服务平台，提供物流信息标准查询、对接服务。建设智能物流信息平台，形成集物流信息发布、在线交易、数据交换、跟踪追溯、智能分析等功能为一体的物流信息服务中心。加快推进国家交通运输物流公共信息平台建设，依托东北亚物流信息服务网络等已有平台，开展物流信息化国际合作。

（十）物流新技术开发应用工程

支持货物跟踪定位、无线射频识别、可视化技术、移动信息服务、智能交通和位置服务等关键技术攻关，研发推广高性能货物搬运设备和快速分拣技术，加强沿海和内河船型、商用车运输等重要运输技术的研发应用。完善物品编码体系，推动条码和智能标签等标识技术、自动识别技术以及电子数据交换技术的广泛应用。推广物流信息编码、物流信息采集、物流载体跟踪、自动化控制、管理决策支持、信息交换与共享等领域的物流信息技术。鼓励新一代移动通信、道路交通信息通讯系统、自动导引车辆、不停车收费系统以及托盘等集装单元化技术普及。推动北斗导航、物联网、云计算、大数据、移动互联等技术在产品可追溯、在线调度管理、全自动物流配送、智能配货等领域的应用。

（十一）再生资源回收物流工程

加快建立再生资源回收物流体系，重点推动包装物、废旧电器电子产品等生活废弃物和报废工程机械、农作物秸秆、消费品加工中产生的边角废料等有使用价值废弃物的回收物流发展。加大废弃物回收物流处理设施的投资力度，加快建设一批回收物流中心，提高回收物品的收集、分拣、加工、搬运、仓储、包装、维修等管理水平，实现废弃物的妥善处置、循环利用、无害环保。

（十二）应急物流工程

建立统一协调、反应迅捷、运行有序、高效可靠的应急物流体系，建设集满足多种应急需要为一体的物流中心，形成一批具有较强应急物流运作能力的骨干物流企业。加强应急仓储、中转、配送设施建设，提升应急物流设施设备的标准化和现代化水平，提高应急物流效率和应急保障能力。建立和完善应急物流信息系统，规范协调调度程序，优化信息流程、业务流程和管理流程，推进应急生产、流通、储备、运输环节的信息化建设和应急信息交换、数据共享。

六、保障措施

（一）深化改革开放

加快推进物流管理体制改革，完善各层级的物流政策综合协调机制，进一步发挥全国现代物流工作部际联席会议作用。按照简政放权、深化行政审批制度改革的要求，建立公平透明的市场准入标准，进一步放宽对物流企业资质的行政许可和审批条件，改进审批管理方式。落实物流企业设立非法人分支机构的相关政策，鼓励物流企业开展跨区域网络化经营。引导企业改革"大而全"、"小而全"的物流运作模式，制定支持企业分离外包物流业务和加快发展第三方物流的措施，充分整合利用社会物流资源，提高规模化水平。加强与主要贸易对象国及台港澳等地区的政策协调和物流合作，推动国内物流企业与国际先进物流企业合作交流，支持物流企业"走出去"。做好物流业外资并购安全审查工作，扩大商贸物流、电子商务领域的对外开放。

（二）完善法规制度

尽快从国民经济行业分类、产业统计、工商注册及税目设立等方面明确物流业类别，进一步明确物流业的产业地位。健全物流业法律法规体系，抓紧研究制修订物流业安全监管、交通运输管理和仓储管理等相关法律法规或部门规章，开展综合性法律的立法准备工作，在此基础上择机研究制订物流业促进方面的法律法规。

（三）规范市场秩序

加强对物流市场的监督管理，完善物流企业和从业人员信用记录，纳入国家统一的信用信息平台。增强企业诚信意识，建立跨地区、跨行业的联合惩戒机制，加大对失信行为的惩戒力度。加强物流信息安全管理，禁止泄露转卖客户信息。加强物流服务质量满意度监测，开展安全、诚信、优质服务创建活动。鼓励企业整合资源、加强协作，提高物流市场集中度和集约化运作水平，减少低水平无序竞争。加强对物流业市场竞争行为的监督检查，依法查处不正当竞争和垄断行为。

（四）加强安全监管

加强对物流企业的安全管理，督促物流企业切实履行安全主体责任，严格执行国家强制标准，保证运输装备产品的一致性。加强对物流车辆和设施设备的检验检测，确保车辆安全性符合国家规定、设施设备处于良好状态。禁止超载运输，规范超限运输。危险货物运输要强化企业经理人员安全管理职责和车辆动态监控。加大安全生产经费投入，及时排查整改安全隐患。加大物流业贯彻落实国家信息安全等级保护制度力度，按照国家信息安全等级保护管理规范和技术标准要求同步实施物流信息平台安全建设，提高网络安全保障能力。建立健全物流安全监管信息共享机制，物流信息平台及物流企业信息系统要按照统一技术标准建设共享信息的技术接口。道路、铁路、民航、航运、邮政部门要进一步规范货物收运、收寄流程，进一步落实货物安全检查责任，采取严格的货物安全检查措施并增加开箱检查频次，加大对瞒报货物品名行为的查处力度，严防普通货物中夹带违禁品和危险品。推广使用技术手段对集装箱和货运物品进行探测查验，提高对违禁品和危险品的发现能力。加大宣传教育力度，曝光违法违规托运和夹带违禁品、危险品的典型案件和查处结果，增强公众守法意识。

（五）完善扶持政策

加大土地等政策支持力度，着力降低物流成本。落实和完善支持物流业发展的用地政策，依法供应物流用地，积极支持利用工业企业旧厂房、仓库和存量土地资源建设物流设施或者提供物流服务，涉及原划拨土地使用权转让或者租赁的，应按规定办理土地有偿使用手续。认真落实物流业相关税收优惠政策。研究完善支持物流企业做强做大的扶持政策，培育一批网络化、规模化发展的大型物流企业。严格执行鲜活农产品运输"绿色通道"政策。研究配送车辆进入城区作业的相关政策，完善城市配送车辆通行管控措施。完善物流标准化工作体系，建立相关部门、行业组织和标准技术归口单位的协调沟通机制。

（六）拓宽投资融资渠道

多渠道增加对物流业的投入，鼓励民间资本进入物流领域。引导银行业金融机构加大对物流企业的信贷支持，针对物流企业特点推动金融产品创新，推动发展新型融资方式，为物流业发展提供更便利的融资服务。支持符合条件的物流企业通过发行公司债券、非金融企业债务融资工具、企业债券和上市等多种方式拓宽融资渠道。继续通过政府投资对物流业重点领域和薄弱环节予以支持。

（七）加强统计工作

提高物流业统计工作水平，明确物流业统计的基本概念，强化物流统计理论和方法研究，科学划分物流业统计的行业类别，完善物流业统计制度和评价指标体系，促进物流统计台账和会计核算科目建设，做好社会物流总额和社会物流成本等指标的调查统计工作，及时准确反映物流业的发展规模和运行效率；构建组织体系完善、调查方法科学、技术手段先进、队伍素质优良的现代物流统计体系，推动各省（区、市）全面开展物流统计工作，进一步提高物流统计数据质量和工作水平，为政府宏观管理和企业经营决策提供参考依据。

（八）强化理论研究和人才培养

加强物流领域理论研究，完善我国现代物流业理论体系，积极推进产学研用结合。着力完善物流学科体系和专业人才培养体系，以提高实践能力为重点，按照现代职业教育体系建设要求，探索形成高等学校、中等职业学校与有关部门、科研院所、行业协会和企业联合培养人才的新模式。完善在职人员培训体系，鼓励培养物流业高层次经营管理人才，积极开展职业培训，提高物流业从业人员业务素质。

（九）发挥行业协会作用

要更好地发挥行业协会的桥梁和纽带作用，做好调查研究、技术推广、标准制订和宣传推广、信息统计、咨询服务、人才培养、理论研究、国际合作等方面的工作。鼓励行业协会健全和完善各项行业基础性工作，积极推动行业规范自律和诚信体系建设，推动行业健康发展。

七、组织实施

各地区、各部门要充分认识促进物流业健康发展的重大意义，采取有力措施，确保各项政策落到实处、见到实效。地方各级人民政府要加强组织领导，完善协调机制，结合本地实际抓紧制定具体落实方案，及时将实施过程中出现的新情况、新问题报送发展改革委和交通运输部、商务部等有关部门。国务院各有关部门要加强沟通，密切配合，根据职责分工完善各项配套政策措施。发展改革委要加强统筹协调，会同有关部门研究制定促进物流业发展三年行动计划，明确工作安排及时间进度，并做好督促检查和跟踪分析，重大问题及时报告。

## 附录四　中国物流企业50强名单（2014年）

根据国家发展改革委、中国物流与采购联合会《社会物流统计报表制度》的要求，我会组织实施了重点物流企业统计调查，并依据调查结果，提出了中国物流企业50强排名（见附件）。

2014年度50强物流企业排名呈现以下特点：

一是收入规模增加。2014年度50强物流企业物流业务收入共达8233亿元，按可比口径比上年增长5.5%。

二是入围门槛提高。2014年度50强物流企业，排名第一位是中国远洋运输（集团）总公司，物流业务收入为1441.5亿元；第50位是新时代国际运输服务有限公司，物流业务收入为22.4亿元，入围门槛比上年提高2.1亿元。

三是分布多元化。分类型看，运输型物流企业占22%，同比下降2%；仓储型物流企业占4%，同比上升2%；综合型物流企业占74%，同比持平。

分区域看，东部地区占80%，同比上升2%；中部地区占14%，同比持平；西部地区占6%，同比下降2%。

分登记注册类型看，国有企业占34%，同比下降2%；民营企业占6%，同比上升2%；有限责任公司、股份有限公司、股份合作企业分别占28%，14%和2%，港澳台商投资企业、外商投资企业分别占10%和6%，占比与上年同期持平。

四是与民生相关的物流企业排名上升较快。如顺丰速运（集团）有限公司、德邦物流股份有限公司排名均有所提高。湖南全洲医药消费品供应链有限公司、中国储备棉管理总公司成为新上榜企业。

按照物流企业物流业务收入统计调查数据排名，是一项公益性的活动。我们希望通过中国物流企业50强排名，客观反映物流企业发展成果，发挥行业引领作用，推动我国物流企业做大做强，提高我国物流业竞争力。

附件：2014年度中国物流企业50强名单

二〇一四年十二月二十三日

## 2014 年度中国物流企业50强名单

| 排名 | 企业名称 | 物流业务收入（万元） |
|---|---|---|
| 1 | 中国远洋运输（集团）总公司 | 14414820 |
| 2 | 中铁物资集团有限公司 | 7632421 |
| 3 | 中国海运（集团）总公司 | 6764517 |
| 4 | 中国外运长航集团有限公司 | 5828320 |
| 5 | 河北省物流产业集团有限公司 | 5818003 |
| 6 | 开滦集团国际物流有限责任公司 | 4423713 |
| 7 | 厦门象屿股份有限公司 | 3537580 |
| 8 | 中国石油天然气运输公司 | 3040718 |
| 9 | 中国物资储运总公司 | 3000880 |
| 10 | 顺丰速运（集团）有限公司 | 2570000 |
| 11 | 河南能源化工集团国龙物流有限公司 | 2170563 |
| 12 | 福建省交通运输集团有限责任公司 | 1767495 |
| 13 | 安吉汽车物流有限公司 | 1476000 |
| 14 | 朔黄铁路发展有限责任公司 | 1430905 |
| 15 | 高港港口综合物流园区 | 1112000 |
| 16 | 嘉里物流（中国）投资有限公司 | 982218 |
| 17 | 北京康捷空国际货运代理有限公司 | 959718 |
| 18 | 重庆港务物流集团有限公司 | 932931 |
| 19 | 中石油北京天然气管道有限公司 | 926038 |
| 20 | 德邦物流股份有限公司 | 863333 |
| 21 | 中铁集装箱运输有限责任公司 | 806659 |
| 22 | 国电物资集团有限公司 | 781930 |
| 23 | 浙江物产物流投资有限公司 | 779805 |
| 24 | 中国国际货运航空有限公司 | 775599 |
| 25 | 中国石油化工股份有限公司管道储运分公司 | 673795 |
| 26 | 一汽物流有限公司 | 615565 |
| 27 | 五矿物流集团有限公司 | 523681 |
| 28 | 武汉商贸国有控股集团有限公司 | 506250 |
| 29 | 中铁现代物流科技股份有限公司 | 494502 |
| 30 | 重庆长安民生物流股份有限公司 | 464966 |
| 31 | 中铁快运股份有限公司 | 441855 |
| 32 | 中外运敦豪国际航空快件有限公司 | 417295 |
| 33 | 江苏徐州港务集团有限公司 | 364651 |
| 34 | 中铁特货运输有限责任公司 | 357913 |
| 35 | 联邦快递（中国）有限公司 | 356838 |
| 36 | 湖南星沙物流投资有限公司 | 356764 |
| 37 | 郑州铁路经济开发集团有限公司 | 352000 |

续表

| 排名 | 企业名称 | 物流业务收入（万元） |
| --- | --- | --- |
| 38 | 山西太铁联合物流有限公司 | 334894 |
| 39 | 广东省航运集团有限公司 | 334864 |
| 40 | 青岛福兴祥物流股份有限公司 | 300651 |
| 41 | 中信信通国际物流有限公司 | 299079 |
| 42 | 中国储备棉管理总公司 | 296446 |
| 43 | 上海现代物流投资发展有限公司 | 283987 |
| 44 | 国药控股江苏有限公司 | 280000 |
| 45 | 北京长久物流股份有限公司 | 263546 |
| 46 | 天地国际运输代理（中国）有限公司 | 262885 |
| 47 | 南京空港油料有限公司 | 260866 |
| 48 | 湖南全洲医药消费品供应链有限公司 | 244765 |
| 49 | 浙江省八达物流有限公司 | 225129 |
| 50 | 新时代国际运输服务有限公司 | 224247 |

# 二维码轻松三步走

① 用手机扫描本书内文任意二维码，或者用手机浏览器打开：
http://wassk.cn/t/d.htm

② 下载"扫扫看"手机客户端

③ 使用"扫扫看"扫描书中二维码，乐享全新学习体验

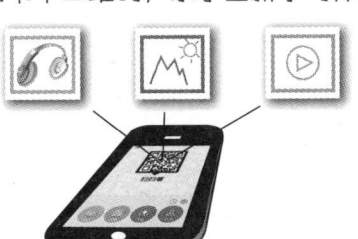

月底没流量？手机网速不给力？ 剩余5%

在wifi环境下打开"扫扫看"

扫描本书扉页上的二维码总码，打包下载本书所含二维码资源

从此跟流量说 拜拜！

下载后再扫描本书任意二维码，无需等待，没有流量困扰！